LA GUERRE
EN PROVINCE

PENDANT LE SIÉGE DE PARIS

1870 — 1871

Clichy. — Imp. Paul Dupont et Cie, rue du Bac-d'Asnières 12

LA GUERRE EN PROVINCE

PENDANT LE SIÉGE DE PARIS

1870 — 1871

PRÉCIS HISTORIQUE

PAR

CHARLES DE FREYCINET

ANCIEN DÉLÉGUÉ DU MINISTRE DE LA GUERRE A TOURS ET A BORDEAUX

Avec des cartes du Théâtre de la Guerre

PARIS
MICHEL LÉVY FRÈRES, ÉDITEURS
RUE AUBER, 3, PLACE DE L'OPÉRA

LIBRAIRIE NOUVELLE
BOULEVARD DES ITALIENS, 15, AU COIN DE LA RUE DE GRAMMONT

—

1871

Droits de reproduction et de traduction réservés

PRÉFACE

J'ai pensé que le public me saurait gré de lui présenter sous une forme sommaire l'ensemble des événements qui ont marqué les derniers mois de la guerre contre la Prusse. Paris les ignore, la province les connaît mal; sur plusieurs, des versions erronées ont eu cours. Il m'a semblé qu'il était de mon devoir de les rectifier et de contribuer à rétablir la vérité historique. J'étais peut-être mieux placé qu'un autre pour le tenter. Amené par les circonstances à prendre dans cette guerre une part plus grande que je n'aurais voulu, m'étant tenu cependant en dehors des orages de la politique, je me trouvais dans des conditions de calme favorables à l'impartialité du récit.

Je me suis acquitté de cette tâche d'autant plus volontiers que, repassant en ma mémoire les faits auxquels j'ai assisté, j'ai éprouvé, je l'avoue, une grande satisfaction à voir à quel point ils font honneur au pays. La France, malgré ses malheurs, s'est acquis par sa résistance l'estime du monde. Seule, sans alliés, sans chefs, sans armée, privée pour la première fois de communiquer avec sa capitale, elle a tenu tête, pendant cinq mois, avec des ressources improvisées, au formidable ennemi que les armées régulières de l'Empire, composées cependant d'héroïques soldats, n'avaient pu arrêter cinq semaines. L'Europe a assisté avec admiration à cet immense effort et nous a rendu ses sympathies qu'une politique insensée nous avait fait perdre.

C'est là un spectacle consolant pour notre patrie et qu'il est bon d'envisager, non pour nous enorgueillir, mais pour nous fortifier. Il ne faut pas que par ignorance, excès d'humilité ou esprit de parti, nous laissions dire autour de nous que la France n'a pas été digne d'elle-même. Ceux qui le prétendent sont aigris par le malheur ou aveuglés par la passion. Moi aussi, pendant que cette guerre funeste durait, j'en ai parfois méconnu les grandeurs. Sous le coup de nos revers, je ne voyais que des fautes. Je me disais que tel général aurait pu éviter tel échec, que tel corps d'armée aurait pu mieux combattre, que tel intendant avait manqué de prévoyance. J'accusais de nos maux l'incapacité et les défaillances. Eh! bien, j'étais injuste. Je ne tenais pas un compte suffisant des difficultés ; je ne faisais pas cette part de l'erreur, inséparable des choses humaines. En réalité, les fautes n'ont été ni plus nombreuses ni pires que dans toutes les guerres. Seulement, elles ont apparu davantage, parce que nous avons été vaincus, et que le vaincu a toujours tort. Mais au-dessus des ombres inévitables, rayonne dans son deuil la défense du pays.

Nous sommes encore trop près de ces événements pour les juger équitablement. Nous les comparons à des épisodes anciens, dont les défauts nous échappent, et il nous semble que nous avons été inférieurs à nos aïeux. Grâces à Dieu, il n'en est rien et, je le dis avec une conviction profonde, un jour, nos neveux nous rendront la justice que nous rendons à nos pères. Un jour, si cette guerre a la fortune, comme celles du Consulat et de l'Empire, de trouver son historien national, elle apparaîtra à la postérité comme une des plus malheureuses, mais aussi comme une des plus glorieuses de nos annales.

LA GUERRE EN PROVINCE

PENDANT

LE SIÉGE DE PARIS

CHAPITRE PREMIER

PÉRIODE DU 2 SEPTEMBRE AU 10 OCTOBRE 1870

Investissement de Paris — Envoi d'une délégation du gouvernement à Tours — Premiers préparatifs militaires — Arrivée de M. Gambetta — Installation de l'administration du 10 octobre — Situation militaire et administrative à cette date.

La catastrophe de Sedan avait mis fin à la première période de la guerre, à ce que j'appellerai la période impériale. Pendant les jours qui suivirent, il y eut un temps d'arrêt dans ces luttes sanglantes. La France n'avait plus d'armée à opposer à l'invasion. L'ennemi put donc, sans coup férir, et servi par un temps admirable, s'avancer jusque sous les murs de Paris. Il y arriva le 19 septembre et en commença aussitôt l'investissement.

Le gouvernement de la Défense nationale, qui avait succédé à l'Empire le 4 septembre, se prépara à soutenir le siége. Tandis que ses diplomates allaient vainement demander à M. de Bismarck une paix acceptable, ses hommes de guerre concentraient dans la capitale les rares ressources que la France possédait encore, quarante mille hommes du corps du général Vinoy, cent mille gardes nationaux mobiles des départements, quelques milliers de marins, tout ce qui restait de cadres d'officiers, de matériel et de munitions. L'opinion à cette époque était que Paris seul pouvait offrir une résistance sérieuse, et le rôle de la province semblait devoir être si effacé, que, chose à peine croyable aujourd'hui, ce fut le motif officiel mis en avant pour justifier aux yeux de la France, et la composition exclusivement parisienne du nouveau gouvernement et son séjour dans la place assiégée (1).

---

(1) Le *Journal Officiel* du 6 septembre 1870 contient la déclaration suivante :

« Le gouvernement de la Défense nationale reçoit incessamment
» les adhésions chaleureuses des députés de l'opposition élus par les
» départements.

» Tout le monde a compris que, dans la crise que nous traversons,
» là où est le combat, là doit être le pouvoir.

» C'est sur Paris que marche à cette heure l'armée envahissante.

» C'est dans Paris que se concentrent les espérances de la patrie.

» Pour affronter cette lutte suprême, dans laquelle il suffit de per-
» sévérer pour vaincre, la population parisienne a choisi pour chefs les
» mandataires qu'elle avait déjà investis de sa confiance, et le général
» dévoué sur lequel repose spécialement l'organisation de la défense.

» Rien de plus logique et de plus simple. Quand Paris aura fait

Toutefois, afin de ne pas priver entièrement la province de cette administration centralisée sans laquelle elle n'avait pas vécu depuis quatre-vingts ans, une délégation du gouvernement, formée de MM. Crémieux, Glais-Bizoin et Fourichon, vint s'installer à Tours le 16 septembre, pour continuer l'impulsion aux différents services et organiser, s'il se pouvait, une armée de secours derrière la Loire.

La délégation se mit à l'œuvre sur le champ. La tâche, en ce qui concerne la partie militaire, était des plus rudes. Il n'existait plus un seul régiment d'infanterie ni de cavalerie ; il n'y avait que des hommes, en assez grand nombre, il est vrai, dans les dépôts, mais sans aucun commencement d'organisation. L'artillerie était nulle ; on ne comptait à ce moment, dans toute la France, que SIX PIÈCES prêtes à entrer en ligne ; les autres manquaient de leurs attelages, de leur personnel et beaucoup même de leurs affûts.

On fit venir d'Afrique les premières troupes et l'on s'occupa de former des régiments sur divers points du territoire. On créa ainsi, en peu de temps, le premier noyau de l'armée de la Loire, qui atteignit une trentaine de mille hommes, sous le commandement du général de Lamotterouge. C'était le prélude de l'armée de secours qu'on destinait plus tard à marcher sur Paris et qui, en attendant, gar-

---

» son devoir, il remettra à la nation le mandat redoutable que la
» nécessité lui impose, en convoquant une assemblée constituante.
   » Les députés des départements l'ont bien compris, aussi ne mar-
» chandent-ils au gouvernement de la Défense nationale ni leurs
» conseils ni leur concours. »

dait la position d'Orléans. Dans les Vosges, on réunit un corps, sous les ordres du général Cambriels, chargé de défendre les défilés de ces montagnes. Dans l'Ouest, on travailla à grouper des bataillons de gardes nationaux mobiles, sous la direction du général Fiereck.

Mais ces tentatives, très-méritoires par les difficultés qu'elles eurent à surmonter, n'obtinrent pas grand succès. L'ennemi, qui avait un intérêt évident à ne pas laisser constituer autour de lui des forces imposantes, porta ses coups partout où elles prenaient consistance. Des échecs de détails assez nombreux s'ensuivirent et le travail d'organisation en souffrit considérablement. Bientôt des complications surgirent au sein de l'administration supérieure ; l'amiral Fourichon résigna le portefeuille du ministère de la guerre, qui, pendant plusieurs jours, resta sans titulaire effectif. Diverses combinaisons furent mises en avant pour y suppléer, entre autres celle d'un comité directeur de cinq membres, qui ne parvint pas à se constituer.

La situation en était là et l'opinion publique commençait à s'émouvoir, lorsque M. Gambetta, parti de Paris en ballon avec des pouvoirs extraordinaires de ses collègues du gouvernement, arriva à Tours le 9 octobre pour se mettre à la tête de la défense. Il annonça sa mission aux populations par la proclamation suivante :

Citoyens des départements,

» Par ordre du gouvernement de la République, j'ai quitté
» Paris pour venir vous apporter, avec les espérances du peuple

» renfermé dans ses murs, *les instructions et les ordres* (1) de
» ceux qui ont accepté la mission de délivrer la France de
» l'étranger. (Suit un tableau de la situation de Paris).

» Cette situation vous impose de grands devoirs.

» Le premier de tous, c'est de ne vous laisser divertir par
» aucune préoccupation qui ne soit pas la guerre, le combat à
» outrance; le second, c'est, jusqu'à la paix, d'accepter frater-
» nellement le commandement du pouvoir républicain sorti de
» la nécessité et du droit. Ce pouvoir, d'ailleurs, ne saurait sans
» déchoir s'exercer au profit d'aucune ambition. Il n'a qu'une
» passion et qu'un titre : Arracher la France à l'abîme où la
» monarchie l'a plongée. Cela fait, la République sera fondée et
» à l'abri des conspirateurs et des réactionnaires.

» Donc, toutes autres affaires cessantes, j'ai mandat, sans tenir
» compte ni des difficultés ni des résistances, de remédier, avec
» le concours de toutes les libres énergies, aux vices de notre
» situation, et, quoique le temps manque, de suppléer, à force
» d'activité, à l'insuffisance des délais. Les hommes ne manquent
» pas. Ce qui a fait défaut, c'est la résolution, la décision, et la
» suite dans l'exécution des projets.

» Ce qui a fait défaut après la honteuse capitulation de Sedan,
» ce sont les armes. Tous nos approvisionnements de cette na-
» ture avaient été dirigés sur Sedan, Metz et Strasbourg; et
» l'on dirait que, par une dernière et criminelle combinaison,
« l'auteur de tous nos désastres a voulu en tombant nous enlever
» tous les moyens de réparer nos ruines. Maintenant, grâce à
» l'intervention d'hommes spéciaux, des marchés ont été conclus,
» qui ont pour but et pour effet d'accaparer tous les fusils dis-
» ponibles sur le marché du globe. La difficulté était grande de

---

(1) En présence de ce texte, on ne s'explique pas que la délégation de la province ait été accusée d'avoir pris l'initiative des hostilités. Elle ne faisait que se conformer strictement aux ordres du gouvernement de Paris.

» se procurer la réalisation de ces marchés : elle est aujour-
» d'hui surmontée.

» Quant à l'équipement et à l'habillement, on va multiplier
» les ateliers et requérir les matières premières, si besoin est;
» ni les bras ni le zèle des travailleurs ne manquent; l'argent
» ne manquera pas non plus.

» Il faut mettre en œuvre toutes nos ressources qui sont im-
» menses, secouer la torpeur de nos campagnes, réagir contre
» les folles paniques, multiplier la guerre de partisans, et à un
» ennemi, si fécond en embûches et en surprises, opposer des
» piéges, harceler ses flancs, surprendre ses derrières et enfin
» inaugurer la guerre nationale.

» La République fait appel au concours de tous ; son gouver-
» nement se fera un devoir d'utiliser tous les courages, d'em-
» ployer toutes les capacités. C'est sa tradition à elle d'armer
» les jeunes chefs : nous en ferons ! Le ciel lui-même cessera
» d'être clément pour nos adversaires, les pluies d'automne
» viendront, et retenus, contenus par la capitale, les Prussiens,
» si éloignés de chez eux, inquiétés, troublés, pourchassés par
» nos populations réveillées, seront décimés pièce à pièce, par
» nos armes, par la faim, par la nature.

» Non, il n'est pas possible que le génie de la France se soit
» voilé pour toujours, que la grande nation se laisse prendre
» sa place dans le monde par une invasion de cinq cent mille
» hommes.

» Levons-nous donc en masse et mourons plutôt que de subir
» la honte du démembrement. A travers tous nos désastres et
» sous les coups de la mauvaise fortune, il nous reste encore le
» sentiment de l'unité française, l'indivisibilité de la République.
» Paris cerné affirme plus glorieusement encore son immortelle
» devise qui dictera aussi celle de toute la France : « Vive la
» République une et indivisible ! »

M. Gambetta prit en mains les deux ministères de la

guerre et de l'intérieur, et m'appela comme son délégué au premier de ces deux départements. C'est en cette qualité, sous le titre de Délégué du ministre de la guerre, que j'ai participé aux événements qui suivirent et que j'en ai connu personnellement les détails.

A la date du 10 octobre, jour où la nouvelle administration entra en fonctions, la situation militaire de la France était la suivante :

Paris étroitement bloqué ne communiquait plus que d'une manière intermittente et par voies extraordinaires (1) avec la province ;

Le maréchal Bazaine enfermé dans Metz avait cessé de prendre part aux hostilités et préparait déjà sa capitulation ;

Sur les bords de la Loire, vingt à vingt-cinq mille hommes, battus à Artenay et bientôt à Orléans, commençaient une retraite qui ne devait s'arrêter qu'au fond de la Sologne ;

Dans l'Est, l'armée du général Cambriels, réduite par le feu, la fatigue et surtout les désertions, à vingt-quatre mille hommes, abandonnait les Vosges et cherchait un abri à Besançon.

Dans l'Ouest, trente mille gardes nationaux mobiles, mal équipés, mal armés et non encore embrigadés, sans cavalerie ni artillerie, formaient, de Chartres à Evreux, un fragile cordon, destiné à être rompu au premier choc.

(1) Au moyen de ballons et de pigeons voyageurs.

Dans le Nord, aucune force constituée; des garnisons dans les places, mais pas de corps tenant la campagne.

Au total, moins de quarante mille hommes de troupes régulières, autant de gardes nationaux mobiles, cinq à six mille cavaliers, une centaine de pièces de canon, le tout en assez mauvais état et fort éprouvé, tel était l'ensemble des moyens opposés à une invasion qui disposait déjà de sept à huit cent mille soldats parfaitement organisés, de deux mille pièces de canon, non compris les batteries de siége, et de puissantes réserves échelonnées sur le Rhin pour maintenir l'armée envahissante à un constant niveau.

La situation administrative n'était pas plus rassurante.

Le ministère de la guerre, à Tours, avait été constitué sur les bases les plus étroites. Le gouvernement de Paris, cédant, comme j'ai dit, à l'erreur répandue au début, touchant le rôle secondaire de la province, avait retenu dans la capitale la plus grande partie du personnel administratif. Un quart seulement des bureaux avait été envoyé au dehors. Plusieurs services avaient été confondus dans les mêmes mains; certains même n'étaient pas représentés. C'est ainsi que le général Lefort, chef de la délégation militaire, cumulait le secrétariat général avec les directions de l'infanterie et de la cavalerie. L'artillerie, cette arme à laquelle tant d'efforts, tant d'initiative, allaient être demandés, était subordonnée à un général du génie qui réunissait deux directions. Le cabinet du ministre, lequel embrasse tant d'objets divers, n'existait pas. Un simple sous-intendant militaire portait la charge démesurée de tous les services dits administratifs.

l'équipement, les subsistances, la solde, les ambulances, la comptabilité, etc. Bref, neuf directions (y compris le cabinet) n'en formaient plus que trois ; le personnel de chacune était d'ailleurs considérablement réduit, et le secrétariat général, qui représentait le service central, comptait à peine trois ou quatre employés. Deux généraux et deux colonels constituaient tout le personnel militaire supérieur d'un ministère qui d'ordinaire en occupe une vingtaine.

Je ne parle pas de ces nombreux comités, si bien pourvus en temps de paix, pour l'infanterie, l'artillerie, les fortifications, l'état-major, etc. A Tours il n'en était pas question ; aucun d'eux n'avait envoyé un seul de ses membres. Le service d'inspection n'existait pas. D'autres services annexes, qui en temps de guerre prennent une grande importance, n'avaient pas davantage trouvé place dans la délégation. En somme, pour faire face à un labeur qui, par suite des événements, allait être quatre ou cinq fois plus grand, on avait en mains un levier quatre ou cinq fois plus petit (1).

(1) Pour en donner une idée, je citerai comme exemple le personnel des 6ᵉ et 8ᵉ directions (services administratifs). Au 1ᵉʳ janvier, même après que de notables augmentations avaient été faites par la nouvelle administration, ce personnel, comparé à l'état normal de paix, présentait l'infériorité suivante :

	A Paris en temps de paix.	A Bordeaux en temps de guerre.
Directeurs et sous directeurs.	7	2
Chefs et sous chefs de bureau.	31	7
Employés de tous grades.	201	57
Totaux...	239	66

Mais ce qui était peut-être plus grave encore, c'est qu'à ce personnel déjà si exigu, le nécessaire même manquait. Il avait été expédié de Paris si précipitamment et, croyait-on, pour si peu de temps, qu'on ne lui avait pas donné son bagage administratif ordinaire. Les archives étaient demeurées dans Paris. On ne possédait à Tours ni les dossiers de l'armée, ni les cartes de l'état-major (1). Ainsi, on allait être condamné à constituer des cadres et à confier des commandements sans connaître les antécédents des officiers, et à faire la guerre sans se diriger sur des cartes.

Les personnes disposées à accuser la Délégation des fautes inévitables qu'elle a commises, voudront bien, dans leur équité, tenir compte de cette situation sans précédent dans l'histoire. C'est la première fois que la France a été obligée de soutenir une guerre sans pouvoir communiquer avec son centre d'action naturel, sa capitale. Les habitudes centralisatrices de notre pays étaient telles qu'on aurait cru impossible de le gouverner sans le secours de Paris et de ses immenses rouages administratifs. Or, il a fallu non-seulement le gouverner, mais l'organiser en guerre, au mi-

---

(1) Cette pénurie de cartes dépasse tout ce qu'on peut imaginer. Non-seulement on n'en possédait pas pour en envoyer aux corps d'armée en campagne, mais l'administration centrale elle-même en manquait pour suivre les opérations engagées. Quand le comité directeur de cinq membres dont j'ai parlé, tenta de se constituer dans les premiers jours d'octobre, le secrétariat général de la guerre fut dans l'impossibilité de mettre à sa disposition même une carte routière de la France. On se demande comment les administrateurs de cette époque pouvaient rédiger leurs instructions stratégiques.

Telle était exactement la situation quand l'administration du 10 octobre entra en fonctions.

lieu de la plus effroyable tempête qui fût jamais et dans la plus grande pénurie qu'on eût osé supposer. Il a fallu non-seulement produire, mais créer même l'instrument de la production. Voilà ce que ne doivent pas perdre de vue ceux qui veulent juger équitablement cette période extraordinaire.

CHAPITRE II

RÉORGANISATION DES SERVICES

Cabinet du ministre — Bureau des cartes — Bureau des reconnaissances — Comité d'étude des moyens de défense et autres services — Directions de l'infanterie, de l'artillerie, du génie — Corps du génie civil — Intendance, services médicaux et comptabilité.

Le premier soin qui s'imposait à l'administration du 10 octobre fut la réorganisation des services du ministère. Il était indispensable, d'une part, de les mettre en harmonie avec les grands efforts qui allaient leur être demandés et, d'autre part, de créer plusieurs services nouveaux dont l'absence se faisait gravement sentir au moment des hostilités.

Aujourd'hui que la guerre est terminée, on a peine à s'imaginer les difficultés pratiques de tous genres que cette réorganisation a rencontrées. S'il m'est permis de citer un détail vulgaire, je dirai que le local même a été pour nous une grosse question. La partie du maréchalat attribuée aux bureaux de la guerre était tout à fait insuffisante pour l'extension que nous voulions leur donner. Il a fallu se procurer, comme on dit, du jour au lendemain, cinq ou six maisons dans le voisinage et y perdre du temps en aménagements alors que, sous le feu de l'ennemi, les minutes valaient des jours. Mais la complication de beaucoup la plus grande vint du manque de personnel. On était, non à Paris, avec toutes les ressources d'une immense centralisation, mais bien dans une ville de province de troisième ordre, où les activités disponibles faisaient entièrement défaut. Pour surcroît, Paris avait retenu dans ses murs la plupart des individualités marquantes ; celles du dernier régime avaient momentanément disparu ou étaient d'un emploi difficile ; d'autres enfin qui auraient pu être utilisées, ne se présentèrent pas ou bien l'on ne sut où aller les chercher. Quant aux officiers de l'armée, qui auraient été d'un si grand secours, il ne fallait pas y songer ; car les cadres étaient tellement épuisés qu'on ne savait même pas comment pourvoir aux besoins du commandement.

On s'adressa de divers côtés, et principalement aux catégories de personnes, telles que les ingénieurs et les employés supérieurs des chemins de fer, qui, par leurs antécédents et leurs habitudes d'esprit, devaient se plier plus facilement à l'administration militaire. Les concours s'offrirent empressés, mais souvent, on le devine, avec plus de patriotisme que de compétence. Nous choisîmes autant que nous pûmes et, grâce surtout aux deux catégories que j'ai mentionnées, nous finîmes par doter les services à peu près convenablement. Il y a eu là des dévouements nombreux et quelques-uns, qui n'en furent que plus méritoires, s'exerçant dans l'obscurité. Ainsi des ingénieurs de l'État et jusqu'à des ingénieurs en chef ont consenti, pour se rendre utiles en ces graves moments, à surveiller le dépouillement des dépêches, l'expédition des plis, et quelques-uns même à copier des lettres.

Le premier remaniement porta sur le secrétariat général et les directions qui s'y rattachaient. M. le général Lefort ayant quitté le ministère, le surlendemain de mon arrivée, par raison de santé, le secrétariat fut immédiatement transformé et constitué séparément sur un très-grand pied, sous le nom de cabinet du ministre. Ce fut en réalité un vaste service central, chargé de la correspondance générale et du contrôle de tous les services, et qui, à ce titre, resta sous l'autorité directe du délégué. Un ancien fonctionnaire des chemins de fer, M. E. Byse, fut placé à la tête, avec le titre et les attributions ordinaires de chef du cabinet. Il s'en est acquitté jusqu'à la fin avec tact et dévouement.

Bientôt furent rattachés pour ordre au cabinet, mais, en réalité, relevèrent directement du délégué, divers services techniques, de création nouvelle, qui n'avaient pas de place indiquée dans les directions déjà existantes (1). De ce nombre furent le service des cartes et celui des reconnaissances, qui, par leur importance, méritent quelques explications.

Les cartes, on l'a vu, manquaient totalement. Cependant il en fallait, et pour l'armée et pour l'administration. On songea bien à en requérir dans les départements, mais on n'obtint de la sorte que des exemplaires incomplets, fournis tardivement et surtout en trop petit nombre. On résolut

---

(1) L'extension prise par le cabinet, à la suite de ces adjonctions, fut telle qu'il occupa, à lui seul, plus de local que n'en avait occupé jusque là la délégation de la guerre tout entière.

alors de rééditer la carte de l'état-major au moyen de la photographie et de l'autographie. Un album complet avait été fourni par la veuve d'un officier supérieur; il servit de base à ce travail. Un officier distingué d'infanterie de marine, M. Jusselain (1), qui avait eu l'idée de cette reproduction, fut chargé d'installer et de diriger un atelier spécial. Grâce à ses énergiques efforts, grâce au concours que lui apportèrent deux ingénieurs de la compagnie d'Orléans, il put, en très-peu de jours, fournir un nombre considérable de cartes aux corps d'armée. C'est à lui qu'on est redevable des quinze mille cartes distribuées aux états-majors pendant les quatre derniers mois de la campagne.

J'emprunte au rapport officiel de M. Jusselain, publié dans le courant du mois de mars 1871, quelques extraits qui feront mieux comprendre l'importance de sa mission, et qui jettent en même temps un jour intéressant sur la situation antérieure.

« Le soir même (5 octobre), dit-il, je partais pour l'armée de la
» Loire, envoyé à la disposition du général Martin des Paillères,
» commandant la 1re division du 15e corps.

» Le général, auquel je me présentai dès mon arrivée, me dit
» que son intention était de m'attacher à son état-major.

» Ce fut dans une première conversation, pour me mettre au
» courant du service, que j'appris du général, retenu alors au
» lit par la grave blessure reçue à Sedan, qu'il n'avait pour
» toutes cartes qu'un album *Joanne*, acheté chez un libraire de

---

(1) M. Jusselain a été, pour ses travaux, nommé officier de la légion d'honneur sur la proposition de M. le général Le Flô, ministre de la guerre après l'administration du 10 octobre.

» Tours, et qu'il n'avait pu jusque-là s'en procurer d'autres.

» Je lui proposai de me charger de faire des cartes pour sa
» division, en reproduisant par la photographie et l'autogra-
» phie les cartes au $\frac{1}{80,000}$ de l'état-major.

» Cette proposition fut accueillie avec empressement par le gé-
» néral, auquel son état de santé n'avait pas permis de s'occuper
» encore de cette question, capitale à la guerre. Il me donna
» immédiatement des lettres de créance pour Tours, et même
» Lyon et Marseille, avec ordre de faire exécuter ce travail dans
» le plus bref délai.

» Je devais partir le lendemain matin. Mais, le soir, le colonel
» chef d'état-major ayant assuré au général que des essais sembla-
» bles avaient été faits au ministère de la guerre à Paris, au moins
» par la photographie, et qu'il avait fallu, pour réussir, une installa-
» tion spéciale et de longs tâtonnements, la mission me fut retirée.

» Je ne fis aucune observation. J'étais certain cependant que
» rien n'était plus facile, — le temps manquant pour employer
» la gravure, et les cuivres gravés des cartes de l'état-major
» étant restés dans Paris assiégé, — que d'avoir autant de
» cartes que l'on voudrait par la photographie et l'autographie,
» et que, si, par le premier de ces deux procédés, on avait
» éprouvé des mécomptes, ou au moins des embarras, au minis-
» tère de la guerre, cela tenait à ce parti pris de ne pas s'adres-
» ser à l'industrie privée et à la libre concurrence ; à ce sys-
» tème de tout vouloir monopoliser, aussi bien pour les cartes
» que pour les armes, pour les poudres, etc., etc., système
» cause en grande partie de nos désastres.

» Aussi, quelques jours plus tard, ayant dû me rendre à
» Tours pour faire régulariser ma situation vis-à-vis du mi-
» nistère des finances, et porter au gouvernement un rapport
» du général des Paillères, relatif aux commissions provisoires
» d'officier, à l'instruction sommaire des troupes, au tir, etc., etc.,
» je profitai de mon séjour dans cette ville pour faire reproduire
» une des cartes de l'état-major par la photographie.

» Après quelques essais, la réussite fut complète. Sous ma
» direction, M. Blaise, photographe à Tours, réduisit aux 2/3,
» soit à l'échelle de $\frac{1}{120,000}$, la carte au $\frac{1}{80,000}$ de l'état-major.

» Réunies deux à deux, collées sur toile, elles formaient des
» cartes de détail très-lisibles, en même temps que des cartes
» d'ensemble représentant une superficie de 320 lieues carrées,
» parfaites, par conséquent, pour les chefs de corps.

» Grâce au concours de M. Poncin, ingénieur de la ligne de
» Tours à Vierzon, qui m'aida de sa connaissance en ce genre de
» travail, et me prêta généreusement son matériel et ses dessi-
» nateurs, je pus aussi reproduire par l'autographie la carte au
» $\frac{1}{80,000}$ dans tous ses détails essentiels.

» Ces épreuves furent soumises à M. le général, alors colo-
» nel d'état-major, de Loverdo, directeur de l'infanterie et de
» la cavalerie au ministère de la guerre.

» Le travail fut trouvé bien fait et très-utile, indispensable
» même. Mais M. le directeur me dit que malheureuse-
» ment « il n'avait pas à sa disposition de crédit ouvert pour la
» dépense. »

» Ainsi, un mois et demi après Sedan, des généraux de divi-
» sion n'avaient pas de cartes pour leurs opérations, et la guerre
» se faisait en France !

» Quelle différence avec les officiers prussiens que j'avais
» vus pendant leur séjour à Triel, ayant sans cesse à la main
» des cartes au $\frac{1}{200,000}$ ou au $\frac{1}{230,000}$ de notre pays, les consul-
» tant entre eux souvent, quand ils se rencontraient, même sur
» la voie publique !

» Ce souvenir m'obsédait et me décida à ne pas m'arrêter à la
» sorte de fin de non-recevoir du colonel de Loverdo.

» A la suite de nouvelles démarches, un de mes parents, se-
» crétaire-rédacteur au Corps législatif, me présenta à M. Stee-
» nackers, directeur général des postes et des télégraphes.

» M. Steenackers voulut bien me donner une lettre pour M. de
» Freycinet, qui prenait, ce jour-là même, ses fonctions de
» délégué du ministre au département de la guerre.

» Frappé de la situation que je lui exposai, M. de Freycinet
» me remit, à son tour, pour le colonel de Loverdo, une note
» ainsi conçue : « Si la question d'argent seule arrête, et qu'on
» soit d'accord sur le reste, faire exécuter tout de suite. La dé-
» pense sera régularisée plus tard. » Ainsi, c'est grâce au gé-
» néral des Paillères d'abord, puis à M. Steenackers, enfin et
» surtout à M. de Freycinet que l'armée a pu avoir des cartes
» d'ensemble et de détail en même temps, photographiées
» au $\frac{1}{120,000}$, et des cartes de détail au $\frac{1}{80,000}$ complétées comme
» nous le dirons tout à l'heure.

» Ce double travail de reproduction commença immédiatement
» et a donné jusqu'à ce jour les résultats suivants :

» Tant par M. Blaise, à Tours, que par M. Terpereau, très-
» intelligent et habile photographe de Bordeaux, il a été fait :

» 1° En photographie 110 clichés ou 55 cartes photographiques
» au $\frac{1}{120,000}$, qui, reproduites à 25 épreuves en moyenne, ont
» donné treize cent soixante-quinze cartes collées sur
» toile. 1,375

» 2° En autographie, 39 cartes au $\frac{1}{80,000}$ complétées
» par le tracé des chemins de fer nouveaux et des che-
» mins vicinaux de grande communication et d'intérêt
» commun de récente création, lesquelles, tirées à 350
» exemplaires en moyenne, ont donné à peu près treize
» mille six cent cinquante cartes collées ou non sur
» toile. 13,650

» C'est donc quinze mille vingt-cinq cartes. . . . 15,025
» environ que le bureau topographique, composé en moyenne
» de 12 dessinateurs, a données à l'armée, du 15 octobre au
» 1er février.

» Ces cartes doivent nécessairement, en dehors même de ce

» qui tient à la rapidité de la reproduction, présenter, peut-être,
» quelques inexactitudes.

» Les cartes de l'état-major que nous reproduisions, n'avaient
» pas, en effet, été rectifiées depuis 1852.

» Il a fallu demander aux préfets des départements non occu-
» pés de nous envoyer les cartes des chemins vicinaux, afin de
» compléter les tracés, et M. Bouteron, chef de bureau au mi-
» nistère de l'intérieur, a bien voulu nous en prêter beaucoup
» à Bordeaux dans ces derniers temps. Mais ces cartes sont
» généralement au $\frac{1}{160,000}$ ou au $\frac{1}{200,000}$, soit à une échelle au
» moins deux fois plus petite que celles de l'état-major. De plus,
» elles sont planes. Pour ces deux raisons, elles n'indiquent, ni les
» mouvements de terrain, ni les petits bourgs, les hameaux et
» les fermes, comme la carte de l'état-major ; il était donc quel-
» quefois très-difficile, parfois impossible, de tracer exactement
» sur cette dernière, qui contient, elle, tous ces détails, les che-
» mins vicinaux nouveaux, et surtout les voies ferrées de créa-
» tion récente.

» Le travail de retouche, rectifiant et complétant les cuivres de
» la carte de l'état-major, a dû être fait cependant ; car nous
» avons trouvé dans les archives de la préfecture de Tours :

» 1° Une circulaire du ministre des travaux publics en date
» du 16 août 1870, réclamant le relevé du réseau des chemins
» de grande et de petite vicinalité « afin de compléter les cuivres
» des cartes de l'état-major ;

» 2° La réponse du préfet annonçant l'envoi.

» Malheureusement, si les cuivres ont été rectifiés, ils sont
» restés à Paris, quand on aurait dû les faire transporter en pro-
» vince avant l'investissement.

» Nous avons voulu citer ce fait, afin de prouver quels graves
» inconvénients il peut y avoir à laisser ainsi pendant de nom-
» breuses années les cuivres de l'état-major sans y apporter les
» changements et les additions qui ont lieu incessamment sur le
» terrain.

« Souhaitons que là, comme ailleurs, on montre plus de clair-
» voyance et de prudence pour l'avenir et que désormais pareil
» fait ne se représente plus.

» Nous ne serons pas forcés alors pour tracer certains che-
» mins de fer nouveaux, sur des cartes françaises, d'avoir re-
» cours à des cartes de France *prussiennes* au $\frac{1}{200,000}$ ou au $\frac{1}{320,000}$.

» Depuis que le travail de reproduction a été commencé à
» Tours, on a pu, il est vrai, grâce aux pigeons voyageurs, de-
» mander à Paris investi, des épreuves des cartes dont il avait
» gardé les cuivres.

» C'est ainsi qu'un certain nombre de cartes au $\frac{1}{80,000}$ obte-
» nues par report sur zinc, et tirées sur papier mince, à Paris,
» en octobre 1870, ont été envoyées au gouvernement de la
» Défense en province par ballons montés.

» Sur celles que nous avons vues, les rectifications et addi-
» tions étaient faites.

» Outre ces cartes, le bureau qui centralisait le travail au
» ministère de la guerre s'en est procuré d'autres à l'étran-
» ger, presque toutes d'origine allemande. »

Le service des cartes se rattachait à un bureau supérieur
d'études topographiques, en relations avec les quartiers généraux, et dans lequel travaillaient plusieurs ingénieurs; je
citerai notamment MM. Cuvinot, Descombes, Carnot (1),
de Serres (2), Rabel, Lavollée. Une de leurs missions était de

---

(1) M. Carnot est actuellement membre de l'Assemblée nationale.
(2) M. de Serres, ancien élève de l'école des Ponts et Chaussées et
inspecteur général des chemins de fer autrichiens, est le même dont
les journaux se sont occupés plus qu'il n'eût été désirable. J'expli
querai en temps et lieu ce qu'il y a eu de fondé dans les accusations
dont il a été l'objet. Au bureau topographique, il rendait d'incon-
testables services.

compléter les indications de la carte originale en reproduisant les routes et chemins de fer tracés depuis l'époque de sa confection. Beaucoup de personnnes ont admiré la belle carte du théâtre de la guerre que M. Rabel avait disposée sur un des grands panneaux de la salle des cartes et qui ne laissait rien à désirer comme clarté d'indications. Ces ingénieurs s'occupaient également d'étudier la marche des armées dans ses rapports avec les moyens de communication et avec la configuration du pays. Enfin ils s'attachaient à représenter les positions des corps ennemis, telles qu'elles résultaient des communications du service dont je vais parler et avec lequel le bureau topographique était en intimes relations.

Le service des reconnaissances avait pour objet, comme son nom l'indique, de recueillir sur l'ennemi un ensemble d'informations qui jusqu'à ce jour avait complétement fait défaut. Je ne pense pas en effet que, même sous l'Empire, on se fût occupé d'organiser ces informations d'une manière systématique. Quand nous arrivâmes au ministère, rien de semblable n'existait, et il n'y avait même pas un budget de dépense prévu pour ce chapitre. Les habitudes à cet égard étaient tellement éloignées de ce genre d'investigations que ce n'a pas été une de nos moindres peines d'amener les généraux à dépenser les fonds secrets qui leur furent alloués dans ce but. C'est au point qu'ayant fait rendre un décret pour une première somme de 750,000 francs, je n'ai pu, malgré tous mes efforts, en dépenser 300,000.

Quoi qu'il en soit, il y eut dans quelques corps d'armée et surtout dans l'administration centrale un commencement sérieux d'organisation, qui rendit de grands services. Les bases en furent posées par la circulaire du 24 octobre. Les renseignements étaient fournis à l'administration centrale par des émissaires spéciaux, en pérégrinations continuelles dans les départements, et qui cherchaient à traverser les lignes prussiennes, ainsi que par des collaborateurs de la nature la plus variée, tels que maires, employés du télégraphe, gardes forestiers, cantonniers des routes et des chemins de fer, etc. Ces agents étaient par leur situation plus ou moins au courant des mouvements de l'ennemi, et pouvaient nous en instruire sans éveiller l'attention. Il y eut ainsi comme un réseau d'observateurs volontaires dans toute la France. On trouvait encore d'autres sources d'informations dans la traduction des documents allemands et correspondances qu'on saisissait sur l'ennemi. Enfin on se livrait à un interrogatoire régulier des prisonniers, opération que dirigeaient avec beaucoup de finesse et de tact un ancien membre du parquet, M. Amilhau, et un officier supérieur de gendarmerie, M. Desnouettes.

Peu à peu le bureau des reconnaissances prit une grande extension. Son chef, M. Cuvinot, bien qu'étranger par ses antécédents d'ingénieur à ce genre de travaux, montra une véritable vocation, et ce qu'on peut appeler l'amour de l'art. Avec des ressources relativement restreintes et une organisation toute récente, il sut obtenir des résultats importants. Il s'était mis en relations constantes avec les chefs de corps et en était venu à leur adresser chaque soir une circulaire faisant connaître les positions de l'ennemi et souvent même jusqu'aux numéros des régiments. Il avait formé quelques agents fort habiles; l'un d'eux vécut, pendant deux mois, au sein d'un quartier général prussien et nous en rapportait de temps en temps les renseignements les plus minutieux; on comprend les raisons qui m'empêchent de préciser davantage. C'est également un agent de M. Cuvinot qui nous procura dans le mois de décembre un plan des travaux d'investissement autour de Paris, dérobé à Versailles à un des officiers de l'état-major de M. de Moltke.

Dans les derniers temps, le bureau des reconnaissances avait formé des corps d'éclaireurs à l'imitation des *détectives* américains. Un de ces corps manœuvrait en avant d'Auxerres et l'autre en avant du Mans. Mais la conclusion de la paix, qui arriva sur ces entrefaites, ne permit pas d'en tirer tout le parti qu'on en attendait.

Le comité d'étude des moyens de défense, qui fut créé dès le début, sous la présidence du colonel Deshorties, apporta à l'administration un très-utile concours. D'abord il la débarrassa d'une foule d'inventeurs, qui encombraient les directions techniques, et qu'il n'était pas facile de repousser, car, à cette époque, le sentiment public était très-monté; on s'élevait beaucoup contre l'incurie et l'esprit de routine de l'administration impériale, et chaque inventeur dont on ne discutait pas longuement les idées criait presque à la trahison. Le comité leur donna la satisfaction de les entendre et souvent de les éclairer. Mais il rendit des services plus sérieux; ce fut de démêler, au milieu de toutes ces inventions, quelques idées réellement bonnes et d'en favoriser l'éclosion. Son secrétaire, M. Naquet, très-habile chimiste, suscita plus d'une découverte dans la confection des engins de guerre. On lui doit certains types de torpilles, l'emploi de poudres brisantes, de nouveaux obus incendiaires, sur la nature desquels je ne m'explique pas ici, en prévision du cas où l'administration de la guerre voudrait les adopter.

Ces divers services et quelques autres encore, moins intéressants à signaler, constituèrent l'ensemble désigné sous le nom de cabinet du ministre, lequel, on le voit, était en réalité un cabinet doublé d'une direction technique fort importante.

Par suite de la séparation du secrétariat général, l'ancien service du général Lefort se trouva réduit aux deux directions de l'infanterie et de la cavalerie, ce qui était encore trop pour un seul titulaire. Néanmoins on les laissa réunis pour ne pas faire d'emprunt à l'armée, et on en chargea M. le colonel de Loverdo, récemment entré au ministère. On lui donna le titre de général pour accroître son autorité, et on lui adjoignit, comme sous-directeurs spéciaux, l'un pour l'infanterie, l'autre pour la cavalerie, deux excellents serviteurs que fournit le personnel des bureaux, M. Templier et M. Poyer.

Nous n'eûmes pas à nous repentir de cette organisation. Le nouveau directeur et ses collaborateurs déployèrent une activité à laquelle il n'est que juste de rendre hommage. Ils organisèrent en moins de quatre mois et envoyèrent devant l'ennemi environ 600,000 hommes, savoir :

Infanterie de ligne : 208 bataillons. 230,300
Garde mobile : 31 régiments à 3,600 hommes

Report. 230,300
l'un. 111,600
Garde mobilisée : environ. 180,000
Cavalerie : 54 régiments. 32,400
Francs-tireurs : environ. 30,000
Total. 584,300

et avec l'artillerie et le génie, plus de 600,000 hommes.

Je ne parle ici que des hommes réellement incorporés et mis en ligne, et non de ceux qui étaient restés en Algérie, dans les camps d'instruction ou dans les dépôts. Je ne parle pas davantage des forces organisées par nos prédécesseurs, lesquelles s'ajoutent conséquemment à celles-ci pour former le total opposé à l'ennemi.

Le chiffre ci-dessus, rapporté à la période de 120 jours (du 10 octobre au 9 février) pendant laquelle nous sommes restés au pouvoir, représente une organisation moyenne de 5,000 hommes ou 2 régiments environ par jour. Ainsi l'administration a pu, pendant toute sa durée, envoyer chaque jour à l'ennemi une brigade ou une demi-division.

Ces forces, jointes aux 80,000 hommes qui existaient déjà, ont servi à former 12 corps d'armée, portant les n°s 15 à 26, l'armée des Vosges ou de Garibaldi, et plusieurs groupes importants, parmi lesquels ceux du Havre, de Carentan et de Nevers.

Je m'expliquerai, au chapitre suivant, sur la difficulté capitale de cette organisation, à savoir la constitution des cadres d'officiers.

Le service de l'artillerie au ministère put être également

établi sur des bases satisfaisantes sans faire d'emprunt à l'armée. On se borna à séparer cette arme de celle du génie, qui l'enchaînait inopportunément, et on en fit une direction indépendante, confiée à M. le colonel Thoumas, qui déjà la gérait sous les ordres du directeur du génie. Il est à peine besoin d'ajouter que le personnel de ces bureaux, comme des précédents, fut considérablement augmenté.

Cette mesure d'ordre eut les plus salutaires effets sur la direction de l'artillerie. Le nouveau titulaire déploya une activité jusque-là contenue et obtint des résultats qu'on n'aurait pas osé espérer. Il parvint à doter tous les corps d'armée et livra dans la période susmentionnée 1,400 pièces de tout calibre. Cette énorme production représente 2 batteries par jour, tout équipées et pourvues de leur personnel (1).

La direction de l'artillerie eut cependant des difficultés spéciales à vaincre. Une des plus grandes fut celle des harnais. Il fallut aller en chercher jusqu'en Amérique, et il y eut un moment où nos batteries ne pouvaient pas partir, parce que le navire qui apportait les harnachements était retenu devant le port par le gros temps. Vers la fin, grâce aux mesures prises, on fut amplement pourvu, mais un autre obstacle se dressa : l'épuisement des régiments d'artillerie, incapables désormais de fournir les servants des pièces.

Il n'est pas possible de parler de cette arme sans mentionner les services que rendirent deux officiers distingués,

(1) M. le colonel Thoumas a été nommé général, vers la fin de décembre, en récompense de ses services exceptionnels.

le colonel de Reffye, à Nantes, et le général Demolon, à Rennes ; l'un comme constructeur et l'autre comme organisateur, contribuèrent puissamment à pourvoir nos armées. Le canon de Reffye a acquis une notoriété qui dispense d'insister. On doit aussi à cet ingénieur militaire des mitrailleuses du meilleur modèle. Quelques industriels de grand mérite, MM. Vorus à Nantes, Petin et Gaudet à Saint-Étienne, Schneider au Creuzot, se sont libéralement employés à seconder les travaux de l'artillerie.

Je n'entre point dans le détail des diverses mesures, telles que la création d'un comité d'artillerie, de diverses inspections pour les arsenaux et les manufactures, etc., lesquelles contribuèrent à améliorer et à activer la fabrication. J'omets également, la réservant pour un autre chapitre, la question si grave des armes et des munitions.

Dans cette réorganisation, la direction du génie ne subit pas de modifications notables. On se borna à lui imprimer l'activité nécessaire pour faire face aux besoins croissants des armées. Le contingent réglementaire par corps d'armée put être assez facilement obtenu. Mais la pratique de cette guerre a révélé une lacune qui mérite d'appeler l'attention de l'administration militaire. Le corps du génie ne paraît pas être pourvu de moyens d'action suffisants au regard de la stratégie moderne. Soit par suite de son organisation même, soit peut-être à raison des traditions de l'administration centrale, soit par manque de relations appropriées avec l'état-major, le corps du génie a manifesté une certaine difficulté à effectuer avec rapidité la réparation des ouvrages d'art, les fortifications volantes, le défoncement des routes, et autres travaux qui exigent un grand nombre de bras, des moyens de transport et, en certains cas, des engins spéciaux. Les réquisitions, qui ont pour objet d'y suppléer, ne sont pas toujours maniées avec une dextérité suffisante ; les habitudes du corps semblent y répugner et ses relations avec l'industrie privée ne sont pas assez fréquentes. Bref, il a paru utile dans cette campagne de donner une aide au génie militaire.

Plutôt que de rechercher une extension directe et un changement d'habitudes auxquels la tradition administrative se serait sans doute difficilement prêtée, nous avons préféré constituer, pour la durée de la guerre, un corps auxiliaire distinct, dénommé *corps du génie civil des armées*.

Nous y avons appelé tous les concours techniques qui ont voulu se présenter ; ingénieurs de l'État, ingénieurs libres, architectes, agents voyers, entrepreneurs de travaux publics, tous ont été également bien accueillis. Nous y avons même admis des ingénieurs étrangers, et l'un d'eux, un belge, M. Brunfaut, attaché à l'armée du Nord, vient de publier le résumé de ses observations dans une intéressante brochure qui pourrait être consultée avec fruit par es futurs réformateurs de notre organisation militaire.

La première idée de ce corps fut suggérée par les travaux de fortification exécutés à Orléans par des ingénieurs des ponts et chaussées, dans la première quinzaine de novembre. Le témoignage des principaux chefs de l'armée et notamment du général d'Aurelles de Paladines, leur fut tellement favorable, que nous résolûmes de généraliser ce mode d'intervention. En conséquence, le décret du 30 novembre fut rendu.

Aux termes de ce décret complété par quelques dispositions additionnelles, chaque corps d'armée comprit désormais : un ingénieur en chef et trois ingénieurs ordinaires, neuf chefs de section, dont trois principaux, neuf piqueurs, dix-huit chefs de chantier et une compagnie d'ouvriers de soixante hommes, pouvant être portée à trois cents. Ce personnel était à volonté réparti par tiers, entre les trois divisions du corps d'armée. Il fut pourvu de tous les outils et accessoires nécessaires aux travaux, et même de piles électriques, de lunettes d'approche, de fusées, etc. Les ingénieurs eurent d'ailleurs tous droits de réquisition et furent spécialement chargés de réunir sur les lieux les travailleurs, les chevaux, tombereaux, bois, cordes, agrès, etc., que fournissait la contrée.

A la fin des hostilités, le corps du génie civil comptait en activité cinquante-deux ingénieurs de tous grades et de toute provenance et deux cents chefs de section. On ne saurait trop louer le patriotisme avec lequel ces volontaires ont rempli des fonctions très-pénibles et qui n'étaient pas exemptes de danger. Des hommes du plus grand mérite, M. Bruniquel, connu par ses travaux d'art dans les Pyrénées, M. Fargues, chargé des travaux de la Garonne, M. Delauney, agent voyer en chef de la Sarthe, M. Brunfaut, ingénieur civil, M. Lebleu, ingénieur des mines et tant d'autres qu'il faudrait citer, n'ont pas hésité à quitter leurs intérêts et leurs familles pour s'associer aux hasards de ces rudes expéditions. Leur concours a été fort apprécié ; il l'aurait été davantage encore si le temps avait permis à quelques préventions de s'effacer et aux généraux de s'habituer à un instrument aussi nouveau pour eux.

L'organisation du génie civil nécessita, au sein de l'administration centrale, la création d'une direction spéciale. Elle fut confiée à M. Dupuy, ingénieur des ponts et chaussées, et l'un des auteurs des fortifications d'Orléans. Plusieurs ingénieurs, MM. Basire, Moquet, Lionnet, etc., lui furent adjoints dans cette direction, qui ne tarda pas à prendre de grands développements. Des instructions détaillées furent rédigées, tant pour les ingénieurs en campagne que pour les généraux devant les occuper. On s'attacha surtout à bien faire comprendre à ces derniers que sans se préoccuper des moyens d'action, ils n'avaient qu'à réclamer du génie civil les efforts jugés nécessaires. Des quantités considérables d'instruments et d'outils furent mises à la disposition des agents du service actif. En outre, diverses questions scientifiques, intéressant la marche des armées, furent l'objet d'expériences suivies; on s'occupa notamment des moyens d'éclairage à la pile et des systèmes de signaux. Au moment où l'armée de la Loire comptait s'approcher de Paris, le génie civil préparait un mode de correspondance sémaphorique avec Paris à l'aide d'appareils électriques placés soit sur un échafaudage élevé, soit dans un ballon captif. On ne désespérait pas ainsi de communiquer depuis Pithiviers. Enfin le génie civil s'occupa, lors de la campagne de l'Est, de pourvoir l'armée de cartes topographiques très-détaillées des départements frontières, dressées en Prusse. Un ingénieur, M. Prompt, envoyé en mission dans ce but, réussit à s'en procurer un assez grand nombre d'exemplaires.

Une mesure destinée à faciliter l'action du génie civil et même, à son défaut, à permettre une exécution plus rapide des travaux de défense nécessaires aux armées en campagne ou ordonnés par les autorités locales, a consisté à mettre à la disposition du ministre de la guerre, sur tous les points du territoire, toutes les personnes qui, à raison de leur profession, pourraient aider à l'exécution de ces travaux. Un décret du 11 novembre porte que les ingénieurs de l'Etat, les agents voyers et architectes des départements, le personnel des chemins de fer, les entrepreneurs de travaux publics pourraient être requis à tout instant par les autorités dûment qualifiées. Les compagnies de chemins de fer furent également tenues, par le même décret, de mettre en état de défense les gares, stations et portions de ligne qui leur seraient désignées.

Il me reste à parler du service qui nous a donné peut-être le plus de soucis : celui de l'intendance et ses annexes.

On a beaucoup critiqué le service de l'intendance. Je me propose d'examiner, quand je traiterai des causes de nos désastres, la part qui peut lui être équitablement imputée. Je veux seulement faire connaître ici les principales mesures d'organisation qu'il a fallu adopter et les résultats généraux qu'elles ont produits.

On se rappelle qu'un sous-intendant militaire supportait seul, à notre arrivée, le poids de tous les services administratifs. Il fut remplacé par un homme habitué au maniement des grandes masses, M. Férot, ancien chef du mouvement général des chemins de fer de l'Ouest (1), qui assuma la direction supérieure. On lui adjoignit peu de temps après un autre fonctionnaire des chemins de fer, M. Lejeune, chargé sous ses ordres de surveiller l'ensemble. En même temps, les services furent partagés en cinq sous-directions, correspondant aux divisions naturelles, qui reçurent chacune un titulaire responsable, savoir : M. Panafieu, pour les transports, la solde, les revues de comptabilité ; M. Roux, intendant militaire, pour les subsistances ; M. La Haussois, également intendant, pour l'habillement et le campement, M. le docteur Robin, membre de l'Institut, pour les services médicaux, et M. Guy pour la comptabilité.

Cette organisation eut d'excellents effets et imprima à toutes les opérations une activité exceptionnelle. On en jugera par ce relevé succint des fournitures principales faites aux armées pendant la période du 15 octobre 1870 au 31 janvier 1871 :

Couvertures.	779,200
Capotes.	677,400
Ceintures de flanelles . . .	1,157,300
Pantalons	957,200
Tuniques, vareuses	714,500
Gilets de laine, tricots . . .	608,000
Chemises.	1,805,000
Paires de souliers	1,813,700

(1) M. Férot a été, pour ses services, nommé officier de la Légion d'honneur, en avril, sur la proposition de M. le général Le Flô.

Caleçons.	732,100
Peaux de moutons	385,000
Havre-sacs.	697,000
Rations de biscuits (1) . . .	17,000,000
Id. riz.	40,000,000
Id. lard. . , ...	11,000,000
Id. sel.	35,000,000
Id. sucre et café. . . .	35,000,000
Id. eau-de-vie	12,000,000
Id. avoine.	6,400,000

Si l'on rapproche les chiffres des effets d'équipement du nombre d'hommes réellement équipés par les soins de l'administration de la guerre, lequel a été d'environ 600,000, on voit que chaque homme a reçu en moyenne : une capote, une tunique, un et demi pantalon, un gilet de laine, un caleçon, un havre-sac, deux couvertures ou peaux de mouton, deux ceintures de flanelle, trois chemises et trois paires de souliers.

Les gardes mobiles et mobilisés n'étaient point équipés par l'administration de la guerre et je saisis cette occasion de dire que je n'ai point à répondre par conséquent aux reproches vrais ou faux dont l'équipement de ces troupes a été l'objet. L'administration de la guerre les recevait tout équipés et armés par le ministère de l'intérieur et n'avait qu'à les entretenir. Elle l'a fait, je crois, de manière à ne mériter

---

(1) Les fournitures de pain et de viande étaient faites au jour le jour, au moyen de marchés passés avec des entrepreneurs. En outre l'administration a acheté directement de grandes quantités de blés et farines, qui lui ont permis de contribuer pour 30 millions de rations de farine au ravitaillement de Paris, après l'armistice.

aucun des reproches que, par une confusion bien excusable d'attributions, le public a pu être tenté de diriger contre elle. J'expliquerai un peu plus loin, à propos des camps d'instruction, dans quelle mesure le ministère de la guerre a été appelé à compléter directement l'équipement des gardes mobiles des dernières levées. Mais ces hommes n'ont pas eu le temps de paraître sur les champs de bataille et par suite ce n'est pas à eux, en tous cas, qu'ont trait les griefs articulés contre l'administration.

M. Férot et ses collaborateurs se sont montrés intelligents, dévoués et soucieux de faire régner dans l'administion ce qui doit être sa première vertu : la moralité. Je cite ici le rapport de M. Férot à M. le général Le Flô, en date du 15 mars :

« En terminant, dit-il, je crois devoir dire un mot des me-
» sures prises relativement aux achats.

» En exécution des règlements sur la comptabilité publique,
» et suivant les formes prescrites, les intendants en chef et les
» intendants divisionnaires ont procédé aux achats des approvi-
» sionnements nécessaires au service. C'est ainsi, principalement,
» que les marchés de fournitures de pain, de viandes et de
» transports, ont été passés par les intendants en chef des ar-
» mées et corps d'armée et que l'intendant divisionnaire de
» Marseille a, sur les ordres du ministre, tiré de cette place de
» grandes quantités de blés, de farines, de sucre, de café, et
» développé, à des prix avantageux et sur une grande échelle,
» la confection d'effets d'habillement et d'équipement.

» Cependant et vu la tendance du commerce à s'adresser à
» l'administration centrale où affluaient des offres nombreuses et
» de toute nature, le ministre, dans le triple but d'écarter des
» bureaux des sollicitations incessantes, de s'éclairer sur la va-

» leur des offres faites et de conserver le temps nécessaire aux
» travaux de chaque jour, a d'abord décidé à Tours la création
» d'une commission consultative composée d'officiers désignés
» par le général commandant la division, assistés d'experts ci-
» vils et chargés d'examiner les offres d'objets propres à l'ha-
» billement, à l'équipement et au campement.

» Lorsque le siége du gouvernement fut transporté à Bor-
» deaux (9 décembre 1870), la désignation des membres civils
» composant deux commissions consultatives fut demandée au
» président de la chambre de commerce de cette ville et, peu de
» temps après, comme on avait reconnu que le mécanisme de
» ces commissions entraînait une perte de temps inutile entre le
» moment où l'offre acceptable se produisait et le moment où le
» marché était conclu, le ministre décida (29 décembre 1870) la
» transformation des deux commissions consultatives en commis-
» sions d'achat, l'une pour les subsistances, l'autre pour l'habil-
» lement et le campement.

» La composition de chacune de ces commissions fut réglée
» ainsi qu'il suit :

» Un intendant militaire, président ;

» Six membres civils désignés par le président de la chambre
» de commerce de Bordeaux ;

» Trois officiers désignés par le général commandant la divi-
» sion militaire.

» Les marchés conclus par ces commissions étaient d'ailleurs
» soumis à l'approbation ministérielle.

» L'administration a eu à se louer du concours de ces com-
» missions qui se sont montrées fort soucieuses des intérêts du
» Trésor. »

J'ajoute que le 8 décembre une commission spéciale de comptabilité fut formée par décret pour « contrôler et liqui-
» der provisoirement tous les marchés passés, depuis le dé-

» but de la guerre, pour fournitures faites ou à faire aux
» troupes. » Cette commission composée de dix et plus tard de douze personnes, comprenait, indépendamment de divers fonctionnaires du ministère de la guerre, un inspecteur des finances et un inspecteur adjoint, un ancien receveur général, un conseiller référendaire à la cour des comptes et trois fonctionnaires du ministère de l'intérieur.

L'ensemble de ces mesures et le caractère des personnes chargées de les appliquer, me donnent la confiance que l'administration, à tous les degrés, a été digne de son mandat. Je dois dire, du reste, à l'éloge de mes subordonnés, que pendant cette période agitée, leur préoccupation constante a été de multiplier les garanties de l'État et de laisser après eux toutes les facilités de vérification.

On aurait une idée incomplète du labeur dévolu à l'intendance, si on le limitait aux opérations en quelque sorte intérieures que je viens d'indiquer. La grande, la principale difficulté est venue de la nécessité d'assurer le service à l'extérieur, avec un personnel tout à fait insuffisant. La plupart des cadres avaient disparu dans les désastres de la période impériale et il n'existait aucun moyen normal de les renouveler. Nous avons fait appel à toutes les personnes ayant des notions sur cette branche d'administration, et, de préférence, à d'anciens sous-préfets, secrétaires généraux, conseillers de préfecture, lesquels sont, en temps ordinaire, les suppléants légaux des fonctionnaires de l'intendance. Nous avons ainsi recruté et commissionné, en dehors des cadres réguliers, 224 intendants ou sous-intendants et 178 officiers d'administration, en tout 402 agents ayant un caractère comptable.

Nous avons eu la satisfaction de ne pas rencontrer, dans ce personnel improvisé, un seul acte d'immoralité.

La question des transports a pris des développements inusités. Les circonstances militaires, et malheureusement les revers qu'il ne fallait que trop prévoir, ont conduit les intendants d'armée à constituer pour leurs approvisionnements ce qu'ils nommaient des *magasins mobiles*, c'est-à-dire à conserver sur rails, en wagons, une alimentation pour dix jours, de manière, en cas de retraite précipitée, à pouvoir faire refluer rapidement ces réserves à l'intérieur sans laisser à l'ennemi le temps de s'en emparer. C'est grâce à la sagesse de ces mesures et à l'intelligence avec laquelle ils les ont pratiquées, que les grands intendants de nos armées, M. Bouché, à Orléans et au Mans, M. Friand, dans l'Est, M. Richard dans le Nord, ont réussi à alimenter les troupes sans jamais faire des pertes sensibles. On ne se doute pas assez, dans le public, des services rendus par ces hommes distingués et par leurs principaux collaborateurs.

La mesure dont je viens de parler, appliquée aux douze corps d'armée, en négligeant les corps accessoires, a nécessité la disponibilité, à raison de 40 wagons par corps et par jour, de 4,800 wagons continuellement chargés sur rails. Cet énorme stock, joint à tout le matériel en cours de circulation pour l'artillerie, les mouvements de troupes et l'intendance elle-même, menaçait les voies ferrées d'encombrements incessants. Pour en prévenir, autant que possible, les fâcheux effets, une inspection générale des transports fut instituée. Composée en grande partie d'ingénieurs et d'employés supérieurs des chemins de fer, elle était placée sous les ordres d'un ancien chef de service de la compagnie du Midi, M. Poirier, assisté d'un inspecteur principal de la même compagnie, qui nous avait généreusement offert son concours, M. David. On a pu ainsi abréger les retards et atténuer les fausses destinations qui tendaient journellement à se produire. Il y a là une question sérieuse, que la nouvelle administration de la guerre fera bien, je crois, d'examiner en vue d'une future campagne. L'armée française, je le dis à ce propos, n'est pas assez familiarisée avec le service des chemins de fer. L'administration militaire devrait à l'avance constituer un personnel qui, au moment des hostilités, pourrait immédiatement s'emparer de l'exploitation et la plier à ses besoins. Cette lacune a été une des principales causes de notre infériorité.

Le service médical a motivé une innovation qu'il me semblerait bon de maintenir, et qui n'a été du reste qu'une satisfaction accordée à l'opinion publique. Depuis longtemps on sentait instinctivement la convenance de grouper les services médicaux, en ce qu'ils ont de technique et spécial à l'art de guérir, sous la direction d'un praticien attitré. C'est ce qui a eu lieu. M. le docteur Charles Robin, membre de l'Institut, a été nommé directeur de ce service, dont le contrôle général et la comptabilité sont restés, bien entendu, aux mains de l'intendance. L'administration actuelle n'a pas maintenu ce fonctionnaire éminent; je souhaite qu'elle maintienne du moins la fonction et la qualité du titulaire.

Le personnel médical, comme celui de l'intendance, a dû être rapidement augmenté par des appels aux dévouements volontaires. Sans parler des médecins civils requis temporairement par les intendants militaires pour assurer le service des hôpitaux, on a commissionné pour les corps en campagne 368 agents de tous grades, savoir : 209 médecins, 25 pharmaciens et 134 élèves. C'est un peu plus que tout le corps médical affecté par l'Empire à l'armée du Rhin. Dans les hôpitaux, on a également commissionné 96 agents auxiliaires.

Le matériel d'ambulance était plus épuisé encore que le personnel. Quand la délégation s'est installée à Tours, elle possédait à peine le matériel d'un corps d'armée. Par des commandes pressantes et simultanées à Marseille, Lyon et Bordeaux, on s'est procuré 20 chargements de caissons de pharmacie, 75 chargements de caissons d'ambulance, 20 paires de cantines de chirurgie, 386 paires de cantines médicales, 873 sacs ou sacoches d'ambulance, 3,680 brancards, etc. On a pu ainsi approvisionner non-seulement tous les corps d'armée, mais encore former une réserve pour 5 ou 6 nouveaux corps qui viendraient à être formés.

Enfin à l'aide de subventions accordées aux sociétés et aux municipalités, lesquelles n'ont pas dépassé 1 franc par journée de traitement, on a ajouté aux ressources normales de l'administration, pour assurer le service à l'arrière des armées, 105,000 lits, sur lesquels 31,000 étaient encore disponibles au moment de l'armistice.

L'intérêt philanthropique que le sujet inspire dans toutes les classes de la société m'engage à reproduire, malgré leur étendue, les observations suivantes émanées du service compétent :

» Comme dans nos précédentes guerres, chaque division d'un
» corps d'armée a été pourvue d'une ambulance ayant son per-
» sonnel distinct du personnel des régiments. A chaque ambu-
» lance divisionnaire était attaché un médecin-major de 1re classe,
» chef de service, trois aides-majors, et un pharmacien. Au quar-
» tier général des corps d'armée fonctionnait une ambulance
» dite du *quartier général*, dans laquelle était placé un médecin
» principal de 2e classe ayant sous ses ordres un personnel plus
» nombreux de majors et d'aides-majors destinés à pourvoir aux
» vides qui pourraient survenir dans les ambulances division-
» naires. Enfin un médecin principal remplissait les fonctions
» de médecin en chef du corps d'armée, et, en cette qualité,
» avait la haute direction du service des diverses ambulances.

» Dès que leurs devoirs sont remplis envers le régiment, et
» que leur présence sur le lieu du combat n'est plus nécessaire,
» les médecins de corps se joignent, en général, à leurs confrères
» des ambulances pour partager leurs travaux. Cette manière de
» faire est facultative, mais chacun se faisait ordinairement un
» devoir de la suivre et on désirerait la voir devenir obligatoire.
» Dans beaucoup de circonstances, les médecins des corps ont
» constitué eux-mêmes des ambulances volantes d'une grande
» utilité.

» Chaque ambulance avait son personnel d'officiers d'adminis-
» tration, d'infirmiers, de soldats du train conducteurs de mulets,
» de cacolets ou de voitures d'ambulance, destinés au transport
» des blessés, ainsi que son matériel pouvant suffire à 3,000 ou
» 4,000 pansements.

» Chaque ambulance se trouvait sous l'autorité d'un fonction-
» naire de l'intendance qui, seul, avait le pouvoir de désigner
» l'emplacement que devait occuper l'ambulance sur le champ de
» bataille. Dans certains cas, celles-ci ont été placées si près des
» combattants que le personnel et les blessés ont été exposés à
» l'atteinte des projectiles. Bien qu'établies autant que possible
» dans des endroits abrités, églises, fermes ou maisons, et dé-

» signées au respect de l'ennemi par le drapeau blanc à croix
» rouge, elles ont souvent reçu des coups de feu ; plusieurs mé-
» decins d'ambulance ont ainsi perdu la vie ; quelques-uns,
» comme auprès de Dijon, ont même été massacrés dans leur
» ambulance, ainsi que les infirmiers ; sept ont été tués pendant
» la durée du siége de Strasbourg. D'autres, tués sans doute,
» ont disparu. Plus tard, seulement, le nombre en pourra être
» fixé. Deux seulement sont morts de maladie. Le service
» des ambulances a, en général, été confié aux médecins mili-
» taires de l'armée régulière. Dans les armées de la Loire et de
» l'Est cependant, le personnel des ambulances de division a
» été formé de médecins de l'armée auxiliaire. Tous se sont
» acquittés de leur devoir avec abnégation et dévouement. Très-
» souvent la quantité de blessés relevés a rendu, temporaire-
» ment, et même d'une manière permanente, le nombre des
» médecins insuffisant, et a poussé leur travail jusqu'à l'exténua-
» tion. Après divers combats, des ambulances volontaires ont
» utilement concouru à soigner les blessés et à les alimenter,
» ainsi qu'au transport ultérieur des patients dans les établisse-
» ments hospitaliers des villes.

» Dans les mouvements de retraite de l'armée, beaucoup de
» blessés non transportables sont restés dans les endroits où on
» les avait réunis ; de nombreuses ambulances sont ainsi tombées
» au pouvoir de l'ennemi.

» Lorsque l'ambulance a dû se reporter en arrière, on a tou-
» jours laissé auprès des blessés un nombre suffisant de méde-
» cins pour leur donner des soins. Le plus souvent les Allemands
» ont respecté ces fractions d'ambulances, ils en ont recueilli les
» blessés. Mais, au mépris de la convention de Genève, prescri-
» vant la remise du personnel et du matériel d'ambulance aux
» avant-postes les plus rapprochés, ils ont retenu ces derniers ;
» et les médecins, restés auprès de leurs blessés, n'ont été rendus
» qu'après de longs pourparlers, ou en s'échappant avec des
» difficultés de toute nature. En présence de la fréquente inob-

» servation par l'ennemi, des conventions sur la neutralité du
» matériel d'ambulance, qui en maint endroit a été pris sans
» restitution ultérieure, les intendants, justement préoccupés de la
» conservation de ce matériel, ont à peu près partout donné
» l'ordre de le tenir à l'abri d'un enlèvement possible. De là un
» éloignement de secours et des moyens de transport qui aug-
» mentaient les difficultés du fonctionnement des ambulances.

» Afin d'obvier à ces graves inconvénients, une excellente me-
» sure a été proposée par M. l'inspecteur Legouest. Les lourds cais-
» sons d'ambulances et de pharmacie qui forment le matériel, ne
» pouvant suivre d'assez près les troupes durant le combat,
» étaient laissés dans les réserves et ont été remplacés par un
» matériel plus léger, comprenant un certain nombre de cantines
» médicales facilement transportables sur des petites voitures à
» deux roues. Ces mesures ont été mises en pratique dans plu-
» sieurs corps d'armée avec avantage, tant pour le service mé-
» dical que pour le Trésor.

» De nombreuses ambulances proprement dites ont été créées
» par des particuliers dans des maisons, des villes et des châ-
» teaux peu éloignés des stations de chemins de fer, se prêtant
» à l'installation de quelques lits.

» De véritables hôpitaux temporaires ont été fondés dans de
» grands établissements industriels de tous ordres, offerts à
» l'État par des particuliers et des compagnies ; d'autres ont dû
» être installés dans des maisons d'instruction laïques ou reli-
» gieuses, offertes par les villes et les corporations; d'autres
» enfin l'ont été dans des constructions de ces divers ordres of-
» ficiellement requises par l'intendance ; car, dans les mois de
» décembre ou de janvier, tout établissement pourvu de lits ou
» de couvertures était devenu d'une nécessité immédiate dans
» certains départements voisins des armées belligérantes.

» Le matériel des maisons qui en manquaient a été fourni
» soit par l'administration des services hospitaliers militaires,
» soit par celle des hôpitaux civils, avec remboursement par

» l'État, ou à l'aide de fonds provenant de souscriptions parti-
» culières. Dans les établissements d'instruction laïque ou re-
» ligieuse, ce matériel a été fourni par ces maisons mêmes.
» Ailleurs, enfin, il est provenu entièrement ou partiellement
» de prêts ou de dons généreux des particuliers ou des mu-
» nicipalités.

» Toutes les fois qu'il a été possible de le faire, des corps de
» bâtiments distincts, ou au moins un étage ou des salles spé-
» ciales ont été affectées au traitement des maladies transmis-
» sibles, telles que la variole, les fièvres graves, la dyssen-
» terie, etc.

» Pour rendre disponibles le plus grand nombre de lits possi-
» ble dans les ambulances et les hôpitaux voisins des corps en
» campagne, il fallait évacuer, par transport dans les établisse-
» ments éloignés, les malades et les blessés pouvant voyager
» sans inconvénients.

» Dans ce but, le gouvernement a pris des mesures qui ont
» produit les meilleurs résultats. Le transport des malades par
» les voies ferrées a été régularisé, les soins médicaux et l'ali-
» mentation pendant le parcours ont été assurés. L'encombre-
» ment des wagons et des ambulances et surtout le transport
» des malades atteints d'affections transmissibles ont dû être
» évités avec le plus grand soin.

» Les circulaires du 25 décembre 1870, des 10 et 12 jan-
» vier 1871 ont prescrit la création, sur les lignes ferrées,
» d'ambulances provisoires dans lesquelles les malades et les
» blessés sont momentanément reçus, chauffés, pansés et récon-
» fortés.

» Il a été installé des services réguliers dans la plupart des
» gares importantes. A chacune de ces installations a été atta-
» ché un personnel de médecins et d'infirmiers, un service ali-
» mentaire avec approvisionnement de médicaments et d'objets
» de pansement, de moyens de couchage, pour environ quatre
» cents hommes. A l'arrivée des convois de malades et de

» blessés, les médecins qui les accompagnent ou ceux des am-
» bulances des gares désignent les soldats qui, hors d'état de
» supporter un plus long trajet, doivent rester dans les hôpi-
» taux de la localité. Ils sont en outre chargés d'en appeler aux
» autorités compétentes pour envoyer dans les régiments ou dans
» leurs dépôts les simulateurs ou les fuyards qui parfois se
» mêlent aux malades.

» La translation des malades et des blessés des ambulances et
» hôpitaux qu'ils remplissent, vers les établissements ayant des
» lits vacants, a été régularisée par la désignation, sur le ré-
» seau des chemins de fer français, de sept lignes d'évacuation.
» Elle a particulièrement été assurée par la surveillance perma-
» nente du service de chaque ligne confiée à un médecin inspec-
» teur et un sous-inspecteur. Ces derniers seront assistés, au
» besoin, par un ou plusieurs médecins commissionnés à cet
» effet.

» Ce pénible service a été fait par tous avec dévouement et
» sagacité. Sa régulière exécution est signalée partout avec
» éloge, et elle a eu pour résultat une amélioration dans l'état
» sanitaire de l'armée qui est aujourd'hui bien constatée. Les
» inspecteurs visitent aussi les hôpitaux et les ambulances
» temporaires voisins des lignes de chemins de fer, pour hâter
» la rentrée dans les corps ou leurs dépôts de malades et bles-
» sés guéris, pour veiller à ce que ceux qui sont atteints de ma-
» ladies transmissibles soient traités dans des salles ou des lo-
» caux séparés.

» Les lits isolés et les ambulances au-dessous de 10 à 15 lits
» gratuitement offerts par les particuliers, sont favorables au
» point de vue hygiénique pour le traitement des malades at-
» teints de fièvres éruptives ou autres. Mais tous les rapports
» d'inspection s'accordent à dire qu'en temps de guerre, et
» même en ce moment, ils ne rendent pas les services qu'on
» en attendait, parce que ceux qui les offrent refusent de rece-
» voir les malades atteints de ces affections, qui exigent des

» soins plus assidus que les blessures. En l'absence de blessés
» beaucoup de lits restent inoccupés. Un autre inconvénient
» des petites ambulances est que les militaires traités chez les
» particuliers échappent presque absolument à la surveillance
» médicale et régimentaire. Il n'y a qu'un avis parmi les méde-
» cins inspecteurs sur la nécessité pour l'avenir de supprimer
» l'usage de cette pratique. Les ambulances requises, dans les-
» quelles les médecins peuvent exiger d'office l'entrée des sol-
» dats atteints de telle ou telle affection, donnent des résultats
» sanitaires et économiques de beaucoup meilleurs, toutes les
» fois que l'encombrement peut être évité. »

CHAPITRE III

MESURES ADMINISTRATIVES DIVERSES

Cadres d'officiers — Armes — Munitions — Organisation de la défense locale. — Camps régionaux — Batteries départementales — Coup d'œil général sur les dépenses de la guerre.

Les cadres de l'armée avaient en grande partie disparu avec l'armée elle-même. Ce qui en restait, je l'ai dit, était enfermé dans Paris. En province, on n'avait d'autres ressources que les dépôts, les quartiers des divisions territoriales et ce qu'on pouvait rappeler d'Afrique, en tout fort peu de chose pour une organisation normale. Les forces créées par l'administration précédente avaient même en partie tari ces sources, et le problème qui se posait était celui-ci : « Étant donnée, comme pépinière, une » armée régulière de 40 à 50,000 hommes, trouver à bref » délai les cadres d'une armée de 4 à 500,000 hommes. »

La solution satisfaisante d'un tel problème n'existe pas. On n'improvise pas les bons officiers par milliers. C'est là une de ces difficultés *de nature* qui pèsent jusqu'à la fin sur une situation. La guerre de 1870, dans sa deuxième période, n'y a pas échappé, et il était visible pour les yeux les moins clairvoyants, que la France allait lutter dans des conditions très-désavantageuses. Mais là n'était pas la question ; la lutte était engagée ; il fallait la soutenir de son mieux.

Pour suppléer à l'insuffisance des cadres on a employé trois moyens principaux.

En premier lieu on a doublé la force des compagnies, ce qui revenait à réduire de moitié le nombre des capitaines nécessaires ; or un bon capitaine est, comme on sait, le rouage le plus difficile à trouver. Mais c'est là, il faut en convenir, un médiocre expédient, que la dureté des temps peut seule justifier; car il a pour résultat d'affaiblir la qualité des troupes. Les compagnies ainsi développées sont loin de présenter la cohésion, la discipline et la mobilité des compagnies normales. Les auteurs de la mesure ne se sont point fait illusion, mais la pénurie était telle qu'il n'y avait pas à balancer.

Deuxièmement on a pratiqué dans la plus large mesure le recrutement des officiers de tous grades aux divers rangs de l'armée. Les chefs de corps furent autorisés à puiser parmi les sous-officiers et même les simples soldats. On vit bon nombre de ces derniers qui en peu de temps reçurent l'épaulette ; on vit bon nombre d'officiers des derniers grades qui promptement devinrent chefs de bataillon ou même lieutenants-colonels. C'est dans ce but que fut rendu le décret du 13 octobre, qui suspendit les lois ordinaires de l'avancement pendant la durée de la guerre. Aucun délai ne fut obligatoire entre les grades, et même plusieurs grades purent être franchis d'un coup. Toutefois les avancements ainsi accordés n'étaient pas valables après la guerre, à moins qu'ils ne fussent « justifiés par quelque » action d'éclat ou service extraordinaire dûment constaté » par le gouvernement de la République. » Sans cette loi on n'aurait jamais eu des généraux comme Billot, de Sonis, Loysel, qui, lieutenants-colonels en octobre, étaient chefs de corps d'armée en décembre.

A ce propos je dois dire deux mots d'un fait général qui, m'a-t-on dit, a été vivement commenté dans l'armée active ; je veux parler des avancements rapides reçus par les officiers et sous-officiers dans les dépôts. On a cru y trouver l'indice d'un favoritisme pratiqué par les chefs civils de la guerre. Il est aisé de voir qu'il n'y sont pour rien. Aux termes du décret du 26 novembre 1870, ces nominations étaient faites exclusivement par les généraux commandant les divisions militaires. Et ces généraux, de leur côté, ne pouvaient s'empêcher de les faire, par la raison bien simple qu'ils avaient à constituer incessamment de nouveaux cadres pour les régiments en formation dans leurs dépôts. Ces appels réitérés aux dépôts avaient pour effet nécessaire de déterminer un mouvement ascendant à tous les degrés de la hiérarchie, mouvement qui était souvent beaucoup plus accéléré que sur le champ de bataille lui-même. On reconnaîtra qu'avec le mode actuellement en vigueur d'organisation des troupes, il était impossible de faire autrement.

Enfin, et ce fut la mesure la plus décisive, on institua l'armée auxiliaire. On sait les services que cette création a rendus aux États-Unis du Nord pendant la guerre de sécession. Ce peuple, obligé tout d'un coup de trouver les cadres d'une armée de 7 à 800,000 hommes et ne pouvant prétendre à les faire sortir du noyau de 37 mille soldats qu'il possédait au moment des hostilités, autorisa la collation des grades militaires, mais seulement pour la durée de la guerre, à toutes personnes paraissant en état de les exercer. C'est ainsi qu'en deux ou trois ans se formèrent ces généraux qui remplirent le monde du bruit de leurs exploits. Le décret du 14 octobre transporta cette institution en France, en l'appropriant à nos mœurs. On lui doit un nombre considérable d'officiers, empruntés à toutes les classes de la société. Des fils de famille, de jeunes fonctionnaires, des officiers démissionnaires, des étrangers même prirent du service pour la durée de la guerre. C'est par là que les généraux Bonnet, de Polignac, Pélissier, Cremer, Garibaldi, Bossack, Ochsenbein purent commander nos divisions, que Lipowski, Charette, Cathelineau, Keller, Bouras, Carayon-Latour se sont distingués en conduisant des corps de volontaires. On doit enfin à ce décret l'emploi de ces glorieux marins, Jauréguiberry, Jaurès, Penhoat, Payen, Bruat, etc. qui versèrent leur sang sur nos champs de bataille, à côté de leurs frères de l'armée de terre, et qui n'auraient jamais pu, aux termes des lois ordinaires, remplir les commandements élevés qui leur furent confiés.

Je n'affirmerai pas que, sur le nombre, il n'y ait pas eu des choix reprochables. Mais on s'en étonnera peu, si l'on songe à la célérité extrême avec laquelle il a fallu les faire. En quelques semaines, nous avons réuni plusieurs milliers d'officiers; était-il possible de scruter les antécédents de chacun? Un titre antérieur, le patronage d'une personne connue, des certificats dont nous n'avions pas toujours le moyen de vérifier l'authenticité, déterminaient notre acceptation. L'ennemi était à nos portes; souvent nos soldats n'attendaient qu'un chef pour partir ; une enquête, en ce cas, n'était guère de mise. Nous nous attachions surtout, je l'avoue, aux qualités militaires, laissant un peu au second plan ces autres conditions qui ont leur légitime part dans les temps calmes, mais qui s'effacent sur le champ de bataille. D'ailleurs les nominations ainsi faites étaient temporaires, une surveillance rigoureuse dans l'armée en tempérerait les écarts, et enfin, la guerre finie, la loi reprendrait ses droits et chacun sa vraie place.

Si l'on trouve que l'armée auxiliaire, malgré les immenses services qu'elle a rendus, n'a pas jeté le même éclat qu'aux États-Unis, qu'on veuille bien se rappeler qu'en Amérique la guerre a duré plusieurs années, et en France quatre mois seulement. Ce n'est qu'après avoir été battus pendant trois ans par l'organisation régulière du Sud, que les généraux improvisés du Nord, les Meade, les Grant, les Sheridan, les Sherman, ont appris à vaincre à leur tour et ont ainsi récompensé la longue patience de leurs concitoyens. La France plus pressée n'a donné à son armée auxiliaire que quatre mois pour la sauver. Quoi d'étonnant à ce que celle-ci n'ait pas atteint son apogée et à ce que tous les talents qu'elle recélait n'aient pu arriver à se faire connaître ?

Une de nos plus grandes préoccupations a été le manque d'armes et de munitions. La France, dès le début, a été, par cette cause, à deux doigts de sa perte ; et plus d'une fois on a craint de n'avoir pas les moyens de faire face aux prochaines batailles.

L'administration du 10 octobre a trouvé le pays sans

fusils. Les chassepots fabriqués par l'Empire avaient été pris par l'ennemi ou étaient accumulés dans les places assiégées. Metz, Strasbourg, Sedan, Paris en possédaient des centaines de mille. Le reste du pays n'en avait pas. Les fabriques de l'État en produisaient seulement 15 à 18,000 par mois; pour armer, par cette voie, les troupes que nous allions lever, il aurait fallu plusieurs années. Aussi, à peine installé, le gouvernement de la Défense nationale avait institué une commission d'armement chargée d'accaparer les fusils sur tous les marchés du globe. Cette commission, quelque anormale que cette hiérarchie paraisse, relevait du ministère des travaux publics, et elle a fonctionné d'une manière tout à fait indépendante de l'administration de la guerre et absolument hors de son contrôle. Je n'ai donc à m'ingérer en rien dans les critiques dont elle a été l'objet et auxquelles d'ailleurs ses membres sauront bien répondre eux-mêmes. Je me borne à relater ici les ressources que cette commission a mises à notre disposition pour l'armement des troupes.

A l'époque de mon entrée au ministère, la commission n'avait pu encore, vu le peu de temps écoulé, rien fournir, ni au département de la guerre, ni à celui de l'intérieur, en vue duquel surtout elle travaillait. Elle avait disposé d'ailleurs de crédits très-limités, moins de seize millions, je crois. C'est dans les trois mois qui suivirent que, grâce à l'influence personnelle de M. Gambetta au sein du gouvernement, deux cent millions environ furent dépensés par la commission en achats d'armes de toute espèce et de munitions. Au mois de février, le nombre des fusils de tous genres mis entre les mains des troupes ou en réserve s'élevait, non compris 300,000 chassepots environ, à plus de 1,200,000. Les types étaient d'ailleurs très-variés, il y avait des fusils se chargeant par la culasse et des fusils se chargeant par la bouche, des Remington, des Snider, des Springfield, des Enfield, des fusils français transformés et des fusils non transformés.

Cette variété de types introduisait une complication très-grave pour le ravitaillement des cartouches. Il a fallu, on peut le dire, des précautions infinies de la part des services compétents pour que jamais une méprise ne se soit produite sur le champ de bataille. Cette seule considération explique assez à quel point l'administration de la guerre était directement intéressée à faire disparaître des mains de ses troupes les armes de moins bonne qualité. Elle aurait ainsi ramené ses munitions à un petit nombre de types et aurait considérablement simplifié sa besogne. Lors donc qu'on s'étonne que des fusils vieux modèle soient restés si longtemps aux mains des soldats, c'est qu'on ne se rend pas compte de l'impossibilité où nous étions de faire autrement. Les navires n'arrivaient pas assez vite, et la fabrication de l'État, bien que la direction de l'artillerie eût réussi presque à la doubler, était hors de toute proportion avec les cent cinquante mille hommes qu'il fallait mettre sur pied tous les mois. Il était donc inévitable qu'à mesure que le temps s'écoulait, la proportion des chassepots dans l'armée allât en diminuant et que la confusion des types augmentât.

L'approvisionnement des cartouches chassepot a été une

très-grosse affaire. Vers le 10 octobre, le stock existant ne représentait guère que 10 jours de consommation et les moyens de fabrication faisaient défaut à deux points de vue.

Premièrement, les manufactures manquaient de papiers découpés. Celles qui découpaient elles-mêmes ne produisaient pas la moitié de la quantité nécessaire et l'industrie privée ignorait les procédés pour y suppléer. Les papiers et ouvriers spéciaux étaient restés dans Paris. Un ancien élève de l'école polytechnique, M. G. Marqfoy, primitivement membre de la commission d'armement, fut chargé de reconstituer cette fabrication. Il entra en relations avec M. Laroche-Joubert, grand papetier d'Angoulême, qui mit généreusement ses établissements à sa disposition. En quelques jours les deux collaborateurs, après d'actives recherches, parvinrent à produire les papiers découpés et les boîtes sur le pied de 1 million de cartouches par jour. Ce contingent, joint aux 5 ou 600,000 que les manufactures découpant elles-mêmes fournissaient déjà, réalisa le desideratum du ministère de la guerre.

Mais la deuxième difficulté se manifesta bientôt : ce fut le manque de capsules. En dehors de Paris un seul homme en France, le sous-chef artificier Chatenay, connaissait la fabrication. Sous la direction du colonel d'artillerie Michel, il organisa à Bourges une fulminaterie. Malheureusement l'approche de l'ennemi ne permit pas de conserver cette unique fabrique, d'ailleurs insuffisante. On la déménagea à Toulouse, ce qui entraîna une grande perte de temps. L'administration fut un moment réduite à demander à Paris de lui envoyer des capsules par ballons. Je laisse à penser si ce moyen suffisait. Nous chargeâmes alors M. Marqfoy de créer une grande fabrique à Bayonne. Assisté d'un professeur au collége de France, M. Mascart, qui était venu mettre sa science chimique à notre disposition, il réussit, en peu de temps, à force d'intelligence et de volonté, à créer de toutes pièces un établissement qui nous a donné 55 millions de capsules et qui en était arrivé à produire 1,200,000 capsules par jour. Des progrès notables ont été introduits dans les procédés par MM. Marqfoy et Mascart ; c'est ainsi qu'ont été appliqués, pour la première fois en France, je crois, la préparation et le chargement par voie humide.

Pendant ce temps, l'établissement de Toulouse se développait et fournissait 5 à 600,000 capsules par jour. De nouvelles ressources furent créées à Bordeaux par M. l'ingénieur des mines Linder, à Toulon par M. le colonel Dufaure et à Angers par le comité de défense. On parvint finalement à une production de 2 millions de capsules par jour, qui nous mit désormais au-dessus du besoin. Mais ce but ne fut pas atteint sans qu'on ait eu à traverser bien des angoisses, se demandant plus d'une fois comment on approvisionnerait les troupes devant l'ennemi.

La défense locale dans les départements fut organisée par le décret du 14 octobre 1870.

Les esprits étaient frappés de la facilité extrême avec laquelle les Prussiens avaient étendu leurs progrès sur notre territoire. Leur marche à travers la France n'avait rencontré aucun obstacle; leurs convois même n'avaient pas été inquiétés. Les partis envoyés dans diverses directions, en Normandie, dans le Perche, dans l'Est, n'avaient provoqué aucune résistance de la part des populations ; bien plus, ils avaient trouvé à s'approvisionner et à se nourrir.

Cependant certaines contrées accidentées offraient de précieuses ressources pour la défense ; il y avait des routes encaissées qu'on pouvait intercepter, des cours d'eau dont on pouvait faire des lignes de résistance, des bois dans lesquels les gens armés du pays pouvaient faire la guerre de tirailleurs. Surtout, on pouvait retirer les approvisionnements hors de la portée de l'ennemi, faire, comme on disait, le vide autour de lui, et le mettre dès lors dans l'impossibilité de s'éloigner de sa base de ravitaillement. Bref, il était question de créer autour de l'armée allemande une sorte d'investissement comparable dans ses effets à celui qu'elle-même avait créé autour de Paris.

Tel fut le but du décret précité. Il portait que tout département dont la frontière se trouverait par quelque point à moins de 100 kilomètres de l'ennemi, serait, par là même, déclaré « en état de guerre ». Or l'état de guerre, en vertu du même décret, entraînait des conséquences déterminées.

Un « comité militaire » de cinq membres au moins et de neuf au plus, se réunissait immédiatement sous la présidence du général commandant le département. Il comprenait dans son sein un officier du génie ou, à son défaut, d'artillerie, un officier d'état-major, un ingénieur des ponts et chaussées, un ingénieur des mines. Ce comité avait tous pouvoirs pour organiser la défense dans le périmètre du département. Il désignait les points à défendre, barrait les routes, élevait des fortifications de campagne, en un mot disposait tout pour disputer le passage à l'ennemi. Il avait droit de réquisition sur les personnes et les choses et convoquait les gardes nationaux sur des points désignés.

Le même comité était chargé de soustraire les approvisionnements de toutes sortes à l'ennemi. Il requérait les bestiaux, chevaux, denrées et les faisait passer derrière les lignes de défense établies dans le département ou dans les départements voisins. Au besoin il faisait brûler les approvisionnements qu'on n'avait pas le temps d'emporter. Des instructions complémentaires, des 22 et 29 octobre, réglèrent le mode d'exécution de « l'évacuation » et établirent, à cet effet, un concert nécessaire entre les autorités civiles et militaires. Plus tard un corps d'inspecteurs spéciaux fut chargé d'assurer l'application de ces dispositions.

Les mesures de défense proprement dites furent elles-mêmes l'objet d'une inspection exercée par des personnes recommandables, de bonne volonté, parmi lesquelles je citerai M. Cauvet, directeur des études de l'École centrale, et M. Jaubert de Passa, capitaine de vaisseau en retraite. Grâce à leur vigilance et à la pression morale qu'ils surent exercer sur les autorités, ils réussirent à obtenir une application plus soutenue des mesures protectrices. Il y avait à vaincre, en effet, l'inertie des populations et quelquefois une sorte de répugnance de leur part à accepter des obligations qui étaient pour la vie sociale une gêne incontestable. L'interception des routes, l'exportation des denrées étaient évidemment accompagnées de complications et de dommages. Les paysans s'y prêtaient difficilement et quelques-uns, il est triste de le dire, préféraient vendre avec bénéfice leurs provisions à l'ennemi. Néanmoins et sous la salutaire influence des inspecteurs, les départements les plus rapprochés de l'ennemi ont pris des mesures importantes. Dans l'Orne, la Sarthe, le Loiret, l'Yonne, la Nièvre, Indre-et-Loire, les comités militaires ont fonctionné avec intelligence et vigueur. Les instructions du comité d'Indre-et-Loire, notamment, resteront comme un modèle de précision et d'entente de ce genre de travaux.

Cet important service a été dirigé, au sein du ministère, par M. le commandant du génie de Pontlevoye, auquel on est redevable de la plupart des progrès accomplis.

Le système défensif dont je viens d'indiquer les bases, s'écarte notablement, je dois le reconnaître, des instructions qui nous furent envoyées en novembre par le général Trochu et qu'il a développées à la tribune le 14 juin 1871.

Le gouverneur de Paris recommande, comme on sait, avec beaucoup d'insistance, de défendre « les villes ouvertes, barricadées et crénelées. » On ne peut s'expliquer que par l'investissement au sein duquel cet officier général a vécu et qui lui masquait les faits du dehors, l'erreur dans laquelle il est tombé relativement à la manière de combattre des Prussiens dans les départements. Les Prussiens se gardaient bien de prendre d'assaut les villes barricadées et crénelées. Ils se bornaient à placer à distance quelques pièces d'artillerie à longue portée et, sans s'exposer aucunement, ils couvraient de leurs obus la ville si elle ne consentait pas à se rendre. C'est ainsi qu'ils ont fait à Dijon, à Auxerre, à Dreux, à Blois, et qu'ils ont menacé de faire à Orléans, à Rouen, à Saint-Quentin et d'une manière générale partout où ils se sont trouvés en présence d'une velléité de résistance de la part d'une ville ouverte. L'exemple de Châteaudun, qui a impressionné le général Trochu et qui sert de base à ses recommandations, est un fait isolé, du début, qui ne s'est jamais renouvelé. Peut-être même est-ce cette héroïque résistance qui a rendu les Allemands si prudents. Quoi qu'il en soit, le système qui nous était conseillé aurait conduit à la ruine infaillible de toutes nos villes ouvertes sans arrêter la marche de l'ennemi. Nous nous sommes attachés au contraire à défendre les villes *hors* des villes mêmes, c'est-à-dire en établissant sur les routes, à une distance suffisante, des obstacles permettant de disputer le passage, sans exposer l'agglomération aux projectiles de l'ennemi. Tel est le point de vue auquel se sont placés les généraux Barral, Mazure, de Pointe de Gevigny, pour la défense si bien comprise du Nivernais et de la vallée du Cher.

La création des camps d'instruction ou camps régionaux a marqué une phase importante dans la guerre, car elle a été faite en relation avec la mobilisation de toute la population valide jusqu'à quarante ans. Toutefois, dans l'esprit de la délégation, cette institution était permanente et devait survivre aux circonstances qui l'avaient fait naître.

Le décret de mobilisation est du 2 novembre. Il avait appelé sous les armes indistinctement les célibataires et les mariés et abolissait toutes exemptions autres que celles résultant des infirmités ou des exigences de certains services publics. L'organisation de ces levées était attribuée au ministère de l'intérieur, qui avait aussi à pourvoir non-seulement, comme je l'ai déjà remarqué, à l'habillement, à l'équipement et à l'armement, mais encore à la formation des cadres et à l'instruction. Je n'ai donc pas, pour ces derniers objets plus que pour les précédents, à répondre aux critiques qui ont pu être formulées. L'administration de la guerre est restée étrangère à ces faits. Mais il ne m'est point interdit de constater, à titre de simple observateur, que la tâche entreprise par le ministère de l'intérieur a été considérable et j'admire qu'il en ait fait autant en aussi peu de temps.

Le terme fixé pour la remise au ministère de la guerre des bataillons organisés était le 19 novembre. Ce terme évidemment trop rapproché dut être dépassé, bien qu'on se fut borné, pour commencer, à n'appeler effectivement sous les drapeaux que les célibataires. Mais il y avait encore là une masse de 5 à 600,000 hommes, hors de proportion par conséquent avec le faible délai de dix-sept jours attribué à sa préparation.

Le 25 novembre, afin de faciliter le départ et d'activer l'instruction, le ministère de la guerre décréta les camps régionaux, avec la pensée, je l'ai dit, de faire de cette institution une des bases permanentes de la future réforme militaire de la France.

Ces camps, au nombre de onze, étaient respectivement situés à ou près : Saint-Omer, Cherbourg, La Rochelle, Les Alpines (d'abord Pas des Lanciers), Nevers, Bordeaux, Clermont-Ferrand, Toulouse, Montpellier, Sathonay (Lyon) et Conlie (Sarthe). Les quatre premiers étaient, en même temps que camps d'instruction, camps *stratégiques*, c'est-à-dire destinés à recevoir des fortifications et à abriter des armées pouvant s'élever à 250,000 hommes. Leur situation géographique, leur proximité de la mer et leur éloignement du théâtre des hostilités, les avaient fait choisir. Les autres camps, purement d'instruction, ne devaient point être fortifiés et contenaient seulement 60,000 hommes.

Ces camps ont tous reçu un commencement d'exécution et quelques-uns même ont été mis en état de loger 20 à 25,000 hommes. Leur emplacement a été, aux termes du décret, déterminé dans chaque cas par le comité militaire du département. Les travaux, mis en train par les soins de ce même comité, ont ensuite été poursuivis par le chef du génie spécialement attaché au camp. Les frais d'établissement étaient supportés, au prorata de la population, par les départements dont les contingents étaient envoyés au camp. Toutefois, par suite de la difficulté d'obtenir immédiatement les fonds nécessaires et vu l'urgence de la création, l'Etat a consenti à faire des avances dans une assez large mesure.

Chaque camp était gouverné par un conseil administratif spécial, ainsi composé : le commandant militaire du camp, ayant rang de général de division, le chef instructeur ayant rang de colonel ou de général de brigade, le chef du génie ayant rang de colonel du génie, un administrateur ayant rang d'intendant et chargé de tous les services d'approvisionnements, un médecin en chef, et enfin un vice-président, choisi dans l'ordre civil et particulièrement chargé des questions d'organisation.

La plupart de ces fonctionnaires ont été nommés au titre

de l'armée auxiliaire, afin de ne pas appauvrir les cadres déjà si insuffisants de l'armée régulière.

Plusieurs emplois d'intendant ont été occupés par des négociants qui ont mis libéralement au service de l'État leurs connaissances commerciales ; d'autres l'ont été par des fonctionnaires appartenant à diverses administrations publiques. En général ces emplois ont été bien remplis. Les titulaires ont fait preuve à la fois d'activité, d'intelligence et d'un sentiment très-net de leurs devoirs. Le ministère de la guerre a dû d'autant plus s'en féliciter qu'un contrôle immédiat était à peu près impossible. Les soins à donner aux armées actives dépassaient, et au delà, les moyens dont on disposait. Lorsque, après la guerre, les vérifications auront pu s'établir, j'ai la confiance que l'administration qui nous a succédé n'aura pas relevé dans toutes ces gestions indépendantes et improvisées, beaucoup d'irrégularités ni un mauvais emploi des deniers de l'État.

De même, la plupart des chefs du génie, n'ayant pu être empruntés au génie militaire, n'étaient autres que des ingénieurs des ponts et chaussées ou des agents voyers des départements. Les uns et les autres, à la faveur de leur nombreux personnel et de leurs relations avec les entrepreneurs de travaux publics, ont pu exécuter avec une rapidité inattendue les travaux d'installation et les barraquements en planches destinés à loger les troupes. En moins d'un mois, ces fonctionnaires ont réussi, malgré l'extrême rigueur de la saison et la difficulté de se procurer les bois, à installer des barraques confortables pour plus de cent mille hommes. MM. Croisette-Desnoyers, à La Rochelle,

Domenget à Bordeaux, Dormoy à Toulouse, Meissonnier aux Alpines, Robaglia à Clermont, se sont fait remarquer par les bonnes dispositions et l'agencement ingénieux de leurs barraquements.

A partir du 10 décembre, ordre a été donné d'envoyer aux camps les troupes de mobilisés, dans l'état même où elles se trouvaient.

Les administrations des camps eurent donc, à partir de ce moment, la charge de compléter l'armement et l'équipement, sous la direction du ministère de la guerre. C'est ainsi qu'un certain nombre de mobilisés s'est vu, en dernier lieu, équipé par l'administration militaire. Mais ceux-là, en général, n'ont pas eu le temps d'arriver sur les champs de bataille. Le général commandant avait droit de réorganiser les bataillons possédant moins de 800 hommes ou plus de 1,200. Il devait également composer des régiments de 3 bataillons et des brigades de 2 régiments. L'instruction des hommes devait être poussée avec toute l'activité possible. Les troupes menaient la vie des armées en campagne et étaient soumises à la discipline et aux lois militaires.

Un service spécial fut créé dans les bureaux du ministère pour centraliser toutes les questions relatives aux camps. Un ingénieur des ponts et chaussées, M. Théodore Lévy, fut placé à la tête et le dirigea avec beaucoup de sagacité. Grâce à son impulsion, les travaux d'installation furent poussés très-vivement sur tous les points à la fois. Si les résultats n'ont pas été plus considérables, on doit l'attribuer au peu de temps pendant lequel l'institution a fonctionné, les hostilités ayant cessé deux mois après le décret qui l'a consacrée. Mais dans ce court délai l'organisation administrative s'est complétée partout, et l'institution même a pris une consistance qui éloigne la pensée d'un abandon définitif. Sans doute l'emplacement de certains camps pourra être changé, mais plusieurs seront maintenus et, en tous cas, la pensée restera dans le nouvel ordre de choses.

Une mesure se rattachant à la précédente, est la création des batteries d'artillerie départementales. Un décret du 3 novembre prescrivit à chaque département de mettre sur pied, à ses frais, dans le délai de deux mois, autant de batteries qu'il comptait de fois cent mille âmes de population. Les batteries devaient être fournies avec leur personnel et leur matériel, en un mot, prêtes à entrer en ligne. On avait fixé un délai évidemment trop court dans le but d'activer l'organisation. Les départements montrèrent beaucoup d'empressement, et il est vraisemblable que si la guerre s'était prolongée, on aurait trouvé là un secours important. La direction de ce service fut centralisée au ministère de l'intérieur. Le ministère de la guerre, en en prenant l'initiative, avait eu la pensée non-seulement de préparer des ressources éventuelles, mais aussi de satisfaire le patriotisme des populations en les associant d'une manière plus intime à la défense. On voyait à cette époque beaucoup d'activités locales se dépenser dans une agitation stérile et presque embarrassante, faute de pouvoir coopérer utilement à l'œuvre nationale. La création des batteries départementales donna un but à ces patriotiques ardeurs et prépara en même temps, pour un avenir prochain, de sérieuses ressources. Le rapport à l'Assemblée nationale fait par la commission nommée le 19 février 1871 pour inventorier les forces militaires de la France, constate qu'il existait à cette époque 57 batteries complètes en matériel, en personnel et en chevaux, et 41 batteries complètes en matériel seulement. L'honneur de ce service revient au ministère de l'intérieur qui l'avait centralisé entre les mains d'un ingénieur distingué, M. Maurice Lévy, frère du précédent.

Je ne quitterai point les travaux administratifs sans dire un mot d'un sujet qui les résume : les dépenses de la guerre.

On a laissé s'accréditer — fort regrettablement selon moi — l'idée que la guerre avait absorbé des sommes énormes. On a parlé de plusieurs milliards, absolument comme si le pays avait quelque chose à gagner à donner une aussi mauvaise opinion de soi à ses voisins. Dieu merci, ces chiffres sont fort exagérés. Non compris les dépenses de la commission d'armement — desquelles, je l'ai dit, je n'ai pas à m'occuper — le surcroît de frais occasionné par la guerre proprement dite, pour les 600,000 hommes opposés à l'ennemi, du 15 septembre à la fin de février, c'est-à-dire en cinq mois et demi, s'élève à 600 millions environ (1), soit 1,000 francs par homme.

(1) Ce chiffre ne comprend pas les dépenses faites par le ministère de l'intérieur pour la mobilisation ; mais ces dernières ne doivent pas être très-importantes par rapport aux autres, et en outre elles étaient représentées par 3 ou 400,000 mobilisés en réserve dans les camps ou dans les départements au moment de l'armistice.

La solde des troupes y figure pour 36 0/0, les vivres et fourrages pour 24 0/0, l'équipement et le campement pour 17 0/0, le matériel d'artillerie et de génie pour 12 0/0, et les autres articles pour 11 0/0.

Le chiffre de 600 millions est déduit, dans la comptabilité officielle, de la manière suivante :

Dépenses soldées du 14 septembre au 10 février. 611,315,000
A solder sur le budget 1870. 79,830,000
    Id.   1871. 182,870,000
                                             874,015,000

A déduire :

Budget normal, en temps de paix, approximativement. . 128,750,000
Approvisionnements en magasin : équipements, 72 millions, subsistances, 80 millions. 152,000,000   280,750,000

                          Reste. . . . 593,265,000

Le chiffre des sacrifices n'était peut-être pas inutile à connaître au moment d'examiner l'œuvre qu'ils ont permis d'accomplir.

CHAPITRE IV

CAMPAGNE DE PARIS

Premiers préparatifs militaires — Camp de Salbris — Adoption d'un plan de campagne — Départ des troupes pour Blois — Arrêt de l'expédition — Capitulation de Metz — Bruits d'armistice — Second arrêt de l'expédition — Victoire de Coulmiers — Reprise d'Orléans.

J'entre dans l'historique des opérations militaires. Mais dès l'abord, je ferai une remarque essentielle ; c'est que les rapports officiels des chefs de corps sur les divers engagements, sauf celui de Coulmiers, ne nous ayant pas été fournis, je ne puis prétendre à faire un récit des batailles complet. Mais j'ai l'espoir de le faire exact, car je n'ai opéré que sur des dépêches authentiques, sur nos propres instructions et sur les narrations de témoins oculaires méritant créance. De plus, pour certaines batailles, entre autres celle qui a amené l'évacuation d'Orléans, j'ai pu, en m'aidant de relations étrangères, rétablir un historique détaillé des divers incidents.

Les premiers rudiments de l'armée de la Loire, battus à Arthenay et à Orléans, avaient repassé le fleuve et se repliaient en Sologne. Un corps allemand, d'une force inconnue, les poursuivait et montrait ses têtes de colonne jusqu'à Lamothe-Beuvron. Où s'arrêterait la poursuite? Il était difficile de le prévoir. On pouvait craindre que ce corps, profitant de ses avantages et du désarroi dans lequel cette double défaite avait jeté les troupes françaises, ne s'avançât jusqu'à Vierzon, pour, de là, détruire les établissements militaires de Bourges et de Nevers, ou, à son choix, se porter sur Tours et enlever la délégation du gouvernement. Le danger paraissait si imminent qu'un premier conseil de guerre, tenu dans la nuit du 14 au 15, auquel assistaient 'amiral Fourichon et le général Bourbaki, arrivé de Metz, conclut à rejeter sur Gien et Briare le faible noyau de troupes qui barrait le chemin de Vierzon. Toutefois, dans un second conseil, tenu le lendemain, auquel j'assistais, cette décision ne fut pas maintenue, et l'on s'arrêta au parti de tenter une résistance désespérée à Salbris, derrière la Sauldre.

La position était admirablement choisie pour attendre l'ennemi. La rive gauche, plus élevée de quelques mètres que la rive droite, permettait de disposer des batteries balayant le pays à grande distance. Le village de Salbris, dont les maisons pouvaient être facilement crénelées, offrait un point d'appui très-sérieux. Le général d'Aurelles de Paladines, qui venait de succéder au général de La Motte-rouge, reçut ordre, le 15 octobre, d'exécuter cette mission. Il tira fort bien parti des circonstances du terrain et installa ses troupes dans d'excellentes conditions. Aussi sa ferme contenance imposa à l'ennemi, qui n'osa pas s'aventurer plus loin. On s'occupa sur-le-champ de lui fournir des renforts qui lui permirent de reconstituer son armée, formée du 15e corps. En même temps, on voulut mettre Tours à l'abri d'un coup de main par le val de la Loire. A cet effet, on décida la formation immédiate d'un 16ᵉ corps à Blois, sous les ordres du général Pourcet, rappelé d'Afrique. Pour ce double objet, un appel énergique fut fait à tous les dépôts. Les chemins de fer se couvrirent de convois de troupes, et en quelques jours le 15ᵉ corps atteignit le chiffre inusité de 60,000 hommes, pendant que le 16ᵉ corps obtenait lui-même 35,000 hommes. La direction de l'artillerie ne resta pas en arrière et bientôt l'on compta deux cents bouches à feu de tout calibre, prêtes à entrer en ligne.

Le 16ᵉ corps prit position entre Blois et Vendôme et occupa très-solidement la forêt de Marchenoir, clef de tout le territoire en avant de Blois. Il s'appuyait à sa gauche sur le corps de volontaires du colonel Lipowski, qui venait de défendre brillamment Châteaudun et qui fouillait cette région accidentée avec une audace et une habileté peu communes. Un nouveau corps de volontaires, qui s'était créé sous les ordres du colonel Cathelineau, couvrait la droite en occupant le parc de Chambord, sur l'autre rive de la Loire. Dès ce moment, la position de Tours était garantie et l'on put s'occuper avec moins d'appréhension de poursuivre l'organisation de ces forces qui arrivaient à la hâte et à peine soudées.

Quant au camp de Salbris, il devint le véritable berceau et l'école de l'armée de la Loire. C'est là que le général d'Aurelles, avec une fermeté de main et une vigilance qui ont honoré sa carrière, commença à ramener dans l'armée l'ordre et la discipline qui en avaient disparu. En moins d'une semaine, le changement apporté dans l'aspect de ces troupes fut très-sensible. Les personnes qui, vers le 25 octobre, allaient à Salbris en firent les meilleurs rapports. Les détachements, à mesure qu'ils prenaient place au camp, entraient comme dans une atmosphère nouvelle dont ils subissaient la salutaire influence. Ces résultats, malheureusement, ne s'obtinrent point sans de rudes exemples. Pendant plusieurs jours, le *Moniteur* enregistra des condamnations capitales prononcées par la cour martiale. Ces pénibles leçons parurent indispensables pour la reconstitution de l'armée.

Le 15e corps était d'ailleurs distribué ainsi : deux divisions autour de Salbris, et une troisième division, la plus nombreuse, sous les ordres du général Martin des Paillères, autour d'Argent. Quelques milliers d'hommes étaient, en outre, postés à Gien, pour empêcher une surprise le long du fleuve. L'ensemble de ces dispositions couvrait définitivement Bourges et le centre de la France.

Le premier danger écarté, nous nous préoccupâmes d'un plan pour reprendre l'offensive. Nous ne pouvions oublier, en effet, que le sort de la France était lié à la résistance de Paris, et que celle-ci ne serait pas indéfinie. Les approvisionnements, sinon les forces des défenseurs, marquaient un terme fatal qu'on ne supposait pas, à ce moment, devoir se prolonger beaucoup au delà du 1er décembre. Personne en province ne connaissait au juste la quantité de vivres qui avait pu être accumulée dans Paris, mais les rapports les plus favorables ne parlaient pas de plus de trois mois, à partir de l'investissement qui avait commencé vers le milieu de septembre. L'opinion du général Trochu, telle qu'il l'a fait connaître à la séance du 13 juin 1871, était même que le siége ne devait pas durer plus de 60 jours, ce qui aurait porté la limite au 15 novembre seulement. C'est sous l'empire de ces idées que l'étude d'un plan fut abordée.

Deux combinaisons se présentaient. L'une consistait à se jeter dans l'Est pour couper les communications de l'ennemi, l'autre à marcher sur Paris pour tenter de le débloquer. Elles avaient chacune leurs avantages. Par la première, si elle réussissait, on inquiétait sérieusement l'armée d'invasion ; on empêchait ses renforts, on compromettait sa retraite, on arrêtait ses vivres et surtout ses munitions. Peut-être même obligerait-on l'ennemi à lever le siége de Metz et alors, en se réunissant à l'armée assiégée, on formait une masse compacte de plus de 200,000 hommes qui, sous la conduite d'un chef hardi et habile — Bazaine passait encore pour l'être — pouvait changer rapidement la fortune des armes. Enfin, ce qui était à considérer, on opérait, au moins pendant les premiers temps, dans une contrée relativement vide de forces ennemies et l'on évitait ainsi d'engager prématurément des troupes peu aguerries, que le moindre échec pouvait rebuter.

Ce projet soulevait toutefois de graves objections. Sa réalisation était lointaine. En admettant même qu'on ne fût pas inquiété, il fallait trois semaines pour se rendre à Metz. Or Bazaine attendrait-il trois semaines ? déjà des bruits inquiétants couraient sur son compte. Sans y ajouter entièrement foi, on pouvait y voir des avant-coureurs d'une capitulation peu éloignée. On signalait même des émissaires qui, disait-on, parlementaient avec M. de Bismarck. On allait jusqu'à prononcer le nom du général Boyer, et des personnes affirmaient l'avoir vu sur la route de Versailles. L'idée de trahison commençait à s'emparer des esprits. Dans ces conditions et avec de pareilles craintes, était-il bien prudent d'entreprendre une expédition de longue haleine? Si Metz succombait sur ces entrefaites, quelle ne serait pas en effet la situation de l'armée expéditionnaire? Elle s'exposait à rencontrer à mi-chemin les 180,000 hommes du prince Frédéric-Charles, qui l'auraient taillée en pièces. On proposait, il est vrai, pour éviter cette rencontre, d'appuyer davantage au midi et de prendre par le bas des Vosges; on remonterait ensuite, plus ou moins vers le nord, suivant les événements. Mais, ou bien cette manœuvre manquerait son but, en ce sens qu'on n'atteindrait pas les grandes lignes de ravitaillement de l'ennemi, par Saverne et par Forbach, ou bien l'on atteindrait effectivement ces lignes, au moins l'une d'elles, et alors le danger signalé plus haut réapparaîtrait. En tout cas, on découvrirait, pendant un long temps, ces mêmes positions de Bourges et de Tours qu'on avait pris tant de peine à protéger. Or le simple départ du gouvernement de Tours, au moment où l'on se trouvait, après cette suite non interrompue de revers, aurait profondément abattu le pays et porté un coup mortel à la défense. Il fallait avant tout, si l'on voulait obtenir de nouveaux sacrifices de la nation, lui rendre quelque confiance par un signe de vitalité et non en continuant de se retirer devant l'ennemi.

Ces réflexions conduisaient à préférer la marche sur Paris. Tout d'abord on évitait l'inconvénient de découvrir es points qu'on voulait garder, car l'armée, en s'avançant, continuerait de les protéger. Ensuite, puisqu'on cherchait une occasion de relever promptement le moral de la France, cette occasion s'offrirait naturellement. En effet, dans la situation actuelle des troupes, concentrées, comme on l'a vu, en avant de Vierzon et de Blois, pour aller à Paris on passerait par Orléans. La campagne débuterait donc par l'attaque de cette ville, et si l'on était assez heureux pour s'en emparer, on agirait vivement sur l'opinion qui y verrait une éclatante revanche de l'échec même qu'on venait d'y subir.

D'ailleurs beaucoup de personnes pensaient que la possession d'Orléans devait offrir, en tout état de cause, des avantages considérables. On faisait ressortir sa position exceptionnelle par rapport à des opérations militaires engagées autour de Paris. Cette ville, remarquait-on, est comme la sentinelle avancée de toute la partie de la France qu'entoure la Loire. Elle donne l'avantage du fleuve à toute armée qui veut se porter par le chemin le plus court sur Tours ou sur Nevers. Elle est la clef de tout le centre. Orléans tombé, il faut multiplier les points de défense ; Orléans debout, ce seul point bien défendu suffit. Une armée concentrée dans Orléans peut être forcée, mais elle ne peut pas être entourée et investie, comme à Metz ou à Sedan. Elle peut toujours battre en retraite en traversant la Loire, sur des ponts préparés d'avance, qu'elle détruit derrière elle, et elle trouve un refuge en Sologne. Si elle se retire à temps devant des forces supérieures, elle peut même rester sur la rive droite, attendant pour traverser, l'heure et le lieu propices. Enfin les environs d'Orléans offrent à une armée qui veut s'y fortifier des positions admirables. L'immense forêt qui l'entoure au nord-est, si elle est convenablement occupée, la préserve de toute surprise de ce côté. A l'ouest, les bois de Montpipeau offrent également un abri précieux et restreignent le champ d'attaque. Il paraît donc facile d'établir à Orléans un vaste camp retranché où l'on ne sera jamais réduit par la famine, et d'où l'on s'élancera ensuite au moment opportun.

Telles étaient les raisons mises en avant pour faire valoir la possession d'Orléans, et du reste, il faut bien le reconnaître, nos ennemis semblent en avoir jugé de même, d'après l'opiniâtreté qu'ils ont mise à nous la disputer (1).

(1) Il est un troisième plan dont je n'aurais pas jugé utile de parler — car il n'a pas fait l'objet d'une véritable discussion — si le général Trochu ne l'avait développé dans son discours du 13 juin, en paraissant y attacher une certaine importance. Selon le gouverneur de Paris, nous aurions dû envoyer nos meilleures troupes du côté de Rouen, leur faire traverser la Seine, pour de là, les ramener vers Paris en suivant la rive droite. J'avoue que je n'avais jamais cru à l'adoption délibérée d'une telle combinaison. La seule circonstance où j'en ai entendu parler est celle-ci. Le 16 ou le 17 octobre, le général Bourbaki me fit une visite, sans but défini, en compagnie du général de Loverdo. M. de Serres et une autre personne se trouvaient dans mon cabinet. Quelques instants après, le hasard amena M. Gambetta. On s'entretint de divers sujets, entre autres de la naissante armée de la Loire, dont le général Bourbaki déclinait le commandement, « ne se sentant pas en mesure, disait-il, de réaliser ce que le « public attendait de lui ». M. Gambetta indiqua le projet qu'aurait le général Trochu d'agir sur la Basse-Seine. Nous ajoutâmes qu'en ce qui concernait la coopération de la province, il n'y fallait pas compter ; notre armée était trop jeune et trop peu aguerrie pour exécuter une pareille marche, de Bourges à Rouen, qui l'exposerait à tout instant à être prise en flanc par l'armée du duc de Mecklembourg, massée autour de Chartres ; qu'enfin la traversée d'un fleuve, en de semblables conditions, nous semblait tout à fait dangereuse. Je ne crois

Les dernières hésitations furent levées par une dépêche de M. Jules Favre du 17 octobre, reçue par ballon le 21. Cette dépêche apprenait que dans les vingt jours de sa date, c'est-à-dire vers le 6 novembre, le général Trochu, comptant sur une expédition de la province pour lui donner la main, « serait en mesure de passer sur le corps de l'ennemi ».

Nous nous occupâmes dès lors d'étudier un plan de marche sur Paris, et il fut convenu qu'aussitôt les idées arrêtées à cet égard, nous nous en entendrions avec

pas me tromper en affirmant que tout le monde fut du même avis, sans en excepter le général Bourbaki. Celui-ci demanda alors si l'on ne pourrait pas former une armée expéditionnaire au moyen des forces disséminées dans le Nord et la Normandie. Nous lui répondîmes que ces forces n'existaient pas, et qu'il s'en apercevrait lui-même dans son commandement de Lille ; qu'au surplus, s'il parvenait à les réunir, nous lui laisserions carte blanche. Cinq semaines après, le général n'avait pu grouper que 12,000 hommes.

Quant à moi, je n'ai plus entendu parler de cette affaire, si ce n'est 8 à 10 jours après, en lisant les lignes suivantes d'une dépêche du général Trochu, laquelle ne semblait pas indiquer que lui-même eût des idées très-arrêtées sur la combinaison : « Gardez Bourbaki à tout
» prix, disait-il. Il sauvera la province comme nous sauverons Paris.
» Réunissez tous vos petits paquets qui paraissent tenir mal à propos
» la campagne. Formez-en une armée et donnez-la lui. Il avancera et
» reculera, sans jamais s'engager à fond, mais il défendra à outrance
» les villes barricadées et crénelées. — Ranc vous aura dit la ligne
» d'opération que j'ai en vue ; *dites-moi ce que Bourbaki en pense.* »
(Dépêche du général Trochu à M. Gambetta, du 19 octobre.)

On remarquera que le général Trochu, qui ignorait ce qui se passait en province, croyait à tort que nous agissions par petits paquets et nourrissait à l'endroit des villes « barricadées et crénelées » l'illusion que j'ai déjà signalée. Quant au général Bourbaki, j'ai su depuis que dans une réponse à l'amiral Fourichon, du 25 octobre, il avait expliqué les motifs pour lesquels le plan du général Trochu lui semblait impraticable.

le général d'Aurelles, chef désigné de la future expédition.

Quelques jours après, en effet, je me rendis, par ordre du ministre, à Salbris, pour soumettre au général le plan qui venait d'être élaboré dans le but de reprendre Orléans. L'idée fondamentale était de placer l'armée bavaroise entre deux feux, au moyen d'un mouvement tournant exécuté par une partie de nos forces.

Le corps principal d'attaque, chargé d'agir à l'ouest d'Orléans, sur la rive droite, serait formé par les 2e et 3e divisions du 15e corps, réunies au 16e corps, en tout 70,000 hommes environ, commandés par le général d'Aurelles en personne. Ces forces se concentreraient à Blois pour de là marcher sur Orléans, en suivant le fleuve. Quant à la manœuvre tournante, elle serait faite par le général Martin des Paillères à la tête de sa grosse division, comprenant plus de 25,000 hommes. Il passerait la Loire au-dessus d'Orléans, à Gien, se rabattrait sur la ville en cheminant entre le fleuve et la forêt, et tomberait à l'improviste sur les derrières de l'ennemi au moment où celui-ci serait le plus fortement engagé avec le général d'Aurelles. On pouvait espérer que l'armée qui gardait Orléans et que les évaluations les plus exagérées ne portaient pas à 60,000 hommes, ne résisterait pas à une attaque ainsi combinée.

La conférence eut lieu au quartier général le 24 octobre et dura trois heures. Étaient présents : le Délégué du ministre, MM. Sourdeaux et de Serres, attachés au cabinet, les généraux d'Aurelles, Martin des Paillères, Pourcet, Borel, chef d'état-major général, et un capitaine d'état-major, aide de camp du général Pourcet. Le général d'Aurelles fit immédiatement diverses objections. « Les troupes, disait-il, étaient bien jeunes, surtout celles du 16e corps, pour tenter une attaque en rase campagne. Si l'on échouait, les conséquences seraient incalculables. Mieux valait attendre l'ennemi dans de bonnes positions, comme celles où l'on se trouvait en ce moment à Salbris, plutôt que de compromettre l'unique armée de la France. D'ailleurs un pareil mouvement ne pourrait pas être caché à l'ennemi, et celui-ci amènerait sans aucun doute des forces supérieures. On courrait ainsi le risque presque certain d'être tourné sur la gauche par des masses venant de Chartres et de Châteaudun ». Je répondis que l'opération avait assurément ses dangers, mais que la situation de Paris commandait un effort prochain ; que plus on attendrait, plus Orléans se fortifierait ; que si la défensive donnait l'avantage de la position, d'un autre côté, en marchant en avant on retrouverait les qualités du soldat français qui se perdaient en partie dans l'expectative et le repos. Quant aux masses venant de Chartres, rien ne prouvait, ajoutais-je, qu'elles fussent réellement à craindre ; d'ailleurs c'était là un de ces risques inhérents à tout plan de campagne et que l'habileté du chef a pour mission de déjouer par des dispositions appropriées et une marche plus rapide.

Le général Borel, d'abord peu partisan du projet, s'y rallia après un examen attentif de la carte. Il paraissait surtout préoccupé de la difficulté d'entrer en ville, si l'ennemi, comme on le disait, s'y retranchait ; mais un plan d'Orléans, que nous nous étions procuré, lui montra des

voies suffisamment abordables, et son opposition tomba.
Le général des Paillères, dont le rôle devait être fort délicat,
puisqu'il s'agissait pour lui de cheminer seul dans une région non explorée et d'arriver sur le théâtre de l'action à
heure fixe, se montra cependant plein d'entrain et de confiance. Quant au général Pourcet, dont la responsabilité, à
vrai dire, était beaucoup moins engagée, car il opérait
sous les ordres du général d'Aurelles, il fit peu d'observations et accepta le projet dans son ensemble. Bref, on finit
par tomber d'accord sur le principe, et il fut convenu qu'on
se reverrait le surlendemain à Tours, en présence du ministre, pour régler les détails.

La seconde conférence eut lieu au ministère de la guerre,
le 26. Les mêmes personnes y assistaient, à l'exception du
général des Paillères, qui avait déclaré s'en rapporter. Le
ministre présidait. Après quelques nouvelles objections du
général d'Aurelles, l'entente se fit sur tous les points. Elle
fut facilitée par un programme minutieusement préparé
qu'avait apporté le général Borel. Il fixa d'avance sur la
carte les positions que devrait occuper chaque corps et
montra avec la dernière précision les mouvements qu'on
aurait à effectuer. Ces explications rassurèrent les plus
timides et l'exécution du plan fut définitivement résolue.

Le mouvement commença le lendemain. Les deux divisions du 15ᵉ corps, chargées de coopérer avec le 16ᵉ, furent
transportées par chemin de fer, de Salbris à Blois et à
Vendôme, en passant par Tours. Afin de dissimuler
cette concentration à l'ennemi, nous feignîmes d'envoyer

toutes les troupes sur le Mans. Cette direction devait paraître d'autant plus vraisemblable qu'à ce même moment l'ennemi exécutait une attaque, peu importante d'ailleurs, sur cette ville. Il n'y avait dès lors rien que de naturel à ce que l'administration de la guerre, s'exagérant la portée de cette attaque, envoyât des renforts. Nous affectâmes donc, pour faire croire à un grand mouvement de troupes, d'interdire la circulation des voyageurs sur la section de Tours au Mans, et cette interdiction fut annoncée bruyamment par la voie des affiches et des journaux. Le stratagème réussit, comme nous en eûmes plus tard la preuve

L'armée devait quitter ses positions en avant de Blois, le 29 au matin. Nous calculions qu'elle arriverait à Orléans le 31 au soir ou le 1er novembre. Ce moment était attendu avec une anxiété bien naturelle. L'issue pouvait être décisive pour la France. Si l'on échouait, aucun effort sérieux n'était plus à espérer de la province. Si l'on était victorieux, la confiance renaissait, l'ennemi perdait son assurance, et peut-être une phase nouvelle de la guerre allait-elle s'ouvrir. L'impatience était encore accrue par les dernières dépêches de M. Jules Favre. « Paris débloqué, écrivait-il le 23, » la guerre est finie! Il faut donc marcher sur Paris, qui » doit être l'objectif. » — « Nous pouvons agir efficacement, » répétait-il le 25, dans quinze jours; il faut que vous » agissiez à ce moment; 120,000 hommes de vos meilleures » troupes au point convenu (1). » Ces appels réitérés augmentaient le désir de marcher en avant.

(1) On a prétendu que les armées de province n'avaient jamais été appelées au secours de Paris. Ces dépêches montrent ce qu'il en faut penser.

Au dernier moment, le 28 au soir, nous apprîmes que l'expédition n'avait pas lieu. Une dépêche du général d'Aurelles (10 heures 20 du soir) faisait connaître que le temps était mauvais, les chemins difficiles, l'équipement d'une partie de la garde mobile défectueux et qu'il n'était pas prudent, dans ces conditions, de tenter une action vigoureuse. Nous avons su depuis que la nouvelle de la capitulation de Metz, que le gouvernement de Tours ignorait encore, s'était répandue dans l'armée le jour même, à la suite du passage de M. Thiers. L'illustre homme d'État se rendait, comme on sait, de Tours à Paris, pour y rendre compte de sa mission diplomatique auprès des souverains de l'Europe. Aussitôt après que M. Thiers eut quitté nos lignes, le brave général Tripart, qui commandait les avant-postes, vint au quartier général, à 9 heures du soir, et y apporta la fatale nouvelle. Nous n'avons plus douté dès lors que ce n'ait été là une des principales causes, sinon la principale cause de l'arrêt de l'expédition. Quoi qu'il en soit, l'ajournement, au point de vue de la suite des opérations, était des plus regrettables, car il faisait perdre l'avance considérable qu'on possédait à ce moment sur le prince Frédéric-Charles, dont l'entrée en scène plus tard devait être si funeste pour nos armes.

Néanmoins, en présence des termes de la dépêche, il ne parut pas possible d'envoyer au général en chef un ordre impératif qui aurait pu amener une défaite. Le ministre se borna à répondre le soir même : « Vos hésitations et les
» craintes exprimées dans votre dépêche en date de Blois,
» le 28 octobre, 10 heures 20, m'obligent à renoncer à un

» plan sur la valeur duquel mon opinion n'a pas varié. En
» conséquence, arrêtez le mouvement et prenez de bonnes
» positions, en faisant exécuter immédiatement des ouvrages
» de défense, en utilisant la forêt de Marchenoir et en
» commandant les deux rives de la Loire. Avertissez des
» Paillères auquel, d'ailleurs, j'envoie une dépêche ».

En effet, le lendemain, la capitulation de Metz fut officiellement connue du gouvernement et le 30 octobre elle fut rendue publique par cette proclamation (1).

Français,

« Élevez vos âmes et vos résolutions à la hauteur des effroya-
» bles périls qui fondent sur la Patrie.
» Il dépend encore de nous de lasser la mauvaise fortune et
» de montrer à l'univers ce qu'est un grand peuple qui ne veut
» pas périr, et dont le courage s'exalte au sein même des cata-
» strophes.
» Metz a capitulé.
» Un général sur qui la France comptait, même après le
» Mexique, vient d'enlever à la Patrie en danger plus de cent
» mille de ses défenseurs.
» Le maréchal Bazaine a trahi.
» Il s'est fait l'agent de l'homme de Sedan, le complice de
» l'envahisseur, et au mépris de l'armée dont il avait la garde,
» il a livré, sans même essayer un suprême effort, cent vingt
» mille combattants, vingt mille blessés, ses fusils, ses canons,
» ses drapeaux, et la plus forte citadelle de la France, Metz,
» vierge, jusqu'à lui, des souillures de l'étranger.

(1) Pour le surplus des documents relatifs à ce lamentable épisode, voir la collection du *Moniteur Universel*, édition de Tours, et notamment le numéro du 4 novembre 1870.

» Un tel crime est au-dessus même des châtiments de la
» justice.

» Et maintenant, Français, mesurez la profondeur de l'abîme
» où vous a précipité l'Empire. Vingt ans la France a subi ce
» pouvoir corrupteur qui tarissait en elle toutes les sources de
» la grandeur et de la vie. L'armée de la France, dépouillée de
» son caractère national, devenue sans le savoir un instrument
» de règne et de servitude, est engloutie, malgré l'héroïsme des
» soldats, par la trahison des chefs, dans les désastres de la
» Patrie. En moins de deux mois, deux cent vingt-cinq mille
» hommes ont été livrés à l'ennemi : sinistre épilogue du coup
» de main militaire de décembre.

» Il est temps de nous ressaisir, citoyens, et, sous l'égide de
» la République, que nous sommes décidés à ne laisser capituler
» ni au dedans ni au dehors, de puiser dans l'extrémité même
» de nos malheurs, le rajeunissement de notre moralité et de
» notre virilité politique et sociale. Oui, quelle que soit l'étendue
» du désastre, il ne nous trouve ni consternés ni hésitants.

» Nous sommes prêts aux derniers sacrifices, et, en face
» d'ennemis que tout favorise, nous jurons de ne jamais nous
» rendre. Tant qu'il restera un pouce du sol sacré sous nos se-
» melles, nous tiendrons ferme le glorieux drapeau de la Révo-
» lution française.

» Notre cause est celle de la justice et du droit : l'Europe le
» voit, l'Europe le sent ; devant tant de malheurs immérités,
» spontanément, sans avoir reçu de nous ni invitation ni adhé-
» sion, elle s'est émue, elle s'agite. Pas d'illusions ! ne nous
» laissons ni alanguir ni énerver, et prouvons par des actes,
» que nous voulons, que nous pouvons tenir de nous-mêmes
» l'honneur, l'indépendance, l'intégrité, tout ce qui fait la Patrie
» libre et fière.

» Vive la France ! Vive la République une et indivisible ! »
Les membres du Gouvernement,
AD. CRÉMIEUX, GLAIS-BIZOIN, LÉON GAMBETTA.

Ce funeste événement, qu'on peut considérer comme la cause décisive de la perte de la France, accroissait de près de 200,000 hommes le nombre de nos ennemis. Il aurait rendu plus nécessaire encore une prompte action sur Paris, car c'était le seul moyen d'éviter à l'armée expéditionnaire une formidable rencontre. Avec beaucoup de célérité, on pouvait espérer d'atteindre les lignes d'investissement avant l'arrivée du prince Charles, lequel, eu égard à la distance, ne devait se montrer que vers le 16 ou le 18 novembre. Malheureusement des circonstances diverses, difficiles à bien préciser, retardèrent de jour en jour le départ que l'administration pressait cependant de tout son pouvoir. Les bruits d'armistice notamment, qui circulaient alors avec persistance, y jouèrent un rôle important. La correspondance du général d'Aurelles refléta les perplexités dans lesquelles ces bruits jetaient le commandement.

Ils furent tels que pour couvrir ma responsabilité personnelle, laquelle pouvait se trouver engagée par les ordres que j'étais obligé de donner en l'absence du ministre, j'écrivis à M. Gambetta la lettre suivante :

Tours, le 4 novembre 1871. 9 heures du matin.

Monsieur le ministre,

« Je vous prie de vouloir bien me donner des instructions
» exactes et précises sur la conduite que je dois tenir à l'égard
» de nos opérations militaires.
» Depuis quelques jours, l'armée et moi-même ignorons si le
» gouvernement veut la paix ou la guerre. Au moment où nous
» nous disposons à accomplir des projets laborieusement pré-

» parés, des bruits d'armistice tout à coup répandus jettent le
» trouble dans l'âme de nos généraux. Alors se produisent de
» leur part des objections, comme celles contenues dans la lettre
» ci-jointe, du général d'Aurelles, qui dissimulent mal leur
» désir de se soustraire à une responsabilité qui les inquiète.
» Moi-même, si je cherche à remonter leur moral et à les pous-
» ser en avant, j'ignore si demain je ne serai pas désavoué.
» Déjà, vous le savez, la nouvelle de la capitulation de Metz,
» répandue dans l'armée de la Loire, à la suite du passage d'un
» de nos hommes d'État à travers nos lignes, a arrêté un mou-
» vement qui devait infailliblement nous conduire à Orléans, et
» nous faire mettre la main sur un corps prussien et une nom-
» breuse artillerie.

« Je ne saurais accepter, pour ma part, de voir constamment
« nos projets militaires déjoués par la politique. Mais il est une
» considération plus puissante qui s'impose aux méditations du
» gouvernement.

» Tandis que notre armée hésitante n'ose faire un pas en
» avant, les Prussiens qui poursuivent leur but avec ténacité, se
» concentrent de plus en plus au-devant de nos forces et d'un
» moment à l'autre se trouveront rejoints par l'armée de Metz.
» Ils choisiront leur jour et leur heure, et attaqueront victo-
» rieusement le général d'Aurelles campé entre Blois et Marche-
» noir. Ainsi, nous laissons passer l'occasion propice, pendant
» que l'ennemi prépare une partie à son gré.

» Cette situation ne saurait durer. Il faut que le gouverne-
» ment dise résolûment si nous devons faire la paix ou la guerre.
» Dans le premier cas, nous abandonnerons nos lignes, nous
» repasserons la Loire, et nous ramènerons l'armée en arrière
» sur un point où elle n'ait rien à craindre de l'ennemi. Dans
» le second cas nous reprendrons nos combinaisons interrom-
» pues et nous ferons un mouvement offensif avant que l'ennemi
» ait réuni des forces supérieures.

» Je vous prie donc, Monsieur le ministre, de vouloir bien
» me faire connaître d'une manière catégorique :

» Si nous devons pousser vigoureusement les opérations en
» nous plaçant au seul point de vue militaire ;

» Ou si, en prévision d'un armistice prochain, nous devons
» éviter les engagements et dès lors nous replier en arrière.
» Car, je le répète, le maintien pur et simple de nos positions
» actuelles serait dangereux et pourrait, au gré des Prussiens,
» aboutir à un désastre pour nos armes. »

M. Gambetta me répondit le jour même :

Tours, le 4 novembre 1870.

Monsieur le délégué,

« Je constate avec vous, avec une égale inquiétude, la dé-
» testable influence des hésitations politiques du gouvernement,
» dont le résultat évident est d'énerver et de déconcerter nos
» efforts militaires et le moral de nos généraux et de nos sol-
» dats. Mais il faut réagir et redoubler d'énergie. J'ignore si le
» gouvernement de l'Hôtel-de-Ville est enclin à traiter. Pour
» moi, je ne connais que mon mandat et mon devoir, qui est
» la guerre à outrance.

« En conséquence, en dépit de toutes fausses manœuvres, de
» toute mauvaise direction diplomatique ou autre, ne vous lais-
» sez arrêter ni retenir par des tentatives de négociations dont
» je repousse la responsabilité.

» Nous avons eu le malheur de voir une première fois notre plan
» offensif, si sagement combiné, entravé par l'intervention de....
» Il ne faut point rester plus longtemps sous le coup de cette.....
» ingérence. Il faut reprendre notre ligne de conduite et arrêter
» dès aujourd'hui nos mouvements en avant dont vous me com-

» muniquerez tous les moyens d'exécution. Je mettrai à votre dis-
» position les mesures les plus énergiques et, si la fortune peut
» être forcée par notre résolution, nos études, nos dévouements, la
» patrie ne pourra rien nous reprocher et nous trouverons dans
» notre conscience la récompense du devoir accompli.

» Donc c'est la guerre, ne perdez pas une minute et en avant !
» Mes meilleurs sentiments.

» Léon Gambetta. »

Je cite ces pièces pour montrer à quel point des tentatives pacificatrices, dont je ne prétends contester ni le mérite ni les intentions, ont occasionné d'entraves à l'action militaire, la seule dont j'ai à m'occuper.

Enfin le 7 novembre, après dix jours de stationnement, l'armée se mit en marche.

Elle avançait dans l'ordre suivant :

A droite, les deux divisions du 15ᵉ corps, sous les ordres directs du général en chef, s'appuyaient au fleuve. A leur gauche, s'étendait le 16ᵉ corps, commandé par le général Chanzy. Cet officier général venait de succéder au général Pourcet, relevé pour cause de santé. A l'extrême gauche la cavalerie du général Reyau et plus loin les francs-tireurs du colonel Liposwki avaient pour mission de garantir l'armée de toute surprise, du côté de Chateaudun et de Chartres. Sur l'autre rive de la Loire, en vue de couvrir la droite, les volontaires du colonel Cathelineau fouillaient les bois à une grande distance et jusqu'aux portes d'Orléans.

Quant au général des Paillères, qui avait besoin de 24 heures de plus pour effectuer son trajet, il avait quitté dès la veille ses positions d'Argent et d'Aubigny pour se diriger sur Gien. Il devait ramasser en chemin le détachement stationné en ce point, et descendre avec toutes ses forces sur Orléans en suivant la route comprise entre la forêt et le fleuve. Sa droite était protégée par des tirailleurs du pays, que nous venions d'organiser en corps depuis quelques jours, en prévision de ce mouvement, et qui gardaient avec beaucoup de vigilance une portion de la forêt.

Ces dispositions constituaient le programme primitif. En outre, une division d'une douzaine de mille hommes, sous le commandement du général Faye, avait été réunie à Salbris pour garder la position pendant le long arrêt des troupes en avant de Blois. Elle avait reçu ordre de se porter sur Orléans, en même temps que l'armée, de manière à menacer le pont de pierre qui donne accès à la ville par la route de Vierzon. Cette diversion avait été jugée utile en suite du retard que l'expédition venait de subir. L'ennemi pouvait avoir reçu des renforts et il importait de les neutraliser en partie par une démonstration. Ce supplément portait l'ensemble des forces pouvant prendre part à l'action, à près de cent dix mille hommes.

La journée du 7 se passa sans incident notable, autre que le retour de M. Thiers des lignes prussiennes. On craignit que le piquet ennemi qui l'escortait et qui, par suite, assista au mouvement de nos avant-postes, ne se doutât de nos projets et n'avertît le gros de l'armée. Fort heureusement il n'en fut rien, ou du moins les conséquences ne se sont pas fait sentir.

La journée du 8 fut marquée par quelques engagements

assez vifs, favorables du reste à nos armes, et sur lesquels je ne crois pas utile d'insister.

Tout semblait donc marcher à souhait, lorsque de nouveau l'entreprise fut remise en question. Une dépêche du général d'Aurelles, reçue dans la nuit, faisait ressortir les dangers de la marche en avant. Le temps était redevenu mauvais, les chemins offraient de grandes difficultés pour l'artillerie et les convois; une surprise paraissait à craindre sur la gauche; enfin un renfort de 20,000 ennemis avait été signalé dans la direction de Pithiviers à Orléans.

Au point où en étaient les choses, ces motifs ne parurent pas suffisants pour abandonner l'entreprise une seconde fois. Tout délai tendait d'ailleurs à accroître les inconvénients qu'on redoutait. En conséquence la dépêche suivante fut adressée au général d'Aurelles pour l'engager à persévérer.

Guerre à général en chef, armée Loire, Poisly.

Tours le 9 novembre, 3 heures du matin.

« Je n'ai reçu touchant l'arrivée d'un renfort de 20 à
» 25,000 Prussiens venant de Paris, aucun autre renseigne-
» ment que celui que je vous ai déjà transmis. Je vous télégra-
» phierai si j'en reçois. Je donne les ordres nécessaires pour
› l'approvisionnement de Vendôme. Une personne que j'ai vue
» hier au soir et qui avait traversé Orléans le matin, y avait
» trouvé 15,000 hommes environ. Dans ces conditions, je ne
› puis vous donner aucun ordre et je dois vous laisser juge,

» mais je désire vivement que notre plan primitif puisse s'ac-
» complir, car son succès aurait pour nous une immense im-
» portance, surtout par ses conséquences ultérieures. Il faut
» tenir compte, en outre, de l'appui que vous devez attendre de
» l'autre côté par le corps (celui du général des Paillères) qui
» opère pour vous rejoindre. Il ne faut donc pas renoncer légè-
» rement à votre marche en avant. »

L'armée reprit sa marche dans la matinée. Mais ici je ne puis mieux faire que de donner la parole au général en chef. On lira d'autant plus volontiers son rapport officiel qu'il renferme des éloges mérités sur ces jeunes troupes que naguère encore on jugeait incapables d'affronter l'ennemi.

« ..... L'ordre de marche pour la journée du lende-
» main (le 9, jour de la bataille) portait qu'une partie des
» troupes du général Martineau irait prendre position entre le
» Bardon, à droite, et le château de la Touanne, à gauche ; que
» le général Peitavin s'emparerait successivement de Baccon, de
» la Renardière et du Grand-Lus, pour donner ensuite la main
» à la droite du général de Chanzy, en vue d'attaquer le village
» de Coulmiers, où, d'après nos renseignements, l'ennemi s'était
» fortement retranché.

» Ma réserve d'artillerie et le général Dariès, avec ses batail-
» lons de réserve, devaient soutenir ce mouvement.

» Le général de Chanzy devait exécuter par Charsonville,
» Épieds et Gémigny, un mouvement tournant appuyé sur la
» gauche par la cavalerie du général Reyau, lequel avait pour
» instructions de chercher à déborder, autant que possible,
» l'ennemi par sa droite. Les francs-tireurs de Paris, sous les
» ordres du lieutenant-colonel Lipowski, avaient l'ordre d'ap-
» puyer, sur la gauche, le mouvement de la cavalerie.

» Le 9, dès huit heures du matin, toutes les troupes se mi-
» rent en mouvement, après avoir mangé la soupe.

» La portion des troupes du général Martineau, désignée pour
» agir sur la droite, effectua son mouvement sans rencontrer
» l'ennemi.

» Une moitié des forces commandées par le général Peitavin,
» soutenue elle-même par la réserve d'artillerie, enleva d'abord
» le village de Baccon et se dirigea ensuite sur le village de la
» Rivière et le château de la Renardière, où l'ennemi était for-
» tement établi, dans toutes les maisons du village et dans le
» parc. Cette position vivement attaquée, par trois bataillons :
» le 6e bataillon de chasseurs de marche, un bataillon du 16e de
» ligne, et un du 33e de marche, fut enlevée, malgré tous les
» efforts de l'ennemi pour s'y maintenir. Dans cette attaque di-
» rigée par le général Peitavin en personne, qui ne pouvait être
» soutenue que très-difficilement par l'artillerie parce que nos
» tirailleurs occupaient une partie du village, les troupes dé-
» ployèrent une vigueur remarquable.

» La seconde partie des troupes du général Peitavin se por-
» tait en avant tandis que la position de la Renardière était en-
» levée, occupait le château du Grand-Lus, sans trouver de
« résistance, et faisait appuyer sa gauche vers le village de
» Coulmiers.

» Sur la gauche, les troupes du général Barry marchaient par
» Champdry et Villarceau qui était le centre de la ligne ennemie
» et qui était très-fortement occupé. Arrêtées dans leur marche
» par l'artillerie prussienne, elles ne purent arriver que vers
» deux heures et demie à Coulmiers, devant lequel se trouvaient
» déjà les tirailleurs du général Peitavin.

» Ces tirailleurs auxquels se joignirent les tirailleurs du géné-
» ral Barry, se jetèrent au pas de course, aux cris de : Vive la
» France! dans les jardins et les bois qui sont au sud de Coul-
» miers, y pénétrèrent, malgré la résistance furieuse de l'ennemi,
» mais ne purent se rendre maîtres du village. L'ennemi qui s'y

» était retranché, et qui avait accumulé sur ce point une grande
» partie de ses forces et de son artillerie, faisait les plus grands
» efforts pour s'y maintenir afin de protéger la retraite des
» troupes de sa gauche, qui se trouvaient d'autant plus compro-
» mises que notre mouvement en avant s'accentuait davantage.
» Pour faire cesser cette résistance, le général en chef appela
» le général Dariès et la réserve d'artillerie. Cette dernière
» s'établit en batterie à hauteur du Grand-Lus, et, après un feu
» des plus violents de plus d'une demi-heure, finit par réduire
» au silence les batteries de l'ennemi. En ce moment les tirail-
» leurs soutenus par quelques bataillons du général Barry, con-
» duits par le général en personne, reprirent leur marche en
» avant, et pénétrèrent dans le village, d'où ils chassèrent l'en-
» nemi vers quatre heures du soir.

» Dans cette attaque les troupes du général Barry, 7e batail-
» lon de chasseurs de marche, 31e régiment d'infanterie de
» marche, et le 22e régiment de mobiles (Dordogne), montrèrent
» beaucoup de vigueur et d'entrain.

» A gauche du général Barry, une partie des troupes du
» contre-amiral Jauréguiberry, éclairées sur leur gauche par
» les francs-tireurs du commandant Liénard, traversèrent Char-
» sonville et Épieds et arrivèrent devant Cheminiers, où elles
» furent assaillies par une grêle d'obus. Elles déployèrent leurs
» tirailleurs, mirent leurs batteries en position et continuèrent
» leur marche en ouvrant un feu de mousqueterie. La lutte que
» soutinrent ces troupes fut d'autant plus sérieuse qu'elles fu-
» rent longtemps exposées non-seulement aux feux partant de
» Saint-Sigismond et de Gérigny qui étaient devant elles, mais
» encore à ceux de Coulmiers et de Rosières qui n'attiraient
» pas encore l'attention du général Barry. Il était à peu près
» deux heures et demie. A ce moment, le général Reyau fit
» prévenir le général de Chanzy que sa cavalerie avait éprouvé
» une résistance sérieuse, que son artillerie avait fait de grandes
» pertes en hommes et en chevaux, qu'elle n'avait plus de muni-

» tions et qu'il était dans l'obligation de se retirer. Pour éviter
» un mouvement tournant que l'ennemi aurait pu tenter par
» suite de cette retraite, le général de Chanzy qui, dans cette
» journée, a montré du coup d'œil et de la résolution, porta
» sa réserve en avant dans la direction de Saint-Sigismond, en
» la faisant soutenir par le reste de son artillerie de réserve.

» Le contre-amiral Jauréguiberry était parvenu à faire oc-
» cuper le village de Champ par un bataillon du 37e, mais à
» peine arrivé, attaqué par de l'artillerie et des colonnes d'in-
» fanterie qui entraient en ligne, ce bataillon dut abandonner le
» village. L'énergique volonté de l'amiral parvint cependant à
» nous maintenir dans nos positions jusqu'à quatre heures et
» demie, où l'arrivée d'une batterie de 12 réussit à maîtriser
» l'artillerie ennemie.

» Pendant ce laps de temps le 37e de marche et le 33e de
» mobiles ont été grandement éprouvés.

» A cinq heures, toutes les troupes de l'amiral Jauréguiberry
» se portèrent à la fois en avant et s'emparèrent, au pas de
» charge, des villages de Champ et d'Ormeteau.

» Après la prise de ces villages dont le dernier avait été soi-
» gneusement crénelé et admirablement disposé pour la défense,
» l'ennemi en pleine retraite fut poursuivi, tant qu'il fit clair,
» par le feu de notre artillerie.

» En résumé, dans la journée du 9, nous avons enlevé toutes
» les positions de l'ennemi, qui, d'après l'aveu d'officiers bava-
» rois faits prisonniers, doit avoir subi des pertes considéra-
» bles. Nous avons eu à lutter contre le 1er corps d'armée ba-
» varois assisté de cavalerie et d'artillerie prussienne.

» Cette journée eut pour résultat d'obliger l'ennemi à évacuer
» non-seulement toutes les positions retranchées qu'il occupait
» derrière la Mauve et dans les environs d'Orléans, mais en-
» core d'abandonner en toute hâte cette ville, pour battre en
» retraite sur Artenay, par Saint-Péravy et Patay, en laissant

» entre nos mains plus de 2,000 prisonniers sans compter tous
» les blessés.

» La pluie et la neige qui étaient tombées toute la nuit et
» dans la journée du lendemain, et qui avaient détrempé les
» terres, rendirent impossible une poursuite qui eût pu nous
» donner de plus grands résultats. Malgré ces difficultés, une
» reconnaissance poussée jusqu'à Saint-Péravy, s'empara de
» deux pièces d'artillerie, d'un convoi de munitions et d'une
» centaine de prisonniers dont cinq officiers.

» Le général des Paillères, dont la marche sur Orléans avait
» été calculée sur une plus longue résistance de l'ennemi, mar-
» cha pendant quatorze heures, dans la journée du 9, dans la
» direction du canon, et, malgré tous ses efforts, ses têtes de
» colonnes ne purent arriver à la nuit que jusqu'à Chevilly.

» Nos troupes d'infanterie de ligne et nos mobiles, qui
» voyaient le feu pour la première fois, ont été admirables d'en-
» train, d'aplomb et de solidité.

» L'artillerie mérite de grands éloges, car, malgré des pertes
» sensibles, elle a dirigé son feu et manœuvré, sous une
» grêle de projectiles, avec une précision et une habileté remar-
» quables.

» Nos pertes, dans cette journée, ont été d'environ
» 1,500 hommes tués ou blessés.

» Le colonel de Foulonge, du 31e de marche, a été tué.

» Le général de division Ressayre, commandant la cavalerie
» du 16e corps, a été blessé par un éclat d'obus.

» Je ne saurais trop vous dire, Monsieur le ministre, com-
» bien j'ai eu à me louer de la vigueur que l'armée tout en-
» tière a montrée dans cette journée. Il serait trop long de citer
» tous les actes de courage et de dévouement qui me sont si-
» gnalés. J'ai l'honneur de recommander à votre sollicitude les
» demandes de récompenses que je vous adresse, et qui sont
» justifiées par des faits d'armes accomplis dans cette circon-
» stance. »

Le gouvernement, je n'ai pas besoin de le dire, s'empressa de ratifier les propositions de récompenses des généraux. Il voulut même donner à la forme de ses décrets une solennité inusitée afin de graver davantage le souvenir de cette victoire, la première accordée à la France depuis le début de la guerre. Ainsi le décret collectif des décorations, en date du 17 novembre, porte : « Le gouvernement,
» voulant donner un témoignage éclatant de sa satisfaction
» à l'armée de la Loire pour les brillants faits d'armes
» qu'elle a accomplis les 9 et 10 courant et qui ont amené
» la reprise de la ville d'Orléans ; etc. »

D'autres décrets signalèrent certaines troupes, en ces termes flatteurs :

« Le gouvernement, considérant que les corps dont la
» désignation suit se sont particulièrement fait remarquer
» par leur intrépidité et leur sang-froid dans les combats
» qui ont amené la reprise de la ville d'Orléans ;

» Décrète :

» Les régiments de la garde nationale mobile de la
» Dordogne et de la Sarthe, sont mis à l'ordre du jour de
» l'armée. »

A la suite d'un considérant analogue, étaient également mis à l'ordre du jour les 3e et 6e bataillons de chasseurs à pied, ainsi que le 37e régiment de marche.

Les généraux qui se distinguèrent le plus et qui reçurent de hautes récompenses ou des lettres de félicitations exceptionnelles furent : le général Borel, qui avait dirigé l'état-major avec une grande sagacité, et les généraux Chanzy et

Jauréguiberry, qui avaient combattu à la tête des troupes du 16ᵉ corps. Parmi les corps-francs, MM. Lipowski et Cathelineau eurent des avancements mérités.

La victoire de Coulmiers suivie, dès le lendemain, de l'occupation d'Orléans, produisit, en France et à l'étranger, une impression profonde. Il suffit de se reporter aux journaux du temps pour voir à quel point ce succès dut profiter à la défense, soit en inspirant du respect aux autres puissances, soit surtout en faisant naître dans le pays une confiance qui le disposa aux plus grands sacrifices.

La surprise des Allemands fut extrême. Je n'en veux pour preuve que cet extrait d'une lettre d'un officier bavarois à sa mère, écrite trois jours après la bataille (1) :

« ..... Il n'y a plus d'armée de la Loire, disait-on, les forces
» de l'ennemi sont épuisées, et maintenant je trouve tout un corps
» bien organisé avec une artillerie formidable, une cavalerie
» admirablement montée et une infanterie qui nous a prouvé
» ce dont elle était capable à la bataille de Coulmiers. D'après
» mon opinion, la position a changé pour nous d'une façon
» des plus inquiétantes, et je crains que la fin de tout cela ne
» soit aussi déplorable que le début en a été heureux et glo-
» rieux. Le pays tout entier s'est levé, la faim et le mauvais
» temps décimeront nos armées, et la question des approvision-

(1) Cette lettre, en date du 12 novembre, a été saisie quelques jours après sur le courrier de Prusse qui tomba entre les mains d'une de nos bandes de francs-tireurs. Elle a été traduite dans les bureaux du ministère de la guerre par M. Charles Gaden, de Bordeaux.

Je tais à dessein le nom de l'officier, pour ne pas l'exposer à des poursuites dans son propre pays, à cause des sentiments d'humanité qu'il exprime.

» nements deviendra très-grave pour nous si les francs-tireurs
» réussissent à détruire les lignes de chemins de fer que nous
» avons occupées. »

La suite de la lettre, bien que faite à un tout autre point de vue, mérite d'être citée, car elle contient de précieuses révélations sur le traitement que les Allemands ont souvent fait subir à leurs prisonniers :

« Je suis traité avec toutes sortes d'égards, dont je ne saurais
» assez me louer. Au lieu de me faire marcher, comme nous
» avons fait à l'égard des officiers français prisonniers, on m'a
» donné une voiture, dans laquelle le grand-prévôt de l'armée
» lui-même m'a accompagné à Orléans, et il a été permis à mon
» domestique de me conduire lui-même. Aux Ormes les offi-
» ciers français m'ont hébergé de la façon la plus prévenante, et
» au lieu de me laisser dormir sur la paille, un d'eux m'a
» donné son lit, et a pris ma place sur la paille. Je suis ici dans
» une chambre magnifique de la préfecture, mon domestique
» est près de moi et je suis hébergé sans qu'il m'en coûte rien.
» Un domestique du préfet s'informe deux ou trois fois par
» jour de ce dont je puis avoir besoin, et un lieutenant de la
» garde nationale de faction ici a été aussitôt après mon arrivée
» me chercher des cigares. Voilà les soins et les prévenances
» dont je suis l'objet dans un pays où nous avons brûlé les
» villes et les villages, égorgé les vieillards et les enfants, et
» où la soldatesque a commis les brutalités les plus révoltantes.
» Je suis prisonnier, tandis qu'on a fait fusiller en masse les
» francs-tireurs qui sont tombés dans nos mains ; on me donne
» à manger et une chambre bien chauffée, tandis que des
» milliers de Français ont été laissés par nous sans abri après
» que nous leur avons eu enlevé leur dernier morceau de pain.
» Quelle terrible chose, si on usait de représailles envers

» nous ! Mais bien au contraire, tout le monde ici m'assure
» qu'on aime beaucoup les Bavarois, et qu'on sait bien que
» nous ne faisons cette guerre que contraints et forcés.

» Faites connaître partout et le plus que vous pourrez com-
» bien les prisonniers de guerre sont traités humainement en
» France, afin que chez nous les prisonniers français soient éga-
» lement bien traités, car si on savait ici qu'on ne se conduit pas
» bien envers eux, on aurait certes assez d'occasions de nous
» rendre la pareille. »

CHAPITRE V

CAMPAGNE DE PARIS

(suite)

Visite du ministre au camp — Fortifications d'Orléans — Envoi de nouveaux corps sur la Loire — Rappel des troupes de l'Est — Projets d'offensive — Hostilités dans l'Ouest et menaces sur l'aile gauche de l'armée de la Loire — Réorganisation des forces au Mans — Diversion sur la droite — Combats de Ladon, Maizières, Beaune-la-Rolande — Sortie de Paris.

Après la prise d'Orléans, si l'on avait marché tout de suite sur Paris, il paraît établi qu'on aurait réussi. On n'aurait pas trouvé sur la route une grande résistance et les lignes d'investissement n'étaient pas très-difficiles à rompre. En tout cas, on aurait détruit l'armée bavaroise avant qu'elle eût reçu des renforts. Les Allemands s'attendaient à cette manœuvre et l'on en concevait, à Versailles, une grande inquiétude; c'est, du moins, ce qu'assurent les rapports qu'on a eus depuis. On va même jusqu'à prétendre que les préparatifs du départ étaient faits pour le cas où l'armée de la Loire et la garnison de Paris tenteraient un vigoureux effort pour se donner la main.

Les avis étaient très-partagés à cet égard le surlendemain de la victoire, 12 novembre, quand M. Gambetta se rendit au camp pour complimenter l'armée et s'entendre avec les généraux sur la suite des opérations. Un long entretien, auquel j'assistais, eut lieu avec le général d'Aurelles, le général Borel, et, un peu plus tard, le général des Paillères. Le général Borel proposa le parti hardi qu'on vient de voir, et qui, par le fait, aurait été le plus sage. Le général en chef fut d'une opinion diamétralement opposée. Non-seulement la continuation immédiate de l'offensive ne lui paraissait pas possible, mais il jugeait dangereux de rester à Orléans. Le retour en force de l'ennemi était, selon lui, imminent; M. Thiers, en revenant de Versailles, avait vu, disait-il, 80,000 hommes en marche et l'on ne pouvait manquer d'être attaqué le lendemain ou le surlendemain au plus tard. Or l'armée était incapable, à son avis, de soutenir un pareil choc. Il ajoutait qu'en cas de défaite, on ne couvrirait même pas les points de Bourges et de Tours, car il ne considérait la retraite possible que dans la direction de Nevers. Il conclut en proposant d'évacuer immédiatement Orléans et de rentrer dans les anciennes positions de Salbris, derrière la Sauldre.

Nous combattîmes cet avis énergiquement. Nous dîmes que l'effet moral d'un tel abandon serait déplorable, aussi bien sur l'armée que sur le pays; que la France et l'Europe n'y comprendraient rien et qu'on perdrait tout le bénéfice de la victoire; qu'à devoir ainsi se retirer, mieux eût valu de beaucoup ne point venir. Nous insistâmes enfin sur ce que la situation de Paris exigeait un secours prochain, que les assiégés y comptaient et que c'était encourir une grave responsabilité politique que de le leur refuser sans motif suffisant. M. Gambetta en donna pour preuve la dernière lettre de M. Jules Favre qui ne laissait aucun doute à cet égard.

Le général se rendit à ces raisons et une sorte de moyen terme fut adopté. On ne marcherait pas tout de suite en avant — l'armée ayant d'ailleurs, assurait-il, besoin de repos — mais Orléans ne serait pas évacué et l'on s'y fortifierait même, c'est-à-dire qu'on établirait tout autour une sorte de camp retranché, devant servir de base d'opérations. Paris resterait le suprême objectif de l'armée et le but assigné à une prochaine offensive. « Avant-garde du pays
» tout entier, dit le ministre aux troupes, dans sa proclama-
» tion, vous êtes aujourd'hui sur le chemin de Paris. N'ou-
» blions jamais que Paris nous attend et qu'il y va de notre
» honneur de l'arracher aux étreintes des barbares qui le
» menacent du pillage et de l'incendie. »

Séance tenante, des ordres furent expédiés dans diverses directions en vue d'appeler à Orléans un nombreux personnel d'ingénieurs et d'ouvriers. Indépendamment de quelques milliers de pioches envoyées par le génie militaire, des outils furent requis dans cinq départements environnants. Dès le lendemain, les travailleurs furent à l'œuvre pour ouvrir des fossés, dresser des palissades, asseoir les plateformes des batteries fixes. Le génie civil rivalisa avec le génie militaire. Des dispositions, dues à des ingénieurs des ponts et chaussées, obtinrent le suffrage unanime. En même temps, 150 pièces de marine à longue portée furent expédiées des ports militaires, avec leurs agrès et leur personnel, pour être établies à la limite du camp, sur des points convenablement choisis. Le vaillant et habile capitaine de vaisseau Ribour fut chargé de les commander. L'ensemble de ces travaux, exécutés sur les indications de l'état-major général et sous la direction du génie militaire ne tarda pas à faire de cette position, au dire de tous les hommes de l'art, une des plus fortes qu'une armée pût avoir à défendre. Le général en chef en fut tellement satisfait que quelques jours après il déclarait au ministre, dans une nouvelle entrevue, « qu'avec quarante mille hommes il se ferait fort d'y » tenir tête à deux cent mille. »

D'un autre côté, de nombreuses troupes, destinées à grossir l'armée de la Loire, furent organisées le plus rapidement possible. En quelques jours, trois nouveaux corps, le 17e, le 18e et le 20e furent sur pied, et dès le 19 novembre, ils étaient échelonnés sur les bords de la Loire, portant ainsi le total des forces disponibles à plus de deux cent mille hommes. Le nombre des bouches à feu de tout calibre dépassait cinq cents. Dans cette énumération, je ne compte pas un sixième corps, portant le n° 21, en voie de formation au Mans, et qui, sous peu de jours, pourrait offrir un concours utile. Il comprenait cinquante mille hommes et une centaine de pièces de canon.

Avant d'examiner l'usage qui fut fait de ces ressources, il convient de se reporter un peu en arrière pour jeter un coup d'œil sur d'autres parties du tableau.

On se rappelle qu'à l'entrée en fonctions de l'administration du 10 octobre, l'armée du général Cambriels venait d'évacuer les Vosges et de chercher un abri à Besançon. Cette armée, primitivement forte de cinquante-cinq mille hommes, s'était rapidement fondue pendant la marche et comptait alors à peine la moitié de son effectif. L'ennemi, au contraire, s'était accru des troupes de Werder qui avaient recouvré la liberté de leurs mouvements par la chute de Strasbourg, survenue le 28 septembre. Tout l'Est de la France se trouvait donc ouvert à l'invasion qui n'avait plus d'obstacle devant elle jusqu'à Lyon.

Préoccupé de cette situation si grave, le ministre se rendit de sa personne à Besançon, le 15 octobre. Il y trouva le général Cambriels très-fatigué des suites d'une blessure à la tête, qui, depuis Sedan, le faisait beaucoup souffrir. La marche et le travail de cabinet lui étaient devenus également pénibles. Ses troupes, démoralisées par une longue retraite, par les défections quotidiennes et sans doute aussi par la maladie de leur chef, manquaient absolument de confiance. Leur dénûment en toutes choses était extrême. On en jugera par les détails énumérés dans la dépêche suivante, que l'administration adressait au ministre, à Besançon, le 18 octobre : « Nous vous envoyons cinq généraux de
» brigade ou colonels faisant fonctions. Vous recevrez dans
» cinq jours un régiment de cavalerie et un autre régiment
» dans dix jours. Impossible d'aller plus vite. Nous vous
» expédions 10,000 chassepots, dont 6,000 Rennes,
» 4,000 Grenoble, ainsi que quatre batteries, dont deux de
» Lyon, une de Toulouse et une de Toulon. Vous recevrez
» incessamment 30,000 pantalons et dans huit ou dix jours
» 30,000 capotes. Quant aux cartouchières, impossible à
» aucun prix de vous les procurer ; on vous enverra seu-
» lement 5,000 gibernes de Lyon, etc. » Il y eut donc toute

une réorganisation à faire pour mettre ces troupes en état de servir. Le ministre profita de son séjour pour donner l'impulsion et rentra bientôt à Tours.

L'armée de l'Est une fois reconstituée, il était opportun qu'elle quittât Besançon qu'elle encombrait et où elle ne pouvait rendre aucun service. L'ennemi, profitant même de sa longue inaction, s'était graduellement acheminé vers le Midi, en suivant la vallée de la Saône et en évitant les places fortes. Déjà il occupait Vesoul et Gray. Le 29 octobre, il vint faire une attaque sérieuse sur Dijon. Le combat dura de sept heures du matin à quatre heures et demie du soir. Le brave colonel Fauconnet y fut tué. Les gardes nationales mobiles et mobilisées firent leur devoir. A quatre heures, la ville ayant été bombardée, une plus longue résistance fut jugée inutile et les troupes se retirèrent à Beaune. Quelques jours après, l'ennemi faisait sa première démonstration sur Nuits. Il n'y avait plus un instant à perdre si l'on voulait que l'armée pût encore sortir de Besançon et ne fût pas définitivement séparée du reste de la France.

Le général Michel avait remplacé le général Cambriels. On lui donna l'ordre de compléter la garnison de Besançon à 15 ou 16,000 hommes et de se porter avec le reste de ses troupes à Chagny. Il devait y trouver le colonel Bonnet qui, avec une brigade empruntée au 18e corps, alors en formation à Nevers, et avec des bataillons de mobilisés du Rhône et de Saône-et-Loire, était parvenu à constituer un petit corps d'armée de dix-huit à vingt mille hommes. Trois batteries envoyées en toute hâte avaient permis de faire bonne figure et de contenir l'ennemi en deçà de Beaune.

D'autre part, le général Garibaldi qui occupait Dôle avec une poignée d'hommes, reçut pour instructions de se transporter dans le Morvan, à Autun. Il le fit avec la promptitude et le secret qui lui étaient familiers, et que nos armées régulières n'ont pas toujours assez pratiqués. La ligne de Nevers se trouvait ainsi protégée et celle de Lyon allait l'être bientôt par l'arrivée de l'armée de l'Est à Chagny.

Cette armée était actuellement sous les ordres du général Crouzat. Il n'avait pas été possible de conserver le général Michel, dont la bravoure s'accommodait mieux de la conduite d'une division de cavalerie, où il excellait, que de la patiente administration d'un corps d'armée. Le général Crouzat, sur l'ordre qu'il reçut, quitta Besançon le 8 novembre. Il put se transporter sans encombre par Mouchard et effectua sa jonction avec le colonel Bonnet le 12 novembre. Il se vit dès lors à la tête de plus de cinquante mille hommes, dans d'excellentes positions et pouvant donner la main à Garibaldi. Il offrait par conséquent à l'armée de Werder un obstacle infranchissable.

Mais des considérations supérieures ne permirent pas de l'y laisser. Ses troupes étaient devenues nécessaires pour renforcer l'armée de la Loire. C'est le 16 novembre, non sans avoir pesé les conséquences d'une telle résolution, que l'administration de la guerre fit procéder à l'évacuation de Chagny. Tout le Midi de la France se trouvait, par là, découvert et la ville de Lyon menacée d'un siége. A la vérité une quinzaine de mille hommes furent détachés de l'armée pour grossir la garnison ; mais c'était peu à côté de l'appui que promettait l'armée tout entière. Aussi la dépêche qui annonça à Lyon cette détermination causa-t-elle une sorte de panique; les habitants crièrent presque à la trahison. Toutefois, l'abandon de Chagny n'eut pas les conséquences fâcheuses qu'ils redoutaient. L'ennemi, trompé par la hardiesse même du mouvement et aussi par la rapidité de l'exécution, n'en soupçonna pas le véritable objectif. Plus tard, quand il en eut connaissance, la concentration opérée autour d'Orléans lui parut assez menaçante pour qu'au lieu de descendre vers le Midi, il jugeât plus urgent de remonter sur Tonnerre et Joigny.

Le général Crouzat, avec le gros de ses forces, une quarantaine de mille hommes, s'embarqua en chemin de fer à Chagny et fut transporté en trois jours à Gien, à l'insu de tout le monde. Arrivé là, il mit de l'ordre dans ses troupes; il restitua au 18e corps la brigade que le colonel Bonnet lui avait empruntée et garda définitivement avec lui trente-trois mille hommes, qui constituèrent le 20e corps. Quant à Garibaldi, il resta à Autun, seul gardien de nos intérêts dans l'Est, où les opérations militaires se trouvèrent d'ailleurs momentanément suspendues.

Pendant ce temps, de graves événements se préparaient au nord de la Loire. L'armée de Metz arrivait rapidement, non tout d'une pièce, comme on pourrait se le figurer, mais par petits détachements, quelquefois de 5 à 6,000 hommes seulement, lesquels voyageaient à distance les uns des autres et sur plusieurs routes à la fois, de manière à se concentrer ensuite aux points indiqués avec cette rapidité et cette précision qu'on a eu trop souvent occasion d'admirer chez les armées prussiennes. Pithiviers était le nœud principal des routes suivies par l'ennemi. Celui-ci venait à travers la Champagne et se partageait entre les directions de Montargis et de Montereau pour se rejoindre à Pithiviers. Toutefois une attaque sur Orléans ne paraissait pas être à ce moment son objectif immédiat. Il continuait, en effet, sa route à l'ouest, sur Toury et peut-être même au delà. Il semblait plutôt chercher avec le duc de Mecklembourg une action commune, qui devait aboutir au mouvement concentrique sur le Mans et à une tentative pour tourner l'armée de la Loire par la gauche. Les premiers détachements du prince Charles se montrèrent à Montargis, à peu près au moment où le général d'Aurelles entrait à Orléans.

Nous aurions voulu que, puisqu'on renonçait à marcher en avant, le général en chef lançât du moins des colonnes expéditionnaires pour troubler la concentration qui se préparait. Il nous semblait même qu'il pourrait tailler en pièces quelqu'un de ces détachements qui apparaissaient à proximité. La question fut traitée dans l'entrevue précitée du 12 novembre. Le général des Paillères adhéra à l'idée avec beaucoup d'entrain. Il voulait, disait-il, prendre sa revanche de l'inaction forcée où il avait été tenu à Coulmiers, et il s'offrait à faire une pointe, avec sa division, soit dans la direction de Toury, soit dans celle de Pithiviers. Il regrettait même qu'on ne l'eût pas déjà laissé poursuivre l'armée bavaroise, qu'on supposait s'être arrêtée à moins de deux journées de marche pour y attendre des renforts et qui, on l'a su depuis, était dans l'état le plus pitoyable.

Un autre motif recommandait encore ce genre d'expéditions, c'était de tenir les troupes en haleine et de ne pas laisser s'éteindre en elles l'animation causée par le premier succès. Le ministre appuya dans ce sens, et je résumai ses vues le lendemain dans la lettre suivante, adressée au général d'Aurelles :

Tours, le 13 novembre 1871.

« Général.

» Ainsi que je vous l'ai dit hier avec insistance, vous devez
» considérer Orléans comme une nouvelle base d'opération. Dès
» lors, il importe de ne pas s'y enfermer indéfiniment, mais il
» faut au contraire envisager le camp retranché que vous y faites
» établir comme un refuge dans lequel vous rentrerez après des
» expéditions heureuses.

» Il serait dangereux, selon moi, d'attendre patiemment à
» Orléans que des forces supérieures vinssent vous attaquer. Si
» par exemple, une occasion favorable s'offrait d'écraser à
» quelque distance un corps inférieur en nombre, vous devriez
» évidemment en profiter.

» Or, la situation présente est celle-ci : d'un côté, au delà
» d'Artenay, sont réunies des forces que les évaluations les plus
» élevées mettent à 55,000 hommes, et que je suppose devoir être
» d'une quarantaine de mille, avec une nombreuse artillerie. En
» même temps des corps paraissent vouloir venir du côté de Pi-
» thiviers et de Montargis. Peut-être que d'autres encore vien-
» nent de Paris ou de Chartres. Je n'en suis point inquiet, car
» je crois fermement que vous serez en mesure de résister à
» leurs efforts combinés (1). Mais la question se pose de savoir

(1) Ceci répondait aux préoccupations manifestées par le général.

» s'il ne serait pas avantageux pour vous, de vous porter au-
» devant de ces diverses forces et de les écraser successivement.
» Ainsi, n'y aurait-il pas lieu, par exemple, de vous porter au-
» devant d'Artenay et d'y livrer bataille avant l'arrivée des
» renforts ?

» Je vous prie d'étudier attentivement cette question, et, dans
» le cas où vous la résoudriez dans le sens de l'affirmative, vous
» me le feriez connaître par le télégraphe. En ce cas, vous
» devriez évidemment commencer par faire demain des recon-
» naissances approfondies pour déterminer avec exactitude l'im-
» portance et la position des corps prussiens, et ce ne serait que
» si la partie vous semblait vraiment belle que vous la tenteriez.
» Vous vous mettriez alors en marche après-demain mardi, et vous
» livreriez bataille mercredi. Pendant ce temps-là, vos travaux
» de défense continueraient au camp d'Orléans, avec persis-
» tance.

» Quelle que soit votre décision à cet égard, ne perdez pas
» de vue que vos troupes doivent, en tout cas, faire de longues
» promenades, vraies expéditions militaires, autour de vous.
» Lancez chaque jour une colonne de 20 à 30,000 hommes, pour
» nettoyer le pays. »

Ces expéditions n'eurent point lieu. Le général fit connaître à diverses reprises que le mauvais temps, l'état des
chemins, et d'autres considérations empruntées à la situation des troupes, aux mouvements de l'ennemi, au danger
de se dégarnir, ne lui en laissaient pas la possibilité. On
atteignit ainsi le 19 novembre, époque où le ministre jugea
nécessaire d'adopter, sans plus attendre, un plan de marche
sur Paris. Le général d'Aurelles fut invité à présenter ses
propositions. « Je vous engage, lui écrivis-je le 19, à étudier
» avec vos généraux, la meilleure direction à donner à cette

» force totale de 250,000 hommes (1), que vous allez avoir
» sous la main. Nous ne pouvons demeurer éternellement à
» Orléans. Paris a faim et nous réclame (2). Étudiez donc la
» marche à suivre pour arriver à nous donner la main avec
» Trochu qui marcherait à notre rencontre avec 150,000
» hommes, en même temps qu'une diversion serait tentée
» dans le Nord. De notre côté, nous étudions un plan ici. Dès
» que vos idées seront un peu arrêtés sur cette grave affaire,
» prévenez-moi ; nous nous réunirons à Tours ou à votre
» quartier général pour en disserter. »

Le général déclina cette initiative. « Pour étudier un plan
» à suivre, répondit-il le 20, pour arriver à donner la main
» au général Trochu, il serait nécessaire que je fusse au
» courant de ce qui se passe à Paris et des intentions de cet
» officier général. »

Or l'on était, à ce moment, sans nouvelles du général
Trochu, et il n'était malheureusement pas possible d'établir avec lui cette entente préalable que réclamait le général d'Aurelles et qui eût été si désirable. Les ballons d'un côté, les pigeons voyageurs de l'autre, constituaient le seul moyen de communications que nous possédions, et ce moyen

---

(1) Dans cette évaluation était compris le 21e corps, dont la formation s'achevait au Mans, et qui était destiné à garder des positions en arrière.

(2) Nous étions à cette époque sous l'impression des nouvelles qui nous venaient de Paris et qui fixaient le 15 décembre comme le terme extrême des approvisionnements. M. Jules Favre disait plus tard de cette limite, dans une dépêche du 26 novembre : « Nous ne la dépasserons pas, si nous pouvons l'atteindre ». Nous étions donc très-vivement invités à nous hâter.

était soumis à toutes sortes de vicissitudes. C'est ce que fit observer M. Gambetta dans la lettre suivante, datée du 20 au soir et répondant à celle du général :

« ... A ce sujet, je vous prie de méditer de votre côté un
» projet d'opération ayant pour suprême objectif Paris. Je
» ne peux accepter que cette préparation implique pour
» vous la connaissance préalable des projets du général
» Trochu. Nous sommes sans nouvelles : le hasard seul nous
» permet, d'une façon tout à fait intermittente, d'en obte-
» nir ; c'est comme une inconnue de plus dans notre pro-
» blème, que nous devons être résolus à vaincre, comme
» bien d'autres.

» Pour cela, il suffit de supposer une simple chose, c'est
» que Paris connaît notre présence à Orléans, et que, dès
» lors, c'est dans l'arc de cercle dont Orléans est le point
» médian que les Parisiens seront fatalement amenés à
» agir.

» Je compte que vous voudrez prendre en considération
» les vues générales mais sûres d'après lesquelles nous de-
» vons opérer, et veuillez agréer l'assurance de mes senti-
» ments affectueux. »

Le général répondit trois jours après, à la date du 23 :

« Vous me recommandez de méditer un projet d'opéra-
» tions ayant Paris pour suprême objectif. La solution de ce
» problème n'est pas la moindre de mes préoccupations.

» Pour le résoudre, il faut la coopération et l'entente
» communes du gouvernement et de l'armée, représentée
» par les chefs que vous avez investis de votre confiance.
» En ce qui me concerne, vous pouvez compter sur mon

» dévouement absolu. Dieu veuille mettre mes forces à la
» hauteur de mon dévouement ! »

Ainsi que cette réponse le faisait pressentir, aucun projet ne fut présenté par le général. Cependant le temps s'écoulait. L'administration s'arrêta alors à la pensée d'une marche sur Fontainebleau. Cette direction lui paraissait devoir répondre à une tentative éventuelle de l'armée de Paris pour rejoindre l'armée de la Loire. En effet une armée sortant de Paris pour venir vers le Sud devait avoir moins de chances d'être tournée et de rencontrer l'ennemi en cheminant vers Melun et en s'appuyant sur la rive droite de la Seine qu'en suivant tout autre direction. Car cette région était la moins occupée par les troupes allemandes et le fleuve apportait un obstacle à leur rapide concentration. C'est donc dans cette direction, c'est-à-dire vers Pithiviers et Beaune-la-Rolande d'abord, que l'administration résolut de pousser les 18e et 20e corps, ainsi qu'une division du 15e. Pour la suite on se réglerait sur les événements. Mais déjà cette première étape avait l'avantage de commencer le mouvement prévu, et en outre elle procurait une diversion devenue nécessaire pour dégager nos provinces de l'Ouest et l'aile gauche de l'armée de la Loire, alors fortement menacée.

Pour bien saisir l'importance de cette dernière diversion, il convient de reprendre d'un peu plus haut les événements en voie de s'accomplir sur notre gauche.

Ainsi qu'on l'a dit précédemment, l'Ouest n'était protégé que par trente à trente-cinq mille hommes, presque tous gardes nationaux mobiles, disposés en un long et fragile cordon entre Chartres et Évreux. L'armement et l'équipement de ces troupes étaient très-défectueux ; le service des approvisionnements fort mal organisé ; les chefs, nommés pour la plupart à l'élection et par conséquent inexpérimentés, ne savaient pas veiller aux besoins de leurs hommes ; aussi ceux-ci souffrirent-ils plus d'une fois du froid et de la faim, pendant le mois d'octobre, avant que la nouvelle administration eût eu le temps de les réorganiser. Il n'existait d'ailleurs ni cavalerie, ni artillerie. Des pouvoirs illimités avaient été donnés au général Fiereck pour en créer, et des batteries non attelées mises à sa disposition ; mais ces mesures n'avaient point abouti. L'ensemble des troupes continuait de présenter la même faiblesse et la même incohérence.

Dans ces conditions, aucune résistance sérieuse ne pouvait être espérée. La richesse du pays, d'autre part, était faite pour tenter l'ennemi qui cherchait tout autour de lui les moyens de vivre. De là, les incursions fréquentes qu dès le commencement d'octobre marquèrent, dans les directions d'Évreux, de Dreux, de Chartres et de Châteaudun, comme les amorces de quatre lignes convergentes par lesquelles les Allemands se préparaient à déboucher sur le Mans.

Pendant tout le mois d'octobre et les premiers jours de novembre, il y eut de continuelles alertes dans ces directions. Des engagements de peu d'importance avaient lieu avec des fortunes diverses et les mêmes localités tombaient alternativement entre les mains des Allemands et des Français. Toutefois à travers ces vicissitudes, les progrès de l'ennemi étaient visibles et il n'était pas possible de méconnaître une tendance générale vers le chef-lieu du département de la Sarthe. La victoire même de Coulmiers ne l'avait pas arrêtée; l'ennemi avait été, il est vrai, délogé de Châteaudun, mais il se tenait à une petite distance, à Voves et à Illiers; en outre il occupait ou menaçait de très-près Nogent-le-Rotrou, Mortagne, Laigle. Le cercle donc, malgré tout, se resserrait et bientôt se dessina le mouvement tournant dont l'armée de la Loire était le suprême objectif.

Ce mouvement avait sans doute pour but d'attirer une partie de l'armée hors de ses positions d'Orléans et de permettre au prince Charles de s'introduire dans son centre pour rejeter les tronçons vers le midi — ainsi, du reste, qu'il le fit plus tard. Le duc de Mecklembourg manœuvra comme pour amener ce résultat. Avec une quarantaine de mille hommes, il menaça le Mans dans plusieurs directions, notamment dans celles de La Ferté-Bernard et de Bonnétable, en même temps que d'autres troupes se rapprochaient de Châteaudun. Il pouvait donc arriver que le gouvernement, cédant au désir bien naturel de couvrir le Mans et Tours, fît mouvoir sur la gauche le 17e corps qui venait, depuis peu, de prendre position en avant de la forêt de Marchenoir; peut-être même le 16e corps, ou du moins une partie, serait associé à cette manœuvre. En tous cas l'aile gauche de l'armée de la Loire se trouvait séparée et alors le prince Charles, avec ses forces accumulées non loin de Toury, descendait sur Orléans et tentait de culbuter le 15e corps à droite, sur le 20e et le 18e, pour rejeter le tout vers Nevers. Dans le cas contraire, où l'armée de la

Loire refusait de se laisser entamer et retenait toutes ses forces dans ses positions, le duc de Mecklembourg, libre de ses mouvements, faisait tomber le Mans, Tours, Blois, désorganisait le gouvernement et, au moyen des soixante mille hommes dont il disposait, prenait le 17e corps à dos et tournait ainsi l'armée de la Loire par la gauche tandis que le prince Charles la menaçait au nord. En tous cas la position de l'armée se trouvait compromise et une portion se voyait obligée sans doute, comme dans la première alternative, de se rejeter sur Nevers.

Le 21 novembre donc, à la suite de la défaite des troupes massées à Nogent, le Mans parut sérieusement menacé et l'on se demanda si en effet on ne déplacerait pas le 17e corps pour couvrir cette importante position. Mais la crainte des conséquences que j'ai indiquées plus haut fit abandonner ce parti et nous entreprîmes de faire face au danger, d'une part, en réunissant en toute hâte devant le Mans et Tours, les plus grandes forces que nous pourrions nous procurer sans toucher à l'armée de la Loire, et, d'autre part, en opérant sur la gauche de l'ennemi, du côté de Pithiviers, une diversion qui l'obligeât à ramener ses troupes vers le nord-est.

En vue d'activer la défense du Mans, le ministre s'y rendit de sa personne, le 22 novembre. Il trouva les forces de la région dans l'état le plus déplorable. On avait, quelque temps auparavant, dans l'espoir de leur donner plus de solidité, commencé à les réorganiser et à en former un 21e corps. Mais ce travail n'était pas encore très-avancé quand l'attaque du duc de Mecklembourg s'était produite. Il fallait quelques jours de tranquillité pour amener et incorporer divers bataillons de l'armée régulière, ainsi que de la cavalerie et de l'artillerie, indispensables à la constitution du nouveau corps. Un certain nombre d'officiers supérieurs manquaient également. Enfin le nouveau chef désigné pour le commander, le général Jaurès, était encore en route. La situation des troupes était donc aussi précaire que possible. Aussi ne tinrent-elles nulle part et la débandade fut générale. Quelques milliers d'hommes, coupés de leur base vers le nord, se trouvèrent même rejetés dans les départements de l'Orne et du Calvados, et définitivement perdus pour le 21ᵉ corps. Le reste couvrait les routes en grand désordre et fut ramené au Mans avec les plus grandes peines ; il ne fallut rien moins que de la grosse cavalerie et la menace de pièces d'artillerie pour arrêter les fuyards. Mais comme au fond les éléments n'étaient pas mauvais et que ces troupes péchaient surtout par le manque d'organisation, on pouvait espérer d'en tirer parti par une refonte générale et un nouvel encadrement. La constitution du 21ᵉ corps fut donc recommencée sur nouveaux frais et en quelque sorte sous le feu de l'ennemi.

Le général Jaurès, arrivé sur ces entrefaites, au moment même de la débandade, s'employa avec une activité extraordinaire. Soutenu par la présence de M. Gambetta, il s'occupa immédiatement de recevoir les débris qui lui étaient ramenés de divers côtés et d'en former de nouveaux régiments. Naguère encore capitaine de vaisseau et récemment promu dans l'armée auxiliaire, il tint tête à toutes les difficultés du métier. L'administration de la guerre lui expédia en 36 heures une douzaine de mille hommes de troupes régulières, ainsi qu'une nombreuse artillerie (1). Quelques bataillons de gardes nationaux mobiles furent également choisis dans le camp de Conlie. Le tout, comprenant environ 35,000 hommes, fut mis en ligne en deux ou trois jours et opposa au duc de Mecklembourg une barrière respectable. En outre 8 à 10,000 hommes de troupes régulières, expédiés de Tours, gardèrent Vendôme et Montoire, au-dessous de Saint-Calais. Enfin le général de Sonis, avec le 17ᵉ corps, eut ordre, sans perdre de vue le 16ᵉ corps, d'occuper Châteaudun et la ligne de la Conie. L'ensemble de ces dispositions paraissait devoir couvrir Tours et le Mans, mais l'aile gauche de l'armée de la Loire restait toujours menacée.

La diversion sur Pithiviers eut pour objet de conjurer ce danger. Nous résolûmes de l'opérer au moyen des 18ᵉ et 20ᵉ corps, stationnés à Nevers et à Gien, qu'appuierait la division du général des Paillères. Nous comptions, comme j'ai dit, nous emparer de la direction de Montargis à Pithiviers, ou tout au moins d'une partie de cette base, de façon à ouvrir les voies vers la forêt de Fontainebleau pour le jour prochain où l'armée entière se mettrait en marche sur Paris. Il

---

(1) On jugera de l'activité déployée par le service compétent, d'après cette dépêche adressée au général Jaurès, le 22 au soir :

« Je vous fais successivement expédier 2 batteries de 4 venant de » Rennes, 3 batteries de 4 venant de Carentan, 2 de 4 de Bony et » 1 à balles (mitrailleuses) de Bony. D'autre part vous devez avoir » 2 batteries de 12 montées et 3 autres de 12 que vous pourrez faire » atteler par des réquisitions, comme l'ordre en a été donné il y a » un mois. Total 13 batteries. En outre vous recevrez incessamment » 3 ou 4 batteries de montagne. »

était présumable qu'une démonstration aussi accentuée empêcherait le prince Charles de joindre ses menaces à celles du duc de Mecklembourg et peut-être arrêterait le duc de Mecklembourg lui-même.

Il y avait urgence, car la situation apparaissait des plus critiques. L'ennemi renonçant à sa marche directe sur le Mans et Vendôme, avait entrepris un mouvement très-audacieux. Il descendait par la route intermédiaire, de Chartres à Saint-Calais, en évitant le 21e corps à sa droite et le 17e corps à sa gauche. Il menaçait ainsi Tours directement, mais avec le but probable de tourner la position de Vendôme et le 17e corps. Il pouvait en outre, à sa convenance, disperser le gouvernement avec quelques détachements de cavalerie; car on s'était tellement épuisé pour couvrir le Mans et Vendôme qu'on ne possédait alors à Tours aucune force sérieuse. La pénurie était telle qu'on dut, dans une nuit, faire venir deux régiments d'infanterie, l'un de Lyon et l'autre d'Orléans, qu'on y renvoya trois jours après. Nul doute que l'ennemi, s'il avait connu la vraie situation, eût en effet forcé le siége du gouvernement et désorganisé l'administration. Aussi la panique fut-elle grande dans la ville de Tours, quand les éclaireurs prussiens apparurent au delà de Montoire, à moins d'une étape.

Le général de Sonis, qui commandait le 17e corps avec une bravoure parfois trop impétueuse, avait vainement essayé de rompre ce mouvement par une pointe hardie sur Illiers. Il eut la satisfaction de refouler l'avant-garde ennemie, mais il fatigua ses propres troupes et, bientôt se vit menacé lui-même par un corps plus nombreux venant de

Chartres. Il fut obligé de se replier rapidement et n'eut que le temps de gagner la forêt de Marchenoir. Le caractère chevaleresque du général eut quelque peine à s'y soumettre ; toutefois il exécuta l'ordre avec décision et succès. L'ennemi continua donc sa marche sans obstacle et rien ne semblait plus pouvoir l'arrêter, quand la diversion sur Montargis et Pithiviers commença.

Des instructions avaient été envoyées au général en chef les 21 et 22 novembre, aux termes desquelles le général des Paillères devait se porter à Chilleurs-aux-Bois le surlendemain 24, en vue d'une attaque ultérieure sur Pithiviers, et le général Crouzat devait coucher le même jour entre Beaune-la-Rolande et Juranville. Quant au 18e corps, qui ne faisait pas encore partie officiellement de l'armée de la Loire, il avait été avisé directement de se concentrer à Gien pour garder la position en achevant de se constituer.

Ce corps en effet était de création toute récente. Quelques bataillons et une partie de la réserve d'artillerie lui manquaient encore ; surtout, ce qui était plus grave, il n'avait pas de commandant en chef. Le général Bourbaki, désigné pour ce poste, n'était pas arrivé, par suite des difficultés de locomotion entre Lille et Tours, résultant de l'occupation de l'ennemi. L'intérim du commandement était fait par un jeune colonel, M. Billot, chef de l'état-major, lequel s'acquitta de ces délicates fonctions avec un tact et une fermeté qui lui valurent un mois après le commandement officiel du corps, avec le grade de général de division à titre provisoire. L'organisation du corps s'acheva, on peut le dire, en marchant. Ces circonstances sont honorables à rappeler pour des troupes qui devaient, quelques jours plus tard, remporter plusieurs succès.

Le 20ᵉ corps, quoique de formation plus avancée, se trouvait également dans des conditions difficiles. Ses principaux chefs appartenaient à l'armée auxiliaire et, par conséquent, étaient plus ou moins improvisés. En outre, il était en grande partie composé de gardes nationaux mobiles, dont une fraction armée d'anciens fusils.

Le général d'Aurelles fit diverses objections à la mesure. Il les développa dans une lettre du 23 novembre. Les chemins, disait-il, étaient très-mauvais, l'ennemi en force partout; mieux vaudrait attendre des conditions plus favorables. Il regrettait particulièrement le départ de la division des Paillères, départ qui lui paraissait de nature à affaiblir sa position à Orléans. Enfin il craignait que cette division ne fût compromise dans sa marche sur Pithiviers, où il supposait exister des forces considérables, et il jugeait dangereux de lui faire dépasser les limites de la forêt.

Après avoir pris les ordres du ministre, je répondis la lettre suivante :

Tours, le 23 novembre 1871.

« Général,

» J'ai lu avec la plus grande attention votre lettre de ce jour,
» que m'a apportée votre officier de l'état-major général.
» A vos objections, dont je ne méconnais pas la portée, je
» ferai cette simple réponse :
» Si vous m'apportiez un plan meilleur que le mien ou même

» si vous m'apportiez un plan quelconque, je pourrais aban-
» donner le mien et révoquer mes ordres. Mais depuis 12 jours
» que vous êtes à Orléans, vous ne nous avez, malgré nos invi-
» tations réitérées, de M. Gambetta et de moi, proposé aucune
» espèce de plan. Vous vous êtes borné à vous fortifier à Orléans,
» selon nos indications, après avoir commencé par déclarer que
» la position n'y serait pas tenable. Votre avis, sur ce point, je
» me plais à le reconnaître, paraît s'être grandement modifié,
» puisque vous ne désirez plus abandonner vos lignes.

» Malheureusement, ce désir, que je comprends, n'est pas réa-
» lisable. Des nécessités d'ordre supérieur nous obligent à faire
» *quelque chose* (1) et par conséquent à sortir d'Orléans. Ainsi
» que M. Gambetta et moi vous l'avons expliqué, *Paris a faim
» et veut être secouru*. Il ne dépend donc pas de nous de vous
» laisser passer l'hiver à Orléans. Je dis *passer l'hiver*, car il n'y
» a guère de chance que la saison devienne moins mauvaise,
» pendant 3 ou 4 mois, qu'elle l'est en ce moment, et que
» l'ennemi soit moins nombreux autour de vous. Or, le nombre
» des Prussiens, d'un côté, et l'humidité du sol, d'un autre côté,
» sont les deux objections que vous mettez en avant. Elles sub-
» sisteront, je le répète, beaucoup plus longtemps que Paris
» n'aura de vivres pour se nourrir. Il faut donc sortir de l'im-
» mobilité dans laquelle le salut suprême de la patrie nous con-
» damne à ne pas rester.

» A mon avis même, nous aurions déjà dû en sortir. Nous
» aurions déjà dû nous porter vers ces positions de Pithiviers et
» de Montargis qui vous inquiètent aujourd'hui si fort, et trou-
» bler, par des pointes hardies, l'éternel défilé que l'armée de
» Frédéric-Charles a fait au-dessus de vos têtes. Telle a été la
» pensée qui a inspiré ma lettre du 13 novembre, celle du 19 no-
» vembre, plusieurs dépêches, et enfin celle de M. Gambetta du
» 20 novembre.

(1) Les mots en italiques sont soulignés dans l'original.

» Je ne puis donc que maintenir, sauf de légères variantes
» introduites en conséquence de votre lettre de ce jour, les or-
» dres précédemment donnés pour le mouvement de des Paillères
« et de Crouzat, et je vous envoie, en la confirmant, copie de
» ma dépêche de ce soir. Ce mouvement a d'ailleurs été concerté
» avec M. Gambetta et a eu sa pleine approbation.

» Agréez etc. »

La dépêche à laquelle il est fait allusion, contenant les nouvelles instructions modifiées, était ainsi conçue :

Guerre à général d'Aurelles, quartier général Loire.

Tours, le 23 novembre 10 h. 3/4 du soir.

» J'ai lu votre lettre apportée par capitaine d'état-major.
» Des Paillères exécutera demain le mouvement prescrit, mais
» s'arrêtera au-dessous de Chilleurs-aux-Bois, sans sortir de la
» forêt.
» Crouzat exécutera de même demain son mouvement prescrit,
» mais prendra position entre Bellegarde et Bois commun, en
» faisant occuper Ladon et Maizières par des avant-postes.
» L'un et l'autre attendront de nouveaux ordres pour aller
» plus loin.
» Quant à vous-même, il vous appartient de prendre des dis-
» positions pour que le départ de des Paillères ne vous découvre
» en quoi que ce soit. »

La lettre qu'on a lue plus haut s'étant croisée avec une dépêche du général, une nouvelle missive lui fut envoyée, afin de prévenir tout malentendu :

Tours, le 24 novembre 1871.

« Général,

» Je me suis concerté avec M. Gambetta, relativement à
» votre dépêche de ce matin 9 heures 45 minutes, et voici la
» réponse que je suis chargé de vous transmettre :
» Nos instructions d'hier au soir répondent par avance à votre
» question pour des Paillères. Nous ne demandons point, en ce
» moment, qu'il dépasse Chilleurs-aux-Bois, mais nous deman-
» dons simplement qu'il se masse entre Chilleurs et Loury, sur
» les points qu'il jugera les plus avantageux, et qu'il y attende
» de nouveaux ordres.
» Quant au mauvais état des chemins, et à la dissémination
» relative des forces qu'entraîne le mouvement simultané vers
» Montargis, Beaumont, Pithiviers, nous ne les dissimulons pas;
» mais tout plan a ses risques et nous devons croire qu'ici les
» risques ne sont pas plus grands qu'ailleurs, puisqu'aucun autre
» plan ne nous a été proposé par vous, et cependant un plan
» quelconque est absolument indispensable par suite des cir-
» constances supérieures que vous connaissez. Votre dessein
» d'attaquer « en toute direction, avec toutes vos forces réunies à
» Orléans », nous est indiqué pour la première fois; et, quelle
» qu'en puisse être la valeur intrinsèque, vous remarquerez qu'il
» est bien tard pour y revenir, notre mouvement étant déjà for-
» tement engagé.
» Enfin il est permis de penser que les difficultés de locomo-
» tion que vous faites valoir, à juste raison, se feront également
» sentir pour l'ennemi et ne constituent pas, dès lors, un élé-
» ment de faiblesse spécial au plan en cours d'exécution.
» Vous recommanderez à des Paillères de faire des reconnais-

» sances à très-grande distance. Ainsi il rapporte qu'*on dit* que
» Chambon est occupé ; mais il devrait le savoir d'une manière
» positive par ses moyens propres. Recommandez-lui aussi d'en-
» tretenir avec vous de bonnes communications, et ne laissez pas
» découvrir autour de vous la position qu'il avait pour mission
» de garder jusqu'ici.

» Agréez, etc. »

Les opérations commencèrent le 24 au matin, selon le plan indiqué. Elles offrirent ce caractère particulier, qui, pendant toute la période du 10 octobre au 9 février, ne s'est retrouvé dans aucune autre entreprise, d'être conduites directement par l'administration de la guerre. Pour ce motif je crois devoir reproduire *in extenso* les dépêches envoyées aux corps engagés. Ces corps furent les 18ᵉ et 20ᵉ seuls. La division des Paillères demeura sous les ordres du général d'Aurelles et n'eut d'ailleurs qu'un rôle d'observation. Elle ne dépassa pas sa première position, car nous avions renoncé, par suite des représentations du général en chef, à lui faire occuper Pithiviers. Nous l'avons regretté plus tard, quand est venu le moment de marcher sur Paris.

Quant aux deux autres divisions du 15ᵉ corps, au 16ᵉ et au 17ᵉ corps, ils restèrent dans leurs positions autour d'Orléans.

Les journées du 24 et du 25 se passèrent sans incidents notables. Elles furent employées par les 18ᵉ et 20ᵉ corps à avancer respectivement dans les directions de Montargis et de Beaune-la-Rolande et à gagner Boismorand et Bellegarde, où ils arrivèrent sans avoir aperçu d'ennemis.

Le 25 au soir, les chefs de ces corps reçurent pour le lendemain les instructions suivantes :

Guerre à commandant le 18ᵉ corps, à Boismorand. — Faire suivre. — Extrême urgence. — Copie pour général d'Aurelles.

« On nous dit Montargis peu ou point occupé, l'ennemi pa-
» raissant s'être porté vers Beaumont. Si en effet l'ennemi n'est
» pas en trop grande force à Montargis, occupez cette ville et
» de là étendez-vous vers Saint-Maurice, Montargis formant
» votre droite. Barricadez et coupez toutes les routes aboutis-
» sant à Montargis, autres que celle de Ladon et celle de Nogent-
» sur-Vernisson. Surveillez très-attentivement la forêt de Mon-
» targis, que vous ferez fouiller par francs-tireurs ou gardes
» nationaux. Vous entrerez immédiatement en relations avec
» 20ᵉ corps Crouzat vers Ladon, et vous attendrez de nouveaux
» ordres. Il va sans dire qu'en cas de besoin vous prêterez
» main-forte à Crouzat. Votre objectif ultérieur sera un mouve-
» ment de concentration vers le 20ᵉ corps. »

Guerre à général Crouzat à Bellegarde. — Faire suivre. — Extrême urgence. — Copie pour général d'Aurelles.

« Continuez à garder vos positions jusqu'à ce que l'arrivée
» du 18ᵉ corps à Ladon vous permette d'occuper sans danger de
» bonnes positions vers Beaune-la-Rolande. A cette fin, vous
» vous mettrez en relations, aussitôt que possible, avec le
» 18ᵉ corps. »

A l'approche de nos troupes, l'ennemi, qui ne se sentait pas en forces, évacua Montargis et se retira précipitamment dans la direction de Beaune-la-Rolande et Pithiviers. Ce résultat était facile à prévoir; aussi, avant même d'en avoir reçu l'annonce, l'administration adressait-elle aux deux généraux pour le lendemain les instructions suivantes :

Guerre à général Crouzat, commandant le 20e corps à Bellegarde. — Faire suivre.

Et à général Billot, commandant le 18e corps à Montargis. — Faire suivre.

Extrême urgence. — Copie pour général d'Aurelles.

Tours, 26 novembre, 11 heures 50 du soir.

« Sans nouvelles de vous, je suppose que vous occupez l'un
» et l'autre les positions prescrites dans ma dépêche d'hier. Sur
» cette base, je vous envoie pour demain dimanche 27 courant,
» les instructions suivantes :
» Vous vous concerterez (Crouzat, Billot) pour agir en com-
» mun en vue d'occuper avant la nuit Beaune-la-Rolande et
» Maizières, Juranville. — Crouzat commandera le mouvement.
» Le 20e corps (Crouzat) occupera de bonnes positions dans le
» voisinage de Beaune, telles que Batilly et Naucroy. Le 18e corps
» pourra occuper de bonnes positions, près Maizières, comme
» Juranville, Saint-Loup. On coupera la route de Beaumont à
» Maizières aussi loin que possible de Maizières, et on la rendra
» impraticable sur la plus grande longueur. On se retranchera
» avec soin dans les positions qu'on occupera et on attendra de
» nouveaux ordres.
» Envoyez deux fois par jour des dépêches au général d'Aurelles et au ministre. »

Ces mouvements furent exécutés avec une précision remarquable, grâce à la sûreté des communications télégraphiques qui n'ont pas cessé de fonctionner jusque sous le feu de l'ennemi. Je saisis cette occasion de signaler les services inappréciables rendus aux armées, pendant tout le cours de la campagne, par le personnel des télégraphes et son habile chef, M. Steenackers qui avait organisé des missions militaires. Plusieurs agents ont montré un courage et un sang-froid au-dessus de tout éloge.

Les journées du 27 et du 28 furent marquées par une succession d'engagements heureux à Ladon, Maizières, Juranville, Beaune-la-Rolande. Sur ce dernier point le 18ᵉ corps déploya une très-grande vigueur. Il délogea l'ennemi de toutes ses positions et fut pendant quelques heures maître du village de Cotelles. Le corps prussien qui l'occupait, l'évacua précipitamment devant une audacieuse charge de cavalerie, conduite par le colonel Renaudot. Mais le prince Frédéric-Charles, qui vint commander en personne, ayant fait soutenir ses troupes par la 5ᵉ division d'infanterie et la 1ʳᵉ division de cavalerie, rappelées de Pithiviers, nos troupes se retirèrent à quelque distance. Toutefois les avantages remportés étaient tels que le prince Charles ne crut pas pouvoir conserver sans danger la position de Beaune-la-Rolande. Il l'abandonna pendant la nuit après avoir incendié les maisons qui fournissaient le plus solide point d'appui. Il est probable que si, pendant cet engagement, la division des Paillères avait été lancée sur Pithiviers, elle se serait emparée de cette place et aurait ainsi coupé la retraite aux troupes venant de Beaune-la-Rolande.

Ces brillants faits d'armes valurent au 18ᵉ corps et à son jeune commandant le décret ci-après :

« Les membres du gouvernement, etc.,

» Considérant que le 18ᵉ corps d'armée, à peine formé, composé en grande partie de soldats qui voyaient le feu pour la première fois, et privé de son commandant en chef, a cependant, par la fermeté de son attitude, remporté des avantages signalés sur l'ennemi à Ladon, Maizières, Beaune-la-Rolande,

» Décrètent :

» Article 1ᵉʳ. Le 18ᵉ corps d'armée de la Loire a bien mérité de la patrie.

» Art. 2. M. le chef d'état-major Billot, général de brigade à titre provisoire, est nommé général de brigade à titre définitif.

» M. Feillet Pilatrie, général de division à titre provisoire, est nommé général de division à titre définitif. »

La diversion ainsi opérée mit fin aux entreprises de l'ennemi sur la gauche de l'armée de la Loire. Dès le 27, les colonnes du duc de Mecklembourg, jusque-là engagées dans la direction de Chartres à Saint-Calais et Vendôme, revinrent sur leurs pas en abandonnant leur objectif. Le 29, une force de vingt à vingt-cinq mille hommes, qui avait été sans doute le corps expéditionnaire principal, prit la route de Châteaudun à Toury. Elle infligea en passant des pertes sensibles aux francs-tireurs du colonel Lipowski et surtout aux volontaires de la Gironde postés à Varize et qui tinrent à honneur de se faire hacher plutôt que d'abandonner le passage commis à leur garde.

Aussitôt que les résultats parurent bien établis, nous en donnâmes connaissance au général en chef :

Guerre à général d'Aurelles, à Saint-Jean-la-Ruelle. — Copie pour général de Sonis, commandant le 17e corps à Marchenoir.

Tours, le 29 novembre 11 heures 5 du soir.

« Le mouvement tournant de l'ennemi sur la gauche se trou-
» vant aujourd'hui arrêté, par suite des dispositions que nous
» avions prises, tant vers Montargis, Pithiviers, que vers Saint-
» Calais, Vendôme, nous ne voyons plus d'inconvénient à ce que
» le 17e corps se rapproche de vous, ainsi que vous en aviez
» témoigné le désir au moment où nous l'avons fait rétrograder
» sur Marchenoir. En conséquence, si vous jugez que le voisi-
» nage de ce 17e corps soit nécessaire pour renforcer vos posi-
» tions, vous pouvez rappeler vers vous de Sonis, auquel nous
» envoyons copie de la présente. Si vous le rappelez en effet,
» il nous semble que le mieux, quant à présent, serait d'établir
» son centre vers Coulmiers, appuyé à droite sur les bois de
» Montpipeau, et la gauche vers Prénouvelon. Les troupes
» de Vendôme pourraient remonter vers Morée et observer
» Cloyes. La forêt de Freteval continuerait à être gardée. De
» notre côté, nous occuperions Vendôme directement. Au sur-
» plus, le 17e corps étant sous vos ordres, vous vous en servirez
» comme vous le jugerez utile. »

Les deux chefs de corps, de leur côté, reçurent, en même temps que des félicitations, les dernières instructions suivantes :

Guerre à général Crouzat, commandant 20e corps, et à général Billot, commandant 18e corps, à Bellegarde. — Faire suivre.

Extrême urgence. — Copie pour général d'Aurelles.

Tours, 29 novembre, 11 heures 3/4 du soir.

« Nous sommes très-satisfaits de votre vigoureuse pointe sur
» Maizières, Juranville, Beaune-la-Rolande, qui a pleinement
» atteint notre but, en arrêtant les mouvements tournants de
» l'ennemi sur le Mans et Vendôme et rappelant ses forces sur
» son centre. Il importe, par suite, que vous vous concentriez
» de votre côté et que vous établissiez une relation plus étroite
» avec des Paillères. Vous prendrez en conséquence les posi-
» tions suivantes :
» Crouzat s'établira entre Chambon, Moulin de Bezault, Bois-
» commun, Nibelle, s'appuyant ainsi sur les magnifiques posi-
» tions de la lisière de la forêt. Billot s'établira vers Bellegarde
» et Ladon, donnant la main à Crouzat. Le poste de Montargis
» conserverait sa position et, en cas de menace sérieuse, rejoin-
» drait le 18ᵉ corps. Vous avez par-dessus tout et comme pre-
» mier soin, à vous retrancher dans vos positions. Requérez
» hommes et choses pour vos travaux.
» Nous attendons vos rapports sur la journée d'hier pour
» donner les récompenses. »

Avant de poursuivre les avantages obtenus et de mettre
en marche l'armée entière dans la direction de Fontainebleau, le gouvernement voulut, surtout en présence des
craintes exprimées par le général en chef, attendre l'annonce
positive que la grande sortie de Paris avait effectivement eu
lieu. Cette sortie ne pouvait être différée davantage et tout
indiquait que d'un jour à l'autre on en recevrait la nouvelle. Déjà même M. Gambetta avait reçu du général Trochu
une dépêche, en date du 18, dans laquelle, après avoir
expliqué les causes de ses retards, le gouverneur de Paris

disait : « Je lis à l'instant votre dépêche du 13 à Jules Favre
» (annonçant la victoire de Coulmiers), arrivée aujourd'hui.
» Elle excite au plus haut point mon intérêt et mon zèle.
» Mais elle a cinq jours de retard et il faudra probablement
» huit jours pour être en mesure. Je ne perds pas une mi-
» nute. Vos dispositions en avant d'Orléans sont bonnes et
» la position bien choisie. Nous avons de quoi vivre large-
» ment jusqu'à la fin de l'année, mais l'esprit public pour-
» rait ne pas nous suivre jusque-là, et il faut que notre
» problème soit résolu bien avant. » La dépêche était du 18 ;
les huit jours prévus reportaient au 26 ; dès lors on ne pouvait
manquer de recevoir incessamment la nouvelle de ce grand
événement.

Elle arriva en effet, le 30 novembre. La grande sortie,
tant attendue, avait enfin lieu ! Un ballon, parti de Paris
le 24, avait été chargé de l'annoncer.

Malheureusement, bien malheureusement, car le sort de
la France en a dépendu, ce ballon, poussé par les vents contraires, s'en était allé tomber en Norwège, en sorte que la
dépêche mit *six jours* à parvenir, quatre jours de plus
qu'elle n'aurait dû mettre ! Dans cette dépêche, le général Trochu disait : « Les nouvelles reçues de l'armée de
» la Loire m'ont naturellement décidé à sortir par le sud
» et à aller au devant d'elle coûte que coûte ; c'est lundi
» (28 novembre) que j'aurai fini mes préparatifs poussés de
» jour et de nuit. Mardi 29, l'armée extérieure, commandée
» par le général Ducrot, le plus énergique de nous, abor-
» dera les positions fortifiées de l'ennemi et, s'il les enlève,
» poussera vers la Loire, probablement dans la direction de

» Gien. J'estime que si votre armée est décidément tournée
» vers la gauche (1), elle doit passer la Loire, se retirer
» vers Bourges par Lamothe-Beuvron et Vierzon. Il faut
» prendre garde au Morvan où l'on dit que pourrait arriver
» le corps prussien qui allait vers Lyon et dont on n'a pas
» de nouvelles (2). »

Il est bien regrettable que, pour une nouvelle de cette importance, le gouvernement de Paris n'ait pas fait partir plusieurs ballons. L'un d'eux sans doute serait parvenu avec moins de retard et nous aurait évité la précipitation extrême avec laquelle il a fallu agir. Il ne parut pas possible, en effet, de différer le mouvement de l'armée de la Loire. D'un côté, il était urgent de prévenir les fâcheuses conséquences que pouvait entraîner l'erreur de l'armée de Paris touchant nos véritables positions ; d'un autre côté, nous devions tendre à amener à cette armée des vivres indispensables, car, aventurée comme elle était dans une région appauvrie et au milieu d'ennemis, elle devait trouver de graves difficultés pour se nourrir. Or, le temps pressait, puisque déjà, aux termes de la dépêche, le général Ducrot était en route depuis la veille, 29.

Il fut donc décidé que l'armée de la Loire se mettrait en marche sans retard et que j'en conférerais le soir même avec le général d'Aurelles.

(1) Ceci fait allusion à une dépêche de M. Gambetta, du 23 novembre, dans laquelle le ministre exprimait les craintes trop justifiées alors que lui inspirait le mouvement si menaçant du duc de Mecklembourg.

(2) Le général Trochu ignorait encore que le général Garibaldi occupait solidement le Morvan.

CHAPITRE VI

CAMPAGNE DE PARIS
— Suite et Fin —

Conférence au quartier général — Depart pour Fontainebleau — Annonce des succès de l'armée de Paris — Combat de Villepion — Combat de Loigny — Manœuvre du prince Charles — Combats d'Artenay et de Loury — Évacuation d'Orléans — Retraite de l'armée de la Loire dans trois directions — Causes de la défaite. — Combats sous Paris.

Étant donné l'objectif du général Ducrot, à savoir la position de Bourges, il était vraisemblable que son armée traverserait la Marne et suivrait la rive droite de la Seine jusque vers Melun. Là, elle traverserait le fleuve et se rabattrait sur Montargis par la forêt de Fontainebleau. Dès lors, pour se porter à la rencontre de cette armée, il n'y avait, de notre côté, qu'à poursuivre l'exécution du plan commencé, c'est-à-dire pousser l'armée de la Loire sur Fontainebleau, par Beaune-la-Rolande et Pithiviers. La jonction des deux armées s'effectuerait probablement dans la forêt.

Telles furent les vues auxquelles le ministre s'arrêta provisoirement, et que j'eus ordre de soumettre aux chefs de l'armée. En conséquence j'adressai le jour même, 30 novembre, au général d'Aurelles la dépêche suivante :

Guerre à général en chef, Saint-Jean-la-Ruelle.

Tours, le 30 novembre, 3 heures 35 du soir.

« Continuez vos préparatifs en vue de vous porter en avant,
» route d'Étampes et route de Pithiviers, avec le 16ᵉ corps et
» les deux divisions du 15ᵉ, et en vue de ramener de Sonis
» (17ᵉ corps) à Orléans. Ne changez pas la position de la division
» qui est avec des Paillères.
» Je vous expliquerai de vive voix ce que nous attendons de
» vous et nous l'étudierons ensemble. Si le général Chanzy et
» même le général des Paillères peuvent se trouver à votre
» quartier général ce soir à huit heures, sans compromettre en
» quoi que ce soit, bien entendu, la sécurité des troupes, je
» serai charmé de les associer à notre conférence. »

J'arrivai au quartier général à 9 heures du soir. J'étais accompagné de M. de Serres, qui apportait une nombreuse collection de cartes pour l'état-major. La conférence dura de 9 heures du soir à 11 heures et demie; y étaient présents, les généraux d'Aurelles, Chanzy et Borel. Le général des Paillères avait fait savoir que sa présence était utile à son poste.

Les généraux furent très-impressionnés des nouvelles que je leur communiquai et, avec un patriotisme qui les honore, n'hésitèrent pas un instant à se porter à la rencontre du général Ducrot. Ils ne se dissimulèrent pas cependant les conditions défavorables qui résultaient d'un départ aussi précipité et, tout en admettant unanimement la nécessité de ce départ, ils regrettèrent comme nous que les circonstances n'eussent pas laissé au moins un jour ou deux pour se préparer. Ils acceptèrent comme bonnes les données générales de l'entreprise, à savoir la mise en marche sur Fontainebleau par Pithiviers et Beaune-la-Rolande, et la coopération des cinq corps d'armée placés à partir du lendemain sous la direction supérieure du général d'Aurelles.

L'entretien s'engagea ensuite plus particulièrement entre les généraux Chanzy et Borel qui s'occupèrent de régler d'un commun accord les principaux détails de l'exécution. Les dispositions arrêtées par eux et acceptées par le général en chef furent les suivantes :

Quatre corps, les 15e, 16e, 18e et 20e, ensemble cent soixante à cent soixante-dix mille hommes, formeraient l'armée expéditionnaire proprement dite. Le 17e corps resterait à Orléans pour garder la position, soutenu au besoin par le 21e corps qui venait de se constituer sous les ordres du général Jaurès et arrivait en ce moment à Vendôme. Le 16e corps, pivotant en quelque sorte autour d'Orléans, traverserait la route de Paris entre Artenay et Toury et attaquerait Pithiviers par la plaine, c'est-à-dire sur la rive gauche du ruisseau la Laye. On calculait que cette attaque aurait lieu le troisième jour. Le mouvement serait appuyé par les 2e et 3e divisions du 15e corps, qui se porteraient au delà d'Artenay et se rabattraient ensuite sur leur droite. La première division du 15e corps, actuellement postée vers Loury, s'avancerait sur Chilleurs-aux-Bois et de là sur Pithiviers, de manière à menacer la ville par le sud au même moment où les autres forces la menaceraient à l'ouest.

Enfin les 18ᵉ et 20ᵉ corps marcheraient sur Beaune-la-Rolande et Beaumont, et au besoin seraient appelés en tout ou en partie vers Pithiviers, si le général en chef jugeait utile de les faire concourir à l'attaque par l'est; en tous cas, ils menaceraient l'ennemi et lui fermeraient la retraite sur la droite. Enfin, Pithiviers tombé, l'armée s'acheminerait vers la forêt de Fontainebleau, dans les directions de Malesherbes et de Nemours. Des convois considérables d'approvisionnements, réunis par les soins de l'intendance et pouvant fournir huit jours de vivres à trois cent mille hommes, devaient suivre au moment opportun, c'est-à-dire aussitôt qu'on serait maître de la position de Pithiviers et qu'on aurait refoulé l'ennemi vers le nord.

Le lendemain, 1ᵉʳ décembre, le mouvement commença. Le général Chanzy quitta à 10 heures du matin les positions qu'il occupait de Saint-Péravy à Boulay. On dit que les troupes se mirent en marche avec allégresse, impatientes qu'elles étaient depuis bien des jours de renouer le fil interrompu de leurs succès. La 1ʳᵉ division, commandée par l'amiral Jauréguiberry, formait la gauche, et la 3ᵉ division, commandée par le général Morandy, formait la droite. Quant au 17ᵉ corps, il venait d'arriver à Coulmiers et devait, en remontant vers Saint-Péravy, prévenir une surprise sur la gauche.

En ce moment on recevait à Tours, par un nouveau ballon parti de Paris le 30 et tombé à Belle-Isle-en-Mer, les premières nouvelles de la sortie du général Ducrot. Une victoire venait d'être remportée sous les murs de la capitale. Ainsi que le général Trochu l'avait annoncé, le général Ducrot était sorti de Paris le 29 au matin. Il avait en partant fait ses adieux à la ville assiégée et, prenant la France à témoin, prononcé, à la manière antique, le serment de vaincre ou de mourir : « Pour moi, avait-il dit à » ses troupes, j'y suis bien résolu, j'en fais le serment de-» vant la France entière, je ne rentrerai dans Paris que « mort ou victorieux ; vous pourrez me voir tomber, mais « vous ne me verrez pas reculer. Alors ne vous arrêtez pas, « mais vengez-moi. »

Cette sortie fameuse avait commencé sur la droite, par Choisy, l'Hay et Chevilly. Dans la nuit du 29 au 30 la bataille persista autour de ces divers points. Le général Ducrot sur sa gauche traversa la Marne le 30 au matin ; il occupa successivement Mély et Montmesly, puis vint se mettre en bataille, de Champigny à Bry. L'armée entière, forte de plus de 100,000 hommes et de 420 pièces de canon, dont la moitié du plus gros calibre, passa alors la Marne sur huit ponts préparés dans la nuit. Après un engagement des plus violents, elle refoula l'ennemi et coucha sur ses positions. « Durant cette bataille, disent les rapports officiels, » le périmètre de Paris était couvert par un feu formidable » fouillant toutes les positions de la ligne d'investissement. » L'attaque de nos troupes a été soutenue pendant toute » l'action par des canonnières lancées sur la Marne et sur la » Seine. Le chemin de fer circulaire de M. Dorian coopéra » à l'action à l'aide de wagons blindés faisant feu sur l'en-» nemi. » Cette même journée fut marquée par une pointe vigoureuse de l'amiral la Roncière, toujours dans la direction de l'Hay et de Chevilly. Il s'avança sur Longjumeau et en-

leva brillamment les positions retranchées d'Épinay. Ces résultats considérables furent achetés par de glorieuses pertes : deux mille tués ou blessés, parmi lesquels le brave général Renault, commandant le 2ᵉ corps, et le général La Charrière. « Le général Ducrot, dit le chef du gouver-
» nement, s'est couvert de gloire, et a mérité la recon-
» naissance de la nation. » La dépêche ajoutait que le combat devait recommencer le 1ᵉʳ décembre, et qu'une attaque serait en outre dirigée au sud par le général Vinoy.

Ces nouvelles, bien faites pour exciter l'enthousiasme, furent immédiatement portées à la connaissance du général d'Aurelles. Celui-ci les communiqua à ses chefs de corps et adressa aux troupes l'ordre du jour ci-après :

« Officiers, sous-officiers et soldats de l'armée de la Loire,
» Paris, par un sublime effort de courage et de patriotisme, a
» rompu les lignes prussiennes. Le général Ducrot, à la tête de
» son armée, marche vers nous; marchons vers lui avec l'élan
» dont l'armée de Paris nous donne l'exemple.
» Je fais appel aux sentiments de tous les généraux comme
» des soldats; nous pouvons sauver la France. Vous avez devant
» vous cette armée prussienne que vous venez de vaincre sous
» Orléans, vous la vaincrez encore; marchons donc avec réso-
» lution et confiance.
» En avant sans calculer le danger ! Dieu protégera la France. »
» Quartier général de Saint-Jean, le 1ᵉʳ décembre 1870. »

En même temps des dépêches furent adressées au général Briand, à Rouen, et au général Faidherbe, à Lille, qui commandaient des corps de quelque importance, pour les engager à seconder par une marche concentrique sur Paris l'action commune du général Ducrot et de l'armée de la Loire. La diversion du général Faidherbe surtout pouvait être utile ; car il menaçait sérieusement les immenses approvisionnements de l'ennemi au nord-est de Paris. On le pressa donc de grouper toutes les forces disponibles et de « les entraîner vers Paris, aussi loin que possible, sans les compromettre. »

La journée du 1er fut très-favorable à nos armes. Le général Chanzy, qui seul avait été engagé, fit connaître les résultats par une dépêche qui parvint à Tours au milieu de la nuit.

Général Chanzy à général en chef, à Saint-Jean, et à Guerre, Tours.

Patay, 1er décembre.

« Le 16e corps, qui a quitté ses positions à dix heures, a
» trouvé sur sa gauche l'ennemi fortement établi de Guillon-
» ville à Terminiers, par Gommiers. Le combat, engagé à midi,
» s'est prolongé jusqu'à six heures du soir, malgré la résis-
» tance énergique d'une force d'au moins 20,000 hommes, ca-
» valerie et infanterie, et de 40 à 50 canons. La première divi-
» sion a enlevé successivement les premières positions ennemies,
» et ensuite celles de Nonneville, Villepion et Faverolles, sur
» lesquelles elle bivouaque cette nuit.
» Partout nos troupes ont abordé l'ennemi avec un élan ir-
» résistible. Les Prussiens ont été délogés des villages à la
» baïonnette. Notre artillerie a été d'une audace et d'une pré-
» cision que je ne puis trop louer.

» Nos pertes ne paraissent pas sérieuses ; celles de l'ennemi
» sont considérables. On recueille des prisonniers parmi les-
» quels plusieurs officiers. Les honneurs de la journée sont à
» l'amiral Jauréguiberry. L'ennemi s'est retiré dans la direc-
» tion de Loigny et de Château-Cambray. Je le suivrai demain.
» Je fais connaître à mon corps d'armée la grande nouvelle de
» la sortie de Paris. Il saura répondre à ce que le pays attend
» de lui. Il vient de l'affirmer de nouveau par le combat de
» Villepion. »

Sur l'aile droite de l'armée, près de Beaune-la-Rolande, des faits peu importants, mais de bon augure, s'étaient produits. L'ennemi, pour masquer ses vrais projets, avait fait une démonstration contre les avant-postes des 18e et 20e corps. Ce dernier corps, croyant avoir affaire, comme il le dit, à « des masses profondes », en conçut quelque émotion et se replia à une petite distance. Mais le 18e corps, soutenant dignement la réputation qu'il venait de conquérir, refoula les colonnes ennemies qui remontèrent en désordre vers Pithiviers, en abandonnant des prisonniers.

Ces bonnes nouvelles purent être insérées dans le même numéro du journal officiel qui annonçait la victoire du général Ducrot. Dès la matinée du 2, la France entière lisait une proclamation dans laquelle, après avoir succinctement raconté les principales phases de la lutte sous Paris, le ministre de l'intérieur et de la guerre disait :

« Le génie de la France, un moment voilé, réapparaît.
« Grâce aux efforts du pays tout entier, la victoire nous re-
» vient, et comme pour nous faire oublier la longue série de
» nos infortunes, elle nous favorise sur presque tous les points.

» En effet notre armée de la Loire a déconcerté, depuis trois
» semaines, tous les plans des Prussiens et repoussé toutes
» leurs attaques. Leur tactique a été impuissante sur la solidité
» de nos troupes, à l'aile droite comme à l'aile gauche.

» Étrepagny a été enlevé aux Prussiens et Amiens évacué à la
» suite de la bataille de Paris.

» Nos troupes d'Orléans sont vigoureusement lancées en avant.
» Nos deux grandes armées marchent à la rencontre l'une de
» l'autre. Dans leurs rangs, chaque officier, chaque soldat sait
» qu'il tient dans ses mains le sort même de la patrie; cela
» seul les rend invincibles. Qui donc douterait désormais de
» l'issue finale de cette lutte gigantesque?

» Les Prussiens peuvent mesurer aujourd'hui la différence qui
» existe entre un despote qui se bat pour satisfaire ses caprices
» et un peuple armé qui ne veut pas périr. Ce sera l'éternel
» honneur de la République d'avoir rendu à la France le senti-
» ment d'elle-même; et, l'ayant trouvée abaissée, désarmée,
» trahie, occupée par l'étranger, de lui avoir ramené l'honneur,
» la discipline, les armes, la victoire.

» L'envahisseur est maintenant sur la route où l'attend le feu
» de nos populations soulevées.

» Voilà, citoyens, ce que peut une grande nation, qui veut
» garder intacte la gloire de son passé, qui ne verse son sang et
» celui de l'ennemi que pour le triomphe du droit et de la justice
» dans le monde. La France et l'univers n'oublieront jamais que
» c'est Paris qui le premier a donné cet exemple, enseigné cette
» politique, et fondé ainsi sa suprématie morale en restant
» fidèle à l'héroïque esprit de la Révolution.

» Vive Paris! Vive la France! Vive la République une et in-
» divisible! »

Enfin le *Moniteur* contenait deux décrets de récompenses : celui qu'on a déjà fait connaître concernant le 18e corps,
et un décret concernant le 16e corps, ainsi conçu :

» Les membres du gouvernement de la Défense nationale,

» En vertu des pouvoirs à eux délégués,

» Considérant que dans la journée du 1er décembre, la 1re di-
» vision du 16e corps d'armée s'est signalée par son intrépidité et
» son sang-froid,

» Décrètent :

» Article 1er. La 1re division du 16e corps d'armée et son
» chef le contre-amiral Jauréguiberry sont mis à l'ordre du jour
» de l'armée.

» Art. 2. Le général Chanzy, commandant le 16e corps d'ar-
» mée, est nommé grand officier de la Légion d'honneur. »

Ces bulletins de victoire, ces récompenses qui témoignaient de la vaillance de notre brave armée, ces paroles entraînantes firent naître une confiance générale. On s'abordait dans les rues sans se connaître pour se féliciter de la prochaine délivrance de la patrie. La joie était sur les visages et l'enthousiasme dans les cœurs. L'auteur de ce livre ne peut se reporter à ces heures hélas ! si vite envolées, sans une indicible tristesse. Pourquoi faut-il que de telles espérances aient été suivies de déceptions si cruelles ! Pourquoi faut-il que le but ait paru si près d'être atteint pour être ensuite perdu à jamais !

Le 2 décembre, le 16e corps reprit sa marche ascendante vers le nord-est. Au départ, la gauche, se trouvait à Villepion, le centre à Terminiers et la droite vers Sougy. L'objectif était, comme le général Chanzy l'avait annoncé la veille, d'enlever d'abord Loigny, où l'ennemi s'était établi, et de s'avancer ensuite par Château-Goury, Tillai, de manière à gagner finalement Janville et Toury et à commander ainsi les communications de l'ennemi. Dans ce mouvement semi-circulaire, la droite se mouvait en partie sur le chemin de Blois à Ablis. Le mouvement devait être appuyé par la 3ᵉ division du 15ᵉ corps, commandée par le général Peytavin, qui avait reçu ordre de s'établir entre l'ancienne route de Chartres et la route de Paris, au-dessus de Poupry. Le général en chef de sa personne s'était transporté, vers 8 heures du matin, à Artenay, avec la division Martineau, pour occuper cette position importante. Le front de bataille était ainsi destiné à s'étendre sensiblement sur une ligne passant par Loigny, Lumeau, Poupry, Artenay et Bucy-le-Roi.

Les forces ennemies qu'on avait immédiatement devant soi étaient celles du duc de Mecklembourg, c'est-à-dire le corps bavarois, la 17ᵉ et la 22ᵉ division d'infanterie, et de la cavalerie, en tout cinquante à soixante mille hommes de troupes aguerries. Les dispositions prises par le chef allemand étaient les suivantes :

Les Bavarois devaient se réunir près du croisement de la route, à la Maladrerie et près de Thanon, et nous y attendre. La 17ᵉ division, dont le quartier général était à Allaines, avait ordre de se diriger sur Chantilly, pour nous prendre de flanc tout en marchant sur Lumeau. A côté d'elle, la 22ᵉ division devait marcher de Toury sur Artenay et occuper Poupry. La 4ᵉ division de cavalerie devait nous tourner à gauche, de Cormainville à Fontenay. Ainsi la manœuvre générale consistait à introduire le gros des forces dans l'espace laissé libre entre le 16ᵉ corps et le 15ᵉ, de manière à séparer de plus en plus le général Chanzy du général d'Aurelles.

On possède un récit très-circonstancié de cette journée du 2, émané du quartier général allemand et publié dans la *Gazette de Silésie* du 15 décembre. Comme il y a toujours intérêt à savoir comment on est jugé par ses adversaires, je reproduis ce récit en entier. On verra que l'ennemi rend pleinement hommage à la vigueur des troupes du général Chanzy et à l'habileté de ses mouvements.

« Ainsi qu'on l'avait prévu, dit la relation, l'ennemi (les Fran-
» çais) chercha à percer notre ligne. Le matin à sept heures, des
» patrouilles de cavalerie arrivèrent au galop : elles avaient été
» placées en vedette sur le front et venaient, envoyées au quar-
» tier général de Von der Tann, avec l'avis que l'ennemi s'appro-
» chait en masses visibles, non pas sur la route d'Orgères, comme
» on l'y attendait, mais entre Loigny et Lumeau, en direction de
» Germignonville, probablement dans le but de séparer les Ba-
» varois de la 17ᵉ division. Cette manœuvre, aussi habilement
» conçue que rapidement exécutée, était pour les Bavarois
» un danger des plus grands. C'est pourquoi Von der Tann en-
» voya contre l'ennemi, vers Loigny, la 1ʳᵉ brigade, afin de
» s'emparer de cet endroit et d'empêcher ainsi le passage de
» l'aile gauche des Français. Elle gagna le château de Loigny,
» le château Goury, auquel attient un grand parc, et s'y for-
» tifia.

» En attendant, le village regorgeait de Français, qui s'appro-
» chaient en grandes masses et avec de vives fusillades, du parc
» et du château de Goury, et serraient de près et violemment
» les Bavarois. De tous côtés arrivait l'ennemi, soutenant une
» fusillade terrible, qui vint encore se renforcer d'une grêle
« d'obus et de biscaïens des mitrailleuses.

» Les Bavarois firent de fortes pertes ; des centaines tombè-
» rent sur le sol, et chaque minute qui s'écoulait augmentait le
» péril de voir la brigade ou anéantie ou prisonnière. C'est alors

» que la 2ᵉ brigade s'approcha du parc au pas de course, afin
» d'arrêter le mouvement offensif de l'ennemi.

» Deux régiments atteignent heureusement le parc, prennent
» possession des murs, des maisons, de la cour. Ils ouvrent un
» feu meurtrier sur l'adversaire et lui infligent des pertes sé-
» rieuses. Il est forcé de s'arrêter, hésitant, de se replier der-
» rière Loigny pour se réunir. Il revient alors à la charge de
» nouveau, avec de nouveaux renforts, pour se rendre maître
» du château de Goury, qu'il vient entourer de tous côtés. Ces
» masses de fantassins éparpillés s'avancent de plus en plus et
» frappent de leurs feux précipités et éloignés nos troupes qui
» souffrent de grandes pertes en défendant le parc. Les deux
» brigades peuvent à peine soutenir l'attaque pendant un quart
» d'heure, après lequel la résistance devint plus faible, et le
» reste de la 1ʳᵉ division était perdu sans le secours opportun
» qu'elle reçut. Von der Tann avait envoyé en avant la 3ᵉ et
» la 4ᵉ brigade pour rompre l'attaque de l'ennemi.

» Elles accoururent, arrivèrent heureusement jusqu'aux
» troupes cernées et réussirent à les dégager. Mais, lorsqu'elles
» arrivèrent en terrain ouvert, elles furent accueillies par une
» terrible fusillade de chassepots. Les canons des Français étaient
» cachés dans un fossé et au ras du sol; ils criblaient les bri-
» gades qui arrivaient, et qu'une épouvantable pluie de biscaïens,
» de mitrailleuses et d'obus décimait. Des rangées entières
» de soldats tombaient les unes sur les autres. L'attaque avait
» échoué, et les deux brigades durent retourner à leurs abris.
» Là, elles se rangèrent de nouveau en ordre, tandis que la
» 2ᵉ brigade se sépara pour marcher sur la gauche de l'ennemi,
» au delà de Maladrerie, et empêcher le mouvement tournant.
» Les 1ʳᵉ, 3ᵉ et 4ᵉ brigades demeurèrent dans le parc et dans les
» attenants pour soutenir l'attaque de l'ennemi, qui, à chaque
» instant, devenait plus fort et plus indomptable.

» C'est à ce moment qu'un nouvel élan en avant fut tenté.
» L'ennemi entourait tout entier le château de Goury; sa canon-

» nade s'étendait au-dessus de Loigny, vers Maladrerie; le ter-
» rain des environs de Loigny était tout entier dans ses mains,
» et les trois brigades étaient tournées, presque cernées. Notre
» artillerie était en majeure partie comprise dans la ligne qui
» nous enveloppait. Les trois brigades furent alors réunies et
» on leur dit qu'il fallait briser le cercle de fer que l'ennemi avait
» tracé autour d'elles.

» Elles s'élancèrent dès lors au galop, s'avancèrent une cen-
» taine de pas et lâchèrent plusieurs salves contre l'ennemi, qui
» ne l'ébranlèrent point dans ses positions. Bien au contraire,
» elles n'en furent que davantage à la portée des balles de chas-
» sepot et des boulets de l'artillerie. Les rangs commencèrent à
» ployer; aussitôt l'ennemi se précipita furieux, et, ne pouvant
» résister à l'effort de ces masses colossales, nos brigades forte-
» ment décimées durent se replier sur les bâtiments et dans le
» parc, toujours poursuivies par le feu ennemi.

» La situation était des plus périlleuses. Les munitions en
» même temps commençaient à manquer dans quelques régi-
» ments; les rangs étaient fortement éclaircis; des bataillons
» avaient perdu presque la moitié de leur effectif et l'ennemi
» s'approchait toujours en masses de plus en plus compactes.

» Encore une demi-heure, et le corps de Von der Tann était
» anéanti et la plus grande partie des canons tombaient aux
» mains de l'ennemi. L'ordre ne se maintenait plus convenable-
» ment, les troupes de divers régiments se trouvaient mêlées et
» le découragement commençait à s'emparer des troupes.

» C'est alors qu'en temps opportun (il était une heure de
» l'après-midi), les Bavarois entendirent sur leur flanc gauche
» une forte et claire canonnade. C'était la 17ᵉ division qui s'ap-
» prochait à leur secours. On aperçut bientôt les premiers tirail-
» leurs s'éparpiller sur la plaine. Les lueurs de leur fusillade fu-
» rent un signal joyeux pour les Bavarois si étroitement serrés.

» L'attaque recommence, et ils font tous leurs efforts pour arrêter
» le mouvement en avant de l'ennemi. Mais, celui-ci remarque

» la reprise et l'attaque nouvelle, se précipite sur ses nouveaux
» adversaires, en négligeant quelque peu le parc du château de
» Goury, afin de ne pas se laisser arracher les avantages de la
» journée.

» La 17e division était arrivée à 7 heures 1/2 à sa position
» du rendez-vous de Santilly. Elle s'ébranla lentement de ce
» point sur Lumeau, afin d'y atteindre l'ennemi. Au milieu de la
» route, entre Lumeau et Santilly, se trouve le village de Bai-
» gneaux, qui occupe une colline à la pente assez molle : c'est
» là que l'ennemi avait posté pour protéger ses flancs, quelques
» régiments et de l'artillerie : ce fut ce village qui fut attaqué
» par l'ouest. L'artillerie se plaça en avant, en même temps que
» l'infanterie de la 34e brigade marchait sur le village. L'ennemi
» ne fit pas grande résistance et se retira sur Lumeau. C'est
» alors que toute la division s'ébranla sur Lumeau afin de s'em-
» parer de ce village, occupé fortement par l'ennemi. On enten-
» dait sur la droite le grondement formidable du canon : un
» combat acharné devait être engagé de ce côté ; c'est ce qui fit
» avancer nos troupes en toute hâte. Il n'était que temps, car le
» dernier effort des Bavarois dans le château de Goury se faisait
» et l'avant-garde marchait en avant au delà de Loigny.

» Aussitôt que l'ennemi s'aperçut de ce mouvement de troupes
» contre Loigny, il fit accourir son artillerie et ouvrit un feu
» très-vif contre l'infanterie qui s'approchait. Mais notre artillerie
» lui riposta aussitôt. Les canons sont si parfaitement pointés
» que deux charriots de munitions sont détruits et plusieurs
» pièces de canons démontées. L'attaque d'artillerie des Français
» était de cette façon anéantie ; ils durent retirer leurs batteries
» et mirent en avant de grandes masses d'infanterie qui devaient
» arrêter la 17e division. Des fusillades très-nourries descendaient
» des petites hauteurs sur lesquelles se trouve Loigny. Elles
» s'étendaient sur la vaste plaine devant ce village et entrete-
» naient un feu violent et meurtrier. Une demi-conversion de la
» division fut alors commandée afin d'amener la combinaison de

» la division avec les Bavarois vers le nord-est. C'est avec la
» plus grande précision et rapidité, et au milieu d'un feu ter-
» rible de l'ennemi que cette importante manœuvre fut opérée.

» L'ordre de bataille demeura en ligne oblique sur l'aile droite
» de l'ennemi. Le combat commence, les batteries s'avancent,
» les masses se succèdent sans relâche. L'artillerie renforce son
» attaque; l'ennemi se retire de la plaine pour s'appuyer sur
» Loigny : le village est fortifié; des barricades, des créneaux,
» des fossés sont créés; les murailles sont percées, et l'attaque
» française devient un combat de défense; le terrain est utilisé
» pour conserver la position. C'est alors que fut ordonné un
» mouvement de flanc droit, que l'ordre de bataille se présenta
» sur l'aile gauche qui depuis si longtemps était repliée en ar-
» rière, et que la marche en avant rapide fut exécutée.

» Loigny fut ainsi bloqué par le côté sud.

» Les routes de Loigny à Sougy et Terminiers sont traversées;
» les 90e et 76e régiments arrivent sur les derrières de l'ennemi.
» Un combat court, mais désespéré fait tomber Loigny en
» flammes dans les mains des troupes assaillantes. Le château de
» Goury est délivré de l'investissement et les Bavarois se trou-
» vent en communication avec la 17e division. »

Sur la droite du général Chanzy, la solidité de nos troupes fut moindre. La division Morandy, qui faisait son mouvement au-dessus de Sougy, fut repoussée par la 17e division ennemie et rétrograda jusqu'à Huêtre, c'est-à-dire à une faible distance des positions qu'elle occupait le 1er décembre au matin. Cette retraite exposa le général Chanzy à être tourné sur sa droite, en même temps que la cavalerie du prince Albert menaçait de le tourner par la gauche. L'avant-garde du 17e corps, qui s'avançait alors de Patay sur Sougy, se heurta contre l'ennemi vers 4 heures.

Une mêlée sanglante s'ensuivit, et, à la nuit tombante, le brave général de Sonis qui s'était porté en avant avec trop d'impétuosité, tomba grièvement blessé et fut fait prisonnier. A ses côtés tombaient également le général de Bouillé, chef de l'état-major du 17ᵉ corps, mortellement frappé, et le colonel de Charette, commandant un bataillon de zouaves volontaires, laissé pour mort sur le champ de bataille. Ce douloureux épisode apporta un grand trouble dans le 17ᵉ corps, dont cependant une bonne partie des forces n'avaient pas été engagées. Un témoin oculaire, le colonel Thibouville, dont le régiment a supporté l'effort principal de l'ennemi, affirme que sur ce point il y a eu de notre côté très-peu de monde en ligne.

En conséquence de ces faits, le général Chanzy reporta ses positions un peu en arrière et s'installa pour la nuit à Terminiers et Morèle, au nord-est de Patay. En en donnant avis au général en chef, il ajoutait : « Je redoute une
» attaque pour cette nuit ou demain matin. Il est indispen-
» sable que dès le point du jour le 15ᵉ corps se mette en
» mouvement de ce côté, de façon à faire entendre son
» canon sur les derrières de l'ennemi qui cherche à me
» tourner sur ma gauche et peut-être sur ma droite. Je
» vous envoie un officier et attends vos instructions à Ter-
» miniers avant le jour. »

La journée n'avait pas été favorable pour une partie du 15ᵉ corps, malgré la bravoure déployée par les troupes engagées. La division Peytavin, ainsi qu'elle en avait reçu l'ordre, commença, dans la matinée, l'attaque du village de Poupry. L'ennemi lui opposait une vive résistance. Une ligne de tirailleurs, appuyés par des escadrons de cavalerie qu'on apercevait à gauche près d'un bois, couvrait la position. La lutte continuait sans succès de part ni d'autre, quand la retraite de la division Morandy vint mettre la division Peytavin en péril. L'ennemi raconte ainsi l'épisode : « Un combat acharné, excessivement sanglant, s'y engagea » (à Poupry), dans lequel les régiments de la 22ᵉ division, » déjà si décimés, éprouvèrent de nouveau des pertes co-» lossales. Le combat demeura longtemps indécis ; il était » opiniâtre et sanglant de part et d'autre. Mais lorsque vers » midi arrivèrent au secours la brigade bavaroise et quel-» ques régiments de la 17ᵉ division (après la retraite de la » division Morandy), la chance de la bataille du jour se » décida également pour nous sur ce point. » Toutefois, le général Peytavin, grâce à l'appui que lui apporta la réserve d'artillerie du 15ᵉ corps, put se maintenir dans ses positions, après avoir eu environ 500 hommes hors de combat.

Le résultat de ces divers engagements, au centre et à gauche, fut de déjouer le mouvement entrepris par l'armée française et de donner à l'ennemi la ligne de Loigny, Lumeau, Poupry, qui lui permettait de maintenir, séparées en deux groupes, nos forces dans cette région. Mais ces résultats, qui n'avaient encore rien de décisif quant au sort même de notre armée, avaient été chèrement payés. Indépendamment des pertes « colossales » de la 22ᵉ division, les Bavarois avaient, au dire de l'ennemi, perdu « plus de 100 officiers et près de 2,000 hommes, » et la 17ᵉ division avait été également fort éprouvée.

Tandis que ces faits se passaient du côté du duc de Mecklembourg, le prince Charles, dont le quartier général était à Pithiviers, changea subitement ses dispositions. Par une manœuvre hardie autant que rapide, il dégarnit entièrement la ligne de Beaune-la-Rolande à Pithiviers, négligeant ainsi nos 18e et 20e corps, pour rejeter toutes ses forces sur le centre de l'armée de la Loire. Le 3e corps prussien reçut l'ordre d'abandonner sa position de Beaune, de se concentrer sur Mareau-aux-Bois, par la lisière de la forêt, et de s'avancer de là sur la route de Pithiviers à Orléans. Le 10e corps, qui occupait Pithiviers, fut dirigé sur Toury, et fut constitué en réserve du 9e corps, lequel, plus avancé, eut pour mission d'attaquer directement les positions françaises près d'Artenay. Enfin la 2e division de cavalerie relia ce dernier corps au gros de l'armée du duc de Mecklembourg, massée à l'ouest de la route de Paris. C'est le 2 vers midi que ces ordres furent transmis, et les trois corps se mirent aussitôt en mouvement. « Ils marchaient, » dit la relation prussienne, en files innombrables sur les » routes tracées, et on dut utiliser, pour atteindre le but, » une partie de la nuit. Depuis quelques jours, un temps » frais et sec s'était déclaré; il favorisa la marche, mais le » vent d'ouest soufflait violent et glacé sur ces plaines dé- » garnies d'arbres. » Des escarmouches eurent lieu pendant la marche avec les avant-gardes françaises qui arrivaient jusqu'à Puy. Mais les corps prussiens purent terminer leur mouvement et bivouaquèrent pendant la nuit aux positions assignées. Toutefois, le 9e corps, qui avait pour objectif Château-Gaillard, à mi-chemin d'Artenay à Toury, s'arrêta à Bazoches-les-Gallerandes, sur l'ancienne route de Paris à Orléans, après une marche des plus pénibles. Ainsi, par suite du changement de front de l'ennemi, les troupes réunies autour d'Orléans allaient avoir affaire à la totalité des forces allemandes, c'est-à-dire à 110 ou 120,000 hommes.

Il aurait fallu que parallèlement à la conversion du prince Charles, l'armée française fît un mouvement analogue, j'entends par là que les 18e et 20e corps, désormais sans but, au-dessous de Beaune-la-Rolande, fussent ramenés sur la gauche pour s'opposer aux forces du prince Charles. Mais soit que le général en chef n'ait pas jugé ce mouvement possible, soit qu'il n'en ait point apprécié l'opportunité, il ne l'a point prescrit, et les deux corps, 18e et 20e, sont restés étrangers aux événements qui suivirent.

Or le danger créé par la concentration du prince Charles ne tarda pas à se révéler. Dès le 3, l'ennemi préparait une attaque générale sur toute la ligne. Le 3e corps devait s'avancer de Mareau-aux-Bois sur Chilleurs. Le 9e devait évacuer d'aussi bonne heure que possible Bazoches pour gagner Artenay; sur ses derrières, devaient se tenir le 10e corps et la 6e division de cavalerie comme réserve; en même temps un détachement latéral, pour protéger l'aile, devait marcher de Bazoches vers Villereau, sur l'ancienne route de Paris. De son côté, le duc de Mecklembourg, avec le corps bavarois, la 17e et la 22e division, et la 4e division de cavalerie, devait effectuer un mouvement convergent sur Orléans par la triple direction de Baigneaux et Lumeau à Artenay, de Loigny à Sougy et de Terminiers à Rouvray-Sainte-Croix. Ainsi cette partie de l'armée visait à s'introduire comme un coin, de manière à rejeter définitivement les 16ᵉ et 17ᵉ corps sur la gauche. Si cette manœuvre réussissait, les 18ᵉ et 20ᵉ corps étant déjà, par suite de leur immobilité, hors de cause, le 15ᵉ corps seul allait avoir à supporter tout le poids de l'armée allemande.

Les résolutions adoptées par le général d'Aurelles devaient concourir, comme on va le voir, au succès de cette manœuvre. En effet, s'abstenant de faire appel aux 18ᵉ et 20ᵉ corps, il renonça à défendre la position; il donna l'ordre aux 16ᵉ et 17ᵉ corps de battre en retraite sur Saint-Péravy, et lui-même se mit en devoir de ramener le 15ᵉ corps d'Artenay sur Chevilly. C'est ce qu'il nous apprit par cette dépêche :

Général en chef à Guerre, Tours.

Artenay, le 3 décembre, 3 h. 45 du matin.

« Je reçois du général Chanzy la dépêche suivante :

» Après avoir enlevé ce matin Loigny et Château-Goury, nous
» avons été repoussés par des forces très-considérables et une
» nombreuse artillerie. Les 16ᵉ et 17ᵉ corps ont été engagés en
» entier. Le général de Sonis est blessé. Nous nous sommes
» installés, la nuit venue, à Terminiers et Morèle. Je redoute une
» attaque pour cette nuit ou demain matin. Il est indispensable
» que dès le point du jour le 15ᵉ corps se mette en mouvement
» de ce côté de façon à faire entendre son canon sur les derrières
» de l'ennemi qui cherche à me tourner sur ma gauche et
» peut-être sur ma droite. Je vous envoie un officier et attends
» vos instructions à Terminiers avant le jour. »

» Dans cette situation, un mouvement sur Pithiviers par la
» plaine n'est plus possible. Le 16ᵉ et le 17ᵉ corps ont besoin
» de se refaire après deux jours d'efforts, et le dernier avec in-
» succès.

» J'ajoute que la 3ᵉ division du 15ᵉ corps a été elle-même fort
» éprouvée. Du moment que la marche sur Pithiviers n'est plus
» possible en présence des forces ennemies considérables qui
» restent maîtresses de la plaine, non-seulement je dois renoncer
» à pousser un mouvement en avant, mais je me vois dans
» l'obligation de ramener les deux divisions du 15ᵉ corps à Che-
» villy. Je donne en conséquence l'ordre au général Chanzy de
» reprendre ses positions, et moi-même me mettrai en marche
» vers les 10 heures du matin pour revenir à Chevilly. »

Ainsi le commandant français, d'une part, produisait lui-même la disjonction que l'ennemi cherchait à amener par l'action du duc de Mecklembourg, et d'autre part, il abandonnait cette position d'Artenay que précisément l'ennemi convoitait.

La position d'Artenay pouvait-elle encore être défendue ? C'est ce qu'il m'est impossible de dire. Mais il paraît que les Allemands ne comptaient point sur une évacuation aussi prompte, à en juger du moins par les réflexions du correspondant anglais présent au camp prussien. Celui-ci dit :

« Le résultat de cette bataille (celle du 2), quoiqu'il ne consti-
» tuât pas un succès pour les Français, n'était nullement décou-
» rageant au point de leur rendre la reprise de l'offensive im-
» possible pour le lendemain, et on supposait généralement que
» le 2 décembre n'était que le prélude d'une bataille décisive
» pour le jour suivant. Au lieu de cela, la matinée du 3 vit les
» Français en pleine retraite. Pour une raison ou pour l'autre,

» le général de Paladines prit ses arrangements pour retirer son
» armée immédiatement après la fin de l'action où il avait reçu
» un échec, mais sans être le moins du monde battu, et pen-
» dant la nuit du 2, ses plus lourds bagages filèrent à l'ar-
» rière.

» Le point mystérieux est de savoir pourquoi le général de
» Paladines s'est retiré d'Artenay le samedi (3 décembre), au
» lieu de défendre ses positions un jour de plus, avec une armée
» de près du double de celle de ses adversaires. »

Mais n'anticipons pas sur les événements et reprenons dans l'ordre le récit des faits militaires de cette journée.

Du côté des 16e et 17e corps, il n'y eut pas d'incident notable. Le général Chanzy, qui en réunissait le commandement par suite du malheureux accident arrivé la veille au général de Sonis, exécuta ponctuellement la retraite prescrite par le général en chef. Il ne fut pas sérieusement inquiété par l'ennemi dont l'objectif, on vient de le voir, divergeait désormais d'avec le sien, puisque l'ennemi tendait vers Orléans, alors que lui-même s'en écartait. Il rendit compte de son mouvement par la dépêche suivante :

Général Chanzy à Guerre, Tours.

Saint-Péravy, le 3 décembre, 5 h. 30 du soir.

» Me conformant aux ordres du général en chef, j'ai ramené
» aujourd'hui le 16e corps sur ses anciennes positions de Boulay
» à Saint-Péravy, et établi le 17e à Saint-Sigismond, Rosières,
» Gémigny et Coulmiers.

» La retraite, menacée par des masses ennemies considérables,
» s'est opérée dans le meilleur ordre possible.

» Après la rude journée d'hier, où l'ennemi a beaucoup souf-
» fert aussi, mais où nos pertes ont été nombreuses et regret-
» tables, beaucoup de notre artillerie est démontée, les hommes
» fatigués.

» Le 15ᵉ corps est aux prises avec l'ennemi. J'ai envoyé au
» canon la division Barry, qui est encore engagée en avant de
» l'Encornes.

» Un nouveau mouvement de retraite, s'il était nécessaire,
» s'opérerait difficilement sur les lieux pour les 16ᵉ et 17ᵉ corps,
» dont le matériel roulant obstrue les routes.

» Je crois à un effort complet de l'ennemi sur l'armée de la
» Loire. »

Le général Chanzy ne se trompait pas dans cette dernière appréciation. En effet l'ennemi dessinait, comme j'ai dit, une attaque concentrique générale sur Orléans, par la triple direction d'Orgères, d'Allaines et de Pithiviers. Or, malheureusement, à ce moment, la portion de l'armée de la Loire réellement opposée à ses coups se réduisait, en vertu des dispositions prises, au seul 15ᵉ corps. La première division de ce corps était à Loury, et les deux autres, groupées autour d'Artenay, avaient ordre de battre en retraite, en résistant, sur Chevilly.

« Bien longtemps avant l'aube, dit la relation prussienne, les
» trois corps (ceux du prince Charles, venus la veille au soir
» de Pithiviers et de Beaune-la-Rolande) étaient déjà de nou-
» veau en marche. Quelques détachements avaient de grandes
» distances à franchir. C'est ainsi que le 9ᵉ de chasseurs, *à peine
» reposé depuis une heure*, dut se remettre en route sans faire

» la soupe. Et malgré tout, les troupes étaient fraiches et dis-
» posées à aller au combat. »

L'attaque de l'ennemi sur Artenay commença vers huit heures. Le village, situé sur une petite éminence, au milieu d'une plaine plate, sans bois ni forêts, était fortement barricadé et occupé par la division Martineau. On se canonna un certain temps de loin et, s'il faut en croire le correspondant anglais que je viens de citer, sans grand succès de notre part : « Aucun des obus français, dit-il, n'atteignait les
» batteries allemandes, la distance étant d'au moins quatre
» kilomètres. » Vers dix heures, le duel d'artillerie se resserra et le général Martineau évacua le village pour se retirer vers Chevilly. « Ce fut, dit un témoin oculaire dans le
» camp français, une retraite admirable. La division Marti-
» neau, pas à pas, en bon ordre, se repliait en faisant face
» à l'ennemi. Elle mit trois heures à venir ainsi d'Artenay
» à la Croix-Briquet (moitié chemin de Chevilly). Le général
» Martineau eut son cheval tué sous lui. La canonnade était
» épouvantable. Il faut que je me reporte par la pensée au
» souvenir de Sébastopol pour me remémorer un pareil fracas.
» Nous attendions des secours, de la droite par le général
» des Paillères, de la gauche par le général Peytavin, mais
» rien ne venait que des colonnes ennemies qui débordaient
» de toutes parts. La dernière fois que je me rendis aux
» ouvrages avancés (batteries de marine), l'ennemi n'en
» était plus qu'à 400 mètres. Les dernières troupes du gé-
» néral Martineau rentraient en bon ordre. »

Les batteries de la Croix-Briquet commencèrent alors à

tirer. Néanmoins, la position n'ayant pas paru assez sûre, par suite du feu très-vif de l'ennemi, la division reçut du général en chef l'ordre de rétrograder en arrière de Chevilly. Elle y trouva toute la brigade de cavalerie du général Boërio, renforcée par les spahis et les chasseurs d'Afrique. Une nouvelle résistance se prépara. En même temps, la division Peytavin venait de reprendre sa position de gauche, à Huêtre. Le général en chef lui prescrivit de détacher en avant, vers Donzy, à la hauteur de Chevilly, deux régiments d'infanterie avec son artillerie, pour soutenir la division Martineau. La défense ainsi organisée fut très-énergique.

« Vers trois heures, dit le correspondant anglais qui a suivi
» toutes les péripéties de cette nouvelle lutte, nos premières
» colonnes (allemandes) furent accueillies par un feu terrible de
» chassepots venant du village de Dourcy (Donzy), et, de ce mo-
» ment jusqu'à la nuit, les Français, sur les deux côtés de la
» route d'Artenay à Orléans, offrirent une vigoureuse résistance.
» A quatre heures, les Bavarois, arrivant près du village de
» Sougy, ouvrirent le feu, qui leur fut rendu par les tirailleurs
» français. Au moment même où les Français se trouvaient ainsi
» attaqués sur leur extrême droite, le prince Frédéric-Charles
» amenait de nouvelles troupes sur leur flanc opposé, tandis
» que le duc de Mecklembourg pressait sur le centre. La ligne
» allemande avait la forme d'un croissant, dont la corne droite
» à Sougy, la gauche à Bury-le-Roi (Bucy-le-Roi), tandis que
» le centre, qui projetait en avant, s'apprêtait à prendre Che-
» villy, la dernière station postale avant Orléans, qui était bra-
» vement défendu par les Français et furieusement bombardé
» par les Allemands. Une ligne continue de feu d'artillerie, s'é-
» tendant sur cinq milles (7 kilom.) au moins, peut-être plus,
» marquait la position de l'armée allemande.

» Français n'était pas aussi clairement délimitée, mais les bril-
» lants éclairs de leur artillerie et l'explosion incessante et
» innocente de leurs obus en l'air témoignaient de leur désir de
» répondre aussi chaudement que possible au feu plus précis et
» plus destructif de leurs ennemis. Aujourd'hui, comme hier,
» j'ai été frappé de la proportion infiniment plus grande des
» blessures faites par les balles sur celles faites par les obus. Tan-
» dis que l'artillerie française ne causait presque aucun dommage,
» les balles du chassepot semblaient pénétrer partout. Dans ces
» vastes plaines, elles sont particulièrement destructives et dan-
» gereuses, tuant à des distances incroyables, alors que l'en-
» nemi est aussi invisible que le messager de plomb qu'il
» envoie (1). »

Le soir, le prince Charles installa son quartier général à Artenay, et donna ordre à la 18e division de se préparer, de concert avec la 22e, du duc de Mecklembourg, pour exécuter le lendemain l'assaut du village de Chevilly. Mais le commandant français, ne se jugeant pas en forces, évacua la position à la nuit; la division Martineau se retira en bon ordre à moitié distance entre Chevilly et Cercottes, et la division Peytavin rétrograda dans la direction de Gidy. La 22e division prussienne put ainsi entrer sans combat dans le village et s'emparer de huit grosses pièces de marine. Les autres troupes du duc de Mecklembourg, qui n'avaient pas éprouvé de résistance dans leur mouvement concentrique sur Orléans, se massèrent entre Chevilly et Huêtre. La journée fut donc très-favorable à l'ennemi, mais

---

(1) Voir l'Étude de M. Ed. Tallichet dans la *Revue suisse*, 1871.

il avoua lui-même avoir chèrement payé son avantage La 18ᵉ division notamment, qui s'était mesurée avec la division Martineau, eut « des centaines de tués et de blessés. »

La division des Paillères eut, de son côté, une attaque à supporter contre les troupes du prince Frédéric-Charles, mais, au dire de l'ennemi, elle n'opposa pas une résistance aussi grande.

« Un combat a aussi été livré sur l'aile gauche (droite fran-
» çaise), dit la relation prussienne, sur la route de Pithiviers à
» Orléans. Le 3ᵉ corps se trouvait, dès la matinée du 3 décem-
» bre, dans la position qui lui avait été indiquée de Mareau-
» aux-Bois, et s'avançait sur la route. La 6ᵉ division formait
» l'avant-garde sur la route principale, pendant que la 5ᵉ divi-
» sion marchait sur les côtés dans un chemin latéral. Près du
» village de Chilleurs-aux-Bois, la 6ᵉ division rencontra l'en-
» nemi, et là se trouvait un fort retranchement.

» Des pièces de siége s'y trouvaient installées. Plusieurs mi-
» trailleuses mêlèrent leur strident grincement aux tonnerres
» des grosses pièces et un feu très-violent accueillit les arrivants.
» Le général commandant fait immédiatement avancer le corps
» d'artillerie et le dispose devant le village de Santeau. Il ca-
» nonne le village et les retranchements garnis de cinquante
» pièces d'artillerie, appuyé en outre par la 5ᵉ division sur le
» flanc droit de l'ennemi près Courcy et Brigny.

» Ce bombardement terrible ébranla l'ennemi : son infanterie
» ne pouvait tenir dans le village et déjà la retraite sur la route
» d'Orléans se dessinait. Aussitôt que ceci vint à la connaissance
» du commandant général, il lança à l'assaut du village le 35ᵉ ré-
» giment, se met en ordre et, la baïonnette en avant, il se dirige

» sur Chilleurs, et s'empare du village, après une faible résis-
» tance, opposée par l'infanterie qui se retire.

» Le bombardement avait mis le village en feu. L'ennemi n'op-
» posa plus aucune sérieuse résistance. La division se mit alors
» en marche sur Loury par la forêt d'Orléans, pendant que la
» 5ᵉ division, sans trouver le moindre obstacle, gagna Sully-la-
» Chapelle. C'est là qu'on devait dresser les cantonnements pour
» la nuit, lorsque, tout à coup, près de Loury, une violente
» fusillade de chassepots venant de la forêt, où aucun ennemi
» n'avait été cependant rencontré, vint l'assaillir et démontrer sa
» présence d'une manière indubitable. Le combat recommença
» aussitôt, mais lorsque l'ennemi reconnut l'intention, il se
» retira après une demi-heure de lutte, et il ne fut pas pour-
» suivi.

» Plus tard, on sut qu'il s'était trouvé aussi à Neuville-aux-
» Bois et qu'il avait voulu se replier sur Loury, dans la crainte
» d'être coupé ; mais arrivé aux portes de Loury, et après
» échange de voix, il reconnut que le village était pris, et il se
» hâta, après quelques salves, de se replier sur Orléans, à travers
» la forêt. »

Cet échec fut d'autant plus sensible que la division des Paillères, par le nombre et la qualité des troupes qui la composaient, valait presque deux divisions ordinaires. A partir de ce moment, la ligne française se trouva rompue sur la droite, comme elle l'était déjà sur la gauche par suite de la retraite des 16ᵉ et 17ᵉ corps.

Tels furent les résultats de la journée du 3. La gravité des événements qui suivirent et les interprétations erronées dont ils ont été l'objet, m'engagent à reproduire intégralement les dépêches échangées à leur occasion, entre le quartier général et l'administration de la guerre.

Général commandant en chef, à Guerre, Tours.

Cercottes, nuit du 3 au 4 décembre 1870, sans heure.

« Dans la journée d'hier et d'avant-hier (1er et 2 décembre),
» le 16e et le 17e corps ont été très-éprouvés, et ont fait des
» pertes considérables.

» Aujourd'hui (3 décembre), de 9 heures du matin à 5 heures
» et demie du soir, le 15e corps a lutté contre des forces supé-
» rieures en nombre et en artillerie, devant lesquelles il n'a pu
» conserver ses positions. La 1re division s'est retirée sur Loury ;
» la 2e d'Artenay sur Chevilly d'abord, et plus tard sur Cer-
» cottes ; enfin la 3e a dû se replier de Huêtre sur Gidy. La lutte
» a été acharnée, aussi les pertes sont-elles nombreuses ; et,
» comme elle s'est terminée à la nuit close, et au milieu des
» bois, il en est résulté un assez grand désordre. Dans cette
» situation, et après une lutte de trois jours où tous les corps
» ont été plus ou moins éprouvés et désorganisés, il n'y a plus
» lieu de faire des plans de campagne. Je dois même vous dé-
» clarer que je considère la défense d'Orléans comme impossi-
» ble. Quelque pénible que soit une pareille déclaration, c'est
» un devoir pour moi de la porter à votre connaissance, parce
» qu'elle peut épargner un grand désastre. Si nous avions du
» temps devant nous, pour nous réorganiser et nous remettre,
» on pourrait essayer ; mais l'ennemi sera sur nous, et, je vous
» le répète avec douleur, mais avec une profonde conviction,
» nos troupes, éprouvées et un peu démoralisées par ces deux
» dernières journées, ne tiendront pas.

» Il ne nous reste qu'un parti à prendre, c'est de battre en
» retraite, et voici comme je la comprendrais :

» Les 16ᵉ et 17ᵉ corps se retireraient vers Beaugency et Blois ;
» les 18ᵉ et 20ᵉ corps par Gien ; enfin le 15ᵉ passerait la Loire à
» Orléans pour aller en Sologne. De cette manière, les routes ne
» seraient pas encombrées et on aurait plus de facilités pour
» vivre. »

Guerre à général en chef, armée Loire, Cercottes.

4 décembre, 3 heures 30 du matin.

« Votre dépêche de cette nuit me cause une douloureuse stu-
» péfaction. Je n'aperçois dans les faits qu'elle résume rien qui
» soit de nature à motiver la résolution désespérée par laquelle
» vous terminez.

» Jusqu'ici vous avez été mal engagé, et vous vous êtes
» fait battre en détail ; mais vous avez encore 200,000 hommes
» en état de combattre, si leurs chefs savent par leur exemple et
» par la fermeté de leur attitude grandir leur courage et leur
» patriotisme. L'évacuation dont vous parlez serait par elle-
» même et en dehors de ses conséquences militaires un im-
» mense désastre. Ce n'est pas au moment où l'héroïque Ducrot
» cherche à venir vers nous, que nous devons nous retirer de
» lui. L'heure d'une telle extrémité ne me paraît pas avoir
» encore sonné. Je ne vois rien à changer, quant à présent,
» aux instructions que je vous ai envoyées hier au soir, et qu'à
» l'heure où j'écris nos généraux se préparent à exécuter. Opé-
» rez, comme je vous l'ai mandé, un mouvement général de con-
» centration.

» Rappelez à vous le 18ᵉ et le 20ᵉ corps, dont on me paraît ne
» s'être pas assez occupé. Resserrez les 15ᵉ, 16ᵉ et 17ᵉ corps.
» Utilisez vos lignes de feu dont vous-même naguère me van-

» tiez la puissance, et opposez dans ces lignes une résistance
» indomptable. Envoyez d'avance vos *impedimenta* sur la rive
» gauche et allégez vos mouvements. N'omettez pas de faire sur-
» veiller et garder par de fortes escouades tous vos ponts sur
» la Loire pour empêcher la malveillance et la trahison de les
» détruire. Enfin, ne pensez qu'à organiser la lutte et à la gé-
» néraliser. Je reçois à l'instant une dépêche de Bourbaki qui
» m'informe qu'il se met en devoir de réaliser le mouvement de
» concentration sur Orléans que j'ai prescrit. »

Général en chef d'Aurelles à Guerre, Tours.

Saran, 4 décembre, 8 heures 35 du matin.

« Je suis sur les lieux et mieux en état que vous de juger de
» la situation. C'est avec une douleur non moins grande que
» la vôtre que je suis déterminé à prendre cette résolution
» extrême. L'ennemi a franchi tous les obstacles jusqu'à Cer-
» cottes ; il est en outre maître de tous les débouchés de la
» forêt, la position d'Orléans n'est donc plus ce qu'elle était au-
» trefois. Aujourd'hui qu'elle est entourée et qu'elle a perdu
» l'appui de la forêt, elle n'est plus défendable avec des trou-
» pes éprouvées par trois jours de fatigue et de combat et dé-
» moralisées par les pertes considérables qu'elles ont faites. —
» D'un autre côté les forces de l'ennemi dépassent toutes mes
» prévisions et les appréciations que vous m'avez données. Le
» temps presse et ne me permet plus de faire la concentration
» dont vous parlez. La résistance ne peut s'organiser d'une
» manière efficace : malgré tous les efforts que l'on pourrait tenter
» encore, Orléans tombera fatalement ce soir ou demain entre
» les mains de l'ennemi. Ce sera un grand malheur; mais le seul
» moyen d'éviter une catastrophe encore, c'est d'avoir le cou-

» rage de savoir faire un sacrifice lorsqu'il en est encore temps.
» L'armée de la Loire peut rendre de grands services à la défense
» nationale, mais à la condition de la concentrer sur des points
» où elle ait le temps de se réorganiser. Chercher à la concen-
» trer à Orléans, c'est l'exposer à être détruite sans résul-
» tat. Je crois donc devoir maintenir les ordres qui ont été
» donnés.

» En présence des ordres qui ont été donnés par vous au gé-
» néral Bourbaki, il ne m'appartient pas de les changer ; je vous
» laisse le soin de les confirmer ou de les retirer. Je dois seule-
» ment vous faire observer que ce mouvement vers Orléans de-
» vant l'ennemi, maître de la forêt, peut être d'autant plus dan-
» gereux que le général Bourbaki ne peut passer la Loire qu'à
» Orléans et à Gien. Le pont de Châteauneuf n'est pas encore
» terminé.

Guerre à général en chef d'Aurelles, à Saran.

4 décembre, 11 heures du matin.

« Le gouvernement de la Défense nationale me charge de vous
» transmettre la dépêche suivante :

« L'opinion du gouvernement, consulté, était de vous voir
» tenir ferme à Orléans, vous servir des travaux de défense, et
» ne pas vous éloigner de Paris. Mais, puisque vous affirmez que
» la retraite est nécessaire, que vous êtes mieux à même, sur les
» lieux, de juger la situation, que vos troupes ne tiendraient
» pas, le gouvernement vous laisse le soin d'exécuter les mou-
» vements de retraite sur la nécessité desquels vous insistez et
» que vous présentez comme de nature à éviter à la défense
» nationale un plus grand désastre que celui-là même de l'éva-

» cuation d'Orléans. En conséquence, je retire mes ordres de
» concentration active et forcée à Orléans et dans le périmètre
» de nos feux de défense, et donnez des ordres à tous vos géné-
» raux placés sous votre commandement en chef. »

Signé : Léon Gambetta,
Ad. Crémieux,
Glais-Bizoin
et Fourichon.

Général en chef d'Aurelles à Guerre, Tours.

Orléans, 4 décembre, 11 heures 55 du matin.

« Je change mes dispositions : dirige sur Orléans 16ᵉ et
» 17ᵉ corps, appelle 18ᵉ et 20ᵉ, organise résistance, suis à
» Orléans à la place (1). »

Guerre à général en chef d'Aurelles, à la place, à Orléans.

Tours, le 4 décembre, 1 heure 35 du soir.

« Le gouvernement a appris avec une profonde satisfaction
» que vous organisiez la résistance à Orléans et que vous étiez
» entré dans la voie tracée par nos précédentes dépêches.
» En ce qui me concerne personnellement, j'ai la foi entière
» que vous pouvez résister efficacement derrière vos batteries
» de marine. Un moment de panique parmi vos troupes a pro-

(1) Cette dépêche n'est pas une réponse à la précédente ; elle s'est croisée avec elle.

» duit tout le mal (1), mais la vérité est que vous pouvez con-
» centrer en 48 heures plus de 200,000 hommes dans votre
» main, sans compter 60,000 hommes que je réunis à Marche-
» noir et à Beaugency pour appuyer votre gauche et empêcher
» qu'elle ne soit tournée. Je ferai avancer cette nouvelle armée
» vers vous dès que vous le jugerez utile. Quant à votre droite,
» il me paraît certain qu'elle sera couverte par la seule approche
» des 18e et 20e corps, auxquels j'avais déjà donné ordre de se
» rabattre vers vous.

» M. Gambetta part dans une demi-heure pour Orléans. »

Guerre à général en chef d'Aurelles, Cercottes.

Tours, le 4 décembre, 2 heures du soir.

« M. Gambetta, qui va partir pour Orléans, désire savoir où
» vous en êtes de votre mouvement de concentration sur Or-
» léans. Réponse urgente. »

Général en chef d'Aurelles à Guerre, Tours.

Orléans, le 4 décembre, 5 heures 15 du soir.

« J'avais espéré jusqu'au dernier moment pouvoir me dis-
» penser d'évacuer la ville d'Orléans. Tous mes efforts ont été
» impuissants. Cette nuit la ville sera évacuée. »

(1) Allusion à la retraite de la division des Paillères. A ce moment l'administration de la guerre ne connaissait pas toute l'étendue des progrès faits par l'ennemi.

Guerre à général en chef d'Aurelles, à Orléans.

Tours, le 4 décembre, 7 heures du soir.

» Je reçois à l'instant votre imprévue et bien cruelle dépêche » m'annonçant pour cette nuit l'évacuation d'Orléans. Vous ne » me dites aucun des faits qui ont amené cette douloureuse dé-» termination.

» Ne perdez pas de vue d'envoyer vos instructions à tous vos » corps d'armée, notamment aux 18e et 20e corps, qui avaient » commencé leur mouvement de concentration sur Orléans. »

Guerre à général en chef d'Aurelles, Orléans.

Tours, le 4 décembre, 10 heures 25 du soir.

« Faites-moi donc connaître par télégraphe quels ordres vous » avez donnés aux 16e et 17e corps, ainsi qu'au 18e et au 20e.

» Les deux premiers ont-ils reçu ordre de se replier en aval » de la Loire?

» Suivent-ils le long du fleuve ou marchent-ils dans la direc-» tion de Binas, sur la forêt de Marchenoir? Avez-vous eu des » engagements aujourd'hui? »

Général des Paillères à Guerre, Tours.

Orléans, le 4 décembre, minuit.

« Ennemi a proposé notre évacuation d'Orléans à 11 heures et » demie du soir sous peine de bombardement de la ville.

» Comme devions la quitter cette nuit, j'ai accepté au » nom du général en chef.

» Batteries de la marine ont été enclouées, poudre et matériel
» détruits. »

Général des Paillères à Guerre, Tours.

Orléans, 5 décembre, minuit 20.

« Faites rebrousser le train de munitions à Amboise. Orléans
» est évacué ce soir à 11 heures et demie, d'après convention
» avec l'ennemi. »

Secrétaire général préfecture Orléans à Guerre, Tours.

La Ferté Saint-Aubin, 5 décembre, 4 heures 25 du matin.

« Orléans a été occupé par les Prussiens à 11 heures et demie
» du soir après pourparlers.
» Une heure a été donnée aux troupes pour évacuer la ville.
» Le 15ᵉ corps et une partie du 16ᵉ sont en ce moment à La
» Ferté. On dit les Prussiens presque sans munitions. Je ne
» pense pas qu'ils aient fait beaucoup de prisonniers à Orléans. »

Autant qu'on peut se rendre compte, en l'absence de toute narration officielle, des événements militaires de cette douloureuse journée, les 16ᵉ et 17ᵉ corps ne furent pas engagés et se mirent en retraite sur Beaugency sans être sérieusement inquiétés. L'ennemi se borna à envoyer dans cette direction des partis de cavalerie qui coupèrent la voie ferrée à La Chapelle et faillirent même s'emparer du train qui portait le ministre. M. Gambetta, en effet, était parti de Tours à l'heure indiquée par les dépêches qu'on a vues, dans le but de fortifier le général d'Aurelles et de l'aider dans l'œuvre de résistance que celui-ci se proposait alors d'accomplir. Mais il ne put parvenir à Orléans, où du reste le général en chef n'était déjà plus.

Les 18e et 20e corps, avertis à temps, interrompirent leur mouvement de concentration sur Orléans et se retirèrent dans la direction de Gien.

Le 15e corps seul et particulièrement la division Martineau lutta contre l'ennemi.

Cette division qui, comme la veille, était chargée de couvrir la retraite dans la direction d'Orléans, avait pris position entre Chevilly et Cercottes. Elle devait être soutenue à sa gauche par la division Peytavin, massée vers Gidy, et à sa droite par le général des Paillères qui gardait la forêt. Mais ces deux appuis lui manquèrent. La division Peytavin fut coupée dans son centre, une partie rejetée sur les 16e et 17e corps, avec lesquels elle battit en retraite sur Beaugency, et l'autre partie repoussée vers Orléans. L'ancienne route de Chartres se trouva ainsi ouverte et le général Martineau exposé à être enveloppé sur la gauche. A droite, le général des Paillères, après le combat malheureux de la veille, une marche de nuit, et ayant perdu une partie de son artillerie, rentrait à Orléans dans la matinée et ouvrait ainsi les routes de la forêt. La division Martineau fut seule dès lors à supporter le poids de l'ennemi, ce qu'elle fit avec beaucoup d'héroïsme. Le correspondant anglais déjà cité rend compte en ces termes d'une lutte, condamnée d'avance à l'insuccès, mais qui fut des plus honorables pour nos armes.

« On nous avait informé, dit-il, le 4 décembre au matin, que
» les Français étaient en pleine retraite et *évacuaient Orléans* (1),
» de sorte que toute l'armée se mit en marche dès le matin.
» Nous avancions sans le moindre souci, lorsque tout à coup un
» obus éclata à peu de distance en avant de nos chevaux. Il pro-
» venait d'une batterie établie près du village de Cercottes (bat-
» terie de marine) où les Français nous attendaient. L'action fut
» bientôt vivement engagée. Je me trouvais avec le corps du
» général Mannstein. Le grand-duc de Mecklembourg s'appro-
» chait d'Orléans par une autre route (ancienne route de
» Chartres), tandis que le prince Charles faisait un mouvement
» analogue sur leur flanc droit (dans la forêt). Nous nous trou-
» vions au centre, et, vers 10 heures, très-près de l'ennemi. Les
» tirailleurs allemands s'avançaient lentement à travers les bois,
» poussant leurs ennemis devant eux et laissant en arrière une
» trace sanglante de morts et de blessés. Ce ne fut que vers
» 11 heures que le village fut enlevé par une attaque de flanc.
» Tandis que les Français se retiraient en courant, mais sans
» désordre ni panique, je pus voir les obus arriver dans leurs
» rangs; et les cadavres nombreux semés sur le terrain, lorsque
» j'y passai peu après, montraient les terribles trouées que l'ar-
» tillerie allemande avait faites en peu d'instants. Bientôt je
» pus revoir les Français en position près d'un moulin, sur un
» terrain en pente d'où une de leurs batteries répondait avec de
» terribles résultats à l'artillerie allemande. Peu de minutes
» s'écoulèrent cependant avant que les Prussiens lui donnassent
» l'assaut et, poursuivant leur avantage, tournassent le flanc

(1) On remarquera cette particularité que les Allemands ont connu le projet d'évacuation longtemps avant que l'exécution ait commencé. Ils ont eu sans doute le secret de la dépêche du général d'Aurelles, envoyée dans la nuit du 3 au 4, et comme ils ne pouvaient prévoir le revirement qui devait se faire plus tard dans l'esprit du général, on s'explique qu'ils aient cru à la retraite au moment même où la résistance était ordonnée.

» gauche des Français près du moulin (de Cercottes). Au bout de
» quelques heures le village de Cercottes était gagné et nous
» passions par sa rue silencieuse et dévastée.....

» Le silence d'une heure qui suivit la prise de Cercottes fit
» naître l'espérance que les Français avaient tenu pour la der-
» nière fois et que nous ne rencontrerions plus de résistance avant
» d'entrer à Orléans. Vaine attente. Nous n'étions pas arrivés à
» un mille (1,400 mètres) du village quand une halte significative
» eut lieu, et de nouveau des obus inattendus jetèrent momen-
» tanément le désordre dans les rangs. Pendant ce temps, l'in-
» fanterie qui avait pris Cercottes et qui couvrait la plaine à
» droite de la route (à l'ouest), tandis que les bois de la gauche
» étaient pleins de tirailleurs, s'avançait fermement vers le som-
» met d'une colline d'où le premier feu des Français était parti
» et qui fut bientôt évacuée sous le feu de l'artillerie, ce qui
» épargna aux Allemands la peine de la prendre d'assaut. Nous
» eûmes une magnifique vue de nos troupes, lorsqu'elles gravi-
» rent la pente douce, tandis que plus loin à droite (à l'ouest)
» était la cavalerie, et au delà encore de l'infanterie et de l'artil-
» lerie, qui faisaient un long circuit pour tourner la position
» française. A l'horizon, et disparaissant derrière le sommet
» d'une colline, était sans doute toute l'armée française (allusion
» aux 16e et 17e corps), à en juger par les masses d'hommes
» qui, comme une vague, roulaient sur la cime et plongeaient
» ensuite, laissant derrière elles une ligne blanche. »

L'abandon d'Orléans fut décidé à cinq heures du soir. Ordre fut donné aux commandants des batteries de marine d'enclouer leurs canons, « laissant à leur sagesse et à leur patriotisme le choix du moment. » Le dernier effort paraît avoir été fait sur la gauche, vers Saint-Jean, où le général Borel alla installer, de sa personne, des chasseurs à pied pour garder la batterie de position. Vers 6 heures le général en chef passa le pont d'Orléans et se retira sur la route de Vierzon où le 15ᵉ corps, moins une partie de la division Peytavin, ne tarda pas à le suivre. L'évacuation officielle eut lieu, comme on l'a vu par les dépêches, à 11 heures 1/2 du soir, après la convention signée avec l'ennemi. Mais en réalité elle paraît avoir commencé beaucoup plus tôt, car, au dire des témoins oculaires, des détachements appartenant à la division des Paillères et plus tard à la division Peytavin, ainsi que quelques troupes du 17ᵉ corps, débouchèrent sur le quai et de là franchirent le pont, pendant presque toute l'après-midi. Néanmoins, l'ordre officiel n'ayant été donné que très-tard et la marge laissée par l'ennemi étant très-étroite, il y eut beaucoup d'hommes surpris, qui n'eurent pas le temps de quitter la ville et qui tombèrent aux mains de l'ennemi. On évalue le nombre total des prisonniers à 16,000, mais ce chiffre est sans doute exagéré.

Ainsi fut consommé le plus grand malheur de la seconde période de la guerre et celui qui a décidé du sort de la France. Car à aucun moment, dans la situation si difficile qu'avait laissée l'Empire, on n'a été aussi près de réussir que le jour où l'armée de la Loire se mit en marche pour Fontainebleau. Si elle avait battu le prince Charles, il n'est pas douteux que, même sans le concours du général Ducrot, elle aurait percé les lignes prussiennes et débloqué Paris. D'autres efforts ont été faits depuis, mais aucun avec d'aussi grandes chances de succès.

On a discuté avec beaucoup d'avidité sur les causes de cette défaite, et je me crois tenu à mon tour d'en dire quelques mots.

La première question qui se présente est celle de savoir si le mouvement prescrit au général Chanzy, dès le début de l'opération, n'était pas dirigé trop à gauche et au nord. Il y a là une question de tactique sur le terrain, que je ne suis pas compétent pour trancher. Je sais seulement que, pendant la bataille même, mon impression a été que ce mouvement était trop divergent, et j'en ai fait part au général en chef par la dépêche suivante :

Guerre à général en chef d'Aurelles, Chevilly.

Tours, 3 décembre, 11 heures 5 du matin.

« Le mouvement tournant du général Chanzy s'est effectué en
» remontant beaucoup trop vers le nord-ouest et, en aucun cas,
» il ne serait à reprendre dans ces mêmes conditions, car on est
» ainsi condamné à se butter contre la base d'opération de l'en-
» nemi, qui est bien évidemment la route de Varize, Orgères,
» Janville, Toury, etc. »

Ce qui tend à prouver qu'en effet ce mouvement n'était pas très en rapport avec le but que nous poursuivions, à savoir de nous rendre à Fontainebleau, c'est qu'il fit naître chez l'ennemi la croyance que l'armée se dirigeait sur Chartres, ainsi que le prouve cet extrait de la relation prussienne précitée :

« Mais voici que, vers midi, le 1er décembre, arrive la nouvelle
» que l'ennemi (les Français) se trouvait à Patay et s'avançait
» vers Guillonville sur la route. Cette nouvelle était de la plus

» grande importance, *car elle établissait d'une manière certaine*
» *le projet de l'ennemi de percer notre droite par l'extrémité et*
» *de se rendre à* CHARTRES par la route qui y va en ligne droite
» de Cormainville. Ainsi, n'ayant pas réussi, le 28, à Beaune-la-
» Rolande, à rompre nos lignes sur la gauche (droite française),
» il avait exécuté le lendemain une retraite sur la droite (gauche
» française), réuni toutes ses troupes disponibles près de Che-
» villy pour déboucher sur le chemin de traverse de Chevilly à
» Patay, et *se rendre à Chartres par un crochet vers le nord.*
» Ainsi le combat du 30, près Maizières, n'était donc qu'une feinte
» attaque, pour tâcher de nous persuader que c'était bien là qu'il
» voulait rompre nos lignes. »

Il me semblait alors et il me semble encore aujourd'hui qu'il eût mieux valu incliner tout de suite vers la droite, de Patay à Chevilly, en faisant remplacer dans ses positions le 16e corps par le 17e destiné à demeurer à Orléans. Ce mouvement aurait sans doute échappé à l'ennemi, qui avait des notions très-confuses sur la position de notre gauche, comme en témoigne cette autre citation :

« Là avait déjà eu lieu une petite rencontre entre les troupes
» bavaroises, qui se trouvaient au sud-est (tandis que les deux
» autres divisions s'échelonnaient en forme de gradins vers
» l'ouest), et la cavalerie française qui poussait des reconnais-
» sances et des patrouilles dans tout le pays, en guise d'avant-
» garde de l'armée ennemie. *La position de cette dernière était*
» *difficile à connaître*, car elle avait dérobé sa ligne, exactement
» à l'imitation de notre manière de combattre, derrière un ri-
» deau de cavalerie et des bandes de francs-tireurs. »

La même relation ajoute que « lorsque ce résultat (la jonction
» des forces allemandes) fut obtenu le 30, et que l'armée tout
» entière eut constitué une ligne compacte depuis Orgères jus-

» qu'à Juranville, on accorda aux troupes un jour de repos, qui,
» après ces pénibles marches, était d'autant plus urgent que
» chaque jour il fallait s'attendre à une lutte acharnée. » Et plus
loin : « *Le 1ᵉʳ décembre devait être un jour de repos* et la 22ᵉ,
» la 17ᵉ division et les troupes bavaroises devaient demeurer
» dans leurs cantonnements. »

Dans cette double condition, à savoir l'ennemi connaissant mal notre situation, et, d'autre part, son intention étant de demeurer inactif le 1ᵉʳ décembre, il est vraisemblable que, si dès le 1ᵉʳ au matin les forces françaises s'étaient dérobées dans la direction de Patay à Chevilly, ce mouvement aurait échappé à l'ennemi. Ces forces auraient pu ensuite se porter sur Pithiviers par Saint-Lyé et Neuville-aux-Bois, et l'on aurait ainsi évité la disjonction vers le centre, grâce à laquelle l'ennemi a pu s'introduire vers Orléans et couper en deux notre armée. Mais, je le répète, il y a là des considérations de tactique que je ne puis apprécier et je me borne à poser la question.

Quoi qu'il en soit, le mouvement tel qu'il a eu lieu n'a pas entraîné la défaite elle-même; il n'a pu avoir pour résultat que de rendre impossible la continuation de la marche en avant. La vraie cause du désastre a été, je l'ai déjà indiqué, la manœuvre rapide par laquelle le prince Charles a porté en quelques heures toutes ses troupes de Beaune et Pithiviers sur Orléans. Il a ainsi doublé le nombre des assaillants, tandis que le commandant français n'a point fait de son côté un emploi analogue des 18ᵉ et 20ᵉ corps, jusque-là opposés aux forces du prince Charles.

L'administration de la guerre, aussitôt que les résultats

de la journée du 2 lui furent connus, vit le danger de cette inaction, et elle le signala à l'attention du général en chef :

Guerre à général en chef d'Aurelles, Chevilly.

Tours, le 3 décembre, 11 heures 5 du matin.

« ..... Il me semble qu'en tout état de cause, vous pour-
» riez faire concourir d'une manière plus efficace à vos opé-
» rations les 18ᵉ et 20ᵉ corps et même la division des Pail-
» lères. Vous avez là une force considérable qui, par des dé-
» monstrations ou même par des attaques réelles dans la direc-
» tion de Pithiviers et de Beaumont, pourrait détourner l'ennemi.
» Peut-être aussi, au même point de vue, devriez-vous rappro-
» cher le 18ᵉ et le 20ᵉ de des Paillères pour menacer plus forte-
» ment Pithiviers par le sud *et en même temps prévenir toute*
» *tentative de descente de l'ennemi sur Loury et Chilleurs-aux-*
» *Bois.* »

Quelques heures plus tard, sous l'empire de la même préoccupation, de nouvelles dépêches furent adressées :

Guerre à général Bourbaki, commandant les 18ᵉ et 20ᵉ corps, à Bellegarde. — Faire suivre.

Copie pour général d'Aurelles.

Tours, le 3 décembre, 2 heures 10 du soir.

« Si vous n'avez pas d'ordre spécial du général d'Aurelles (1), je

---

(1) Le général Bourbaki était sous les ordres directs du général d'Aurelles, dont les instructions primaient conséquemment toutes les autres.

» vous engage à vous replier avec vos troupes dans la direction
» de Loury, en occupant fortement la lisière de la forêt à la
» droite de des Paillères, et en vous tenant prêt à l'appuyer.
» Dans ce mouvement, évitez de diviser vos forces. »

Guerre à général en chef d'Aurelles, Chevilly.

Tours, le 3 décembre, 2 heures 10 du soir.

« Dans la situation que vous dépeignez par votre dépêche de
» 12 heures 30, il n'y a pas à hésiter ; il faut rentrer dans vos
» positions d'Orléans, en les utilisant pour une vigoureuse dé-
» fensive. Vous devez rappeler vers vous des Paillères et les
» 18e et 20e corps, auxquels je viens de passer directement une
» dépêche dans ce sens, dont je vous ai envoyé copie. »

*Guerre à général Bourbaki, commandant les 18e et 20e corps,
à Bellegarde. — Faire suivre.*

Copie pour général d'Aurelles.

Tours, le 3 décembre, 7 heures 20 du soir.

« Je reçois du général Chanzy la dépêche suivante :

(Dépêche déjà citée, annonçant la retraite des 16e et 17e corps
par ordre du général en chef.)

» En présence de cette dépêche et en supposant que vous
» n'ayez pas reçu du général d'Aurelles des instructions con-
» traires aux miennes, je vous invite à prendre immédiate-
» ment toutes vos dispositions pour vous replier sans perdre un
» instant sur Orléans, de manière à appuyer le 15e corps et à

» empêcher que l'armée ne soit tournée sur sa droite. La conti-
» nuation du mouvement que vous semblez poursuivre sur Pi-
» thiviers serait inopportune, à moins que, par des données que
» je ne connais pas, vous ayez la certitude d'acquérir ainsi un
» important avantage militaire de nature à dégager d'Aurelles
» de ce côté. Sans cela, la concentration la plus rapide possible
» sur Orléans me semble tout indiquée. »

Mais ces dépêches, inspirées par les nouvelles qui nous arrivaient du quartier général, étaient nécessairement en retard sur les événements et ne pouvaient dès lors suppléer à l'initiative du chef de l'armée. Aussi n'exercèrent-elles qu'une très-faible influence sur la situation, si même elles en exercèrent, car, par suite des résolutions du général d'Aurelles, les 18ᵉ et 20ᵉ corps durent interrompre leur marche concentrique au moment où ils commençaient à l'exécuter. Tout l'intérêt de ces pièces est donc dans la lumière qu'elles jettent sur l'enchaînement des opérations.

Quant à l'évacuation même d'Orléans, mon opinion personnelle est, d'après tous les renseignements que j'ai eus depuis, qu'il était bien difficile de l'éviter au moment où elle a eu lieu, c'est-à-dire dans l'après-midi du 4. Le dernier effort tenté vers le milieu du jour par le général d'Aurelles paraît avoir rencontré des obstacles insurmontables. Ainsi l'ordre, notamment, envoyé au général Chanzy de se replier sur Orléans, ne put lui parvenir. Mais il est possible que, si cette résolution n'avait pas été si tardive, si surtout elle n'avait pas été précédée d'une première résolution de sens contraire, elle eût été couronnée de succès. Quoi qu'il en soit, ce n'est pas là, à mon avis, l'explication de la défaite finale, mais il faut toujours en revenir aux dispositions prises à la suite de la journée du 2 (1).

En dehors de ces considérations, si je puis dire techniques, une circonstance a été signalée comme la cause première de l'avortement de l'expédition ; c'est le long temps écoulé depuis la victoire de Coulmiers jusqu'à la mise en marche sur Paris. Si l'armée s'était hâtée davantage, a-t-on dit, elle aurait évité la rencontre du prince Charles, tandis qu'en passant trois semaines immobile dans ses positions, elle a donné à l'ennemi tout le temps nécessaire pour se concentrer.

Ce retard a été interprété de diverses façons. Quelques personnes ont voulu en voir l'explication dans la mission pacificatrice que M. Thiers poursuivait à cette époque. On a fait remarquer que deux fois, en allant à Versailles et en revenant, le passage de l'illustre homme d'État à travers les lignes françaises avait coïncidé avec un arrêt dans l'offensive du général d'Aurelles ; que dans l'intervalle, ce dernier s'était montré fort occupé des bruits d'armistice. Ce rapprochement a pris plus de consistance par suite de l'opinion récemment émise par M. Thiers à la tribune (2), sur la convenance qu'il y aurait eue, selon lui, à ne pas prendre

---

(1) Cette défaite laisse une consolation à notre honneur militaire ; c'est qu'au lieu d'avoir combattu, comme on le croit généralement, 200,000 contre 120,000, nous avons en réalité lutté en nombre à peu près égal, puisque les 18e et 20e corps n'ont pas pris part à la bataille.

(2) « A mon avis, la faute de la guerre poursuivie à outrance a
» commencé, non pas à Paris, mais sur la Loire, lorsqu'il n'y avait
» plus d'espérance raisonnable de former au delà de ce fleuve des
» armées capables de dégager Paris. » (Séance du 21 juin 1871).

l'offensive sur la Loire. On a supposé que cette opinion, connue alors du général en chef, avait pu influer sur son attitude à Orléans.

Je ne suis pas en mesure d'éclaircir ce point d'histoire et je dois m'en tenir aux seuls faits officiels. Voici ce qu'ils nous apprennent sur la portée exacte et les conséquences du retard susmentionné.

Aussitôt après la victoire de Coulmiers, si l'on s'était mis en marche sur Paris, il n'est pas douteux qu'on y aurait eu de grands avantages, et je m'en suis déjà expliqué au chapitre précédent. Mais ce parti immédiat ayant été écarté pour les raisons que j'ai fait connaître, il n'y avait plus d'intérêt, sept à huit jours plus tard, à le reprendre, car dès le 15 novembre les troupes du prince Charles commençaient à arriver, et l'armée de la Loire, de son côté, ne s'était pas encore renforcée. On se serait donc trouvé, vers le 20 novembre, en présence de forces supérieures. Ce n'est qu'à partir du 24 que, l'armée de la Loire étant au complet, l'offensive est redevenue possible. Justement alors l'administration de la guerre a exécuté l'opération de Beaune-la-Rolande, qui devait conduire plus loin. Mais les objections soulevées par le général en chef ont détourné de donner à cette entreprise de plus grands développements, et l'administration s'est décidée, avant de passer outre, à attendre la nouvelle de la sortie de Paris. Là où le retard a été préjudiciable, c'est donc au début, immédiatement après Coulmiers, et ensuite dans les derniers jours du mois, au moment où les 18e et 20e corps opéraient sur Beaune-la-Rolande. Mais ce qui a été particulièrement malheureux et indépendant des chefs de l'armée de la Loire, c'est que la nouvelle de la sortie de Paris, par suite d'un accident de ballon, soit arrivée au dernier moment et n'ait pas laissé aux généraux un jour ou deux pour se préparer. Ce qui est malheureux encore, c'est que les jours écoulés entre la bataille de Coulmiers et la marche sur Fontainebleau n'aient pas été utilisés pour inquiéter l'ennemi et troubler sa concentration.

Sur les bords de la Marne, les événements, sans être aussi malheureux, n'eurent cependant pas le dénoûment qu'on avait espéré. L'armée de sortie, après d'énergiques efforts et de glorieuses alternatives, aboutissait finalement à un insuccès. Eu égard à la connexité qui avait été établie entre les mouvements de cette armée et ceux de l'armée de la Loire, je crois à propos de résumer brièvement les faits, d'après les documents officiels de Paris portés à la connaissance de la province.

La journée du 1er décembre, succédant aux rudes combats du 30, se passa plus tranquillement qu'on ne s'y était attendu. Tout se réduisit à un échange de feux d'artillerie. On avait du reste un devoir à remplir ; c'était de recueillir les blessés qui étaient restés sur le champ de bataille et d'ensevelir les morts. L'ennemi avait été si complétement repoussé la veille, que ces soins pieux incombèrent presque entièrement à l'armée française.

Le 2 au matin, l'ennemi fit une attaque générale, à la pointe du jour, avec des forces énormes. Un développement considérable d'artillerie, appuyé par les positions d'Avron, les forts de Nogent, de la Faisanderie, de Gravelles, les

redoutes de Saint-Maur et le fort de Charenton, empêcha l'assaillant de gagner du terrain. Sur toute la ligne, de Champigny jusqu'à Brie, il fut victorieusement repoussé. « Cette deuxième grande bataille, écrivait le soir même le
» général Trochu, est beaucoup plus décisive que la pré-
» cédente. L'ennemi nous a attaqués au réveil avec des
» réserves et des troupes fraîches ; nous ne pouvions lui
» offrir que les adversaires de l'avant-veille, fatigués, avec
» un matériel incomplet, et glacés par des nuits d'hiver
» qu'ils ont passées sans couvertures ; car, pour nous
» alléger, nous avions dû les laisser à Paris. Mais l'éton-
» nante ardeur des troupes a suppléé à tout ; nous avons
» combattu trois heures pour conserver nos positions et
» cinq heures pour enlever celles de l'ennemi, où nous
» couchons. Voilà le bilan de cette dure et belle journée. »
La garde nationale contribua à la bataille, pour 33 bataillons qui furent conduits sur les lieux par le général Clément Thomas (1). De leur côté, les troupes du sud, sous les ordres du général Vinoy, exécutèrent une vigoureuse diversion. Les Prussiens firent dans cette journée des pertes considérables ; dès midi, de nombreux convois de blessés quittaient le champ de bataille et l'on assure que des régiments entiers furent écrasés.

L'armée française avait été fort éprouvée. En outre, la température s'était tellement abaissée et les fatigues accumulées de cette série de combats étaient telles, qu'il ne parut pas prudent de la laisser exposée à une nouvelle at-

(1) Le même qui a péri si malheureusement dans l'insurrection du 18 mars 1871.

taque que l'ennemi pouvait opérer avec des troupes fraîches. En conséquence, dans la journée du 3, le général Ducrot, profitant de l'accablement momentané où le combat de la veille avait jeté l'ennemi, donna l'ordre de repasser la Marne pour venir bivouaquer dans le bois de Vincennes. « Soldats, leur dit-il, après deux jours de glorieux com-
» bats, je vous ai fait repasser la Marne, parce que j'étais
» convaincu que de nouveaux efforts, dans une direction où
» l'ennemi avait eu le temps de concentrer toutes ses
» forces et de préparer tous ses moyens d'action, seraient
» stériles. En nous obstinant dans cette voie, je sacrifiais
» inutilement des milliers de braves et, loin de servir
» l'œuvre de la délivrance, je la compromettais sérieuse-
» ment, je pouvais même vous conduire à un désastre irré-
» parable. Mais, vous l'avez compris, la lutte n'est suspen-
» due que pour un instant... » Toutefois les prévisions du général furent trompées et l'action ne put pas être reprise.

Cet insuccès, quelque regrettable qu'il parût en lui-même, nous causa, à Tours, une sorte de soulagement. Notre plus grande crainte était en effet que le général Ducrot, fidèle au rendez-vous, ne parvînt à Fontainebleau. Il y serait arrivé avec une armée victorieuse, mais décimée par les combats, le froid et les fatigues, à la veille de manquer de vivres et peut-être de munitions. Au lieu d'y trouver un allié prêt à le soutenir, il n'y aurait rencontré que les cent mille hommes du prince Charles qui, s'unissant aux forces qui le poursuivaient déjà, en seraient facilement venus à bout. Par son échec sous les murs de Paris, le général Ducrot échappa donc à un désastre inévitable.

CHAPITRE VII

RETRAITE SUR LE MANS — ENGAGEMENTS DIVERS

Constitution de l'armée de la Loire en première et deuxième armée — Combats de Beaugency et de Josnes — Translation du gouvernement de Tours à Bordeaux — Bombardement de Blois — Combats de Vendôme — Arrivée de la deuxième armée au Mans — Combats de Villers-Bretonneux et Saleux, dans le Nord — Entrée de l'ennemi à Amiens et Rouen — Combats d'Autun et de Nuits. — Engagements dans le Nivernais.

Les premiers jours qui suivirent l'évacuation d'Orléans furent des plus pénibles pour l'armée et des plus laborieux pour l'administration.

Il fallut tout d'abord réorganiser le commandement. Il n'était plus possible en effet de laisser dans les mêmes mains trois tronçons d'armée, actuellement séparés par un obstacle presque infranchissable, la Loire, et dont la conduite paraissait d'ailleurs excéder les forces d'un seul chef. En conséquence le commandement général fut supprimé et trois commandements distincts furent institués, savoir :

Les 16ᵉ et 17ᵉ corps, sous les ordres du général Chanzy;

Les 18ᵉ et 20ᵉ, sous les ordres du général Bourbaki ;

Le 15ᵉ sous les ordres du général des Paillères (1).

Les chefs immédiats des quatre premiers corps étaient les généraux Jauréguiberry, de Colomb, Billot et Crouzat.

Ces trois groupes battaient en retraite respectivement, je l'ai dit, sur Blois, Vierzon et Gien. Aussitôt que le général Bourbaki eut passé la Loire pour entrer en Sologne, les deux derniers groupes furent réunis sous son autorité. D'un autre côté le 21ᵉ corps, à Marchenoir, commandé par le général Jaurès, fut adjoint aux forces du général Chanzy, en sorte qu'à partir de ce moment, il n'y eut plus que deux groupes :

La *première armée*, formée des 15ᵉ, 18ᵉ et 20ᵉ corps, sous la direction du général Bourbaki ;

La *deuxième armée*, composée des 16ᵉ, 17ᵉ et 21ᵉ corps, commandée par le général Chanzy.

Quand les fuyards eurent rejoint et que les vides eurent été comblés, ces deux armées comptèrent l'une cent et l'autre cent vingt mille hommes.

La retraite des trois corps devant composer la première armée ne fut pas sérieusement inquiétée. Toute l'attention du prince Charles s'était concentrée sur les troupes du général Chanzy, qu'il supposait représenter la plus grande partie de l'armée de la Loire; en sorte qu'il ne dirigea sur la droite et au centre que des forces peu importantes, destinées beaucoup plutôt à dégager les environs d'Orléans

---

(1) Dans cette combinaison, le général d'Aurelles n'ayant pas de place, fut appelé au commandement du camp stratégique de Cherbourg ; mais il refusa ce poste et demanda à être mis en disponibilité pour raison de santé.

qu'à livrer de vrais combats. Il y eut toutefois à Gien, le 7 décembre, un engagement de quelque importance. Une colonne de quelques milliers d'hommes serrait de trop près l'arrière-garde du 18e corps. Le général Billot, qui dans toute cette retraite fit très-bonne contenance, repoussa vivement l'ennemi après une lutte de quelques heures où les zouaves du colonel Ritter et l'artillerie de la garde mobile de l'Isère se firent remarquer. Les 18e et 20e corps achevèrent de passer la Loire en bon ordre et descendirent du côté de Bourges.

Un instant le ministre avait conçu la pensée de reprendre une vigoureuse offensive sur Montargis et Fontainebleau au moyen des 15e et 18e corps, le 20e moins nombreux devant être employé à couvrir Vierzon et Bourges. Ce projet, s'il avait pu se réaliser, aurait contrarié les plans de l'ennemi qui s'adonnait alors à une poursuite acharnée de l'armée du général Chanzy. Une telle menace sur la droite d'Orléans aurait probablement retenu ses troupes, en même temps qu'elle aurait été pour la France et l'Europe, après notre rude défaite, un signe opportun de vitalité. D'autre part, on s'acquittait ainsi, dans la mesure du possible, de l'engagement pris de se rendre à Fontainebleau, engagement auquel on ignorait encore que le général Ducrot serait obligé de manquer. Mais l'état du 15e corps ne permit pas cette tentative. La désorganisation des troupes dépassa, dans les premiers jours, ce qu'on peut imaginer. Les fuyards couvraient les routes à une grande distance et on cite des détachements qui allèrent jusqu'à Limoges. Le général des Paillères offrit sa démission le 8 décembre. Elle ne fut pas acceptée, par suite de l'impossibilité où l'on était de le remplacer au milieu des

périls de la retraite. « Général, lui répondit le ministre, je
» ne peux à la dernière heure accepter votre démission ;
» dans quelques jours nous aviserons. Vous êtes devant
» l'ennemi et je compte que vous resterez à votre poste ».

Le temps, qui était devenu très-rude, rendait d'ailleurs un repos nécessaire pour tout le monde. On renonça donc à toute offensive immédiate et il fut décidé que les trois corps se concentreraient autour de Bourges, pour se compléter et se refaire. Ils s'y rendirent en effet, et là le général des Paillères put être remplacé par le général Martineau des Chesnez, qui venait de se signaler à Artenay et Cercottes. Tels furent les éléments qui, un peu plus tard, devaient constituer l'armée de l'Est.

La retraite du général Chanzy mérite une mention plus étendue, car elle fut féconde en incidents remarquables.

Dès le 5 décembre, aussitôt que l'évacuation d'Orléans fut consommée, le général reçut pour instructions de se porter sur Marchenoir et d'y donner la main au 21ᵉ corps qui arrivait dans la forêt. « A partir de maintenant, disait
» la dépêche, vous ne relevez plus que du ministre de la
» guerre. Vous prenez le commandement en chef des 16ᵉ et
» 17ᵉ corps, que vous avez déjà, et des forces de Jaurès formant le 21ᵉ. Vous prendrez de bonnes positions entre
» Vendôme, la forêt de Marchenoir et la Loire, sur ce terrain que vous connaissez déjà. » En même temps, le général Camo, à la tête de la première division du 19ᵉ corps, qu'on avait reformée depuis les événements du Mans, fut envoyé à Beaugency. Il avait ordre d'y garder vigoureusement

les positions jusqu'à l'arrivée du général Chanzy, sous le commandement duquel il devait se placer. D'autre part, des instructions furent données tant à Beaugency qu'à Blois, pour arrêter tous les fuyards et faire faire halte au 17e corps, qui n'avait pas encore été rejoint par le 16e.

Les journées du 5 et du 6 furent ainsi employées à rapprocher les diverses parties de la future deuxième armée. L'ennemi, qui avait été lui-même fort éprouvé par les combats soutenus devant Orléans, n'apporta pas une très-grande chaleur à cette première partie de la poursuite. Le général Chanzy put rallier son monde et le grouper convenablement dans les positions indiquées, son quartier général à Josnes, sa gauche reliée à la forêt de Marchenoir, et sa droite appuyée sur la Loire, à Meung.

Le 7, un vigoureux effort fut tenté par 3 divisions bavaroises et une division prussienne, soit une cinquantaine de mille hommes sans compter la cavalerie. Derrière ces troupes une forte réserve se préparait à les soutenir et à les remplacer au besoin, selon la tactique prussienne, qui fait intervenir, comme on sait, des troupes fraîches au moment décisif. Au début, une seule division ennemie, abritée par Meung, se trouva engagée et deux régiments Mecklembourgeois en sortirent abîmés. Mais bientôt, les Bavarois ayant rejoint, l'action se généralisa et porta sur un front très-étendu, depuis Meung jusqu'à Saint-Laurent-des-Bois. L'engagement fut surtout vif dans la direction de Beaugency, où l'ennemi fit de grands efforts pour déborder la droite et tourner l'armée. D'après les prisonniers, 86 pièces faisaient feu, soutenues par une nombreuse réserve d'artilleric. La bataille se prolongea jusqu'à la nuit close, avec beaucoup d'acharnement de part et d'autre. L'ennemi fut repoussé sur toute la ligne et l'armée garda ses positions, sauf sur la droite où elle se retira environ 2 kilomètres en arrière. Il paraît que le duc de Mecklembourg commandait l'attaque. Il dut être d'autant plus surpris de cette résistance, qu'il ignorait l'appui de la division Camo et surtout du 21e corps, dont la concentration à Marchenoir a sauvé l'armée. Toutefois, ce premier jour, le 21e corps, par suite de l'éloignement où il se trouvait, ne put prendre qu'une part secondaire dans le combat. La lutte fut soutenue presque exclusivement par les 16e et 17e, c'est-à-dire deux corps très-éprouvés dans les journées précédentes et dont l'un, le 17e, venait de perdre son chef. Le général Chanzy, en annonçant cet heureux engagement, ajoutait avec une confiance de bon augure : « Il se peut que nous soyons attaqués demain ; je » compte que nous nous en tirerons comme aujourd'hui ».

Effectivement l'attaque recommença le lendemain. L'offensive fut prise en même temps des deux côtés. Les deux armées occupaient chacune une petite élévation et s'étendaient sur des lignes à peu près parallèles, sauf à une extrémité où elles se rapprochaient. Les batteries françaises, se trouvant à une bonne distance de l'artillerie allemande (dont la portée était plus grande), lui tinrent tête complétement. Le duc de Mecklembourg qui commandait, ne put rien obtenir, ni sur le centre ni sur les ailes. Toutes ses tentatives échouèrent contre « un ennemi qu'on avait cru » démoralisé et dispersé et qui se battait mieux qu'il ne » l'avait jamais fait. » Telles furent les impressions ressen-

ties dans le camp allemand. Aussi, le soir, le général Chanzy put-il envoyer cette laconique et virile dépêche : « Atta-
» qués de nouveau sur tout notre front par l'armée du prince
» Charles, nous avons tenu toute la journée. Tous les corps
» ont été engagés, depuis Saint-Laurent-des-Bois jusqu'à
» Beaugency. Nous couchons sur les positions de cette
» nuit. »

Cette résistance opiniâtre, qui devait se continuer plusieurs jours encore et qui a été la gloire du général Chanzy, montre ce que les troupes réunies autour d'Orléans auraient pu faire. Ici, en effet, elles combattaient contre le même ennemi, et contre un ennemi presque en même nombre. Au lieu d'être 200,000 hommes, elles n'étaient guère plus de la moitié, et encore provenant en partie d'une armée dispersée, éprouvée par la retraite et, ce qui est pire, par le malheur. Enfin elles défendaient des positions où la nécessité venait de les pousser, et non un terrain choisi d'avance, longuement étudié et protégé par des batteries formidables. Malgré toutes ces nouvelles conditions défavorables, ces troupes ont opposé une résistance invincible. C'est donc bien à tort que des écrivains mal informés ont attribué à leur mauvaise qualité le désastre que nous avons subi sur la Loire.

On ne pouvait raisonnablement supposer que l'armée prussienne s'en tiendrait aux deux attaques qui venaient d'échouer. Jamais dans cette guerre le prince Charles n'a agi ainsi. Presque toujours il a combattu trois jours de suite, quelquefois quatre, réservant son effort suprême pour le dernier. C'est avec cette persistance qu'il a lassé nos jeunes armées, peu capables de supporter plus de deux journées de lutte sans repos. Tout annonçait donc que la journée du 9 décembre amènerait contre le général Chanzy une attaque plus violente encore que les précédentes.

Il fallut se prémunir contre une mauvaise issue possible de ces nouveaux combats, car, malgré la ténacité du général Chanzy, on ne pouvait se flatter que des troupes aussi éprouvées résisteraient indéfiniment. Or, l'armée vaincue, toute la vallée de la Loire était livrée et Tours était ouvert. Il fut donc décidé que Tours serait évacué par les services publics et qu'on les transférerait à Bordeaux. Cette résolution, dont on redoutait beaucoup l'effet moral sur les populations, était dictée par la plus vulgaire prudence et aurait dû rassurer, car elle montrait nettement que les nécessités stratégiques ne seraient point sacrifiées à un vain amour-propre ni à des convenances administratives. Or il y avait un grand intérêt à ce que l'armée manœuvrant à Josnes eût toute sa liberté d'action et fût exonérée du souci de couvrir le siège du gouvernement. D'autre part il fallait éviter aux services le désordre et les embarras qui seraient résultés d'une évacuation précipitée, si l'on avait attendu pour s'y résoudre d'être au dernier moment et sous la pression de l'ennemi.

Le jour où la translation des services à Bordeaux s'accomplit, M. Gambetta se rendit au quartier général afin d'encourager les vaillants efforts de l'armée. Il arriva à Josnes le 9 et trouva le général Chanzy soutenant encore un nouveau choc, et le soutenant victorieusement. Le mi-

nistre en transmit le soir même la bonne nouvelle en ces termes : « J'ai trouvé tout ici parfaitement maintenu, grâce
» à la fermeté de main et à l'énergie indomptable du géné-
» ral Chanzy. Non-seulement il garde ses positions depuis
» trois jours, mais il refoule les masses du prince Frédéric-
» Charles et leur cause les pertes les plus cruelles. Il se
» bat depuis le 28 novembre.

» On peut apprécier ainsi la véracité des assertions de
» M. de Moltke, disant que l'armée de la Loire est anéantie
» quand la moitié de cette armée, seule engagée jusqu'à ce
» moment, suffit pour tenir en échec les plus vieilles troupes
» du prince Frédéric-Charles. »

Toutefois, dans la nuit qui précéda cette bataille, il y eut une surprise de l'ennemi, qui nous coûta quelques positions. Deux régiments hanséatiques s'étaient avancés inopinément sur le village de Vernon, position extrême de l'armée, et s'en étaient emparés presque sans coup férir, en faisant 300 prisonniers. Une opération analogue avait été faite par les Bavarois sur le village de Mée, à droite, et avec le même succès. Enfin une force considérable s'était emparée de Beaugency ; mais là, les troupes, quoique surprises, firent payer cher à l'ennemi sa victoire. Ces incidents avaient obligé l'armée à reporter sa ligne quelque peu en arrière, ce qu'elle fit dès le matin avec beaucoup d'ordre, et sans être le moins du monde démoralisée ni affaiblie pour la lutte qui allait s'ouvrir.

La bataille se livra le 10, dans les mêmes positions. Elle dura de 8 heures du matin à 5 heures et demie du soir et se termina à notre avantage, malgré les renforts reçus par l'ennemi auquel le 10ᵉ corps était arrivé pendant la nuit. Le village d'Origny, perdu la veille, fut repris; nous fîmes 400 prisonniers qui confirmèrent le chiffre élevé des pertes allemandes. Notre artillerie, qui avait été récemment renforcée, fut très-brillante. Les mitrailleuses surtout, qui jusque-là avaient manqué, eurent un rôle des plus efficaces. Encore une fois le général Chanzy put coucher dans ses positions.

Ces succès répétés causèrent une stupéfaction profonde à l'ennemi. Il crut avoir à faire à l'armée de la Loire tout entière. « Le fait est, dit avec mauvaise humeur le corres-
» pondant anglais qui suivait le quartier prussien et s'i-
» dentifiait à sa cause, le fait est qu'ils (les Français) nous
» sont supérieurs en nombre, deux contre un au moins,
» peut-être davantage, et qu'ils reçoivent continuellement
» des renforts. Ils ont en outre un choix de positions et un
» général qui semble ne pas ignorer quand il en possède
» une bonne et qui sait la tenir. Les combats des quatre
» derniers jours ont probablement encouragé les Français,
» car ils ont été si longtemps étrangers à la victoire qu'ils
» doivent reprendre espérance quand ils ne sont pas battus.
» Ils ont maintenant combattu pendant huit jours sur dix,
» et des troupes de nouvelle formation qui peuvent accom-
» plir cela contre des vétérans et ne pas être défaites le
» dixième jour, ont tout droit d'espérer que la chance tourne
» en leur faveur. Les Allemands, de leur côté, commencent
» à être stupéfaits de cette persistance extraordinaire. Ils
» ont été si longtemps accoutumés à des succès étonnants,
» que c'est une expérience nouvelle pour eux d'être tenus

» en échec quatre jours consécutifs par cette armée de la
» Loire si méprisée, et d'être obligés d'appeler des ren-
» forts. »

Néanmoins la situation commençait à devenir critique pour le général Chanzy. Le prince Charles avait reçu par Chartres et Châteaudun de nouveaux renforts. Il se grossissait également des forces précédemment envoyées dans les directions de Gien et de Salbris, et, ne laissant plus dans Orléans qu'une faible garnison, il voulut tourner l'ennemi qu'il ne pouvait vaincre. Il essaya donc d'une de ces surprises qui lui étaient familières et qui faillit réussir. Il achemina le long de la Loire, mais sur la rive gauche, un corps de 20,000 hommes, qui descendit par Saint-Hilaire, Cléry, Saint-Laurent-des-Eaux. Ce corps avait pour mission de s'emparer du pont de Blois, de traverser le fleuve et de tourner la forêt de Marchenoir. Le 9, l'avant-garde pénétra inopinément dans le parc de Chambord, qui commande la route, et que l'administration de la guerre avait fait garder en prévision de ce mouvement. Cette surprise, très-grave par les conséquences qu'elle aurait pu avoir, mais qu'elle n'eut qu'en partie, n'a jamais été bien expliquée. Le corps de francs-tireurs et le général Morandy, qui se trouvaient là, se sont mutuellement rejeté la responsabilité. Ce qui paraît certain, c'est que les entrées du parc qui devaient être gardées ne le furent pas, et que le général Morandy, apprenant au dernier moment la présence de l'ennemi, se retira précipitamment sur Amboise, en abandonnant toute une batterie d'artillerie remisée dans la cour du château. Les événements se sont pressés tellement qu'on n'a pas eu le temps d'éclaircir ce fait regrettable, qui méritait l'application des lois martiales à ses auteurs.

Le 10, l'ennemi, maître du parc, se présenta à la tête du pont de Blois et menaça la ville d'un bombardement si l'on ne réparait pas immédiatement l'arche qu'on venait de faire sauter pour interdire le passage du fleuve. La ville n'était gardée que par des forces insignifiantes. Les autorités locales hésitaient à obéir, lorsque le ministre, qui heureusement survint, opposa le refus le plus énergique. Quelque pénible qu'il pût être d'attirer les horreurs de la guerre sur une ville ouverte, on ne saurait qu'applaudir à cette mâle résolution. Il y allait du salut de l'armée de Chanzy qui aurait été infailliblement tournée si l'ennemi avait pu traverser la Loire. Or cette armée importait plus à la France que la destruction même de la ville de Blois. L'ennemi, après beaucoup de menaces, jeta quelques obus, qui firent d'ailleurs peu de mal et, plutôt que de continuer un bombardement inutile, préféra se retirer sur Amboise, où il espérait être plus heureux. Mais le passage lui fut également refusé, et pour trouver un pont praticable il fit mine un instant de venir jusqu'à Tours.

Le général Chanzy, voyant ainsi le danger augmenter autour de lui, essaya d'obtenir l'appui de l'armée du général Bourbaki, qu'il supposait être dans des conditions égales à la sienne. Dans ce but, il lui passa dépêches sur dépêches :
« Nous nous battons depuis douze jours, lui écrivait-il
» le 11, et nous tenons ici depuis six contre le gros des forces
» ennemies. Les Prussiens menacent Blois, Tours et cher-
» chent à tomber sur le flanc de mon armée. Une marche

» de vous sur Blois peut me dégager de cette situation cri-
» tique. Je vous demande instamment de la faire ; prévenez-
» moi, je serai ce soir à Talcy. » Deux heures plus tard, il
revenait à la charge : « Le mouvement qu'il est possible et
» indispensable de faire pour rétablir coûte que coûte notre
» situation, est le suivant : marcher de Bourges sur Vierzon,
» pousser le gros de la 1re armée par Romorantin sur Blois,
» prendre position entre la Loire et le Cher, intercepter la
» communication de l'ennemi entre Orléans et son armée
» engagée sur Tours, de façon à couper cette armée de cette
» base d'opérations. Si ce mouvement se fait, je me charge
» de tenir sur la rive droite de la Loire. Me faire connaître
» la décision qu'on aura définitivement prise. »

Quelques personnes étrangères à la conduite des opérations, frappées de l'abandon apparent dans lequel le général Chanzy a été laissé, ont supposé que l'administration de la guerre n'avait pas eu conscience de l'opportunité d'une diversion à faire exécuter par la première armée. Si l'administration avait été en effet aveuglée à ce point, les dépêches qu'on vient de lire et dont elle recevait copie lui auraient certainement ouvert les yeux. Mais elle ne les avait pas attendues pour peser sur le général Bourbaki, en vue précisément d'obtenir de lui la diversion nécessaire à la deuxième armée. Dès la veille et de son propre mouvement elle lui écrivait : « ..... Laissez à Bourges la partie de vos forces
» qui est incapable de marcher, et avec toute la partie valide
» mettez-vous immédiatement en marche sur Blois, de ma-
» nière à couper court à tout mouvement des Prussiens sur
» la rive gauche et à jeter dans le fleuve la colonne qui s'y

» trouve déjà engagée. Avertissez Chanzy de vos mouvements
» pour que lui-même au besoin se repliant sur Blois, s'il le
» juge opportun, puisse vous donner la main sur ce point.
» Mais il n'y a pas un instant à perdre pour agir, si vous
» devez le faire. »

Il est à peine besoin d'ajouter que les instances se renouvelèrent le lendemain en présence des appels pressants du général Chanzy. Mais l'état de la première armée était, à ce qu'il paraît, plus défectueux encore que nous ne le supposions. Le 15ᵉ corps, on l'a vu, avait été fort désorganisé par la retraite. Déjà en désordre au départ d'Orléans, une partie de sa 3ᵉ division rejetée sur le général Chanzy, il avait fait en Sologne une marche précipitée, avec un froid très-dur, qui l'avait achevé. Arrivé à Vierzon, ce corps, naguère si beau, tombait en quelque sorte en lambeaux. Quant aux 18ᵉ et 20ᵉ corps, ils avaient beaucoup mieux résisté, le 18ᵉ surtout, qui fit preuve tout le temps d'une solidité remarquable. Néanmoins le froid et la neige n'étaient pas sans les avoir éprouvés aussi, et le 20ᵉ corps, composé de troupes moins cohérentes, avait été un moment, autour d'Argent et d'Aubigny, sérieusement affecté. Des difficultés matérielles dans le transport des vivres s'y étaient ajoutées, en sorte que ces troupes avaient besoin de se refaire. Quelle que fût, au surplus, l'étendue réelle du mal, la réponse du général Bourbaki ne laissa place à aucune hésitation. Après avoir objecté, à plusieurs reprises, le triste état de son armée, il termina une dépêche du 12 par ces paroles péremptoires :
« Si vous voulez sauver l'armée (celle qu'il commandait), il
» faut la mettre en retraite. Si vous lui imposez une offen-

» sive qu'elle est incapable de soutenir dans les conditions
» actuelles, vous vous exposez à la perdre. Dans le cas où
» votre intention serait de prendre ce dernier parti, je suis
» si profondément convaincu des conséquences pouvant en
» résulter, que je vous prierais de confier cette tâche à un
» autre. »

Avec une pareille conviction, on doit savoir gré au général Bourbaki d'avoir, quelques jours après, consenti à essayer une démonstration, même restreinte, dans la direction de Blois. Il s'avança effectivement de Bourges à Vierzon d'abord et ensuite un peu au delà sur Romorantin. Ce mouvement, réclamé par nous depuis si longtemps, était tellement approprié, que l'ennemi arrêta aussitôt sa marche sur Tours par la rive gauche et rebroussa chemin dans le but de traverser la Loire en amont, à Meung vraisemblablement. Du même coup la poursuite fut ralentie sur la rive droite et il devint probable que l'ennemi, déjoué dans sa tentative de tourner l'armée par le sud, se décidait à changer de tactique. En tout état de cause, le général Chanzy ne jugea pas prudent de séjourner davantage dans une position aussi menacée et il résolut de porter son quartier général à Vendôme.

La position de Vendôme est favorable à la défense. Elle est bordée à l'est et au midi par le Loir, au nord par la Yère et se trouve par conséquent, dans une certaine mesure, à l'abri d'un mouvement tournant. Bien que la Yère ne soit pas un grand obstacle, elle donne cependant quelques garanties contre l'invasion rapide d'une nombreuse armée. Mais c'est surtout la configuration du pays, autour de Vendôme, qui est avantageuse. De fréquents accidents de terrain, des bois, des routes parfois assez couvertes permettent de dresser des embuscades et d'établir des batteries de position. Le général Chanzy arriva le 11 au soir, en bon ordre. Le temps, qui était très-rude, retardait la marche de l'ennemi. L'armée fut donc en sécurité relative derrière le Loir.

Un correspondant anglais, attaché au camp français, a publié sur ces mêmes journées des impressions qui ne sont pas inutiles à connaître. Bien que le récit revête la forme intime beaucoup plutôt qu'historique, il renferme cependant des détails fort instructifs. On verra notamment qu'il faut considérablement rabattre des soins que les Allemands donnent aux blessés, au moins à ceux de l'ennemi laissés entre leurs mains. Or ici, les Français étant forcés de battre en retraite, le soin de leurs blessés incombait aux Allemands.

« Vers midi (le 8), la bataille devint excessivement violente,
» les décharges des mitrailleuses et de la mousqueterie étant in-
» cessantes. Un grand nombre de blessés commencèrent à arriver
» à Beaugency, et le théâtre, l'école, le couvent des Ursulines,
» outre beaucoup de maisons particulières, furent convertis en
» hôpitaux. Du sommet des maisons de la place du Marché, on
» pouvait bien voir la bataille, quoique le temps fût brumeux.
» Les mobiles, qui formaient la droite de la ligne française, dé-
» fendaient vaillamment chaque pouce de terrain. A peu près à
» une heure, les batteries d'artillerie sur la rive gauche de la
» Loire commencèrent à bombarder violemment la ville de
» Beaugency. Il ne s'y trouvait aucun soldat non blessé, et pas
» un coup de fusil n'en avait été tiré. Les batteries (ennemies)

» étaient placées de telle sorte qu'elles pouvaient lancer des
» obus sur la ville de trois directions différentes. La tour et les
» anciennes ruines du château de Dunois constituaient d'excel-
» lents points de mire et furent souvent atteintes. Un nombre
» immense d'obus tombèrent dans le couvent adjacent des Ursu-
» lines. Le drapeau à croix rouge flottait sur l'édifice et sur les
» autres hôpitaux, mais aucune partie de la ville ne fut épar-
» gnée. Un obus éclata dans une chambre du collége qui était
» remplie de blessés. Il emporta les deux jambes d'un monsieur
» français, le rédacteur d'un journal religieux, qui s'était fait
» infirmier volontaire depuis le commencement de la guerre, et
» qui était alors occupé à panser les blessures d'un soldat
» allemand qu'il avait protégé et apporté.....

» Le matin du 9, la bataille recommença, croissant en furie
» pendant la journée. Les mêmes villages que le jour précédent
» devinrent le théâtre d'engagements acharnés. Autour de Vil-
» larceau, les cadavres de Bavarois et de Français couvraient le
» terrain. Pendant la journée, Beaugency fut parcouru par des
» patrouilles prussiennes, et toutes les maisons du faubourg,
» ainsi que les boutiques des marchands de tabac et des confi-
» seurs, furent pillées. Les coups de crosse contre les portes et
» les volets alarmaient les habitants autant que les coups de
» fusil. Les troupes brandebourgeoises semblaient le faire par
» système et enfonçaient tranquillement, en présence de leurs
» officiers, les portes des maisons de la place du Marché. Une
» barricade fut établie près de la station du chemin de fer, et,
» comme on y avait une bonne vue de la bataille, j'y descendis
» et fis la connaissance de l'officier (allemand) qui la comman-
» dait. Il me dit qu'il avait perdu en sept jours 90 des 160 hommes
» de sa compagnie, et que dans son opinion l'armée de la Loire
» s'était mieux battue qu'aucune des armées qu'il avait encore
» vues, mieux même que l'armée de Bazaine devant Metz.....

» A ce moment (après-midi du 10), la cavalerie de réserve
» (prussienne) avait mis pied à terre près de là, s'occupant à

» cuire son repas. Ils paraissaient gais et bien nourris. La pre-
» mière maison de l'endroit était une « pension de jeunes filles. »
» Je ne pense pas qu'aucune des horreurs de la guerre dépeintes
» par la plume trop fidèle d'Erckmann-Chatrian ait égalé celles
» que contenait cette maison. Toutes les chambres, et il y en
» avait un grand nombre, étaient combles, de la cave au grenier,
» d'hommes morts ou mourant d'inanition, et ils étaient telle-
» ment entassés qu'il était impossible de se mouvoir au milieu
» d'eux. Quelques-uns étaient là depuis le mardi soir, beaucoup
» depuis le mercredi : c'était maintenant samedi, et pas une
» goutte d'eau, pas un atome de nourriture n'avait encore passé
» par leurs lèvres. Beaucoup étaient mortellement blessés, mais
» encore vivants. Il y avait un grand nombre d'officiers parmi
» eux, l'un d'eux tendrement soigné par un sergent de son régi-
» ment dont la jambe était brisée, et qui l'avait couvert de son
» propre habit. Les fenêtres de la maison avaient été rompues,
» on n'y trouvait aucun ameublement, et pendant ces jours et
» ces nuits d'un froid presque sibérien, ils avaient été couchés
» sur le parquet avec leurs blessures non pansées. La puanteur
» était effrayante. Dans toutes les maisons du village, même
» spectacle. Dans quelques chambres, il y avait douze ou qua-
» torze hommes, dont plusieurs morts. Ce qui était pire encore,
» un pauvre garçon était couché seul dans une chambre, la
» cuisse traversée par une balle. Le froid et la faim avaient fait
» de lui l'être le plus digne de pitié que j'aie jamais rencontré.
» Son exclamation : *Quel bonheur!* quand il s'aperçut que des
» figures humaines étaient près de lui, ne sera jamais oubliée de
» ceux qui l'ont entendue. Cette nuit-là un bon médecin uhlan
» offrit de panser quelques-unes des blessures les plus graves,
» afin que l'on pût transporter les malades, mais il n'avait d'autre
» instrument qu'une paire de ciseaux et quelques épingles. Heu-
» reusement que l'ambulance anglaise arriva, et la plupart des
» blessés purent être transportés pendant la nuit et le matin sui-
» vant au couvent des Ursulines à Beaugency. Beaucoup, hélas!

» étaient trop près de la mort pour supporter le trajet, et un
» excellent abbé français, lui-même mourant de consomption,
» passa la nuit avec eux à prier et à accomplir, avec l'assistance
» d'un soldat anglais protestant, les derniers sacrements de
» l'Église. Beaucoup d'Allemands avec la croix rouge passèrent
» pendant la nuit, mais ils refusèrent de donner le moindre se-
» cours, étant trop occupés à emmener le bétail, les ânes et les
» chiens qu'ils avaient pillés dans les fermes voisines.

» Le dimanche 11 décembre, le général français voyant son
» flanc droit et ses derrières menacés par l'armée ennemie qui
» avait continué à avancer sans coup férir sur Blois par la rive
» gauche de la Loire, replia en arrière son aile droite et se re-
» tira dans un ordre parfait vers la forêt de Marchenoir. Une
» canonnade bien nourrie couvrit ce mouvement. Dans ces ba-
» tailles, les pertes avaient été énormes des deux côtés ; tous les
» villages et toutes les fermes à des milles à la ronde étaient
» des hôpitaux, c'est-à-dire des hôpitaux sans nourriture, sans
» médicaments et sans médecins. Le système des Prussiens,
» qui est admirable pour l'enlèvement de leurs propres blessés
» du champ de bataille, fait banqueroute complète dès qu'il s'a-
» git des blessés de l'ennemi tombés entre leurs mains. Ils
» n'essayent pas de s'en occuper. On les laisse emporter par des
» chars de la contrée, *s'il y en a* ; leurs blessures doivent
» être pansées par des chirurgiens français, *s'il y en a ;* et ils
» doivent être nourris par la commune dans laquelle ils se trou-
» vent, *s'il y reste de la nourriture.* Or, comme toute la farine,
» tous les chevaux et tous les chariots sont réquisitionnés pour
» l'armée allemande, il est généralement impossible de faire
» quoi que ce soit pour ces malheureux. Je vois que même à La-
» gny, une station de chemin de fer près de Paris, par laquelle
» parviennent journellement des centaines de tonnes de saucis-
» ses et de biscuits, rien n'a été fait pour nourrir les prisonniers
» français, qui ont dû à l'ambulance anglaise les aliments qui
» les ont empêchés de mourir de faim. Assurément les dona-

» teurs de cette noble œuvre n'ont jamais eu l'intention de sou-
» lager aucun des belligérants de la dépense qui leur est imposée
» pour l'entretien des prisonniers tombés entre leurs mains. »

Le mouvement du général Chanzy sur Vendôme avait été fait avec une telle prestesse que les Allemands, paraît-il, s'attendaient à une nouvelle bataille le 12, lorsque le jour naissant leur montra la place vide. Ils ignorèrent tout d'abord dans quelle direction l'armée s'était retirée, et ce qui le prouve, ce sont les nombreuses questions qu'ils adressèrent à tous les gens du pays et l'hésitation qu'ils montrèrent à reprendre la poursuite. Ils s'y décidèrent cependant, mais avec mollesse et inquiets d'un brouillard intense qui leur masquait le pays. Ils rejoignirent enfin le général Chanzy qui était en position près de Freteval. Le 14 un combat s'engagea, sans amener de résultats, les deux armées hésitant à abandonner leurs positions, qui étaient très-fortes de part et d'autre. Le lendemain, il y eut encore un engagement, mais moins vif, l'ennemi attendant l'arrivée de ses derniers renforts pour livrer une bataille décisive.

En effet le prince Charles préparait un effort suprême pour anéantir cette indestructible armée. Il avait appelé à lui tous les détachements qui occupaient le pays jusqu'au delà de Dreux. « Une personne qui vient de traverser les lignes
» prussiennes en venant de Dreux à Caen, nous disait une
» dépêche du préfet du Cavaldos en date du 15, m'in-
» forme que vendredi et samedi dernier (9 et 10 décembre),
» Dreux et les environs ont été traversés, surtout la
» nuit, par de nombreuses troupes prussiennes qui se
» dirigeaient à marches forcées vers celles qui combattent

» notre armée de la Loire. Les Prussiens, qui n'ont pas
» cessé d'occuper Dreux, déclarent que tous leurs efforts
» se portent en ce moment contre notre armée de la Loire,
» parce qu'ils comptent que, cette armée une fois écrasée,
» la paix sera fatalement conclue. On m'assure également
» que l'espace entre Dreux et Versailles est presque vide
» de troupes prussiennes. » Il est à remarquer que cet avis
coïncida, et fort à propos, avec de fausses dépêches qui
étaient envoyées, au nom du sous-préfet du Havre, à la fois
au général Chanzy et à l'administration de la guerre, par
lesquelles on apprenait qu'une sortie victorieuse avait eu
lieu à Paris et que l'ennemi remontait en toute hâte vers la
capitale. Vérification faite, on apprit que le sous-préfet
n'avait envoyé aucune dépêche; en sorte que cette nouvelle,
exactement le contraire de la vérité, montrait d'autant
mieux le mouvement qu'elle avait eu pour but de masquer.

L'administration, ainsi avertie, envoya au général Chanzy
le plus de renforts qu'elle put. Elle chargea notamment le
général Ferri-Pisani, alors à Angers, de se rendre immédiatement à Tours avec toutes les troupes qu'il pourrait
réunir. De là, ce général avec sa colonne de 7 à
8 mille hommes devait se porter sur Amboise afin de
faire une diversion au mouvement tournant que l'ennemi
cherchait à opérer sur la droite de l'armée, vers Saint-
Amand et Château-Renaud. Le général de Curten, à Poitiers, était chargé également de rallier quelques troupes
et d'appuyer la diversion. Ces divers ordres furent en voie
d'exécution vers le 16 ou le 17.

Mais la situation du général Chanzy n'en demeurait pas

moins très-menacée. Le corps ennemi qui avait vainement tenté de traverser la Loire à Blois et à Amboise, était remonté à Meung et avait passé sur la rive droite; puis, il était descendu sur Blois d'où, prenant les routes de Vendôme et de Montoire, il cherchait à tourner l'aile droite. Si cette manœuvre réussissait, le général Chanzy perdait la route du Mans et il ne lui restait d'autre ressource que de remonter vers Mondoubleau, au risque de se voir ensuite entouré à l'ouest de Paris. Ces considérations lui inspirèrent la résolution de renoncer définitivement à la ligne du Loir et de se retirer sur le Mans par Saint-Calais. Ce parti fut adopté par lui au moment même où l'administration, de son côté, le lui conseillait.

La nouvelle retraite commença le 16. Elle ne s'effectua pas sans difficultés. L'ennemi non-seulement débordait sur la droite, mais il débouchait aussi à gauche, par les routes de Châteaudun et de la Bazoche, se montrant en forces à Épuisay et à Mondoubleau. Les nombreuses voies embranchées perpendiculairement sur la direction de Vendôme fournissaient à l'ennemi autant d'occasions de surprendre l'armée. Le passage de la Braye, notamment, était dangereux, car on y pouvait être attaqué à la fois sur les ailes, à Savigny et à Mondoubleau, et pressé au centre dans la direction d'Épuisay. Néanmoins, il fut franchi sans encombre. Le prince Charles, soit à cause des dispositions prises par le général Chanzy, soit pour ne pas s'éloigner davantage de sa base, soit pour ménager ses troupes fatiguées, renonça à la poursuite, rendant ainsi hommage aux qualités d'un général dont la ténacité avait lassé la sienne, et à la bravoure d'une armée dont les tronçons, en apparence épuisés, avaient supporté si longtemps le poids de toute une armée victorieuse. Il est juste de dire que, pendant le cours de cette retraite, le 21e corps, placé d'avance tout exprès dans la forêt de Marchenoir, contribua puissamment, par sa ferme attitude et les talents de son chef, au salut des forces ramenées par le général Chanzy.

Au moment où les hostilités prenaient ainsi fin dans le bassin de la Loire, il convient de jeter un coup d'œil sur les autres parties de la France.

Dans le Nord, les Prussiens avaient étendu leurs progrès dès la fin de septembre. Ils se montraient aux portes d'Amiens et de Rouen. Pendant le mois d'octobre, époque où la nouvelle administration s'installait, ils rencontrèrent peu de résistance. Le premier engagement de quelque importance eut lieu le 28 octobre entre Rouen et Amiens, à Formeries. Les troupes régulières, en petit nombre, secondées par des mobiles du Nord, avec de l'artillerie, repoussèrent vivement le détachement prussien, qui eut une cinquantaine d'hommes hors de combat. A la suite de cet échec les partis ennemis furent pendant quelque temps moins hardis. Mais ils reparurent bientôt en plus grandes forces et le mois de novembre fut marqué par diverses escarmouches aux environs de Gisors et d'Etrepagny.

La première affaire sérieuse eut lieu non loin d'Amiens, entre Villers-Bretonneux et Saleux, le 27 novembre. Le général Farre, qui commandait en chef par intérim depuis le départ du général Bourbaki, était établi sur les hauteurs de la rive gauche de la Somme, entre cette rivière et l'Avre. Il disposait d'environ vingt-cinq mille hommes, y compris huit mille hommes de la garnison d'Amiens commandés par le général Paulze d'Ivoy. On a évalué les forces ennemies à trente mille hommes avec une nombreuse artillerie, mais ce chiffre est sans doute exagéré. La bataille bien commencée fut soutenue avec vigueur jusque vers 4 heures. A ce moment la garde mobile, sur la droite de Villers, finit par céder en entraînant les troupes de ligne qui combattaient avec elle. Les munitions commençaient à manquer et l'ennemi venait de faire entrer en ligne des réserves d'artillerie, notamment une batterie près du village de Cachy, laquelle prenait nos troupes en flanc. Le général Farre ordonna alors la retraite. Une partie des troupes fut dirigée par la route d'Amiens et le surplus sur Corbie. Les pertes considérables de l'ennemi l'empêchèrent d'inquiéter la retraite sur Corbie et Longueau.

A la suite de ces événements Amiens fut évacué et les Prussiens furent maîtres de la ville et de la citadelle trois jours après.

Le 29 novembre, sur un tout autre point, une colonne venant de Rouen, commandée par le général Briant, rencontra l'ennemi retranché dans le village d'Etrepagny. La lutte fut très-vive. Nos soldats, en grande partie des mobiles, montrèrent une grande intrépidité. Malgré la qualité inférieure de leurs armes, ils dirigèrent un tir très-efficace. L'ennemi qui ne s'attendait pas à cette attaque, perdit une centaine d'hommes tués ou blessés, autant de prisonniers et une pièce de canon. Mais ce succès ne put prévenir de fâcheux événements dans la direction de Rouen à Amiens.

Le 1er décembre, pendant que le général Briand recevait l'invitation de réunir toutes ses forces pour se porter le plus rapidement possible vers Paris, on apprit tout à coup que le corps vainqueur quatre jours auparavant à Villers-Bretonneux, se dirigeait en grande hâte sur Rouen. Il comptait environ 25,000 hommes, 50 pièces d'artillerie et était commandé par le général Manteuffel en personne. Il apparaissait simultanément à Neufchâtel, à Forges et sur les hauteurs de Lyons. Sa marche s'opérait par trois routes, et il convergeait nettement sur Buchy, où les forces françaises se trouvaient réunies. Ces forces, à l'organisation desquelles les autorités locales de la Seine-Inférieure travaillaient depuis plus d'un mois, mais qui n'avaient pas encore beaucoup de consistance, comprenaient 15,000 mobiles, 2,000 marins et 1,200 éclaireurs du corps Mocquard, en tout un peu moins de 20,000 hommes et 24 pièces de canon. L'action s'engagea le 4 décembre autour de Buchy. Elle fut assez bien soutenue jusque vers 2 heures de l'après-midi. Les marins avec les éclaireurs volontaires faisaient subir des pertes sensibles à l'ennemi ; mais les mobiles, déconcertés par les obus qui pleuvaient en grand nombre, commencèrent à se débander. Vers 5 heures, les premières troupes en retraite arrivèrent à Rouen, où leur vue fit naître une émotion très-vive. Déjà pendant la journée, les autorités locales, en proie à une grande anxiété, ne s'étaient arrêtées à aucune mesure défensive. La garde nationale n'était point convoquée ; quelques troupes de ligne, qu'on avait sous la main, n'étaient point utilisées ; les pièces de marine placées en position sur les hauteurs étaient abandonnées. Bref la ville se trouva comme prise à l'improviste par la nouvelle de la défaite de Buchy. Après un débat tumultueux entre les autorités civiles et militaires, il fut décidé que Rouen ne se défendrait pas, mais se rendrait à l'ennemi en subissant les conditions du vainqueur. Depuis, des polémiques fort vives se sont échangées au sujet de cette capitulation, dont personne n'a voulu accepter la responsabilité. Les Rouennais ont prétendu que le général Briand, après avoir fort peu paru au combat de Buchy, avait évacué la ville le lendemain à la première heure avec ses troupes et avait ainsi paralysé la résistance. Le général Briand, de son côté, affirme ne s'être retiré qu'après avoir vainement attendu la convocation de la garde nationale et avoir constaté chez les habitants une résolution bien arrêtée de ne pas défendre la ville.

Il n'entre pas dans le cadre de ce travail de vider une semblable question. Ce qui paraît, en tous cas, bien avéré, c'est qu'on s'est laissé surprendre par les événements et que les préparatifs de défense à Buchy ont manqué d'ordre et de direction. On aurait certainement pu organiser une meilleure résistance, non à Rouen même, qui par sa position ne s'y prêtait guère et qu'il fallait d'ailleurs préserver autant que possible d'un bombardement, mais hors ville, à Buchy, par exemple, ou sur un point plus rapproché.

Quoi qu'il en soit, ce fâcheux événement mit au pouvoir de l'ennemi la basse Normandie et lui livra le pays jusqu'à la ligne de la Rille. Toutefois, la ville du Havre, qui a gardé jusqu'à la fin une attitude très-fière, constitua un centre de résistance fort important. Cette ville, soigneusement fortifiée par les soins du capitaine de vaisseau Mouchez et grâce aux sacrifices de la municipalité, reçut en garnison la plus grande partie des troupes que le général Briand avait emmenées de Rouen. En ajoutant à ce contingent les mobiles et les marins qu'elle possédait déjà, elle eut dès lors dans ses murs les éléments d'un véritable corps d'armée. Plus tard, en effet, sous l'habile direction du général Loysel, il se forma là une petite armée bien organisée, de trente mille hommes, qui tint l'ennemi en respect du côté de Rouen.

Plus au Nord, dans la Flandre et dans le Pas-de-Calais, il ne se produisit, pendant la même période, aucun incident intéressant. Vers le milieu d'octobre le général Bourbaki, sorti de Metz dans les conditions particulières qu'on sait, et recommandé à la délégation de Tours à la fois par son nom et par les instantes missives du général Trochu et de M. Jules Favre, reçut le commandement supérieur des départements du Nord, avec mission d'y organiser des forces actives. Soit que les éléments ne s'y prêtassent pas, soit pour tout autre cause, ce travail ne marcha pas très-rapidement et rien de sérieux ne put être tenté. Il se préparait toutefois, avec une colonne mobile de 12,000 hommes, à brûler les approvisionnements de l'ennemi, lorsque le 19 novembre, il fut appelé au commandement du 18e corps de l'armée de la Loire.

Le général Faidherbe fut désigné pour le remplacer. Cet officier général qui, dans les différents postes qu'il avait occupés, avait déployé de grandes qualités d'organisateur, ne les démentit pas à Lille. Il éleva rapidement le chiffre de l'armée du Nord et put bientôt proposer au gouvernement la constitution des 22ᵉ et 23ᵉ corps. Ces forces, réunies sous son commandement, présentaient un effectif total d'environ 50,000 hommes. On verra plus tard par quels faits d'armes elles se signalèrent.

Dans l'Est, la situation militaire, malgré d'intéressants épisodes, avait subi peu de changements. L'ennemi, maître de Dijon, en avait fait un centre de commandement. De là, il surveillait les communications entre Belfort et Orléans, et s'assurait la possession de tout le réseau ferré de l'Est. Mais ses progrès ne s'étaient point étendus dans la vallée de la Saône. Quelques bataillons de mobilisés, réunis à Beaune sous les ordres du général Cremer et donnant la main au corps de Garibaldi à Autun, contenaient l'ennemi au-dessous de Dijon et l'empêchaient de descendre à Chagny. Des engagements fréquents avaient lieu dans ces parages, avec des fortunes diverses. Les plus saillants furent ceux d'Autun, d'Arnay-le-Duc et de Nuits.

A Autun, les Prussiens attaquèrent les positions de Garibaldi, le 30 novembre, avec 6,000 hommes d'infanterie, 1 régiment de cavalerie et 12 pièces de canon. L'action commença vers deux heures de l'après-midi et se terminait à quatre heures par la retraite des assaillants. Le général Garibaldi montra, en cette circonstance, des ressources stratégiques, car il se trouvait dans des conditions d'infériorité manifestes. Il ne possédait que cinq à six mille hommes de troupes irrégulières, 6 pièces de petit calibre et pas un seul cavalier. Mais il avait étudié le pays et il racheta l'insuffisance des troupes par l'à-propos de ses dispositions.

L'affaire d'Arnay-le-Duc et de Bligny-sur-Ouche, le 3 décembre, eut plus d'importance. Garibaldi fut secondé par le général Cremer, qui, à la tête de cinq mille mobilisés, vint opérer à Bligny pendant que Garibaldi opérait à Arnay. L'ennemi, cherchant sans doute une revanche de l'échec du 30 novembre, s'était engagé dans la vallée de l'Ouche avec des forces plus considérables, dix à onze mille hommes et 24 bouches à feu. Garibaldi, qui avait été informé du mouvement, se concerta avec le général Cremer pour prendre l'ennemi entre deux feux. Il le refoula d'Arnay dans la direction de Bligny, où le général Cremer l'attendait avec ses mobilisés et huit pièces à longue portée. La défaite des Prussiens fut complète; ils eurent près de 400 hommes hors de combat et laissèrent 280 prisonniers. Les troupes de Garibaldi, exaltées par le succès, poursuivirent l'ennemi jusque sous les murs de Dijon et y seraient certainement entrées avec lui, si une diversion avait été faite à temps dans la direction de Nuits. L'artillerie de siège qui défendait l'entrée de la ville arrêta le vainqueur, qui dut retourner sur ses pas après une tentative inutile et sanglante. Le succès d'Arnay fut le fruit des combinaisons personnelles de Garibaldi, qui dirigea tous les mouvements. Son fils Ricciotti se distingua par sa valeur et fut nommé chevalier de la Légion d'honneur.

A Nuits, le 18 décembre, le général Cremer eut les honneurs de la journée. L'ennemi, avec dix-huit mille hommes et 42 pièces d'artillerie, l'attaqua dans trois directions différentes. Les Français étaient au nombre de douze mille et ne possédaient que 24 bouches à feu. Le combat ne finit qu'à la nuit close, alors que notre artillerie, admirablement postée et desservie, ne pouvait plus, par son tir, s'opposer aux mouvements de l'ennemi. Celui-ci prit possession de la ville, mais ne put la conserver, tant ses pertes avaient été cruelles. On parle de 4 à 5,000 hommes hors de combat, parmi lesquels le prince de Bade et plusieurs colonels. De leur côté, les Français perdirent 1,200 hommes, mais ils firent une retraite en si bon ordre qu'ils ne furent pas un seul instant inquiétés. Cette apparente défaite fut, en réalité, une victoire, tant par les pertes infligées à l'ennemi que par la démoralisation qu'elle lui causa pour un assez long temps. Les mobilisés du Rhône, le bataillon des mobiles de la Gironde, commandé par M. de Carayon-Latour, plusieurs compagnies de francs-tireurs, montrèrent une grande bravoure. Ricciotti Garibaldi, aux avant-postes avec quelques centaines de volontaires, soutint brillamment sa réputation.

Un peu plus à gauche, dans le Nivernais, la position de Clamecy, sous le commandement du général de Pointe de Gevigny et du capitaine de vaisseau Pallu de la Barrière, jouait un peu le même rôle de boulevard de notre territoire. Le pays accidenté et couvert de la Puisaye permettait à de faibles troupes de résister avantageusement. Quelques compagnies d'infanterie de marine, quelques bataillons de gardes mobiles, parmi lesquels ceux de Tarn-et-Garonne, des francs-tireurs, des volontaires de toute catégorie, s'étaient constitués en une troupe disparate, mais valeureuse, qui, dans des engagements quotidiens, imposait le respect à l'ennemi. Les colonnes prussiennes n'osaient point s'aventurer dans la vallée de l'Yonne au delà de Clamecy, et leurs incursions s'arrêtaient à la hauteur de Coulanges et d'Avallon ; au contraire, le pays situé au nord de cette ligne leur appartenait. Cette situation persista jusqu'à la fin de la guerre sans changements appréciables.

CHAPITRE VIII

CAMPAGNE DE L'EST

Réorganisation de la première armée — Plan d'opérations dans l'Est — Départ de l'armée — Encombrement des chemins de fer — Reprise de Dijon et de Gray — Victoires de Villersexel et d'Arcey — Bataille d'Héricourt — Succès de Chenebier — Échec de Montbéliard — Mise en retraite de l'armée.

A peine les suites de la défaite d'Orléans étaient-elles conjurées, qu'il fallut s'occuper de reprendre l'offensive sur quelque autre point. Car c'était une des nécessités de la situation de ne pas demeurer dans l'inaction. On était sous le coup de la terrible échéance de Paris, et Paris tombé, la lutte devenait bien difficile, sinon impossible. Nous étions donc obligés de nous hâter, dans l'intérêt de Paris, comme dans l'intérêt de la France.

Une grande incertitude régnait d'ailleurs sur la durée probable du siége. Cette durée dépendait non des progrès méthodiques de l'ennemi, mais du chiffre des approvisionnements, sur lequel les appréciations avaient toujours beaucoup varié. Au début, on se le rappelle, le 15 décembre était marqué par M. Jules Favre comme la limite extrême.

Depuis lors, le même homme d'État avait indiqué le 10 janvier. Le général Trochu laissait entrevoir une date plus éloignée, et des informations particulières parlaient du milieu de février. On avait donc devant soi une période assez courte pour n'en rien perdre, mais assez longue pour tenter une opération de longue haleine.

L'offensive ne pouvait être reprise par les troupes du général Chanzy, auxquelles de glorieuses fatigues avaient imposé un repos bien nécessaire. Elle ne pouvait l'être davantage par l'armée du général Faidherbe, encore incomplétement formée, et d'ailleurs trop peu nombreuse pour frapper un coup décisif. Sur les autres points il n'existait que des corps en voie de formation, incapables par conséquent d'entrer en lutte immédiatement. Seule, la première armée, ramenée à Bourges par le général Bourbaki, pouvait offrir une force suffisante. M. Gambetta, à son retour de Josnes, se rendit auprès d'elle pour juger de la situation. Il comptait, par sa présence, en hâter la réorganisation et en même temps lui communiquer cette flamme qu'il portait en lui et dont certains symptômes donnaient à croire qu'elle manquait.

Il trouva en effet la première armée très-abattue. La marche, le froid, et surtout ces impressions pénibles qui s'emparent des troupes pendant la retraite, avaient affaibli l'armée plus que des engagements meurtriers n'auraient pu le faire. Le 18e corps seul s'était bien tenu, mais les 15e et 20e avaient beaucoup perdu. On leur envoya en quelques jours 20,000 hommes de nouvelles troupes, on leur rendit les fuyards arrêtés sur divers points, on les dota de plusieurs batteries d'artillerie ; enfin, le personnel supérieur fut remanié. Le général Martineau des Chesnez avait déjà succédé au général des Paillères ; le général Clinchant, vigoureux officier qui revenait d'Allemagne, succéda au général Crouzat ; le général Borel, qui avait dirigé l'état-major général pendant la campagne de Paris, reçut les mêmes attributions auprès du général Bourbaki. Bref, le 18 décembre, la première armée, forte alors de plus de cent mille hommes et de 300 bouches à feu, se trouva en état de reprendre les hostilités.

Un plan d'opération dans l'Est fut proposé au ministre par le général Bourbaki.

Ce plan consistait à mettre en marche la totalité des troupes de la première armée, à passer la Loire en aval de Nevers, à la Charité et à Cosne, à remonter vers Montargis par Donzy et Saint-Fargeau ; enfin, de là, à gagner la forêt de Fontainebleau suivant le programme primitif, qui venait d'échouer si malheureusement à Orléans. Pendant ce temps les corps de Garibaldi et des généraux Bressoles et Cremer devaient agir de concert dans la direction de Dijon et de Gray pour produire une diversion dans l'Est et faire lever le siége de Belfort.

M. Gambetta, qui était encore à Bourges, m'ayant consulté sur ce projet, je lui soumis, après études dans les bureaux, les observations suivantes :

Depuis l'époque où la tentative sur Fontainebleau et, de là, sur Paris, avait été conçue, les circonstances avaient bien changé. Au lieu de deux cent mille hommes pour l'exécuter, on disposait seulement de cent mille. On ne possédait plus Orléans comme base d'opérations. On n'avait plus la perspective de rejoindre l'armée victorieuse du général Ducrot. Et puis, que ferait la première armée toute seule contre les forces réunies du prince Charles ? On venait de voir la 2ᵉ armée aux prises avec elles, et, malgré des prodiges de valeur et de constance, malgré les ressources d'esprit du général Chanzy, cette armée, après tout, avait été obligée de battre en retraite. Quelle ne serait pas la situation de la 2ᵉ armée, lancée en avant dans le territoire ennemi ? Elle serait inévitablement défaite sous Montargis. Et, même si elle échappait à son redoutable adversaire, qu'obtiendrait-elle sous les murs de Paris ? Elle n'y réussirait certainement pas mieux que le général Ducrot et tournerait inutilement autour des lignes jusqu'à ce qu'elle fût entourée et écrasée, ou au moins, repoussée. De plus, on découvrirait ainsi totalement Bourges et Nevers, en sorte que le moindre corps ennemi, détaché par le prince Charles, pourrait à volonté brûler ces établissements, et menacer les derrières de notre armée.

La deuxième partie du plan, à savoir l'action des généraux Bressoles et Garibaldi sur Belfort, n'était guère moins sujette à objections. En effet, les forces qu'on allait y faire manœuvrer atteignaient à peine cinquante mille hommes, et c'étaient (la suite ne l'a que trop prouvé en ce qui concerne le 24ᵉ corps) les moins solides de toutes. Elles seraient donc paralysées ou détruites par les soixante ou soixante-dix mille hommes que l'ennemi pouvait facilement leur opposer. On tombait donc dans l'écueil, si souvent reproché, de diviser les forces et d'exposer chaque fraction à se trouver en infériorité numérique. Ne valait-il pas mieux réunir les deux groupes qu'on voulait faire agir isolément ?

Telle fut en effet l'idée qui inspira le contre-projet élaboré à Bordeaux. Je le résumai comme il suit :

« On renoncerait, quant à présent, à marcher directe-
» ment sur Paris. On séparerait les 18ᵉ et 20ᵉ corps du 15ᵉ,
» et on les porterait rapidement, en chemin de fer, jusqu'à
» Beaune. Ces deux corps, conjointement avec Garibaldi et
» Cremer, seraient destinés à s'emparer de Dijon, ce qui
» semblait très-réalisable puisqu'on ferait agir 70,000 hom-
» mes environ contre 35 à 40,000 ennemis. Pendant ce
» temps, Bressoles et son armée se porteraient par chemin
» de fer à Besançon, où ils ramasseraient les 15 à 20,000 hom-
» mes de garnison. Cette force totale de 45 à 50,000 hom-
» mes, opérant de concert avec les 70,000 victorieux de
» Dijon, n'aurait pas de peine à faire lever, même sans
» coup férir, le siége de Belfort et offrirait une masse
» compacte de 110,000 hommes, capable de couper les
» communications dans l'Est, malgré tous les efforts de
» l'ennemi. La seule présence de cette armée ferait lever le
» siége de toutes les places fortes du Nord et permettrait
» au besoin de combiner plus tard une action avec Fai-
» dherbe. En tous cas, on aurait la certitude de rompre dé-
» finitivement la base de ravitaillement de l'ennemi.

» Quant au 15ᵉ corps, séparé des 18ᵉ et 20ᵉ, il aurait
» pour mission essentielle de couvrir Bourges et Nevers en
» se retranchant dans les positions de Vierzon et en occu-
» pant solidement la forêt. » Plus tard, quand le 25ᵉ corps
erait suffisamment formé, il pourrait relever — comme

» il le fit en effet — le 15ᵉ corps dans sa faction et lui per-
» mettrait de grossir, s'il y avait lieu, l'armée de l'Est.

Pour le moment, la présence du 15ᵉ corps à Vierzon devait avoir un autre avantage : c'était de dissimuler le mouvement à l'ennemi. Elle le dissimula en effet si bien que pendant une dizaine de jours, les troupes destinées à renforcer l'armée de Werder (le corps Zastrow notamment) errèrent à l'aventure, de Montargis à Avallon et d'Avallon à Montargis, selon les renseignements contradictoires qui leur parvenaient au sujet de notre armée. On en sera moins surpris, si l'on se rappelle que déjà la résistance développée par le général Chanzy avait induit l'ennemi en erreur, en lui faisant supposer que presque toute l'armée de la Loire battait en retraite sur Marchenoir. Il avait même cru un instant que le général d'Aurelles s'y trouvait en personne. Il était donc assez naturel que voyant toujours devant lui, à Vierzon, un corps de quelque importance, il n'ait pas soupçonné le départ pour Dijon d'une force aussi considérable que celle des 18ᵉ et 20ᵉ corps.

Le programme qui précède ne marquait, on le voit, que les traits généraux et laissait les mesures d'exécution à l'initiative des chefs de l'armée. Il était d'ailleurs muet sur le tracé au delà de Dijon et de Besançon, lequel restait subordonné aux événements de guerre, aux difficultés que la saison ferait naître, à mille causes enfin que nous ne pouvions actuellement prévoir et que les généraux apprécieraient mieux plus tard et sur les lieux.

M. Gambetta, en ayant approuvé la donnée fondamentale, soumit le programme, tel quel, à l'appréciation des généraux. Ils s'y rallièrent unanimement et, dès le 20, l'exécution commença.

La première condition du succès, dans une telle entreprise, était la célérité. Car si on laissait du temps à l'ennemi, il pouvait amener des renforts d'Allemagne ou même en tirer de l'armée de Paris. En second lieu il était de la plus haute importance de conserver des communications faciles par chemins de fer, puisqu'on allait s'avancer dans un pays depuis longtemps occupé par l'ennemi et en plein hiver, en sorte que les chemins de fer seraient le seul moyen de ravitailler l'armée.

Malheureusement cette double condition manqua dès le début. Tous les transports se firent avec une extrême lenteur et les chemins de fer furent continuellement encombrés, deux inconvénients, au surplus, qui s'engendrent l'un l'autre. Telle fut la première et sans doute la vraie cause de l'insuccès d'une expédition qui, au dire de tous les hommes spéciaux, était destinée à procurer de grands résultats. Toutes les fautes, stratégiques ou autres, qu'on peut relever dans la suite des opérations, très-probablement ne se seraient pas produites, ou, du moins, n'auraient pas eu les conséquences qu'elles ont entraînées, si le désordre dans les transports n'avait pas régné pendant toute la durée de la campagne.

Les faits qui ont amené cette situation si regrettable peuvent se ramener à trois principaux :

1° Quand le départ de Bourges des 18ᵉ et 20ᵉ corps a été décidé, l'entente s'est mal établie entre l'état-major de l'armée et les compagnies des chemins de fer. Soit que les dispositions arrêtées par l'état-major aient été défectueuses, soit que les compagnies aient manqué de matériel, soit que dans leur désir de gagner du temps les chefs de l'armée ne leur aient pas laissé un délai suffisant pour faire leurs préparatifs, toujours est-il que l'embarquement des troupes s'est effectué avec lenteur, irrégulièrement et que les trains ont eu de fréquents arrêts sur le parcours. Mieux eût valu commencer l'embarquement quarante-huit heures plus tard et donner aux compagnies le temps de trier leur matériel et de dégager leurs voies. Pour quiconque connaît l'exploitation des chemins de fer, il est visible que cette première perturbation a dû en préparer une foule d'autres, car une fois le désordre engagé et le personnel dévoyé, les choses, en pareil cas, vont de mal en pis.

2° Aussitôt que la gare de Dijon fut tombée en notre pouvoir, le commandement voulut en profiter pour acheminer les troupes par voie ferrée, de Châlon et de Chagny, sur Auxonne et sur Dôle. Pour un trajet aussi court, il eût été bien préférable d'employer les routes de terre. En procédant à de nouveaux embarquements et débarquements d'hommes et de matériel dans les gares, on a encombré intempestivement la voie, au moment où il était le plus nécessaire de la réserver aux transports de l'intendance.

3° Le 31 décembre, quand l'administration de la guerre vit que les opérations traînaient en longueur et que l'ennemi se renforçait, elle jugea prudent de renforcer à son tour le général Bourbaki. Elle lui expédia donc, d'un commun accord, le 15° corps de Bourges à Besançon. En cours de transport, la destination de ce corps fut changée à l'insu de l'administration de la guerre. Au lieu de débarquer à Besançon, les troupes reçurent l'ordre de continuer jusqu'à Clerval. Ce fut un grand malheur. La station de Clerval était absolument hors d'état de recevoir un corps d'armée. Elle n'avait pas de quais de débarquement pour le matériel et les chevaux. Elle n'avait pas même de voies pour garer les trains. Il en résulta des retards immenses et un encombrement dont rien ne peut donner l'idée. L'embarquement s'était fait très-ponctuellement à Bourges et à Vierzon. Mais les trains, ne pouvant se décharger, restèrent échelonnés pendant plus de dix jours, depuis Saincaize et même depuis Nevers jusqu'à Clerval. On cite des détachements de troupes qui stationnèrent à la même place pendant trois et quatre jours, et cela par un froid de 12 à 15 degrés. Les chefs n'osaient point donner aux soldats l'ordre de descendre et de se cantonner dans les villages, ignorant à quel moment la circulation pourrait reprendre. Des souffrances terribles furent endurées. Un grand nombre de chevaux périrent.

Mais ce qui fut peut-être plus désastreux encore, par les conséquences qui devaient se faire sentir plus tard, c'est que les approvisionnements de l'intendance furent, par suite de cet encombrement, arrêtés sur des points éloignés du théâtre des hostilités. De grandes difficultés s'ensuivirent pour le ravitaillement, et cette circonstance contribua beaucoup à retarder les opérations. Plus d'une fois, comme on le verra par la suite, le général en chef fut obligé de perdre vingt-quatre heures en route parce que les approvisionnements n'arrivaient pas.

Un ingénieur des mines, M. Lebleu, chargé au ministère

des travaux publics du contrôle de la compagnie de Lyon, et que l'administration de la guerre avait attaché à l'armée de l'Est, précisément pour surveiller le service des voies ferrées, s'exprime ainsi dans un rapport en date du 6 février 1871 :

« Tout le monde est d'accord sur la cause du désastre de cette
» armée de l'Est. Son mouvement a d'abord été trop lent, ensuite
» c'est le défaut de ravitaillement qui a empêché le général
» Bourbaki de poursuivre son succès après avoir enlevé Arcey,
» le 13 janvier; les 15, 16 et 17, nos malheureux soldats se sont
» bravement battus malgré la faim, malgré la température extrê-
» mement rigoureuse; enfin le 18, quand le mouvement de re-
» traite s'est opéré, les vivres ont commencé à arriver; mais les
» convois, accumulés sur la route que devait suivre l'armée en
» sens contraire, n'ont été pour celle-ci qu'une cause de désordre.

» On a vivement accusé la compagnie des chemins de fer de
» Paris-Lyon-Méditerranée d'avoir occasionné, par sa négligence,
» le défaut de ravitaillement et par suite le désastre de l'armée
» de l'Est. Sans vouloir me faire le défenseur de cette compa-
» gnie, je pense qu'une accusation aussi grave et aussi exclusive
» est injuste. Les employés du chemin de fer ont fait leur de-
» voir, peut-être sans beaucoup d'ardeur et d'enthousiasme,
» cependant d'une manière suffisante pour assurer le service,
» s'il avait été convenablement organisé. Mais cette organisation
» même péchait par la base, et c'est uniquement dans ce vice
» qu'il faut chercher la cause d'un désordre qui s'est manifesté
» dès le commencement de la guerre et qui s'est propagé jus-
» qu'à ces derniers temps. Ayant été appelé d'abord à Saar-
» bruck dès le 3 août 1870, puis à l'armée des Vosges par le
» général Cambriels, et enfin à l'armée du général Bourbaki, je
» crois pouvoir émettre un avis raisonné sur les causes de nos
» désastres.

» Un chemin de fer est un outil puissant et docile, mais qui
» doit être employé avec intelligence. Un personnel nombreux et
» discipliné est habitué à obéir à des ordres précis émanés d'une
» direction unique ; il est complétement dévoyé lorsque des
» ordres, souvent contradictoires, lui arrivent de plusieurs côtés
» à la fois. Le défaut d'unité est donc le vice capital auquel il
» a été fait allusion, et il sera facile de le démontrer en exami-
» nant successivement la question des chemins de fer au point
» de vue des travaux d'art, des transports de troupes, et des
» transports de vivres et de munitions..... »

La campagne de l'Est s'ouvrit donc sous de fâcheux auspices.

Néanmoins les opérations furent entreprises avec résolution et beaucoup de bonne volonté.

Le 27 décembre, nos troupes commencèrent à affluer, par le chemin de fer, à Châlon et à Chagny. Les Prussiens, s'apercevant alors pour la première fois de notre mouvement, évacuèrent précipitamment Dijon, où le général Cremer entra derrière eux. De là ce chef de corps se porta sur Gray ; mais le 2, il fut rappelé à Dijon, devant une menace des Prussiens dans la direction de Montbard. Le général Garibaldi, qui aurait dû, à ce moment, se trouver à portée pour défendre la ville, avait prolongé son séjour à Autun, par suite d'un malentendu entre lui et le quartier général. Ce malencontreux incident obligea le général Cremer à retarder son mouvement sur Gray et Vesoul, et il ne put quitter définitivement Dijon que le 8 janvier.

Pendant ce temps, le général Bourbaki continuait à recevoir ses troupes et à les concentrer sur Dôle, Dampierre, Besançon pour, de là, les mettre en marche par voie de terre. Lui-même se transporta successivement à Châlon, Dôle, Besançon, où il se tenait en dernier lieu, et il présidait à cette concentration qui s'effectua, comme j'ai dit, avec une extrême lenteur. Ce n'est que le 5 janvier, c'est-à-dire QUINZE JOURS après le premier départ de Bourges, que les divers corps d'armée purent quitter leurs positions et entamer les opérations proprement dites. Encore même le 15ᵉ corps était-il bien loin d'être au complet; une portion notable se trouvait échelonnée sur la route.

L'armée de l'Est se composa définitivement de 4 corps d'armée, les 15ᵉ, 18ᵉ, 20ᵉ et 24ᵉ, de la division Cremer forte de 15,000 hommes (remplacée au 24ᵉ corps par des troupes empruntées à la garnison de Besançon) et d'une réserve spéciale de 8 à 9,000 hommes formée avec quelques bataillons d'élite et commandée par le capitaine de vaisseau Pallu de la Barrière. Chacun de ces six corps ou détachements relevait directement du général Bourbaki. Leur ensemble représentait environ cent quarante mille hommes et 400 bouches à feu de tout calibre. Celles-ci étaient principalement des pièces de 4; mais on y comptait aussi 7 batteries de 12, 6 batteries d'obusiers de montagne et plusieurs batteries de mitrailleuses. La division Cremer possédait une batterie de canons Armstrong, du calibre de 9, la seule qu'il y eût dans l'armée. En outre de ces forces, le corps du général Garibaldi, qui ne comptait actuellement que de 13 à 14,000 hommes et 6 batteries, mais que des renforts devaient prochainement porter à plus de 40,000 hommes et à 90 pièces, avait mission de coopérer avec l'armée de l'Est. Pour le moment ce corps occupait

Dijon, qu'il allait fortifier, et protégeait par ses éclaireurs la gauche de l'armée entre Dijon et Gray, en même temps qu'il gardait la ligne ferrée, base si indispensable de ravitaillement.

Au delà du point où l'armée quittait le chemin de fer, aucune direction spéciale ne lui avait été tracée. Le général en chef devait y pourvoir lui-même et faire connaître chaque soir à l'administration les ordres de mouvement du lendemain avec ses vues ultérieures. On avait seulement indiqué, comme résultat probable, alors que rien ne faisait prévoir les contre-temps de la marche, la levée du siége de Belfort. Mais cette perspective allait se trouver gravement compromise par suite même du retard de l'armée à faire son apparition dans ces parages. Quoi qu'il en soit, le général en chef se disposa à y tendre de son mieux et, avant de quitter Besançon, il arrêta ses plans en conséquence.

A la suite des conseils qui furent tenus dans cette ville et où le colonel de Bigot, chef de l'état-major de la place, prit, assure-t-on, une part distinguée, le général en chef fit connaître qu'il se portait sur Vesoul, où les troupes ennemies venues de Dijon et de Gray s'étaient concentrées. Il se proposait de les déloger de cette nouvelle position en s'emparant de Villersexel et d'Esprels, et de les couper de leurs communications avec Belfort. Après avoir ainsi dispersé l'armée du général Werder, il se rabattrait sur sa droite et viendrait menacer le général Treskow qui assiégeait Belfort à la tête de 30 à 35,000 hommes. Les 18e, 20e et 24e corps agiraient de concert, tandis que la division Cremer, partant de Dijon, marcherait sur Vesoul par Gray, et prendrait ainsi l'ennemi par derrière. Quant au 15ᵉ corps, son rôle ne devait commencer que plus tard.

On peut avoir des doutes sur l'opportunité de la manœuvre prescrite au général Cremer. Assurément sa coopération n'était pas sans utilité, surtout pour la suite ; mais son rôle eût été probablement plus efficace si on l'avait dirigé sur Langres. D'abord, au moment présent, son concours à Vesoul n'était pas indispensable, puisque le général Bourbaki, avec ses 3 corps et sa réserve, disposait de près de 80,000 hommes, tandis que de Werder n'en avait pas 35,000. D'un autre côté, à Langres, il est supposable que, sous l'abri d'une telle place forte et lui empruntant au besoin quelques milliers d'hommes, le général Cremer aurait pu, avec la mobilité et l'audace qui le caractérisaient, battre la contrée dans tous les sens et entraver la marche des détachements qui, venus d'Orléans ou de Paris, cherchaient à grossir les armées de l'Est. C'eût été, pour le général Bourbaki, un soulagement réel que de se sentir ainsi couvert sur sa gauche, car la seule présence du général Garibaldi à Dijon ne pouvait pas lui donner une sécurité complète à cet égard. Les troupes dont disposait ce chef de partisans pouvaient suffire à éclairer le pays, mais non à arrêter effectivement les corps ennemis descendant sur Gray ou Pontaillier. Au contraire le général Cremer, manœuvrant avec 20,000 hommes entre Gray et Langres et donnant la main à Garibaldi, aurait sans doute barré le passage aux ennemis.

Tel était l'avis de l'administration de la guerre qui, dans deux dépêches successives du 6 janvier, donna des indications dans ce sens au général Bourbaki. Mais celui-ci, préférant grouper toutes ses forces autour de lui, maintint pour le général Cremer la marche sur Vesoul (1).

Dans les conseils tenus à Besançon, le colonel de Bigot proposa, paraît-il, un plan sensiblement différent de celui qui a été suivi, et dont l'idée essentielle était de marcher tout droit sur Belfort. Ce plan est résumé de la manière suivante par le correspondant anglais de l'*Evening standard,* attaché à l'état-major du général Cremer :

« Le 20ᵉ et le 24ᵉ corps, partant de Besançon, remonteraient
» le long de la rive gauche du Doubs; le 24ᵉ corps, formant la
» droite, passerait par Blamont, et les deux traverseraient la ri-
» vière, près d'Audincourt, de manière à déboucher dans la
» plaine dite de Belfort. Par ce moyen, ils prendraient les posi-
» tions des Prussiens à Montbéliard et à Héricourt par derrière,
» tandis que le Doubs et le canal du Rhône au Rhin serviraient
» de ligne de ravitaillement, et, en même temps, couvriraient
» l'armée contre une attaque de flanc. En cas d'insuccès, les

(1) On me communique, en cours d'impression, une brochure faite par un officier d'état-major du général Cremer, dans laquelle je lis ce qui suit : « Le général envoya un de ses aides de camp à
» Langres pour étudier si, en se joignant aux forces que le comman-
» dant supérieur de cette place, le général Méyère, avait disponibles,
» on pouvait battre les Prussiens qui se trouvaient à Chaumont et
» à Château-Villain. .....Le général demanda donc à Bourbaki l'au-
» torisation de marcher aussitôt sur Chaumont. A cinq heures du
» soir, un télégramme du général en chef accordait l'autorisation que
» sollicitait Cremer. A six heures, une seconde dépêche contreman-
» dait la première et prescrivait à la division de se porter par Gray
» sur Vesoul pour former devant Belfort l'extrême aile gauche, en se
» reliant au corps du général Billot. Quand Bourbaki faillit être sur-
» pris par l'arrivée de Manteuffel, il dut amèrement regretter de ne
» point avoir accédé à la demande de l'entreprenant Cremer. »

» mêmes routes, qui étaient non-seulement nombreuses, mais
» excellentes, et, nonobstant la gelée et la neige, parfaitement
» praticables, serviraient de lignes de retraite sur Besançon et
» Lons-le-Saulnier, dans la direction de Bourg et de Lyon.

» Le 15ᵉ corps, formant la réserve générale de l'armée, devait
» avancer par la route « impériale » sur la rive droite du Doubs,
» par Baume-les-Dames, Fontaine, et de Geney à Arcey, Sainte-
» Marie, Saint-Julien et Saint-Chenans.

» Le 18ᵉ corps prendrait la route à travers Rougemont, Vil-
» lersexel, puis à droite de Saint-Ferjeux au Vernois ; sa droite
» marcherait par Aibre et Verlans directement sur Héricourt,
» tandis que sa gauche tournerait cette position et attaquerait
» Chagey par la route qui passe par Champay et le bois d'Apre-
» mont, en longeant la ville à l'ouest et opérant là sa jonction
» avec la division Cremer ; celle-ci serait arrivée de Dijon, par
» Vesoul, Lure, Ronchamp et Champagny, sur les derrières de
» Frahier, prenant Chenebier et Mandrevillars à revers. »

Le grand avantage de ces dispositions eût été de ne pas encombrer les routes, d'assurer beaucoup mieux le ravitaillement et la retraite, et de gagner un temps considérable pour arriver devant Héricourt. A la vérité, on ne dispersait pas sûrement les forces de Werder, qui pouvaient garder leurs positions devant le 18ᵉ corps et la division Cremer, et, dès lors, menacer l'armée d'une diversion ou d'une jonction par la route de Lure. Néanmoins, comme la suite l'a montré, la considération du ravitaillement et de la célérité était telle que, tout compte fait, ce plan eût été préférable à l'autre.

La marche sur Vesoul ayant prévalu, les 18ᵉ et 20ᵉ corps partirent de Dampierre et d'Auxonne pour traverser l'Ognon à Pesmes et au-dessus. Mais les ponts ayant été détruits par l'ennemi lors de sa retraite de Dijon et de Gray, le 20ᵉ corps remonta jusqu'à Voray, ce qui occasionna un nouveau retard.

La traversée de l'Ognon fut marquée par un incident intéressant à rappeler, car il n'est pas fréquent dans l'histoire des guerres, et il montre en outre dans quelles rudes conditions s'accomplissait la campagne de l'Est. Je veux parler du passage sur la glace par une partie du 18ᵉ corps. Voici la lettre dans laquelle en rend compte son commandant, le général Billot :

« Monsieur le ministre,

» J'ai l'honneur de porter à votre connaissance les faits relatifs
» au passage de l'Ognon effectué le 2 janvier 1871 par le
» 18ᵉ corps exécutant son mouvement de marche en avant
» d'Auxonne, dans la direction de Vesoul.

» La largeur de la rivière est de 50 à 60 mètres ; la commu-
» nication entre les deux rives était établie primitivement aux
» abords de la ville de Pesmes, au moyen de deux ponts, l'un en
» pierre, à deux arches, à l'entrée même de la ville, l'autre en
» bois, aux piles en maçonnerie, à trois travées, au lieu dit les
» Forges, à trois kilomètres environ en aval.

» Les Prussiens avaient fait sauter le pont de Pesmes au moyen
» d'un fourneau de mine pratiqué dans l'intérieur même de la
» pile. La pile était complétement détruite, au-dessus du niveau
» de l'eau. Ils avaient en même temps détruit le tablier du pont
» des Forges, dont les piles subsistaient seules.

» Pour arriver aux points prescrits par vos instructions, j'ai pris
» mes dispositions pour passer la rivière. Elle a été franchie par
» le 18ᵉ corps de trois manières différentes :

» 1° Sur la glace, qui se trouvait avoir de 15 à 20 centimètres
» d'épaisseur. L'infanterie tout entière a pu passer ainsi;

» 2° Sur un pont de bateaux, de 54 mètres de longueur, établi
» à côté du pont de Pesmes, par M. le chef d'escadron d'ar-
» tillerie Logerot, commandant l'artillerie de la place d'Auxonne,
» au moyen du matériel de pontonniers appartenant à cette
» place. Ce passage a servi à la plus grande partie de l'artillerie
» et aux voitures de toutes sortes;

» 3° Sur le pont des Forges réparé par l'ingénieur des ponts et
» chaussées Belin, de l'arrondissement de Dôle, au moyen de la
» compagnie du génie auxiliaire d'Auxonne et des ressources
» locales. Ce passage, dont le rétablissement a été terminé le
» dernier, a servi principalement à la cavalerie.

» Les particularités relatives à l'établissement et aux services
» rendus par ces passages provisoires sont les suivants :

» La surface de la glace avait été recouverte soit de paille
» répandue soit d'un platelage en madriers, pour la préserver de
» l'usure produite par la circulation. Quelques chevaux ont passé
» en même temps que les hommes, mais un accident arrivé à
» l'un d'eux, sous les pieds duquel la glace s'est rompue, a fait
» réserver le passage pour l'infanterie seule à l'exclusion des
» chevaux. A la fin de la journée, il a été jugé prudent de
» déplacer les passages quoique cette précaution ne fût peut-être
» pas rigoureusement nécessaire.

» La mise en place du pont de bateaux a occupé l'après-midi de
» la journée du 2 janvier. La nuit du 1er au 2 avait été nécessaire
» pour la réunion et le chargement du matériel, la matinée du 2
» pour le transport d'Auxonne à Pesmes. La mise en place com-
» mencée à une heure de l'après-midi a été terminée à sept
» heures et demie du soir environ. Le travail a été exécuté sous
» la direction du commandant Logerot par une section du génie
» de la garde nationale de la Côte-d'Or et quelques ouvriers de
» l'arsenal. Le pont, qui est encore en place, a 54 mètres de lon-
» gueur. Il comprend huit supports entre culées, sept bateaux
» et un chevalet dont la présence est motivée par l'insuffisance
» du nombre des bateaux.

» Si la durée de l'opération a dépassé de beaucoup les limites
» ordinaires correspondant aux conditions normales, il faut
» l'attribuer à la nécessité de briser la glace pour mettre à flot et
» mouvoir les bateaux, au temps employé au calfatage des voies
» d'eau, conséquence du mauvais état du matériel, à l'inexpé-
» rience complète de la manœuvre où se trouvait le personnel
» improvisé que le commandant Logerot avait sous la main,
» enfin au froid vif, qui gênait les travailleurs.

» La réparation du pont des Forges a commencé à sept heures
» du matin, le 2 janvier. Elle a été terminée le lendemain à
» 10 heures du matin sans que le travail eût été discontinué. Les
» matériaux ici n'étaient pas préparés d'avance. L'abatage de
» quelques arbres, situés dans les environs, les a fournis.

» Le défilé des troupes commencé vers midi a été terminé le
» lendemain à la même heure. Il a eu lieu toute la nuit, à la fa-
» veur du clair de lune.

» J'ai cru aussi devoir, monsieur le Ministre, vous signaler les
» circonstances spéciales qui ont caractérisé cette opération mili-
» taire :

» Le passage de l'infanterie sur la glace, et l'utilisation d'un
» matériel de pont sur lequel nous ne comptions pas, et dont la
» découverte inespérée dans l'arsenal d'Auxonne a permis de
» hâter d'un jour la marche du corps d'armée.

» Je dois ajouter que le passage s'est effectué sans coûter au
» corps d'armée un homme, une voiture ou un cheval.

» Le zèle et l'activité des officiers a beaucoup contribué au
» bon ordre du passage. »

Les 18e et 20e corps ayant traversé, cheminèrent sur la rive droite, tandis que le 24e corps, venu de Besançon, cheminait de concert sur la rive gauche. L'armée avança ainsi, à cheval sur la rivière, par Rioz, Montbozon et Rougemont. Elle menaçait directement Villersexel et Esprels, où l'ennemi s'était soigneusement fortifié.

L'attaque de ces positions eut lieu le 9 janvier au matin.
Le général de Werder avait tiré parti de tous les obstacles
naturels ; les villages étaient barricadés, les maisons crénelées ; les points culminants étaient garnis de grosse artillerie. Son armée, forte de 35,000 hommes environ, était
distribuée entre Vesoul et Villersexel, occupant tous les
points favorables, et, par suite de la configuration du terrain,
c'était moins une bataille qu'il fallait livrer, qu'une suite de
positions retranchées à enlever. La supériorité numérique
de nos forces se trouvait en grande partie annulée, car il
était impossible de les faire entrer toutes en ligne. Quant à
la division Cremer, qui avait quitté le 8 seulement les environs de Dijon, elle ne devait pas arriver en temps utile.
Si l'on tient compte, en outre, des avantages naturels acquis
à l'ennemi, on peut admettre que la partie était à peu près
égale des deux côtés.

Le combat s'engagea avant dix heures du matin et se
prolongea jusqu'à sept heures du soir. Le terrain fut disputé pied à pied par l'ennemi. Le village de Villersexel, qui
était la clef de la communication avec Montbéliard, fut pris
et repris, mais resta en définitive aux Français. Le succès de
la journée fut dû principalement à l'intervention personnelle
du général Bourbaki qui ne quitta pas le champ de bataille.
Au moment où les troupes faiblissaient sous le feu de l'artillerie, il parcourut leur front et les ramena à l'assaut avec
une bravoure incomparable. Ceux qui étaient auprès de lui
et qui n'avaient point eu occasion de le voir dans le combat,
parlent avec admiration du changement qui s'opéra en sa
personne. Sa physionomie, d'ordinaire douce et tranquille,

s'illumina soudain, et son geste eut une puissance de commandement irrésistible. Les troupes électrisées marchèrent au feu en poussant des acclamations enthousiastes.

Le général de Werder a essayé vainement de s'attribuer la victoire. « Les personnes, dit M. Ed. Tallichet, dans la
» *Revue suisse*, qui ont vu passer ensuite les colonnes
» prussiennes marchant ensemble, mais en désordre, et
» tous les corps mélangés, savent à quoi s'en tenir sur ce
» point. — Cependant, ajoute l'auteur, le général de
» Werder avait réussi dans son mouvement, et, quoique
» battu, il amenait au général Treskow un secours urgent. »
En effet, ses troupes avaient pu, en grande partie, s'échapper dans la direction de Lure, et, de là, elles gagnèrent Héricourt sans obstacle. Si la division Cremer n'avait pas été retardée à Dijon, il est vraisemblable que, par sa présence sur la route de Lure, elle aurait empêché cette jonction de s'opérer.

On a reproché au général Bourbaki d'avoir perdu vingt-quatre heures, après sa victoire, à fouiller les villages environnants pour en déloger les derniers ennemis. On dit que son intérêt le plus pressant était de se porter sur Héricourt, afin de laisser au général Treskow le moins de temps possible pour se fortifier. Il est assez difficile, à distance, d'apprécier s'il y a eu là une faute commise, ou si, au contraire, la situation de l'armée commandait ce temps d'arrêt. Ce qui paraît plus probable, c'est que le général en chef a été obligé d'attendre à Villersexel ses approvisionnements. Déjà, en effet, se produisaient dans le ravitaillement de l'armée ces lenteurs et ces irrégularités qui devaient bientôt être si fatales. Or, le pays était trop pauvre et la saison trop rude pour qu'on pût facilement suppléer aux fournitures de l'intendance.

Le 11, l'armée reprit sa marche en avant, avec une lenteur due sans doute aux mêmes difficultés, et le 13, elle rencontra l'ennemi à Arcey, à peu près à mi-chemin de Villersexel à Héricourt. Cette position était la première ligne de défense d'une série de retranchements élevés par la nature et fortifiés avec soin par les Prussiens jusqu'à Héricourt. Le combat qui s'engagea autour d'Arcey se termina de la même manière que celui de Villersexel, après des phases sensiblement pareilles. Le général Bourbaki y déploya la même vigueur et eut également la plus large part dans le succès. Toutefois la lutte fut moins meurtrière et on fit peu de prisonniers. L'ennemi, délogé de ses positions, se retira dans la direction d'Héricourt, sans être sérieusement inquiété.

Enfin, le 14 au soir, le général vint s'établir devant Héricourt, qui était la vraie clef de la situation. Héricourt pris, le siége de Belfort était levé nécessairement, et l'armée de Treskow obligée de se réfugier en Alsace, peut-être de repasser le Rhin. L'ennemi ne l'ignorait pas; aussi avait-il fait d'énormes préparatifs pour garder la position. Il n'était bruit, dans toute la presse étrangère, que des renforts qu'il avait fait venir d'Allemagne; on articulait le chiffre invraisemblable de cent mille hommes. D'un autre côté, une partie de l'armée de Werder l'avait rejoint. On peut estimer, sans exagération, à quatre-vingt mille hommes, le total des forces réunies dans ces parages. Vingt mille environ avaient été laissés pour contenir Belfort; le reste, ou soixante mille hommes, étaient retranchés autour d'Héricourt et de Montbéliard. Le général Bourbaki y arrivait vingt-cinq jours après le premier départ de Bourges, c'est-à-dire dix jours après le délai qu'il eût été permis d'espérer, si toutes choses s'étaient bien passées dès le début. Néanmoins, et malgré ce long retard, le mouvement avait été, dans les commencements, si bien caché à l'ennemi, que le général Treskow avait eu à peine le temps d'achever ses travaux de défense. On assure même que les grosses pièces de siége qui couronnaient les hauteurs et qui nous ont empêché de vaincre, n'y avaient été établies que la veille; en sorte que si l'armée avait mis un jour de moins à venir de Villersexel, elle aurait enlevé la position.

Le 15, commença une série d'engagements, collectivement désignés sous le nom de bataille d'Héricourt. La lutte dura trois jours, se réduisant sur certains points à de simples duels d'artillerie et prenant, sur d'autres, le caractère de mêlées d'infanterie, où nos soldats se battirent, dirent les officiers prussiens, « avec un acharnement sans exemple dans les annales militaires (1). » Ce témoignage est bon à rapporter, parce qu'il répond aux attaques des ennemis de notre honneur militaire, qui veulent mettre sur le compte des troupes les échecs que nous avons subis.

Le plan d'ensemble adopté par le général en chef était une marche directe à la fois sur Héricourt et Montbéliard, combinée avec un mouvement tournant de l'aile gauche

---

(1) Ed. Tallichet, Revue déjà citée.

formée par le 18ᵉ corps, et, à l'extrême gauche, par la division Cremer qui, arrivée à Lure le 14, en repartait le lendemain pour le champ de bataille. Les 20ᵉ et 24ᵉ corps opéraient dans la direction d'Arcey à Héricourt, et le 15ᵉ dans la direction de l'Isle à Montbéliard, sur la rive droite du Doubs. En outre, le 24ᵉ régiment de marche, appuyé du corps franc du colonel Bourras, devait menacer la retraite des défenseurs de Montbéliard dans la direction d'Audincourt à Belfort. Quant au mouvement tournant du 18ᵉ corps, il s'effectuait de Villersexel sur Chagey, par Faymont, Athesans et Mignavillers. Le corps Cremer suivait la route départementale de Lure à Héricourt, par Lyoffans, Magny et Beverne, pour, de là, marcher sur Chenebier, qui était la position extrême de l'ennemi de ce côté. Il est regrettable que le corps Cremer n'ait pas été dirigé par la route « impériale » à travers Ronchamp jusque derrière Frahier ; car non-seulement cette route était meilleure, mais elle prenait les positions de l'ennemi à revers, elle commandait leurs communications entre Chenebier et Belfort, et enfin elle n'exposait point le corps Cremer à tomber dans le 18ᵉ corps, aux environs de Beverne, ainsi que cela est arrivé le lendemain.

Quant à l'ennemi, il avait pour ligne principale de défense la Lisaine, depuis Montbéliard, qui formait son extrême gauche, jusqu'à Chenebier, à l'extrême droite. Il était, en outre, maître de Frahier et de la grand'route sur Belfort. Tous les escarpements de la rive gauche de la Lisaine étaient garnis de pièces à longue portée. De plus, les Prussiens défendaient la route départementale de Montbéliard jusqu'au delà d'Héricourt, vers Beverne, et, au devant de cette route, ils avaient fortifié un certain nombre de positions, Vyans, Tavey, Byans, Coisevaux, Couthenans, Chagey. Cet ensemble était redoutable et surtout plaçait les assaillants dans des conditions difficiles, car il fallait avancer par des chemins mal frayés et couverts de neige, notamment à l'extrême gauche où, pour atteindre Chenebier, et, de là, se rabattre le long de la Lisaine, on ne trouvait que des sentiers à peu près impraticables à l'artillerie et aux convois.

La journée du 15 se passa bien. Les premières positions, en avant de la route départementale, furent emportées jusqu'à Chagey. Toutefois, à la gauche, le mouvement tournant ne put s'effectuer en temps opportun et l'ennemi garda les villages d'Étobon et de Chenebier. La véritable cause qui fit manquer ce mouvement paraît être le mauvais état des chemins que le 18e corps avait à suivre. C'étaient des sentiers très-étroits, rendus glissants par la neige et la glace, sur lesquels les chevaux avaient beaucoup de peine à avancer. Quant au corps Cremer, il fut coupé en deux par le 18e corps et fut ainsi retardé de près de trois heures. Son rôle, qui devait être très-important, ne put commencer qu'à 3 heures et demie du soir. A ce moment il atteignit Étobon, d'où sa batterie Armstrong canonna l'ennemi à Chenebier, à 2 kilomètres. Le soir, par une manœuvre qui ne s'explique pas très-bien, on abandonna Étobon pour se concentrer sur le plateau de Thure, à l'est de Chenebier.

La nuit du 15 au 16 fut terrible à passer, à cause du froid, surtout pour les troupes stationnées sur les plateaux. « Ce fut, dit le correspondant anglais, la plus rude nuit que » nous ayons eue, et il serait impossible de donner la moindre

» idée de nos horribles souffrances... Les Prussiens étaient
» distants de nos avant-postes de 800 mètres seulement,
» et, nonobstant cette proximité et en opposition avec toutes
» les règles militaires, nous allumâmes des feux avec autant
» de fagots — tous de bois vert — que nous pûmes nous en
» procurer. Autour de ces feux se confondaient sans dis-
» tinction de rang, généraux, officiers et soldats, et jusqu'à
» des chevaux, également désireux tous de ne pas mourir
» de froid. Le thermomètre marquait 18° au-dessous de
» zéro ; un fort vent aigu soufflait sur le plateau, chassant
» devant lui des nuages de neige, nous aveuglant et
» formant autour des hommes de petits tas dans lesquels ils
» étaient enfoncés jusqu'aux genoux. Assis sur nos havre-
» sacs, nous passâmes la nuit avec les pieds dans le feu,
» espérant conserver ainsi notre chaleur vitale. » Pour
comble de maux les approvisionnements eurent de la peine
à arriver sur plusieurs points, et, dans le corps Cremer, notamment, le même correspondant assure que la troupe
« n'eut rien à manger pendant 36 heures. » Même en admettant une certaine exagération, il n'est que trop vrai que
l'armée fut cruellement éprouvée par la faim aussi bien que
par le froid.

Néanmoins et malgré les dispositions vicieuses de la
conception, tout indique que, si dans cette première journée
des forces plus considérables avaient été engagées, des positions destinées à jouer un rôle capital seraient tombées en
notre pouvoir. Tel est, par exemple, le mont Vaudois qui ne
fut canonné que par 2 batteries alors que 10 batteries auraient été nécessaires pour réduire l'artillerie ennemie.

Lorsque le lendemain on voulut renforcer l'attaque, il était trop tard, l'ennemi avait augmenté ses défenses et l'on ne put réussir. Sur d'autres points, l'infanterie n'avait pas été déployée en quantités suffisantes.

L'attaque recommença le lendemain, 16. Au centre et à droite, on ne gagna pas de terrain, les positions furent seulement maintenues. Une tentative vigoureuse pour traverser la Lisaine à Bétoncourt, entre Montbéliard et Héricourt, fut repoussée. Quelques maisons d'Héricourt, un instant occupées, par la grand'route d'Arcey, ne purent pas être conservées. La brigade Peytavin s'empara de Montbéliard ; mais le château restait à l'ennemi, ce qui enlevait tout intérêt à cette prise de possession. A l'extrême gauche seulement, nous eûmes un important avantage qui mérita le nom de « victoire de Chenebier. » Elle fut due à la division Cremer et à une partie du 18ᵉ corps. Voici comment en rend compte le correspondant anglais déjà cité et présent à l'engagement :

« Le 16, à 7 heures et demie du matin, l'ennemi commença
» par lancer en avant ses tirailleurs et par établir ses batteries
» de 12 à Chenebier. Le général Tevis (du corps Cremer) dé-
» ploya sa brigade sur la crête du plateau (de Thure) et ouvrit
» le feu avec ses pièces de 4. Après deux heures de ce duel
» d'artillerie à courte distance, les canons ennemis furent com-
» plétement réduits au silence, et, au grand chagrin des hommes,
» Cremer envoya l'ordre à Tevis de cesser le feu, bien qu'une
» colonne d'attaque eût été formée pour prendre le village à la
» baïonnette. Cremer croyait que c'était une simple démonstration
» (de l'ennemi) pour nous empêcher d'aller à Chagey appuyer
» le général Bonnet du 18ᵉ corps, dont nous entendions dis-

» tinctement la fusillade et le canon à 3 kilomètres seulement
» derrière la montagne. Agissant sous cette impression, le 32e
» fut envoyé par le chef de la division pour faire une reconnais-
» sance dans cette direction, mais il fut ramené au bout d'une
» heure environ, et alors nous apprîmes que le chemin indiqué
» par Bourbaki pour notre mouvement était un simple sentier à
» montures, absolument impraticable pour l'artillerie, et que le
» seul moyen de sortir de notre position était à travers les
» lignes ennemies, à Chenebier. Sur ces entrefaites, de grands
» renforts d'artillerie pouvaient être vus distinctement entrant
» dans le village par la route d'Échevanne et défilant sous le cou-
» vert des maisons vers Étobon, sur notre gauche, dans le but
» de diriger un feu croisé sur notre position. La chose avait l'air
» très-sérieux et, quand, à 11 heures 30, la canonnade recom-
» mença, nous reconnûmes que l'ennemi, profitant de l'expé-
» rience du matin, avait établi ses batteries sur le versant en
» arrière du village, au niveau de notre position et à une dis-
» tance dépassant la portée de nos pièces, sauf les Armstrong ;
» en conséquence le feu des petites pièces fut dirigé exclusive-
» ment sur l'infanterie. Sur les deux heures de l'après-midi,
» une grêle de balles, d'obus et de boulets balaya si furieuse-
» ment le plateau que nous fûmes tous obligés de nous coucher,
» quoique la première ligne, composée entièrement de la 2e bri-
» gade, la seule engagée, maintînt un feu violent sur l'infanterie
» ennemie. Alors Tevis s'aperçut que la gauche des Prussiens
» n'était pas gardée et pourrait être tournée à l'abri d'un coteau,
» et le 83e régiment fut immédiatement lancé à l'attaque. Les
» hommes avancèrent très-bravement pour de jeunes troupes ;
» mais, dans leur ardeur, ils firent feu trop tôt, attirant ainsi
» l'attention de l'ennemi avant que le 57e de ligne, que le gé-
» néral avait envoyé comme appui, pût arriver. Ils souffrirent
» ainsi beaucoup et rompirent plusieurs fois, mais ils furent
» ralliés par leurs officiers et réussirent à occuper la crête du
» coteau près d'une heure. Alors leur brave colonel, Pech-Lec-

» tanière, tomba avec une balle dans le cœur, et, comme une
» colonne badoise tournait leur droite, ils se retirèrent en dé-
» sordre et furent repoussés sur la route. Quelques-uns s'enfui-
» rent, mais le grand nombre se rallia derrière un monticule,
» d'où il dirigea un feu très-vif sur les tirailleurs ennemis qui
» fourmillaient à ce moment dans les bois sur le côté opposé
» d'un ravin à notre droite, d'où ils furent délogés par les obu-
» siers de montagne, utilisés pour la première fois dans cette
» campagne. Enfin le bruit agréable des tambours du 57ᵉ battant
» la charge fut entendu, et au bas de la pente devant le plateau
» se répandirent des flots d'hommes. Le 1ᵉʳ bataillon du 86ᵉ
» mobiles se joignit au mouvement, ainsi que le bataillon de la
» Gironde et le reste du 83ᵉ, et, avec un cri impétueux de Vive
» la France ! les Français se jetèrent dans le village, et la ba-
» taille de Chenebier fut gagnée, juste comme l'amiral Penhoat
» rompait la droite des Prussiens et les chassait d'Étobon.

» Malheureusement, comme tous nos succès dans cette guerre,
» la victoire n'eut pas de suites, et le général Dagenfeld se retira
» avec toute son artillerie sur Frahier, ligne de retraite qui lui
» aurait été coupée si le mouvement de la 2ᵉ brigade avait été
» exécuté par la droite comme il avait été commencé, au lieu
» de l'être au centre. Les pertes des deux côtés furent à peu
» près égales; les Prussiens avouèrent 1,200 morts et blessés;
» la nôtre fut peut-être un peu moindre. La 2ᵉ brigade (à elle
» seule) perdit 17 officiers et 590 hommes tués et blessés, la
» plupart par la mousqueterie. Le général Billot, commandant
» le 18ᵉ corps, vint après la bataille et exprima sa surprise pour
» la fermeté et la bravoure des régiments de mobiles, qui avaient
» supporté le choc de l'action et avaient tenu pendant sept heures
» et demie sous le plus violent feu d'obus, de mitraille et de
» mousqueterie. Le succès de la journée est attribué au mouve-
» ment de flanc de la 2ᵉ brigade, dont le commandant, général
» Carrol-Tevis, fut complimenté devant ses hommes et décoré
» sur le champ de bataille. »

Le 17, le général en chef ordonna une attaque générale, sur tout le front ennemi, depuis Montbéliard jusqu'au mont Vaudois. On essaya, mais en vain, de passer la Lisaine à Bethoncourt, Busserel et Héricourt. L'ennemi, qui était sur ses gardes, avait soigneusement occupé ces passages. Une tentative sur le château de Montbéliard échoua ; 8 batteries de 24, rangées sur la montagne, en défendaient les abords et défiaient tous les efforts des pièces de 4 et de 12 qu'on leur opposait. A Chagey même, le 18ᵉ corps ne put enlever la position, par suite de l'extrême difficulté d'amener l'artillerie en ligne. Il en résulta que le mouvement tournant de gauche, sur lequel le général en chef comptait toujours, ne put s'effectuer, et cette circonstance acheva de lui faire envisager le succès comme impossible. A l'extrême gauche il n'y eut pas d'engagements importants. Aux premières heures, une tentative des Prussiens pour déloger de Chenebier l'amiral Penhoat fut victorieusement repoussée ; mais tout le reste du jour il n'y eut à proprement parler que des escarmouches. En présence de ces résultats négatifs, le général en chef ne crut pas devoir persévérer. « Nous avons devant nous, écrivit-il dans la soirée, un
» ennemi beaucoup plus nombreux que les renseignements
» recueillis ne permettaient de le supposer, et pourvu d'une
» formidable artillerie. Les renforts lui ont été envoyés de
» tous côtés. Il a pu, grâce à ces conditions favorables
» comme à la valeur de la position qu'il occupait, aux
» obstacles existants à notre arrivée ou créés par lui de-
» puis, résister à tous nos efforts. Mais il a subi des pertes
» sérieuses. N'étant pas parvenu à réussir le 15 janvier,

» j'ai fait recommencer la lutte le 16 et le 17, c'est-à-dire
» pendant trois jours. Malheureusement le renouvellement
» de nos tentatives n'a pas produit d'autres résultats, malgré
» la vigueur avec laquelle elles ont été conduites. L'ennemi
» toutefois a jugé prudent de se tenir sur une défensive
» constante. Le temps est aussi mauvais que possible. Nos
» convois de vivres et de munitions nous parviennent très-
» difficilement. En dehors des pertes causées par le feu de
» l'ennemi, le froid, la neige, les marches et le bivouac
» dans ces conditions exceptionnelles ont causé de très-
» grandes souffrances. De l'avis des commandants de corps
» d'armée, j'ai décidé, à mon grand regret, que l'armée
» occuperait de nouvelles positions à quelques lieues en
» arrière de celles sur lesquelles nous avons combattu ;
» nous pourrons de la sorte nous ravitailler plus facilement.
» Nous aurons besoin de nous ravitailler en officiers, en
» hommes de troupes et en chevaux.

» J'établirai demain mon quartier général à Arcey. »

Nonobstant ces conditions défavorables, aggravées encore par le manque de chemins praticables, il paraît avéré que, si l'attaque avait été renouvelée, elle aurait abouti. « Ils
» (les officiers prussiens) se croyaient perdus, dit M. Tal-
» lichet, tous leurs préparatifs de retraite étaient faits,
» lorsque Bourbaki perdit courage d'une manière absolu-
» ment inexplicable et se retira à peu de distance, ne pou-
» vant se décider ni à tenter un grand et suprême effort, ni
» à effectuer une retraite qui était parfaitement possible,
» mais qui devait s'accomplir sans retard, car deux corps
» d'armée détachés de devant Paris s'avançaient sous le

» général Manteuffel de manière à l'entourer et à lui fermer
» toutes les issues. Ces hésitations le perdirent. Sans
» doute, ses hommes avaient beaucoup souffert du froid et
» de la faim, mais l'inaction n'améliorait pas leur position.
» J'ai interrogé à ce sujet un certain nombre de soldats et
» d'officiers qui assistaient à ces engagements ; ils ont été
» unanimes à me dire que les soldats n'étaient point dé-
» couragés, qu'ils étaient prêts à continuer, que l'attaque
» s'est faite avec trop de mollesse, en y employant trop peu
» d'infanterie, que c'était le cas ou jamais de tenter un
» assaut en forces, dût-on même y perdre 10,000 hommes,
» et que la perte aurait été moindre que dans une bataille
» prolongée où une artillerie de gros calibre, postée sur des
» points dominants, avait fait un mal affreux aux assail-
» lants. » Le correspondant anglais déjà cité manifeste, de
son côté, son étonnement de cet ordre de retraite : « Même
» alors, dit-il, un rapide mouvement de flanc aurait permis
» à l'armée de tourner la droite des Allemands et de se-
» courir Belfort. Mais Bourbaki était plus démoralisé que
» son armée même. » Ce découragement n'est toutefois pas
d'accord avec la dépêche reproduite plus haut, laquelle, aux
détails qu'on a vus, ajoutait : « Si l'ennemi se décidait à
» nous suivre, j'en serais dans l'enchantement ; peut-être
» nous offrirait-il ainsi l'occasion de jouer à nouveau la
» partie dans des conditions beaucoup plus favorables. »

Il est réel que des forces ennemies s'avançaient du nord-
ouest dans la direction de Vesoul. Des détachements avaient
rejoint les restes de l'armée de Werder, et déjà une concentration importante était signalée dans cette région.

Dans ces conditions, et puisque le mouvement en avant était abandonné, il pouvait être dangereux de stationner à une faible distance d'Héricourt, car on s'exposait à être pris entre l'armée de Treskow sortant de ses lignes et les nouveaux arrivants. Il n'y avait donc que deux partis à prendre : ou bien, comme le conseillait l'administration de la guerre, se dérober rapidement devant Héricourt, en laissant un corps de troupes en observation pour dissimuler le mouvement, et avec le gros de l'armée se porter à la rencontre des renforts annoncés ; ou bien ramener toute l'armée sur Besançon et, de là, suivant les événements, se porter sur Lons-le-Saulnier, Dôle ou toute autre direction appropriée. Le général Bourbaki préféra ce dernier parti, ne jugeant pas possible, comme il le dit, de changer sa base d'opérations sans gagner d'abord Besançon.

CHAPITRE IX

CAMPAGNE DE L'EST

(Suite)

Retour sur Besançon — Victoire de Dijon — Apparition de l'ennemi à Dôle et Arc-Senans — Mouvements de l'armée devant Besançon — Perte des lignes de retraite — Départ de l'armée pour Pontarlier — Suicide du général en chef — Causes de l'insuccès de la campagne.

Ainsi que le général en chef l'avait décidé, la retraite sur Besançon commença le 18 au matin.

Elle était difficile, surtout pour la gauche de l'armée, qui avait à décrire un arc étendu, à travers des chemins peu praticables. En outre on se mouvait dans une zone étroite, où les corps risquaient à chaque instant, plus encore qu'en allant, de se trouver rejetés les uns sur les autres. « A l'extrême gauche les empêchements étaient si grands, » dit le correspondant anglais, que malgré la chaude pour-» suite de l'ennemi nous eûmes besoin de cinq jours pour » atteindre Besançon. » Néanmoins, le mouvement, dans son ensemble, fut dirigé avec succès. Il s'effectuait entre le Doubs et l'Ognon, le 18e corps et la division Cremer étant rabattus sur Villargent, à l'est de Villersexel. Une tentative de l'ennemi, à Villargent, sur l'arrière-garde, fut vigoureusement repoussée. Sur les autres points, il ne s'en produisit pas de sérieuses.

Ainsi se passèrent les quatre premières journées, du 18 au 21 inclus, l'armée parcourant en moyenne une quinzaine de kilomètres par jour. Le 21 au soir la situation était relativement bonne. Le gros des forces n'était plus qu'à une journée de marche de Besançon. Le 24ᵉ corps, laissé en arrière, gardait les routes de Montbéliard, en occupant le Val-Blamont, Pont-de-Roide, Clerval. Une division du 15ᵉ corps occupait Baume-les-Dames. Tout le reste était distribué autour de Besançon, jusqu'à Pouilley, et la réserve établie entre Châtillon et Miserey, soit à 10 ou 12 kilomètres de la ville et en arrière des trois passages les plus voisins sur l'Ognon, Voray, Cussey et Pin. Besançon se trouvait dès lors entièrement couvert et les divers corps, moins le 24ᵉ, pouvaient s'y concentrer en vingt-quatre heures si les circonstances l'exigeaient.

Pour se rendre compte des dangers qui, à ce moment, menaçaient l'armée, il est indispensable d'examiner les événements en voie de s'accomplir sur des points peu éloignés.

Garibaldi, on s'en souvient, avait été envoyé à Dijon, avec la mission de fortifier cette place, de la défendre à tout prix et d'éclairer le pays jusqu'à Langres afin de protéger la gauche de l'armée de l'Est. En prévision des entreprises de l'ennemi, un nombre considérable de gardes nationaux mobilisés avait été réuni sur ce point, sous les ordres du général Pélissier. En outre, quatre escadrons de cavalerie et neuf batteries d'artillerie supplémentaires furent fournis.

L'ensemble de ces forces, y compris le corps franc, finit par atteindre le chiffre de 50,000 hommes et de 90 pièces de canon. Il fut confié au commandement exclusif de Garibaldi. Les hommes étaient imparfaitement armés, mal encadrés, mais ils avaient bonne volonté et, entre les mains du célèbre chef de partisans, ils étaient capables de rendre des services.

Ces préparatifs avaient lieu du 18 au 22 janvier. Le 15, le général Garibaldi était sérieusement malade, le bruit de sa mort courut même parmi ses troupes consternées; son chef d'état-major, Bordone, était à Avignon : il fut rappelé en toute hâte. Il y eut là quelques jours de troubles, de confusion et de déchirements intérieurs, car, en l'absence du chef, les garibaldiens étaient toujours prêts à se diviser et les affaires de la guerre en souffraient. Ces incidents coïncidèrent malheureusement avec l'approche des Prussiens. Le 16 ils étaient signalés dans la direction de Semur à Is-sur-Thille. L'état-major garibaldien, fort détourné par la maladie du chef, n'explora pas avec une vigilance suffisante ; il s'en rapporta aux dires de quelques éclaireurs qui avaient vu des uhlans dans les directions de Semur et de Montbard à Dijon, et il ne crut qu'à une démonstration sur cette dernière ville. Au contraire, l'ennemi, au nombre de 40 à 45,000 hommes, comprenant le corps Zastrow et le 7ᵉ corps, s'avançait réellement dans la direction d'Is-sur-Thill. Là il se partagea en deux groupes : l'un qui se dirigea sur Dijon, l'autre qui se divisa à son tour entre Combeau-Fontaine et Pontaillier.

L'erreur dans laquelle l'état-major garibaldien est resté

pendant 2 ou 3 jours n'eut pas toutefois pour l'armée de l'Est les conséquences directes qu'on pourrait supposer. Car le mouvement réel fut connu 24 heures plus tard par une autre voie, et dès le 18 il fut porté par l'administration de la guerre à la connaissance du général Bourbaki. Or jusque là celui-ci était resté devant Héricourt, espérant toujours prendre cette place, et le 18 seulement il commença sa retraite. Il n'aurait donc pu, même avisé plus tôt, changer ses dispositions, commandées par le sort de ses tentatives sur la Lisaine.

Mais si le retard à l'information n'a pas eu d'inconvénient, il en est tout autrement de l'abandon de Gray et surtout de Dôle, qui n'ont pas été gardés et sont demeurés ouverts à l'ennemi. Ici les généraux Bourbaki et Garibaldi se rejettent mutuellement la responsabilité. Le général Bourbaki dit que le général Garibaldi avait mission de couvrir sa gauche et qu'il aurait dû dès lors défendre Gray et Pontaillier et, par suite, interdire les routes de Dôle. Le général Garibaldi objecte que ses forces n'étaient pas suffisantes pour défendre à la fois Dijon et les autres places ; qu'il pouvait bien envoyer des éclaireurs au loin, mais non de véritables corps en état de s'opposer de vive force à la marche de l'ennemi. Il donne comme preuve, qu'attaqué lui-même deux jours après à Dijon, il a eu toutes les peines, avec son corps franc et les 15 ou 18,000 mobilisés qui venaient d'arriver, à se défendre victorieusement ; que, dès lors, s'il avait envoyé du monde à Gray et à Pontaillier, il aurait été battu à Dijon et la ville aurait été prise, ce qui eût été l'abandon de sa mission essentielle.

En ce qui me concerne, tout en regrettant l'inaction du corps garibaldien, je considère que la défense de Dôle et des passages de la Saône incombait au général Bourbaki. Un chef d'armée doit faire garder ses derrières et assurer ses communications. Or c'est entre le Doubs et la Saône que l'armée de l'Est opérait. La place d'Auxonne nous appartenant, Dôle, qui était entre cette place et le général Bourbaki, ne pouvait pas être gardé par le général Garibaldi, qui opérait de l'autre côté. Au surplus, les dépêches du général en chef paraissent d'accord avec cette manière de voir. Car c'est précisément dans le but de garder ses communications, qu'après son départ de Bourges il réclamait l'envoi du 15ᵉ corps. « Si nous sommes assez heureux, écrivait-il
» de Châlon le 26 décembre, pour enlever les deux points
» convenus de la ligne ennemie et pour pouvoir continuer
» notre marche vers ses communications, il est évident que
» ces deux points devront être solidement gardés sous peine
» de voir menacer ou même couper les nôtres. J'aurais
» trouvé à ce moment un appui précieux dans le 15ᵉ corps
» pour jouer ce rôle *ou pour me permettre de faire tel autre*
» *détachement qui m'aurait garanti mes communica-*
» *tions.* » Or, le 15ᵉ corps ayant été envoyé quelques jours après, il s'ensuit que les points principaux, et en tous cas celui de Dôle, auraient dû être gardés par les propres détachements de l'armée de l'Est. On a pu même supposer que le général en chef en agissait ainsi quand il écrivait le 18 janvier : « Je prends toutes les dispositions nécessaires
» pour utiliser la Saône et l'Ognon. Je fais renforcer la gar-
» nison d'Auxonne et rappeler à Besançon la 3ᵉ légion du

» Rhône. Je prescris au général Rolland de faire occuper mo-
» mentanément la partie de l'Ognon comprise entre Marnay
» et Voray. » Ces prévoyantes dispositions embrassant le
territoire entre la Saône et l'Ognon, Dôle, situé dans ce
même territoire, se trouvait par suite compris.

Néanmoins on doit regretter, je l'ai dit, et l'erreur dans
laquelle est tombé l'état-major garibaldien et l'inaction, au
nord de Dijon, qui en a été la conséquence ; car l'envoi de
quelques bandes, même peu nombreuses, en travers des
colonnes ennemies, aurait pu, non les arrêter, mais du
moins les inquiéter et, sans doute, ralentir leur marche. Or,
il n'est pas improbable que, si le général Bourbaki s'était
vu serré de moins près par l'ennemi, il aurait conservé une
plus grande liberté d'esprit et aurait mieux profité du temps
qui lui était laissé pour effectuer sa retraite.

Le 20, les Prussiens arrivèrent en vue de Dijon et, le
lendemain, à la première heure, ils procédèrent à l'attaque. On évalue leurs forces dans cette journée à 10 ou
12,000 hommes d'excellentes troupes, parmi lesquelles les
régiments poméraniens, si renommés par leur bravoure et
leur solidité. Dijon avait reçu un commencement de fortifications, à l'aide de quelques pièces de marine que nous venions d'envoyer et de la mise en position de deux batteries
de 12 que possédait le corps de Garibaldi. On gardait ainsi,
du mieux qu'on pouvait, les directions de Daix et d'Asnières
par lesquelles l'ennemi se présenta. Quant aux troupes à
mettre en ligne, elles étaient peu nombreuses ; les 15 à
18,000 mobilisés, débarqués de la veille, étaient mal armés et durent être laissés pour garder les positions en ar-

rière. On tria seulement quelques bataillons en meilleur
état qui, sous le commandement du général Pélissier, durent appuyer les garibaldiens. Le général Garibaldi, encore
souffrant, se fit mettre en voiture découverte et conduire au
milieu du champ de bataille, où il resta jusqu'à la fin, donnant des ordres, se tenant debout pour animer ses troupes,
les empêchant par son exemple de plier sous les efforts de
l'ennemi. Le combat dura toute la journée et les Prussiens
furent repoussés, non sans des pertes sensibles de part et
d'autre. Ce premier engagement n'était du reste que le prélude d'attaques plus sérieuses.

La lutte recommença le lendemain et le surlendemain,
mais plus à l'est, et finalement dans la direction de Saint-
Apolinaire. Des pièces de renfort ainsi que quelques légions
de mobilisés étaient, fort heureusement, arrivées dans l'intervalle, en sorte qu'on put tenir tête de ces divers côtés,
bien que l'ennemi eût reçu, lui aussi, de nouvelles troupes.
On croit que le troisième jour, il disposait d'environ
18,000 hommes. Le succès final resta à Garibaldi, vaillamment secondé par le général Pélissier. Les mobilisés, un
peu hésitants d'abord par suite de l'infériorité de leur armement, se laissèrent ensuite enlever, et plusieurs bataillons
se comportèrent comme de vieilles troupes. La brigade Ric-
cioti se signala par sa valeur; elle s'empara d'un drapeau,
le premier, le seul hélas! qui ait été conquis sur l'ennemi
dans cette guerre. Il fut envoyé en pompe au gouvernement
de Bordeaux. Plusieurs officiers supérieurs se distinguèrent : le chef d'état-major Bordone se fit remarquer par son
sang-froid et la précision de ses ordres ; le brave général

Bossack fut tué; l'ingénieur des ponts et chaussées Gauckler mérita la croix d'officier de la légion d'honneur.

La population de Dijon, longtemps éprouvée par le séjour de l'ennemi et qui, pendant toute cette lutte, avait eu de mortelles angoisses, fut transportée par la victoire. Le soir elle acclama Garibaldi à sa rentrée en ville. Les habitants s'offrirent pour travailler aux fortifications et relever les troupes dans la garde des positions. Ils fournirent avec empressement tout ce qui pouvait aider et soulager les défenseurs.

Cependant la portion des forces prussiennes qui n'avait pas pris part à cette infructueuse attaque, s'était dirigée vers Gray et Pontaillier pour mettre obstacle à la retraite de l'armée de l'Est, laquelle à ce moment faisait son mouvement rétrograde d'Héricourt sur Besançon. Le 21 au soir, au moment où le général Bourbaki prenait autour de Besançon la position qu'on a vue, un détachement ennemi, qui de Pontaillier avait tourné la place d'Auxonne par Dammartin et Montmirey-le-Château, s'était emparé de Dôle sans coup férir. Ce détachement devait être très-peu nombreux, cinq à six mille hommes au plus. Il paraît même que la colonne qui est la première entrée à Dôle ne comptait que 450 hommes. C'est, du moins, ce qu'ont attesté les journaux de la localité en se plaignant amèrement de ce que, devant une si faible attaque, des mesures n'avaient pas été prises pour conserver la ville. On peut admettre toutefois qu'à Dôle ou autour de Dôle les forces prussiennes ne tardèrent pas à s'élever à une vingtaine de mille hommes. Elles ne restèrent pas concentrées sur ce point, mais une portion se dirigea vers Arc-Senans et Mouchard pour couper le chemin de fer de Besançon à Lyon, en même temps qu'un détachement remonta le long du Doubs jusqu'à une vingtaine de kilomètres de Besançon, vers Saint-Vit, où il apparut dans l'après-midi du 22. Mais cette démonstration n'était pas très-sérieuse et avait plutôt pour but de préoccuper l'armée française et de détourner son attention, tandis que les têtes de colonnes se portaient sur Mouchard.

Cette situation fut connue du général Bourbaki le 21 au soir. Nos propres dépêches l'en informèrent. Si, dès le lendemain, il s'était mis en marche résolûment avec son armée sur Dôle ou au moins sur Mouchard, comme nous l'y engagions, il aurait passé sans trop de difficultés. Car pendant ce temps une moitié des forces prussiennes opérait, comme on a vu, autour de Dijon, où elles combattirent jusqu'au 23 au soir. Elles avaient donc deux jours de retard sur l'armée de l'Est, et avaient plus de chemin à parcourir que celle-ci pour atteindre Dôle et à plus forte raison Mouchard. Dès lors elles ne pouvaient arriver en temps utile pour s'opposer au passage du général Bourbaki, qui ne devait rencontrer devant lui que les premières forces arrivées, c'est-à-dire vingt mille hommes environ dans tout le territoire à l'est de la Saône. Il eut à un certain moment cette pensée : « Si l'ennemi » n'est pas en nombre suffisant à Dôle, écrivait-il le 22, je » chercherai à profiter de la situation qu'il se sera faite » ainsi, pour l'attaquer dans de bonnes conditions avec le » gros de nos forces. Je prendrai ce parti, ou bien je ferai » passer successivement les corps d'armée sur la rive

» gauche du Doubs, en couvrant ce mouvement par l'occu-
» pation des positions en avant de Besançon. » Il est probable que l'abandon de ce projet, qui l'eût sauvé, fut dû à des renseignements exagérés qui lui parvinrent sur la force de l'ennemi. On ne peut également expliquer que par des informations contradictoires les manœuvres successives qu'il fit exécuter à ses corps autour de Besançon et qui remplirent trois jours, pendant lesquels l'armée se fatigua sans avancer. L'esprit des troupes en fut profondément affecté. Le correspondant anglais déjà cité reflète cette impression dans l'extrait suivant : « Nous continuâmes et attei-
» gnîmes Besançon à 4 heures de l'après-midi le 22 jan-
» vier... Le lendemain matin, nous reçûmes l'ordre de nous
» porter en avant avec la division Bonnet du 18e corps,
» pour mettre obstacle à la marche de l'ennemi qui était
» supposé à Saint-Vit, à environ 28 kilomètres au sud-
» ouest de Besançon sur la route de Dôle. Nous recon-
» nûmes qu'il avait avancé jusqu'à 4 kilomètres environ de
» Grande-Fontaine, située à 12 kilomètres de Besançon, où
» notre gauche s'appuyait, la droite étant à Franois. Comme
» à l'ordinaire, la 2e brigade avait la part du lion dans
» l'œuvre à faire, le plan adopté par le commandant (de la
» division) en pareil cas étant d'ouvrir un feu violent d'ar-
» tillerie et immédiatement après de lancer l'infanterie en
» avant. Cela réussit très-bien ici, comme cela l'avait déjà
» fait. Les bois furent nettoyés par le bataillon de la Vendée
» et le 2e bataillon du 86e, et des colonnes d'attaque furent
» formées sous le couvert de la forêt pour marcher sur
» Velesmes et Dannemarie, occupés par 2,500 Prussiens.

» Mais, de nouveau (1), le général Tevis reçut l'ordre du
» général Cremer de suspendre le mouvement jusqu'au
» lendemain matin, parce qu'un changement de position
» sur la gauche nécessiterait un changement correspondant
» dans les dispositions de la droite et du centre, qu'il se
» faisait nuit, et *ainsi de suite*. Le matin suivant, 24 jan-
» vier, nous reçûmes des ordres du général Bourbaki pour
» nous retirer immédiatement sur Besançon. A moitié che-
» min, de nouveaux ordres nous arrivèrent pour retourner
» sur nos pas et réoccuper nos positions, ce qui était im-
» possible maintenant, car elles étaient occupées en force
» par l'ennemi. » L'abandon de ces positions fit grand bruit
dans l'armée et donna lieu aux interprétations les plus fâcheuses. On alla même jusqu'à prononcer un mot qui, devant
la loyauté chevaleresque du général Bourbaki, était vide de
sens. Mais la souffrance avait aigri les cœurs et les disposait
à l'injustice.

La journée du 24 mit le comble aux préoccupations du
commandement. L'ennemi venait de couper le chemin de
fer à Mouchard. Les deux divisions du 15e corps, qui avaient
été envoyées à Quingey et à Busy, pour protéger la voie
ferrée, s'étaient repliées précipitamment devant des forces
inférieures. Les ponts de Torpes et de Thoraize, presque
aux portes de Besançon, paraissaient eux-mêmes menacés.
Les bruits les plus exagérés couraient sur le chiffre des
troupes ennemies opérant au sud-ouest de Besançon, et les

---

(1) Allusion à ce qu'on avait déjà fait abandonner une position à Chenebier.

2ᵉ et 7ᵉ corps prussiens tout entiers passaient pour être déjà réunis entre Dôle, Mouchard et Quingey. Au nord, des incidents plus fâcheux encore se produisaient. Le 24ᵉ corps chargé, on se le rappelle, de garder les défilés de Lomont, avait abandonné les positions sans combattre, en sorte que la totalité des forces allemandes autour d'Héricourt semblait en voie de descendre sur Besançon. Ainsi tout manquait à la fois au général Bourbaki. Par une fatalité inexplicable, ses dispositions même les plus prudentes échouaient. On conçoit que son âme ait dû en être profondément troublée, surtout après tant de souffrances et de déceptions endurées dans cette campagne. Sa dépêche du 24 à midi manifesta, pour la première fois, des inquiétudes sérieuses sur l'issue finale, en même temps que son indécision : « Les 2ᵉ et 7ᵉ corps d'armée prussiens, » dit-il, ont commencé à couper les communications avec » Lyon. Ils passent le Doubs et peut-être la Loue. En me » hâtant le plus possible, je ne sais si je parviendrai à les » reconquérir. Je prendrai demain un parti selon les ren- » seignements que je recevrai. »

Cependant tout n'était pas encore perdu, mais à la condition de se hâter. Il n'y avait plus un instant à perdre et il ne fallait plus remettre au lendemain les résolutions décisives. Car les forces ennemies, occupées jusqu'au 23 au soir à combattre autour de Dijon, venaient de se remettre en marche vers Pontaillier et allaient d'un jour à l'autre apparaître dans le bassin de la Loue. Pour le moment, on pouvait encore se retirer par Mouchard; peut-être aussi le pouvait-on par Dôle, qui, la suite l'a montré, était faiblement occupé. Le général en chef, pressé par nous à plusieurs reprises de prendre un parti vigoureux et de se frayer une route par Dôle ou par Mouchard, ne crut pas pouvoir le tenter. Il était sans doute sous la triste impression des derniers incidents que je viens de faire connaître et n'osait plus rien demander à des troupes dont le moral était devenu si prompt à s'ébranler. Il réunit ses chefs de corps et ne trouva pas la plupart d'entre eux plus confiants que lui-même. Alors, à la suite d'un conseil de guerre tenu à Château-Farine et où le général Billot fut seul d'avis de marcher sur Auxonne, le général Bourbaki décida de battre en retraite sur Pontarlier.

De quelque œil qu'on envisage cette résolution, dont les conséquences devaient être si funestes, il est équitable de tenir compte des circonstances exceptionnelles qui l'ont inspirée. L'armée se mouvait depuis plusieurs jours au milieu de difficultés inextricables, elle avait subi des échecs, elle était en partie désorganisée par le froid, la marche et les privations, enfin des bruits exagérés avaient cours, je l'ai dit, sur la force et la position de l'ennemi, et entretenaient dans l'armée une émotion dont, en pareil cas, les âmes les mieux trempées ne savent pas toujours se défendre. Ajoutons que ce parti, si dangereux qu'il fût, n'était cependant pas tout à fait sans espoir. Une chance de salut restait, laquelle aurait même réussi, ainsi que nous le verrons plus tard, sans des circonstances indépendantes de l'armée de l'Est et que personne à ce moment ne pouvait prévoir, je veux parler de l'armistice.

Toutefois l'administration de la guerre envisageait avec

beaucoup d'appréhension les risques d'une semblable entreprise. Elle redoutait les souffrances d'une marche dans ces âpres contrées, où nos soldats ne devaient rencontrer que des neiges constantes et aucune facilité pour se nourrir. Elle estimait que de Pontarlier, la retraite vers Lons-le-Saulnier ou Bourg serait encore plus difficile que de Besançon, car l'ennemi aurait eu le temps d'augmenter ses forces, tandis que l'armée française se serait affaiblie. Enfin elle se disait que, si la dernière chance sur laquelle on pouvait fonder quelque espoir venait à manquer, l'armée serait perdue irrévocablement. Aussi insista-t-elle avec une grande énergie pour changer les résolutions du commandement. Les deux dépêches suivantes furent adressées coup sur coup au général en chef, dans la journée du 25 :

Guerre à général Bourbaki, Besançon. — Extrême urgence.

Bordeaux, le 25 janvier, 2 heures 30 du soir.

Vos dépêches chiffrées d'hier au soir ne sont arrivées ici que ce matin après dix heures. Elles n'ont été déchiffrées et je n'ai pu en prendre connaissance que vers une heure. Je m'empresse d'y répondre.

Je suis tombé des nues, je l'avoue, à leur lecture. Il y a huit jours à peine, devant Héricourt, vous me parliez de votre ardeur à poursuivre le programme commencé; et aujourd'hui, sans avoir eu à livrer un seul nouveau combat, après avoir fait des mouvements à peine sensibles sur la carte, vous m'annoncez que votre armée est hors d'état de marcher et de combattre, qu'elle ne compte pas 30,000 combattants, que la marche que je vous conseille vers l'ouest ou le sud est impossible et que vous n'avez d'autre solution que de vous diriger sur Pontarlier. Enfin vous concluez par me demander mes instructions.

Quelles instructions voulez-vous que je donne à un général en chef qui me déclare qu'il n'y a pas d'autre parti à prendre? Puis-je, je vous le demande, prendre la responsabilité d'un de ces échecs qui suivent trop souvent la détermination qu'on impose à un chef d'armée? Je ne puis que vous manifester énergiquement mon opinion, mais je n'ai pas le droit de me substituer à vous-même, et la décision, en dernier lieu, vous appartient. Or, mon opinion, c'est que vous vous exagérez le mal. Il me paraît impossible que votre armée soit réduite au point que vous dites. Le commandement d'un bon chef ne peut pas, en si peu de temps, laisser une telle démoralisation s'accomplir. Je crois donc que, sous l'impression de votre dernier insuccès, vous voyez la situation autrement qu'elle n'est. En second lieu, je crois fermement que votre marche sur Pontarlier vous prépare un désastre inévitable. Vous n'en sortirez pas. Vous serez obligé de capituler, ou vous serez rejeté en Suisse. Quelle que soit la direction que vous preniez pour sortir de Pontarlier, l'ennemi aura moins de chemin à faire que vous pour vous barrer le passage.

Ma conviction bien arrêtée, c'est qu'en réunissant tous vos corps et vous concertant au besoin avec Garibaldi, vous seriez pleinement en force pour passer soit par Dôle, soit par Mouchard, soit par Gray, soit par Pontaillier (1). Vous laisseriez ensuite le 24ᵉ corps et le corps Cremer en relation avec Garibaldi, et vous continueriez votre mouvement en prenant autant que possible pour objectif les points indiqués dans mes dépêches précédentes, et, si l'état de votre armée ne permettait réellement

---

(1) Pontaillier ne doit pas être confondu avec Pontarlier, qui est du côté opposé.

pas une marche aussi longue, vous vous dirigeriez vers Chagny pour y stationner ou pour vous y embarquer. Remarquez que dans la position que vous allez prendre, vous ne couvrirez pas même Lyon. Telle est, général, mon opinion ; mais, je le répète, c'est à vous seul de décider en dernier ressort, car vous seul connaissez exactement l'état physique et moral de vos troupes et de leurs chefs.

Guerre à général Bourbaki, Besançon. — Extrême urgence.

Bordeaux, le 25 janvier, 4 heures 55 m. du soir.

Plus je réfléchis à votre projet de marcher sur Pontarlier, et moins je le comprends. Je viens d'en parler avec les généraux du ministère, et leur étonnement égale le mien. N'y a-t-il point erreur de nom? Est-ce bien Pontarlier que vous avez voulu dire? Pontarlier près de la Suisse? Si c'est là en effet votre objectif, avez-vous envisagé les conséquences? Avec quoi vivrez-vous? Vous mourrez de faim certainement. Vous serez obligé de capituler ou d'aller en Suisse. Car, pour vous échapper, je n'aperçois nul moyen. Partout vous trouverez l'ennemi devant vous et avant vous. Le salut, j'en suis sûr, n'est que dans une des directions que j'ai indiquées, dussiez-vous laisser vos *impedimenta* derrière vous, et n'emmener avec vous que vos troupes valides. A tout prix, il faut faire une trouée. Hors de là vous vous perdez.

Cependant le général Bourbaki crut devoir persister dans sa détermination, et le 26 la retraite sur Pontarlier s'engagea.

Il voulut y présider lui-même avec ce dévouement et cette sollicitude dont il avait donné tant de preuves depuis le début de la campagne. Pendant toute la journée du 26 et malgré le froid excessif qui sévissait, il assista au défilé des troupes, prenant soin de les guider au milieu de la neige et de faire dégager la route des innombrables chariots qui l'encombraient. Il donnait ses ordres avec la même bienveillance que de coutume, mais avec une mélancolie particulière. Des personnes placées auprès de lui furent frappées de sa tristesse et crurent même voir, à certain moment, des larmes dans ses yeux. Le soir venu, le général se retira dans ses appartements, et quelques instants après, l'armée apprenait son suicide.

Dans la nuit qui précéda ce tragique événement, le général avait envoyé une dépêche qui trahissait les angoisses de son âme. Le ministre, déjà inquiet de la situation, ne crut pas alors pouvoir différer davantage une mesure qui lui coûtait : le remplacement du général Bourbaki à la tête de l'armée. Profitant de ce que lui-même avait fait une ouverture dans ce sens, il lui fit connaître que le général Clinchant était investi du commandement suprême. Cette dépêche se croisa avec celle par laquelle le général Rolland annonçait le suicide. Ce fut un soulagement pour chacun de nous, en ces tristes moments, de penser que la décision qui atteignait le général se trouvait étrangère à sa funeste résolution.

M. Ed. Tallichet, qui paraît avoir reçu en Suisse les confidences d'un certain nombre d'officiers de l'armée internée, s'exprime ainsi à propos de l'acte désespéré du général Bourbaki : « On sait positivement que, depuis son départ de » Bourges, il était sous l'empire d'un abattement physique et » moral que chaque jour augmentait et qui le rendait de plus

» en plus impropre à conduire une opération qui ne pouvait
» réussir qu'à force d'énergie et de célérité. Lui-même en
» avait sans doute le sentiment, aggravé par la vue de son
» armée manquant de tout, tandis que d'immenses convois
» de vivres et de munitions demeuraient dans les gares de
» la ligne du Jura sans qu'on sût où les diriger; aussi lors-
» que ses hésitations eurent compromis son armée, s'expli-
» que-t-on que le désespoir l'ait poussé au suicide, vers le-
» quel son état physique et moral l'entraînait d'ailleurs. »
Ainsi que j'ai eu l'occasion de le dire, rien, dans les dépêches du général Bourbaki jusqu'à la retraite d'Héricourt, ne
dénote l'abattement qu'on lui prête dès le début de la campagne. Il paraît au contraire, surtout dans les combats, avoir
montré une grande énergie. Son découragement n'a pris
naissance que les derniers jours, pendant les inutiles manœuvres autour de Besançon, et a augmenté sans doute quand
les prophétiques paroles de l'administration lui ont fait toucher du doigt la perte imminente de son armée. Jusque-là
il a exercé son commandement avec fermeté. Ses hésitations
elles-mêmes peuvent s'expliquer, jusqu'à un certain point,
par le manque d'entente qui se produisait parfois, assure-t-on,
avec ses chefs de corps. On dit en effet qu'il ne leur imposait peut-être pas assez, que sa bonté naturelle tempérait
trop l'autorité du commandement, et qu'un peu plus de sévérité aurait pu prévenir des faits comme ceux qui se pro-
duisirent en dernier lieu à Quingey et à Blamont. Quant à
savoir si le général Bourbaki avait toutes les qualités voulues pour une opération de cette importance, je dirai qu'a-
vec une grande modestie il en avait longtemps décliné la

direction, mais que le gouvernement de Paris le recommandait de telle façon qu'il était bien difficile à la délégation de Bordeaux de faire un autre choix (1).

Quelques personnes ont rejeté en partie la redoutable responsabilité de ces événements sur un jeune attaché au cabinet, M. de Serres — le même dont j'ai déjà prononcé le nom — lequel accompagna le général Bourbaki pendant presque toute la campagne. On prétend qu'il imposait ses directions stratégiques à l'armée de l'Est et que le général en chef eut fort à souffrir de son intervention. Rien n'est moins exact. Non-seulement M. de Serres n'avait point à s'immiscer dans le commandement, mais nous lui signifiâmes d'en éviter avec grand soin jusqu'à l'apparence; c'est à ce point qu'ayant un jour fait passer une dépêche, peu importante d'ailleurs, pour le compte de l'état-major du général Bourbaki, je lui écrivis aussitôt (2 janvier 1871) : « Je vois une dépêche de vous à colonel » Fischer. Je vous prie instamment de vous abstenir de » télégraphier en termes *qui pourraient faire supposer* » *que vous êtes pour quelque chose dans le commandement.*

---

(1) « Très-heureux que vous ayez Bourbaki. Gardez-le. Je crois que » le général Trochu serait fort aise de le voir général en chef de » l'expédition qui sera destinée à nous donner les mains. » (M. Jules Favre à M. Gambetta, 18 octobre.) — « Gardez Bourbaki à tout » prix. Il sauvera la province comme nous sauverons Paris. » (Général Trochu à M. Gambetta, 19 octobre.) — « Si Bourbaki ne vient » pas à nous (directement), il pourrait couper la ligne de l'ennemi » en se portant rapidement vers l'Est. (M. Jules Favre à M. Gambetta, — décembre.) — « Nous approuvons tout le plan de campagne qui » porte Bourbaki à l'Est. » (M. J. Favre à M. Gambetta, 9 janvier 1871.)

» De telles dépêches, je vous l'ai déjà dit, doivent être ex-
» pédiées par l'état-major du général en chef, ou, si elles
» le sont par vous, il faut qu'elles fassent mention que c'est
» par ordre du général. Je sais bien que celle-là est dans
» ce cas, mais il faut que cela apparaisse clairement dans la
» forme, *pour ne pas déplacer la responsabilité*. Répondez,
» je vous prie. » Et, pour plus de sûreté, j'envoyai en
même temps copie de cette dépêche au général en chef, bien
que déjà celui-ci eût été avisé, par une dépêche du 28 décembre, que les indications de M. de Serres, dont il se plaisait
à louer la justesse, « *ne devaient gêner en rien la liberté*
» *de ses décisions*, dont il avait seul la responsabilité. »

Loin que le général Bourbaki ait eu à souffrir, par la
suite, de la présence de M. de Serres, il n'a cessé jusqu'à
la fin de réclamer son concours officieux, qu'il appréciait en
termes tels, qu'à un moment où la présence du jeune ingénieur était nécessaire au bureau topographique, l'administration de la guerre dut ajourner son retour par condescen-
dance pour le général. « Sa modestie, disait-il, égale son
» intelligence, et ses relations sont aussi sûres qu'agréables.
» Il rend de grands services à la 1re armée. » (Dépêche du
11 janvier 1871.) « J'ai déjà eu occasion de vous dire,
» répétait-il, combien le concours qu'il me prête en toute
» circonstance m'est précieux. » (Dépêche du 18 janvier.)

C'est à tort, selon moi, qu'on cherche dans des circonstances accessoires ou dans les fautes stratégiques l'explication de l'insuccès de la campagne de l'Est. Sans doute ces
fautes ont influé, notamment dans les derniers jours qui

précédèrent la retraite, mais elles n'ont été en grande partie elles-mêmes que la conséquence d'une situation déjà compromise par des causes d'une tout autre nature. Malgré les critiques formulées sur les directions du commandement, il n'apparaît pas que cette campagne ait été, au total, plus mal conduite militairement que beaucoup d'expéditions qui ont réussi, et il est probable qu'on n'aurait point songé à mettre ces défauts en lumière si un succès final avait été obtenu. Les vraies causes, à mon sens, de l'échec sont au nombre de deux : 1° la lenteur et l'embarras des transports par chemin de fer, dont j'ai déjà parlé ; 2° la rigueur de la saison. On se fait difficilement une idée, quand on n'a pas interrogé les témoins eux-mêmes, des souffrances et des obstacles apportés par l'hiver exceptionnel de 1870-1871. Tous les mouvements par voie de terre en ont été ralentis ; beaucoup d'opérations stratégiques ont été empêchées ; un grand nombre de chemins, praticables en temps ordinaire, ont été absolument hors d'usage par suite des neiges ; enfin l'énergie des efforts a souvent été paralysée par la souffrance physique des hommes et des chevaux.

A prévoir un tel concours de circonstances contraires, il n'est pas douteux qu'il eût été préférable de ne point aborder ces rudes contrées. Un troisième plan, intermédiaire entre celui du général Bourbaki et celui qu'on a suivi, aurait probablement mieux réussi. Il aurait consisté, de Dijon à marcher sur Langres, qui serait devenu la base d'opérations, et de Langres à se diriger soit sur Frouard, soit sur Blesmes, pour couper le chemin de fer de l'Est. On aurait ainsi évité toutes les difficultés d'une marche dans les

Vosges, en même temps qu'on aurait parcouru une ligne beaucoup plus courte pour se rabattre sur Paris. Chose singulière! personne à l'époque n'a proposé ce plan, du moins à ma connaissance. Tout le monde était sous l'impression de l'héroïque défense de Belfort; on disait que c'était la seule place forte qui eût résisté, la clef de la France, et qu'il fallait à tout prix l'empêcher de succomber. On ne prévoyait pas alors qu'elle pourrait, livrée à ses seules forces, résister aussi longtemps qu'elle l'a fait, et il y avait une sorte d'opinion publique pour la secourir sans retard. En outre, les gens spéciaux faisaient observer que, quand on fait un mouvement de cette nature, destiné à tromper l'ennemi, il y a intérêt à le faire à grand rayon; qu'en manœuvrant trop près de Paris, on risquait de se voir enveloppé par les forces tirées de l'armée de siége, en même temps que de se voir coupé par celles de Werder; que plus on opérerait au loin, plus on inquiéterait le quartier général de Versailles, qui craindrait de perdre ses communications. C'est au point que plusieurs personnes proposaient d'opérer sur l'autre versant des Vosges, de Mulhouse à Strasbourg, et que certains même étaient d'avis de passer le Rhin. La vérité est que personne n'avait prévu le rude hiver qu'on a traversé et les retards qu'on devait subir dès le début. Tout le monde comptait que le trajet par voie ferrée se ferait très-vite, que l'ennemi surpris se retirerait de Vesoul et de Belfort, sans combattre, comme il s'est retiré de Dijon et de Gray, et qu'en quelques jours on traverserait ces parages pour se rabattre ensuite vers des contrées plus hospitalières, du côté de Neufchâteau et de Toul. Ce plan a manqué, comme ont manqué toutes les combinaisons faites depuis le premier jour de cette guerre, où il semble que, d'avance, la France était condamnée par une sorte de fatalité à être vaincue.

La dépêche qui investit le général Clinchant du commandement suprême, faisait appel à toute son énergie pour éviter, s'il en était encore temps, la dure extrémité de la retraite sur Pontarlier. Mais les choses étaient trop engagées. « Il faudrait actuellement, répondit-il le 27, cinq » ou six jours pour déboucher par la plaine en avant de » Besançon. » En effet, la totalité des troupes avait déjà passé sur la rive gauche du Doubs. L'avant-garde arrivait même à Ornans, à deux journées de marche de Besançon. D'autre part le général Manteuffel s'était avancé et resserrait le cercle dans lequel il voulait enfermer l'armée de l'Est. Le sort en était donc jeté et rien ne pouvait désormais empêcher le mouvement commencé. Il ne restait plus qu'à mettre en œuvre la dernière chance à laquelle j'ai fait allusion, pour conjurer, s'il était possible, les périls qui se dressaient devant nos troupes. « Je compte, général, » écrivit le ministre, sur votre fermeté et sur le dévoue-» ment de tous vos chefs de corps, pour tirer le meilleur » parti possible d'une situation que vous n'avez pas créée, » mais où je déplore profondément de voir l'armée irrévo-» cablement engagée. »

Avant de raconter les souffrances de cette terrible retraite, les efforts qui furent faits pour sauver l'armée, et le fatal armistice qui les rendit vains, je dois reprendre la série des événements qui s'étaient déroulés dans d'autres parties de la France.

CHAPITRE X

BATAILLE DU MANS — CAMPAGNE DU NORD

Combats entre le Mans et Vendôme — Projet de marche sur Paris — Bataille du Mans — Retraite sur Laval ; engagement à Sillé-le-Guillaume — Reconstitution de l'armée — Combat de Pont-Noyelles, dans le Nord — Victoire de Bapaume — Bataille de Saint-Quentin — Retraite de l'armée du Nord sur les places fortes — Engagements autour de Nevers — Expédition sur Blois.

Le général Chanzy, après sa retraite de Josnes et de Vendôme, avait établi ses quartiers au Mans. Arrivé le 19 décembre, il s'occupa activement de refaire ses forces. Grâce aux recrues qu'il attira, il eut bientôt autour de lui plus de 130,000 hommes et 350 pièces de canon. L'armée prit graduellement sous sa main un aspect très-satisfaisant et se trouva en état de recommencer les opérations.

Dès le 28 décembre, le général Chanzy donna ordre aux généraux de Curten et Jouffroy, à la tête de colonnes mobiles, de pousser des reconnaissances sur Vendôme et de purger la contrée des partis ennemis qui l'infestaient. Ces premiers débuts furent heureux et le 1ᵉʳ janvier il envoyait au gouvernement l'annonce d'un brillant engagement en

face de Vendôme, à la suite duquel le général Jouffroy avait conquis d'excellentes positions et fait 200 prisonniers. Quant au général de Curten, qui opérait dans la direction de Tours à Château-Renaud avec une dizaine de mille hommes, il avait eu également d'heureuses rencontres, dont l'importance allait croissant. Le 6 janvier il rendit compte en ces termes de l'une d'elles qui était un véritable combat :
« L'ennemi est venu attaquer ce matin vers onze heures, du
» côté de Saint-Cyr de Gault, Villeporcher et Villechauve.
» La colonne, obligée d'abandonner ses positions, a reculé
» jusqu'à Neuville. Je me suis porté à son secours ; j'ai pris
» l'offensive et j'ai repoussé l'ennemi sur toute la ligne
» pendant deux heures et demie. J'ai repris nos positions de
» Villechauve, Vilthion et Villeporcher. La nuit a mis fin au
» combat, au moment où je venais d'occuper Saint-Amand.
» Le canon du général Jouffroy, qui a commencé vers deux
» heures et demie, a beaucoup aidé au succès. Nos pertes,
» que je ne connais pas encore exactement, sont légères.
» L'ennemi me paraît avoir beaucoup souffert. J'ai ramassé
» de ses blessés et fait des prisonniers. » Des reconnaissances semblables étaient faites par le général Rousseau dans la direction de Nogent.

Le but du général Chanzy était, comme il le disait, d'inquiéter l'ennemi, de le harceler et de lui donner le change sur ses vrais desseins qui avaient, comme on va en juger, une grande importance. Le général Chanzy nourrissait, en effet, le projet de tenter, aussitôt que possible, une marche offensive sur Paris dans la direction de Chartres et Versailles. Il s'en ouvrit au ministre par une lettre du 2 janvier. Il comptait pouvoir se mettre en mouvement vers le 8. Il rattachait ce plan à une marche du général Bourbaki, dont il ne connaissait pas à ce moment la position exacte dans l'Est, marche qui, dans son esprit, devait le porter de Bourges sur Châtillon et Bar-le-Duc, avec retour sur Paris.

Le ministre accueillit avec empressement des ouvertures qui répondaient à sa propre pensée, de faire converger à un moment donné sur la capitale toutes les forces de la province. Toutefois il introduisit dans le plan du général quelques corrections nécessaires. D'une part, il fallait laisser le général Bourbaki, désormais engagé irrévocablement, poursuivre son opération, qui ne lui permettrait de se rabattre sur Paris qu'après l'époque prévue par le général Chanzy, par exemple, du 13 au 15 janvier. D'autre part, et c'était là une considération déterminante, ce délai était indispensable pour compléter l'organisation de deux nouveaux corps d'armée, l'un le 19e, qui s'achevait derrière les lignes de Carentan, l'autre le 25e, à Bourges, et qui devaient appuyer l'action de l'armée du Mans. Or il ne paraissait pas prudent de négliger ces renforts, car tout donnait à penser — et l'on en acquit la certitude plus tard — que le prince Charles faisait de grands préparatifs pour accroître ses effectifs. On était donc menacé de rencontrer devant soi un ennemi redoutablement armé. Bref, dans sa réponse du 5 janvier, le ministre fixa le 14 pour le jour de la mise en marche du général Chanzy dans la direction de Dreux. Toutefois, pour calmer sa patriotique impatience, on l'autorisa, s'il le jugeait utile, à effectuer des mouvements préliminaires. Une dépêche complémentaire l'en avisa :

Guerre à général Chanzy, le Mans.

Bordeaux, le 6 janvier, 3 h. 10 du soir.

« Dans la lettre que nous avons remise hier au commandant
» Boisdeffre et qu'il vous remettra ce soir, vous remarquerez que
» la date que nous indiquons, et qui est plus reculée que celle
» que vous sembliez indiquer vous-même, est motivée par l'u-
» nique considération de préparer les deux corps qui doivent
» coopérer avec vous, de manière à vous mettre dans les meil-
» leures conditions possibles pour agir. Mais il est bien évident
» que si vous croyez pouvoir utilement, avec vos forces actuelles,
» devancer cette date pour occuper par avance quelques positions,
» ou même changer votre base, nous n'y faisons nulle objection.
» Vous êtes seulement prévenu que les 19e et 25e corps ne
» pourront quitter, avant le 12 courant, les positions où ils se
» forment. Vous avez aussi à considérer l'opportunité qu'il peut
» y avoir à ne pas dénoncer vos intentions avant d'être en mesure
» de les exécuter vigoureusement. Mais une fois en marche, nous
» vous supplions d'aller vite, car nous avons grande hâte d'a-
» boutir. »

Cette dépêche s'étant croisée avec de nouvelles instances du général, tendant à avancer la date de cinq à six jours, nous lui confirmâmes ces considérations. « Nous sommes
» aussi désireux que vous, croyez-le bien, lui disions-nous
» dans une dépêche du 7 janvier 4 h. 35 du soir, de mar-
» cher au secours de Paris, mais nous voulons que la ten-
» tative soit efficace ; et il ne nous paraît nullement certain
» qu'elle le serait dans les conditions de votre projet pri-

» mitif. En effet, nous croyons que votre armée, pour
» arriver au but, a absolument besoin d'être appuyée
» du 19ᵉ et du 25ᵉ corps. Vous reconnaissez vous-même,
» dans une dépêche de ce jour, midi, que l'ennemi qui
» vous attaque veut vous attirer hors de vos positions. C'est
» donc qu'il a l'espoir de vaincre. Comment, d'après cela,
» iriez-vous heureusement jusqu'à Paris avec vos seules
» forces actuelles?..... » Nos craintes, malheureusement,
n'étaient que trop fondées, puisque cinq jours après, dans
ces mêmes positions du Mans, que le général Chanzy avait
choisies et fortifiées avec tant d'art, il essuyait la grave
défaite que l'on sait. Mais n'anticipons pas sur les événements.

Pendant que s'échangeaient ces communications, il existait pour nous un grave sujet d'inquiétude tiré de Paris. La grande capitale semblait se renfermer dans une inaction relative qui laissait à l'ennemi la disponibilité de toutes ses forces. Depuis l'héroïque et malheureuse tentative du 30 novembre et les rudes combats qui suivirent, aucune opération considérable n'avait été entamée. Des engagements brillants, sans doute, avaient eu lieu du 20 au 24 décembre, mais ils avaient été bientôt suspendus à cause du froid. On n'entendait parler d'aucun de ces grands projets comme le mois de novembre en avait vu naître, et comme il en aurait fallu maintenant, pour retenir autour de Paris les forces qui s'en allaient journellement grossir les armées opposées aux généraux Chanzy, Bourbaki et Faidherbe. Les effectifs détachés de l'armée de siége furent tels, un moment, qu'on évalue à moins de 200,000 hommes le chiffre des troupes laissées, à la fin de décembre, devant Paris.

C'est à cette même époque et afin de mieux tromper les assiégés, que l'ennemi, dissimulant sa faiblesse réelle par un redoublement de feux d'artillerie, procéda au bombardement de la ville. Cette démonstration barbare avait moins pour but d'impressionner une population qu'il savait être au-dessus de la crainte, que de masquer l'éloignement des corps qui allaient au secours du prince Charles, de Werder et de Manteuffel. En vain la délégation de Bordeaux, qui connaissait cette situation, adjura-t-elle le gouvernement de Paris de tenter une puissante diversion. Des motifs, que je ne suis pas en mesure d'apprécier, s'y sont constamment opposés.

L'armée du prince Charles, notamment, reçut de très-gros renforts. De quatre-vingt-dix mille hommes, chiffre auquel elle était descendue après la retraite du général Chanzy, elle s'était relevée, y compris les forces du duc de Mecklembourg, à cent quatre-vingt mille hommes. En déduisant les garnisons laissées à Blois, Orléans, Montargis, on peut admettre que le prince Charles disposait pour l'attaque de cent cinquante mille hommes.

Il résolut de les employer à s'emparer du Mans. Cette position était bien faite pour le tenter. Outre qu'elle a une valeur stratégique réelle, elle se trouvait, depuis l'investissement de Paris, le nœud de toutes nos communications entre l'ouest, le nord et le midi de la France. Le général Chanzy, de son côté, l'avait bien compris ainsi, car il s'était appliqué à la fortifier et avait admirablement disposé dans ce but une partie de son artillerie.

Dès les 7 et 8 janvier on put se douter, à la résistance que rencontraient les généraux de Curten et Jouffroy, que la situation se modifiait et qu'on n'avait plus affaire seulement à des corps détachés. Le 7, des forces jugées très-importantes avaient attaqué les avant-postes français dans les environs de Vendôme et les avaient obligés à reculer. Le lendemain la colonne établie à Château-Renaud fut violemment pressée sur toute la ligne de Saint-Cyr du Gault à Authon et ne put conserver ce dernier village. En même temps un engagement assez vif avait lieu dans la direction de Nogent, près du Theil, à la suite duquel le général Rousseau s'était replié précipitamment. Tout présageait donc une attaque générale.

Elle commença dans la journée du 10. L'ennemi avançait sur deux colonnes, la principale dans la direction de Saint-Calais, commandée par le prince Charles en personne, la seconde, dans la direction de la Ferté-Bernard, sur la rive gauche de l'Huisnes, commandée par le duc de Mecklembourg. Les jours précédents, des démonstrations avaient eu lieu aux environs de Bellême, pour engager le général Chanzy à renforcer sa gauche et à affaiblir ainsi son centre, sur lequel devait porter le plus grand effort de l'ennemi. En même temps le prince Charles, par une manœuvre heureuse et rapide avait lancé des troupes le long du Loir, dans la direction de Château-du-Loir, de manière à séparer définitivement les généraux Jouffroy, de Curten et Cléret, du gros de l'armée, qui se trouva ainsi privée de 15 ou 18,000 combattants aguerris.

Par une coïncidence fâcheuse, à ce moment le général

Chanzy était souffrant. On ne saurait douter que cette circonstance n'ait exercé sur les événements une certaine influence. Néanmoins il supporta ce premier choc avec succès. L'action dura jusqu'à la nuit close. Elle fut des plus vives à Montfort, Champagne, Parigné-l'Évêque, Jupilles, Changé. Sur ce dernier point la brigade Ribel, après une vigoureuse résistance de plus de six heures, dut abandonner le village. Les pertes furent sensibles, mais celles de l'ennemi le furent davantage, de l'aveu des prisonniers. Dans une brigade prussienne, le général Ruthmaler fut blessé, le major, l'adjudant de brigade et plusieurs officiers furent tués. Le général Chanzy, en annonçant ces nouvelles, ajouta qu'il s'attendait à une attaque plus forte le lendemain, et qu'en prévision, afin de consolider la résistance, il avait fait retirer les troupes sur les positions définitives qui d'avance leur avaient été assignées.

Le lendemain en effet l'attaque eut lieu, avec une violence extraordinaire. Une seule division, la division Colin, du 21e corps, eut près de quatre mille hommes hors de combat dans les deux jours, mais son héroïsme conserva la ligne de Montfort à Lombron et à Parigné. Au total, la journée, sauf sur un point, parut satisfaisante. La dépêche du général en chef disait : « Nous avons eu aujourd'hui
» la bataille du Mans. L'ennemi nous a attaqués sur toute
» la ligne. Le général Jauréguiberry s'est solidement main-
» tenu sur la rive droite de l'Huisnes; le général de Co-
» lomb s'est battu pendant 6 heures avec acharnement sur
» le plateau d'Auvours. Le général Gougeard, qui a eu
» son cheval percé de six balles, a montré la plus grande

» vigueur, et les troupes de Bretagne ont puissamment
» contribué à conserver cette position importante. J'ai
» annoncé au général Gougeard qu'il était commandeur.

» Au dessous de Changé et sur la route de Parigné-l'É-
» vêque, nous nous sommes maintenus malgré les efforts
» de l'ennemi. Nous couchons sur toutes nos positions,
» moins la Tuilerie, abandonnée devant un retour offensif
» tenté à la tombée de la nuit par l'ennemi.

» Nous avons fait des prisonniers dont j'ignore le nombre.
» Ils évaluent les forces prussiennes engagées ou en ré-
» serve, à 180,000 hommes.

» Le combat n'a cessé qu'après la nuit venue. Je sais que
» deux de nos colonels sont grièvement blessés ; je crois à
» des pertes sensibles, mais j'espère en avoir infligé de
» cruelles à l'ennemi. »

La perte de la Tuilerie était malheureusement plus grave que le général ne l'avait cru tout d'abord. Les troupes qui l'occupaient, non-seulement l'avaient abandonnée, mais s'étaient en même temps débandées en entrainant avec elles les postes voisins ; en sorte que la ligne française se trouvait entièrement ouverte, pouvant désormais être tournée par l'ennemi. Vainement le général essaya de la reconquérir à la pointe du jour ; il n'y put parvenir. Pendant la nuit, des conséquences bien pires encore et tout à fait inattendues s'étaient déroulées avec une effrayante rapidité. Les troupes qui avaient lâché pied propageaient la panique jusque dans le Mans. Plusieurs positions furent ainsi successivement abandonnées et le désordre commença à se faire sentir dans la ville. Il atteignit bientôt des proportions considérables. En présence de cette démoralisation et surtout après l'insuccès de la tentative faite pour reprendre la Tuilerie, le général Chanzy convoqua ses chefs de corps. La retraite fut unanimement reconnue inévitable. Elle commença, aussitôt, et, en quelques instant, le nombre des fuyards fut immense. « Plus de cinquante mille encombrent les » routes », — écrivait le général. Une partie des 16e et 17e corps, et tous les mobilisés du camp de Conlie s'étaient dispersés. Seul le 21e corps ne se laissa pas entamer et soutint la retraite avec une solidité admirable. Le général Jaurès qui le commandait, déploya dans ces journées difficiles des qualités peu communes. Déjà il s'était distingué à la retraite de Josnes ; il se distingua plus encore à celle du Mans. Il supporta seul, pendant deux journées, tout l'effort du duc de Mecklembourg, et grâce à sa résistance, l'armée put être sauvée. « C'est des trois corps d'armée » le 21e qui a de beaucoup le mieux tenu, manda le général » Chanzy. Cela est dû à l'énergie du général Jaurès. » Aussi mérita-t-il d'être élevé, par une mesure exceptionnelle, au rang de général de division dans l'armée de terre, d'après un décret du 16 janvier ainsi conçu :

« Le membre du gouvernement, etc.,
» Considérant les éminents services rendus par M. Jaurès, » général de division de l'armée auxiliaire commandant » le 21e corps d'armée ;
» Considérant sa belle conduite devant l'ennemi dans les jour- » nées du 10 au 15 janvier courant, au Mans et à Sillé-le- » Guillaume,
» Décrète :

« M. Jaurès, général de division à l'armée auxiliaire, est
» nommé au grade de général de division à titre définitif dans
» la 1re section du cadre de l'état-major général de l'armée. »

Les deux circonstances qui paraissent avoir plus particulièrement contribué à la défaite, sont : d'une part, l'isolement dans lequel ont été tenues les colonnes des généraux Curten et Jouffroy, constamment engagées avec l'ennemi et qui à un certain moment se sont trouvées séparées de l'armée ; d'autre part et surtout l'insuffisance des forces affectées à la position de la Tuilerie. La qualité des troupes auxquelles cette clef du Mans était confiée, n'était pas, assure-t-on, en rapport avec leur mission. Ce sont là des points techniques sur lesquels le général Chanzy ne manquera pas de fournir des explications satisfaisantes.

Le général dirigea cette retraite avec le sang-froid qu'il avait montré à Josnes. Son intention avait été d'abord de se diriger sur Alençon, afin de pouvoir reprendre plus aisément la route de Paris. Mais le ministre l'en détourna, craignant de découvrir ainsi l'ouest et le midi de la France, sans se réserver des chances suffisantes pour une marche sur Paris, dans laquelle on risquerait de rencontrer toute l'armée du prince Charles. Celle-ci, en effet, parcourant du Mans à Dreux ou à Mantes une corde dont l'armée française elle-même aurait parcouru l'arc, aurait dû la gagner de vitesse. Le général Chanzy se porta en conséquence sur Laval, par Sillé-le-Guillaume.

Le temps était très-froid et les routes couvertes de verglas. Des convois interminables gênaient la marche. L'ennemi était fort pressant et envoyait continuellement sa cavalerie sur les derrières des colonnes. Le 15 il y eut un engagement assez vif en avant de Sillé-le-Guillaume et le 16 une véritable bataille, où nous perdîmes quelques positions. Toutefois, le 21e corps qui occupait la droite, et particulièrement la division Villeneuve, opposa une solidité inébranlable. Il y eut encore quelques démonstrations les jours suivants, mais elles s'affaiblirent graduellement, à mesure qu'on approchait de Laval. Du reste, la neige, qui gênait la marche, gênait également la poursuite. La cavalerie et l'artillerie avançaient très-difficilement et il eût été imprudent à l'ennemi de trop s'éloigner de sa base d'opération. Les récits s'accordent à dire qu'il avait beaucoup souffert dans la journée du 11; on va même jusqu'à prétendre que, comme dans plusieurs autres rencontres, il était sur le point de renoncer à son entreprise, lorsque la malheureuse panique du 12 et la retraite qui en fut la conséquence, lui assurèrent une victoire sur laquelle il ne comptait plus.

L'armée ou plutôt ses débris passèrent la Mayenne et s'échelonnèrent derrière ses bords escarpés, entre Mayenne et Laval. Les 16e et 17e corps avaient été réduits au delà de toute expression. Sans parler de 3 à 4,000 hommes hors de combat et de 12 à 15,000 prisonniers laissés au Mans, plus de 30,000 hommes s'étaient réfugiés sur divers points, principalement à Rennes. Les mesures les plus sévères durent être prises pour les ramener. Grâce au concours actif des autorités civiles et militaires, le plus grand nombre rejoignit promptement les corps. On y ajouta quelques nouvelles recrues; mais elles étaient bien loin de suffire, tant la perte avait été grande. Aussi appela-t-on le 19ᵉ corps qui devait, on s'en souvient, former l'aile gauche de l'armée, alors que le général ambitionnait de marcher sur Paris. Ce corps était resté entre Carentan et Cherbourg. On le dirigea sur Flers, en vue d'empêcher l'armée d'être tournée. Il y arriva heureusement et passa sous les ordres du général. Quant au 25ᵉ corps, qui avait été, à la même époque, destiné à former l'aile droite, il reçut une autre destination que je ferai bientôt connaître.

Enfin tous les mobilisés du camp de Conlie, ceux du moins qui n'étaient pas tombés aux mains de l'ennemi, furent, le mieux qu'on put, réarmés, réorganisés et distribués entre les généraux Bérenger, Cathelineau et Charette. Le premier, qui avait la plus forte part, 12 à 14,000 hommes, était chargé de la défense de la Loire-Inférieure, où l'on redoutait une incursion de l'ennemi. Les deux autres étaient rattachés au 17ᵉ corps et avaient pour mission spéciale de défendre le sol breton, dans une guerre de partisans. Le 17ᵉ corps lui-même, considérablement agrandi par ces annexes, devint l'*armée de Bretagne*, dont le général de Colomb fut nommé commandant en chef. Cette organisation avait pour but à la fois de protéger les départements de l'Ouest, et de rendre au général Chanzy sa complète liberté d'action pour le jour prochain où il aurait ressaisi ses forces et reconnu la possibilité d'une nouvelle offensive.

M. Gambetta voulut aider de sa personne à la reconstitution de l'armée. Le 17 janvier, à peine rentré de son voyage dans l'Est et à Lyon, il repartit pour Laval. Le lendemain il se mit en rapport avec les principaux chefs, dont certains étaient fort ébranlés. Mais il eut la satisfaction de leur rendre la confiance et d'aider ainsi puissamment aux efforts du général Chanzy. De là, il se dirigea par mer vers le Nord où des soins analogues l'appelaient.

Le général Faidherbe arrivait à la fin d'une campagne brillante mais où il avait dû plier devant la supériorité du nombre. L'honneur de cette lutte lui revient tout entier, car, coupé de ses communications avec le reste de la France, il dut se suffire à lui-même. A la fois administrateur et capitaine, il organisa et entretint l'armée du Nord. Il fit, d'ailleurs, de ses forces restreintes un emploi tel que ses coups eurent le même retentissement que s'ils avaient été portés par des armées plus nombreuses.

La première rencontre importante avec l'ennemi eut lieu le 23 décembre, à Pont-Noyelles, dans le département de la Somme. L'armée comptait à ce moment une quarantaine de mille hommes, divisés en deux corps commandés, l'un par le général Paulze d'Ivoy et l'autre par le général Lecointe. Le général Farre, qui avait tant contribué à l'organisation des forces du Nord, était chef de l'état-major général et assisté du colonel de Villenoisy. L'armée occupait une position favorable, sur un affluent de la Somme, entre Daours et Touly. Le quartier général était à Corbie. L'action s'engagea à onze heures du matin et dura jusqu'à six heures du soir. La lutte fut acharnée ; des villages furent pris et repris plusieurs fois. Vers cinq heures, le succès paraissait complet, grâce à la bravoure de l'infanterie qui avait repoussé partout l'ennemi à la baïonnette. Mais, de cinq à six heures, les Prussiens, profitant de la nuit, réoccupèrent plusieurs villages dans la vallée. Toutefois les troupes bivouaquèrent sur leurs positions, où elles restèrent sans être inquiétées jusqu'au lendemain dans l'après-midi.

De chaque côté on s'attribua la victoire, et ce qui autorisa peut-être les Prussiens à y prétendre, c'est que le général Faidherbe, par un sentiment de prudence que justifiaient la nature de ses troupes et la rigueur de la température, ne voulut pas séjourner plus longtemps dans ses positions et se retira à une assez grande distance derrière la Scarpe. « Je vais, écrivit-il le lendemain de la bataille, cantonner » mes troupes pendant quelques jours autour d'Arras. Le » froid est très-rigoureux, nos soldats en souffrent ; nous » sommes du reste tout prêts à reprendre les opérations. »

Il ne tarda pas à le prouver, car, dès le 1er janvier et malgré un froid excessif, il reprit l'offensive. L'armée, abandonnant les lignes de la Scarpe, où l'ennemi, dit-il, « n'osait l'attaquer, » prit position devant Arras. Le 2, elle se mit en marche vers les cantonnements de l'armée prussienne autour de Bapaume, petite ville à moitié chemin entre Arras et Péronne, et les attaqua le jour même. La bataille se prolongea tout le lendemain.

La victoire de Bapaume est une des plus brillantes qui aient marqué la guerre de 1870. Le premier jour, la 1re divison du 22e corps, commandée par le capitaine de vaisseau Payen, enleva les villages d'Achiet-le-Grand et de Beau-

court, tandis qu'une division du 23ᵉ corps essayait de prendre Béhagnies. Cette dernière attaque échoua, malgré la bravoure des troupes; mais, pendant la nuit, le village fut évacué par l'ennemi qui craignait de se voir tourné par Achiet-le-Grand. Le 3, à la pointe du jour, la lutte s'engagea sur toute la ligne. La 1ʳᵉ division du 23ᵉ corps, appuyée à sa gauche par la division des mobilisés du Nord, prit les villages de Sapignies et de Favreuil. La 2ᵉ division du 22ᵉ corps entra de haute lutte dans le village de Biefvillers, qui était devenu le centre de la bataille, et enleva les positions prussiennes en arrière, très-vigoureusement défendues, ainsi que le village d'Avesnes-le-Bapaume. En même temps, la 1ʳᵉ division du 22ᵉ corps s'emparait de Grevillers et de Ligny-Thilloy : « A six heures du soir, dit le
» général, nous avions chassé les Prussiens de tout le
» champ de bataille, couvert de leurs morts; de très-nom-
» breux blessés prussiens restaient entre nos mains dans les
» villages où l'on avait combattu, ainsi qu'un nombre de
» prisonniers. Quelques pelotons, emportés par leur ardeur,
» s'engagèrent sans ordre dans les faubourgs de la ville
» de Bapaume, où les Prussiens s'étaient retranchés dans
» quelques maisons; comme il n'entrait pas dans nos vues
» de prendre cette ville, au risque de la détruire, ces pelo-
» tons furent rappelés à la nuit. Les pertes des Prussiens
» pendant ces deux jours sont très-considérables; les nôtres
» sont sérieuses. »

Cette fois encore l'ennemi s'attribua la victoire. Mais ici, sa prétention est plus que difficile à admettre, car s'il est vrai que le général Faidherbe, au lieu de continuer sa marche, se cantonna de nouveau pour faire reposer son armée, l'armée prussienne, elle, fit plus, puisqu'elle évacua Bapaume en abandonnant ainsi la position disputée. L'ennemi a donc avoué par là qu'il se trouvait trop affaibli pour risquer une nouvelle action sur le même point. C'est précisément ce qu'on appelle être battu. Le froid était, du reste, tellement intense et la neige si épaisse dans les chemins que pendant plusieurs jours toutes opérations furent suspendues de part et d'autre.

Sur ces entrefaites, la ville de Péronne se rendit, sans que rien eût pu faire prévoir une semblable capitulation. Ce fut pour l'armée du Nord un coup sensible, car cette place gênait sérieusement les mouvements de l'ennemi. Le général Faidherbe en éprouva un vif désappointement et provoqua sur le champ la réunion d'un conseil d'enquête pour juger le commandant de la place.

Le 12, les opérations furent reprises. Le général revint sur Bapaume et de là à Albert, où il entra le 14 sans coup férir, l'armée prussienne se repliant devant lui. Le 17, une brigade délogea du bois de Buire, près Templeux, quelques bataillons de la garnison allemande de Péronne, qui s'y étaient établis pour fermer le passage. Le même jour, un corps prussien abandonna le village de Vermand à l'approche des troupes françaises. L'armée continuant sa marche sur Saint-Quentin, l'avant-garde fut attaquée le 18 au matin par une partie du corps d'armée du général Gœben ; une de nos divisions combattit toute la journée dans une position en avant de Vermand, où elle se maintint pendant la nuit.

Le lendemain 19, fut livrée la bataille de Saint-Quentin. L'armée du Nord eut affaire à toute la première armée prussienne. Celle-ci reçut, dans l'après-midi, de nombreux renforts venant de Paris par chemin de fer et qui, à mesure qu'ils descendaient de wagons, à peu de distance du lieu du combat, accouraient immédiatement se mettre en ligne. Aussi nos troupes, dans la soirée, après d'énergiques efforts, durent-elles abandonner le terrain. Le général annonça son insuccès en ces termes : « A la nuit, les hommes
» étaient tellement harassés de fatigue qu'il était impos-
» sible de songer à les maintenir sur leurs positions. Les
» faire entrer en ville, c'était en amener le bombardement ;
» plusieurs obus étaient déjà tombés sur la place, jetant l'ef-
» froi dans la population. La retraite sur un point en arrière
» de Saint-Quentin fut alors ordonnée. Nous avons fait de
» fortes pertes, mais nous avons dû en infliger de très-
» fortes à l'ennemi ».

La retraite s'effectua avec une habileté remarquée des hommes spéciaux. Mais les troupes, jeunes pour la plupart, étaient tellement ébranlées par ces chocs successifs et plus encore par les rigueurs de la saison, qu'elles laissèrent un grand nombre de traînards sur les routes. Ils ne tombaient pas précisément aux mains de l'ennemi, mais ils se débandaient et se réfugiaient dans les fermes voisines.

Ainsi se terminèrent les opérations de l'armée du Nord, après six semaines d'une des plus rudes campagnes qui se vit jamais. Le froid descendit plus d'une fois jusque au dessous de 20 degrés. Aussi le repos était-il absolument nécessaire à cette jeune et vaillante armée. Le général Fai-

dherbe, en cantonnant ses soldats dans les principales places fortes, leur dit : « Ce que vous avez souffert, ceux qui ne
» l'ont pas vu ne pourront jamais l'imaginer, et il n'y a
» personne à accuser de ces souffrances, les circonstances
» seules les ont causées. »

C'est alors et sur les nouvelles qu'il venait de recevoir à Laval, que M. Gambetta se transporta à Lille. Il y trouva les esprits, non celui du général, mais ceux de la population, en partie découragés. On voyait la Flandre découverte et l'ennemi déjà aux portes de Lille. Le ministre, dans une réunion solennelle, adressa une allocution qui réchauffa les cœurs. « Comment! leur dit-il, pendant vingt ans, Bona-
» parte a préparé ses moyens d'agression, organisé ses
» armées, dépensé vingt milliards. La France a consenti à
» tout, elle a tout donné, hommes et argent ; quinze jours
» ont suffi et tout a disparu. Et nous qui n'avions rien
» trouvé, et qui n'avons eu pour moyens que les ressources
» improvisées par l'initiative du pays, nous résistons depuis
» quatre mois, devant un ennemi qui multiplie ses forces,
» mais qui sent bien que, si la résistance continue à em-
» braser l'âme de la France, c'en est fait de l'invasion...

» Pas de faiblesse, ô mes chers concitoyens! Si nous ne
» désesperons pas, nous sauverons la France. Faisons-nous
» un cœur et un front d'airain, le pays sera sauvé par lui-
» même, et la République libératrice sera fondée.

» Quand cet heureux jour viendra, quand vos efforts
» unis aux nôtres auront affranchi la France entière, on verra
» si nous sommes des hommes de guerre, si nous sommes
» des destructeurs, si nous dilapidons les finances, si nous

» ne cherchons pas au contraire à favoriser les arts qui en-
» noblissent l'humanité, l'industrie et le commerce, qui
» assurent les relations et enrichissent les peuples, si nous
» ne tendons pas de tous nos efforts vers les bienfaits d'une
» paix loyale et féconde.

» On verra alors si nous sommes des dictateurs, et si
» notre plus grande passion ne sera pas de rentrer dans la
» foule dont nous sommes sortis ; de cette foule, réservoir
» inépuisable de toutes les grandes, de toutes les nobles
» pensées, où chacun de nous doit se retremper. On verra
» enfin que, si je suis possédé de la passion démocratique
» qui ne souffre pas l'invasion étrangère, je suis profondé-
» ment animé de la foi républicaine qui a horreur de la dic-
» tature. »

Quelques faits d'armes moins importants, mais non sans éclat, avaient lieu sur les bords de la Loire. Dans le Nivernais et jusqu'à Gien, le général de Pointe de Gevigny, secondé par le général Louis du Temple, dirigeait de hardies expéditions jusqu'au cœur de l'ennemi. Dans l'une d'elle, le pont de la Roche fut détruit, ainsi que divers ouvrages de la ligne de Dijon, par laquelle les Prussiens communiquaient de Tonnerre à Paris. Mais le coup de main le plus sérieux fut accompli sur Gien où l'ennemi fut surpris par les troupes du général du Temple. Le général de Pointe, qui avait conçu le plan, annonça le succès en ces termes : « Le mou-
» vement annoncé par dépêche du 13 janvier a complète-
» ment réussi. Pour la troisième fois, je viens de déloger
» les Prussiens de Gien, qui est complétement évacué ; deux

» de nos bataillons y sont entrés, le reste y entrera demain.
» Toutes les colonnes ennemies sont en retraite sur Montar-
» gis et Orléans. Les Prussiens ont perdu beaucoup plus de
» monde que nous, plusieurs officiers prussiens ont été
» tués, entre autres le colonel Born Van der Hope. »

A la suite de ce succès une expédition plus importante fut résolue, en vue de produire une diversion favorable à l'armée de l'Est. Nous voulions menacer l'ennemi dans la direction d'Auxerre et Joigny, afin de retenir les renforts qu'il envoyait continuellement à l'encontre du général Bourbaki. Le 25ᵉ corps, commandé par le général Pourcet, avait été destiné à cette opération, mais la défaite inopinée de l'armée du Mans ne permit pas de laisser Bourges et le centre sans défenseurs. En conséquence une seule division du 25ᵉ corps, la 1ʳᵉ, commandée par le capitaine de vaisseau Bruat, fut dirigée sur Nevers, tandis qu'une autre division, sous les ordres du général Pourcet en personne marchait sur Blois, et que la troisième restait sur les position de Vierzon, en attendant qu'elle y fût relevée par le 26ᵉ corps, alors en formation à Poitiers.

La division Bruat vint jusqu'à Clamecy. Elle était appuyée par un magnifique régiment d'éclaireurs à cheval, formé et commandé par le colonel de Bourgoing, dans le but spécial de pratiquer des reconnaissances à grande distance et des razzias sur le territoire occupé par l'ennemi. Mais ces opérations qui s'annonçaient sous les meilleurs auspices ne purent avoir de suite, à raison de la brusque cessation des hostilités amenée par l'armistice.

Le corps expéditionnaire du général Pourcet eut une courte, mais brillante carrière. Il se porta avec beaucoup de célérité et de mystère sur Romorantin et de là sur Blois, rive gauche. Il y arriva inopinément le 27 janvier et attaqua les villages en avant de Blois. Le lendemain l'ennemi fut rencontré en forces à quatre kilomètres de la ville. L'infanterie prussienne placée derrière des embuscades et des maisons crénelées du faubourg de Vienne, ouvrit sur les têtes de colonnes un feu très-vif. La fusillade continua pendant deux heures avec une violence extrême; à la nuit tombante un dernier effort des soldats français qui traversèrent les faubourgs au pas de course, sous le feu de l'ennemi, rendit le général Pourcet maître de la rive gauche. Les Prussiens se retirèrent en désordre sur la rive droite, en abandonnant une partie de leurs morts, plusieurs officiers blessés, une centaine de prisonniers et une grande quantité d'armes et de munitions. Ils n'échappèrent à la poursuite qu'en brûlant le tablier provisoire en bois établi par eux sur l'arche de pont détruite six semaines auparavant. Leur alarme avait été si chaude qu'ils achevèrent de faire sauter le pont en pierre, dont les mines étaient chargées.

C'est dans cette situation que l'armistice trouva le général Pourcet.

CHAPITRE XI

L'ARMISTICE

Retraite de l'armée de l'Est dans le Jura — Tentatives pour la secourir; marche sur Dôle et sur Poligny — Annonce de l'armistice — Examen de ses effets militaires — Perte de l'armée de l'Est; son internement en Suisse — Protestations des généraux — Derniers engagements dans le Jura — Conséquences de l'armistice au point de vue d'une reprise ultérieure des hostilités — Ressources militaires de la France après l'armistice.

La retraite de l'armée de l'Est à travers les neiges du Jura fut des plus pénibles. Le correspondant anglais du corps Cremer donne ses impressions en ces termes :

« Presque toutes les troupes et avec elles leurs officiers,
» étaient obligés de bivouaquer dans la neige, comme ils avaient
» fait depuis dix jours. Les fourgons de bagages et de munitions
» étaient abandonnés sur la route, faute de moyens de transport,
» et tous les cent mètres on pouvait voir des chevaux morts et
» victimes du triple fléau de la famine, du froid et de la fatigue.
» Pendant toute cette terrible marche, la division Cremer, ainsi
« que cela avait eu lieu depuis le premier moment de la retraite
» de la Lisaine, forma l'arrière-garde, souffrant encore plus que les
» autres, car nous étions les derniers à recevoir notre part dans
» chaque distribution de vivres qui pouvait se faire. Nous mar-

» chions en excellent ordre, non par esprit de corps, — senti-
» ment à présent éteint dans l'armée française, — mais simple-
» ment à cause de la discipline rigide des commandants de
» brigade, qui étaient toujours à leur poste, encourageant et
» ralliant leurs hommes. Partout ailleurs, soldats de la ligne,
» zouaves, chasseurs, turcos étaient mêlés dans une folle confu-
» sion, et à chaque pas, c'était : « Mon officier, pouvez-vous me
» dire où tel corps se trouve? » Toute force de cohésion était
» détruite et cette armée était devenue une foule désorganisée,
» mourant de faim. Il n'en était pas ainsi de nous, l'arrière-
» garde ; les 32e, 57e, 83e, 86e, marchaient avec fermeté dans
» leurs rangs, ayant faim, les pieds malades, et étant fatigués,
» mais comme de vrais soldats. »

Il est juste d'ajouter que dans les autres corps on retrouvait aussi des troupes conservant leur cohésion. On n'évalue — et c'était malheureusement encore beaucoup trop — qu'à vingt mille le chiffre des hommes ainsi débandés et dispersés au milieu des corps réguliers. Ces infortunés, séparés de leurs officiers, sans chefs, sans administration, souffraient le plus cruellement du manque de nourriture. Ce sont ces bandes en désordre qui ont donné de la désorganisation de notre armée une idée exagérée. Bon nombre de régiments étaient à peu près intacts, tellement que, quand plus tard on les a vus en Suisse, on a même été surpris que des troupes aient pu aussi bien se maintenir dans d'aussi terribles circonstances.

Un instant on put espérer qu'une partie au moins de ces souffrances serait épargnée à l'armée et qu'en tous cas l'armée elle-même serait conservée à la France. Car au moment où la retraite commença, il y avait une chance de salut.

Tandis que des forces considérables ramenées de Vesoul et d'Héricourt, menaçaient la droite et le centre de l'armée, les routes du sud étaient interdites par les deux corps d'armée prussiens Zastrow et 7ᵉ, maintenant au complet. Ces corps occupaient les passages à l'est de la voie ferrée de Lyon et obligeaient ainsi l'armée à se rejeter sur la Suisse. Le général Manteuffel dirigeait l'ensemble des opérations avec son habileté accoutumée. Mais à ce même moment Garibaldi venait de recevoir ses derniers renforts et comptait 50,000 hommes et 90 pièces de canon. En les jetant rapidement entre Arbois et Quingey, sur les derrières de l'ennemi, on pouvait obliger celui-ci à se retourner et dès lors à laisser le passage libre par les routes du sud. Peut-être même, si la manœuvre était faite avec une suffisante précision, les deux corps prussiens risquaient d'être sérieusement compromis entre l'armée de l'Est et celle de Garibaldi.

Tel fut le plan que nous résolûmes de proposer à ce dernier. Nous lui écrivîmes le 27 au soir : « L'armée de
» l'Est, fatiguée par les rigueurs du froid et par des marches
» stériles, est en retraite sur Pontarlier. Elle abandonnera
» cette direction au point le plus favorable, pour se ra-
» battre vers le sud, sur Bourg, par exemple. L'ennemi
» occupe actuellement Dôle, Mouchard, Arbois, Poligny,
» Andelot, Champagnole. Il s'y renforce continuellement
» par des troupes qui suivent les routes de Pesmes à Gray
» et de Pesmes à Dampierre. Notre armée est donc menacée
» de voir sa retraite inquiétée et coupée lorsqu'elle des-
» cendra par les routes comprises entre la Suisse et la di-

» rection de Besançon à Lons-le-Saulnier. Le seul moyen
» de conjurer cette dangereuse situation paraît être de venir
» inquiéter les communications de l'ennemi lui-même, en
» s'installant solidement sur ses derrières, dans la forêt de
» Chaux, notamment. Pour cela, il faudrait porter votre
» centre d'action à Dôle et enlever conséquemment cette
» place à l'ennemi qui s'y est soigneusement fortifié. Vous
» tâcheriez de vous mettre en communication télégraphique
» avec le nouveau chef de l'armée le général Clinchant, qui
» doit être actuellement à Ornans, et vous l'informerez du
» moment où votre appui lui serait assuré. »

Cette mission exigeait quelque abnégation de la part de celui qu'on en chargeait. On lui demandait en effet d'abandonner Dijon, qu'il venait de défendre avec éclat, et on lui offrait en dédommagement une opération difficile, dont une autre armée que la sienne profiterait. Néanmoins il accepta. Le mouvement commença douze heures après, dans la nuit du 28 au 29. Afin de l'appuyer, nous organisâmes une double démonstration, l'une de 14 à 15,000 mobilisés, amenés de Lyon à Lons-le-Saulnier et agissant dans la direction de Poligny, l'autre de 7,000 hommes de troupes régulières, envoyés par chemin de fer de Poitiers à Beaune, et marchant sur Seurre et Dôle. Au total 70,000 hommes devaient simultanément menacer l'ennemi. Celui-ci, de son côté, avait déjà fait passer sur Mouchard et Arbois la presque totalité des 40,000 hommes de bonnes troupes composant ses deux corps d'armée et d'autres forces commençaient à apparaître derrière l'Ognon.

C'est ici que les événements ont montré combien les

craintes qui avaient interdit à l'armée de l'Est les routes du Midi, étaient exagérées. En effet, malgré le long délai écoulé depuis les premiers pourparlers entre le général Bourbaki et l'administration de la guerre, l'ennemi était encore si peu en forces à Dôle et dans la région environnante qu'il ne songea même pas à disputer le terrain aux troupes de Garibaldi. L'avant-garde du général apparut le 29 au soir devant Montrolland, position capitale, qui commande Dôle, et que les Prussiens n'avaient pas eu le temps d'occuper solidement. Elle s'en empara sans difficulté. Pendant la nuit suivante la garnison prussienne, reconnaissant l'impossibilité de résister, évacua Dôle et remonta vers Pesmes.

Garibaldi, de sa personne, s'était mis en marche avec le gros de ses forces, tandis qu'un important rideau manœuvrait au nord-est, du côté de Pontaillier, pour dissimuler la véritable opération. L'armée de Dijon se préparait ainsi à entrer dans Dôle le 30, quand, tout d'un coup, l'annonce de l'armistice conclu par le gouvernement de Paris arrêta les troupes aux points mêmes où elles se trouvaient.

Mais il convient d'examiner, dans toute son étendue, ce grand fait de l'armistice, dont les origines et les conséquences sont encore si mal connues d'une grande partie du public.

On se rappelle les instances que la délégation de Bordeaux avait faites auprès du gouvernement de Paris pour obtenir de lui une énergique diversion en vue de soulager l'armée de Chanzy, et d'arrêter les renforts expédiés incessamment dans l'Est et dans le Nord. Je n'ai pas à rechercher les motifs véritables qui ont empêché ces instances d'aboutir. Peut-être un jour, quand l'histoire impartiale se fera, elle amènera des révélations qui détruiront plus d'une idée actuellement reçue. Je me borne aux faits apparents et officiels, à ceux, par conséquent, sur lesquels, dès aujourd'hui chacun peut se former une opinion.

Un jour que les instances avaient été plus vives que de coutume et que le gouvernement de Paris était sollicité de faire une sortie suprême, le général Trochu, dans une lettre expédiée les 10 et 14 janvier, répondit : « L'accomplir sans aucune entente avec nos armées du dehors et courir la chance probable de tout perdre en un jour, alors qu'en tenant encore nous pouvons donner à Faidherbe, à Chanzy, surtout à Bourbaki, dont la manœuvre est capitale, le temps de frapper encore quelque grand coup, serait une folie gratuite.....

» Je n'en demeure pas moins ferme dans mes résolutions de résistance à outrance, *réservant l'acte de désespoir pour l'heure utile.* »

Cet ajournement indéterminé et subordonné à des opérations de longue haleine, telles que la campagne de l'Est, rapproché d'ailleurs des bruits favorables qui circulaient alors sur l'importance des approvisionnements existants encore dans Paris, éloignaient, pour un certain temps, la pensée de la catastrophe finale. Nous ne supposions pas que, quelques jours après, s'ouvriraient les délibérations qui ont amené la capitulation du 28 janvier.

Quant à « l'acte de désespoir », qui devait précéder le

dénouement, il faut le voir aujourd'hui dans la sortie du 19 janvier, puisque cette sortie est la seule qui ait été tentée depuis la lettre du général Trochu. Mais elle n'a guère présenté les caractères énoncés dans cette lettre. D'abord elle n'a été précédée d'aucune « entente avec les armées du dehors ». Ensuite elle ne paraît avoir eu — et les déclarations des Parisiens prouvent qu'elle n'a eu, en effet, malgré l'éclatante bravoure de ceux qui y prirent part — ni l'ampleur, ni la portée, ni la persistance « désespérée » en un mot, qu'on s'attendait à trouver dans cet acte suprême. Elle semblait bien plutôt une concession tardive aux demandes réitérées de diversion formulées par la délégation de Bordeaux.

Aussi fut-ce avec une surprise extrême que l'administration de la guerre reçut, le 29 au matin, la laconique dépêche annonçant qu'une convention était signée avec M. de Bismarck.

Je transcris ici textuellement cette pièce historique :

M. Jules Favre, ministre des affaires étrangères à la délégation de Bordeaux (recommandée).

Versailles, 28 janvier 1871, 11 h. 15 du soir.

« Nous signons aujourd'hui un traité avec M. le comte de
» Bismark.
» Un armistice de 21 jours est convenu.
» Une assemblée convoquée à Bordeaux pour le 15 février.
» Faites connaitre cette nouvelle à toute la France; faites
» exécuter armistice et convoquez les électeurs pour le 8 février.
» Un membre du gouvernement va partir pour Bordeaux.

En exécution de cet ordre l'administration de la guerre envoya immédiatement à tous les chefs de corps, en vue de faire cesser les hostilités, la dépêche circulaire ci-après :

Guerre à......, chef de corps à......, extrême urgence

Bordeaux, le 29 jauvier 2 heures du soir.

» Un armistice de 21 jours vient d'être conclu par le gouver-
» nement de Paris. Veuillez, en conséquence, suspendre immé-
» diatement les hostilités en vous concertant avec le chef des
» forces ennemies, en présence desquelles vous pouvez vous
» trouver.
» Vous vous conformerez aux règles pratiques suivies en pa-
» reil cas. Les lignes des avant-postes respectifs des forces en
» présence sont déterminées sur-le-champ et avec précision par
» l'indication des localités, accidents de terrain et autres points
» de repère. Le procès-verbal constatant cette délimitation est
» échangé et signé des deux commandants en chefs ou de leurs
» représentants. Aucun mouvement des armées en avant des
» lignes ainsi déterminées ne peut être effectué pendant toute la
» durée de l'armistice. Il en est de même du ravitaillement et de
» tout ce qui est nécessaire à la conservation de l'armée, qui ne
» peut non plus s'effectuer en avant desdites lignes. Donnez
» également des instructions aux francs-tireurs. Afin d'éviter
» toute difficulté ultérieure, je vous invite instamment à faire
» apporter la plus grande précision dans la rédaction des procès-
» verbaux et dans la réunion des éléments qui leur servent de
» bases.
» S'il surgissait quelque difficulté sur laquelle vous jugeriez
» bon d'être éclairé, référez-m'en par dépêche *d'extrême ur-*
» *gence*, en gagnant le temps nécessaire dans les négociations.
» Réponse urgente. »

Mais ces mesures, en apparence si simples, rencontrèrent dans l'application les difficultés les plus inattendues et en même temps les plus graves, par suite de deux circonstances capitales que le gouvernement de Bordeaux ignorait et sur lesquelles les Allemands n'étaient que trop bien édifiés :

1° La convention d'armistice — dont le texte ne nous avait pas été communiqué — avait fixé elle-même la ligne de démarcation entre les armées belligérantes, dans toute la France.

2° Une exception était faite pour la région de l'Est, où provisoirement aucune ligne n'était tracée et où les hostilités devaient continuer jusqu'à entente ultérieure.

La fixation des lignes de démarcation par la convention d'armistice est un fait qu'on s'explique difficilement. Il est de principe et il tombe, en effet, sous le sens qu'une telle fixation doit être faite par ceux qui connaissent la position des armées en présence. Or ici le négociateur français non-seulement ne connaissait pas la position de ces armées, mais il ne connaissait même pas l'existence de certaines d'entre elles, exemples : l'armée de Garibaldi et celle du général Pourcet. Cette ignorance était la conséquence nécessaire du manque de communications de Paris avec la province.

Le négociateur français manquait donc des premiers éléments pour faire passer la ligne de démarcation sur un point plutôt que sur un autre. Il n'a pu que s'appuyer sur ceux qui lui étaient fournis par l'état-major prussien lui-même, c'est-à-dire souscrire à ce que voulait l'ennemi.

On ne saurait donc voir dans cette convention qu'un odieux abus de la force et de la ruse, où l'une des parties, profitant de l'ignorance et des angoisses de l'autre partie, lui a imposé des stipulations auxquelles a manqué la première condition d'équité : la discussion libre et éclairée.

Ce qui confirme bien douloureusement cette duplicité du négociateur prussien en regard de la confiance du négociateur français, c'est l'exception introduite pour les armées de l'Est. Il est évident que si l'armistice avait de l'intérêt pour une armée, c'était pour celle du général Bourbaki. Or, c'est précisément pour celle-là que l'exception a eu lieu. Quant aux autres armées pour lesquelles la convention sortissait son plein et entier effet, nous n'avions pas plus d'intérêt que les Allemands eux-mêmes à l'interruption immédiate des hostilités. Ainsi, le général Chanzy était hors d'atteinte derrière la Mayenne; le général Faidherbe avait mis ses troupes en cantonnement dans les places fortes du Nord; le général Loysel était enfermé et inexpugnable dans le Havre; le général Pourcet refoulait lui-même l'ennemi de l'autre côté de la Loire; enfin les généraux de Pointe et Bruat étaient en train de pousser une pointe vigoureuse sur Auxerre. Il est donc manifeste que M. de Bismark a rédigé la convention à son gré et que les négociateurs français trop crédules l'ont acceptée sur sa parole sans en prévoir les conséquences.

S'ils les avaient prévues, en effet, ces conséquences funestes, ils n'auraient pas manqué d'en instruire leurs correspondants de Bordeaux. Ils auraient ajouté à leur brève dépêche quelque phrase dans ce sens : « Nous attirons

» votre attention sur l'exception relative à l'armée de l'Est;
» nous avons dû la subir et vous aurez à aviser. » Or, non-seulement un tel avertissement n'a pas été donné, mais le texte même de la convention n'a pas été fourni. Pendant plus de quarante-huit heures l'administration de la guerre a ignoré qu'aucune ligne de démarcation eût été tracée et que les armées de l'Est fussent exceptées de l'armistice. Elle l'aurait même ignoré *pendant cinq jours*, si le général Chanzy n'avait pas reçu directement du prince Charles et n'avait pas transmis à Bordeaux une copie de la convention originale. Ce n'est que cinq jours après sa première dépêche que M. Jules Favre, pressé d'interrogations par la délégation de Bordeaux, en a passé une seconde, à la date du 2 février 5 heures 5 minutes du soir, laquelle commence par ces mots : « *Des difficultés se sont élevées* » *sur l'exécution de l'armistice.* Dans l'impossibilité de » communiquer régulièrement, *nous n'avons pu vous trans-* » *mettre* le texte même de la convention et le tracé sur la » carte qui l'accompagne. Je rétablis ce texte, que vous » enverrez aux chefs de corps... »

Les « difficultés » dont parle ici M. Jules Favre, étaient précisément la perte de l'armée de l'Est et la dispersion de l'armée de Garibaldi, en d'autres termes l'anéantissement, pour la France, d'une force de près de 200,000 hommes ; nouvelle preuve que le négociateur français, en signant ces stipulations léonines, ne s'était pas douté du piége que lui tendait M. de Bismarck.

Aucun trait n'a manqué à l'odieux de cette convention. Ainsi le négociateur prussien s'était réservé le privilége monstrueux, après que le reste de la France aurait mis bas les armes, d'écraser sous les forces réunies de l'Allemagne, l'héroïque place de Belfort qui résistait encore. Oui, quinze jours durant, on a pu voir, grâce à la convention du 28 janvier, 100,000 Allemands s'acharner contre une petite garnison de 10,000 hommes et son vaillant commandant le colonel d'Enfert-Rochereau, tandis que, partout ailleurs, les hostilités ayant cessé, la France était obligée d'assister impassible à ce spectacle.

Mais revenons à la dépêche expédiée le 29 janvier aux chefs d'armée pour faire exécuter les premières instructions du gouvernement de Paris.

Aussitôt que le général Garibaldi eut reçu cette dépêche, le 29 au soir, il transmit à son avant-garde, à Montrolland, l'ordre de suspendre sa marche, et lui-même se mit en rapport avec le commandant des troupes prussiennes. Il eut beaucoup de peine à le joindre. Le corps ennemi, qu'on avait refoulé dans la direction de Pesmes et de Gray, s'était retiré du côté de Dôle, en sorte qu'on ne trouva qu'un chef de second rang qui se déclara sans qualité pour traiter. Toute la nuit se passa en recherches et c'est seulement le lendemain que le général Garibaldi put obtenir la réponse que les forces allemandes n'avaient reçu aucun ordre pour cesser les hostilités et qu'on en référait au général Manteuffel, commandant en chef, et alors aux environs de Besançon. Pendant ce temps, les troupes allemandes refluaient sur Dôle qui se trouva bientôt pourvu d'une garnison considérable. Garibaldi, de son côté, en référait à l'administration de la guerre qui, sans autre nouvelle que la première dépêche de M. Jules Favre, ne pouvait que maintenir purement et simplement ses instructions. Ainsi, durant deux jours, l'avant-garde de Garibaldi, à Montrolland, et le gros de son armée, entre Dijon et Pesmes, restèrent dans une immobilité complète, tandis que les corps prussiens firent toutes les manœuvres qu'ils jugèrent à propos pour renforcer leur position à Dôle et aux environs.

Le général Clinchant, de son côté, expédia un parlementaire auprès du général Manteuffel, mais la réponse pareillement se fit beaucoup attendre, et, dans l'intervalle, les forces prussiennes continuaient à avancer autour de lui et à se rendre maîtresses des principaux passages. Il protesta auprès des chefs de détachements qui se retranchèrent sur ce qu'ils étaient sans instructions pour cesser les hostilités et déclarèrent en référer au commandant en chef.

Cette situation incertaine devenait des plus critiques : car, tandis que nos armées exécutaient loyalement l'armistice, un cercle menaçant se resserrait d'heure en heure autour d'elles. M. Gambetta, ne voyant rien arriver de Paris, ni des instructions complémentaires, ni le membre du gouvernement annoncé, prit le parti d'adresser la dépêche ci-après :

Léon Gambetta à M. Jules Favre, à Versailles. — Au besoin, faire suivre.

Bordeaux, le 30 janvier, 2 heures 30 du soir.

« J'ai reçu le télégramme par vous adressé à la délégation de
» Bordeaux, le 28 janvier, à onze heures un quart du soir, et

» parvenu à destination à trois heures du matin, le 29 ; nous
» l'avons porté sans commentaires, en le certifiant conforme, à
» la connaissance du pays tout entier. Depuis lors, nous n'avons
» rien reçu. Le pays est dans la fièvre ; il ne peut pas se con-
» tenter de ces trois lignes. Le membre du gouvernement dont
» vous nous annonciez l'arrivée et dont vous ne nous avez pas
» dit le nom, n'est pas encore signalé, par voie télégraphique,
» ni autrement, aujourd'hui 30 janvier, à deux heures. Cepen-
» dant, il nous est impossible, en dehors de l'exécution pure et
» simple de l'armistice par les troupes et dont nous avons assuré
» le respect, de prendre les mesures administratives que com-
» porte la convocation des électeurs, en l'absence de toutes
» explications de votre part et sans connaître le sort de Paris. »

Tandis que nous attendions la réponse, nous recevions du général Clinchant cet avis inquiétant :

Général Clinchant à Guerre, à Bordeaux.

Pontarlier, 30 janvier, 5 h. 25 du soir.

« Je n'ai pas encore reçu de réponse officielle du général
» Manteuffel ; mais, d'après une lettre apportée par un parle-
» mentaire prussien pendant une conférence près de Frasne, il
» paraîtrait que le général Manteuffel ne voudrait pas reconnaître
» cet armistice pour l'armée de l'Est, disant qu'il ne concerne
» que les armées du Nord et de Paris. »

Le général Garibaldi fournit des dépêches analogues.
Au surplus, voici l'enchaînement des documents officiels, qui parle assez de lui-même :

M. de Bismarck à M. Léon Gambetta, Bordeaux.

Versailles, 31 janvier, 12 h. 15 du matin.

« Votre télégramme à M. Jules Favre, qui vient de quitter
» Versailles, lui sera remis demain matin, à Paris. Sous titre de
» renseignements (1), j'ai l'honneur de vous communiquer ce
» qui suit :
» L'armistice conclu le 28 durera jusqu'au 19 février. La ligne
» de démarcation séparant les deux armées part de Pont-l'Évêque
» en Calvados, traverse le département de l'Orne, laisse à l'oc-
» cupation allemande la Sarthe, l'Indre-et-Loire, Loir-et-Cher,
» Loiret, Yonne, entre à travers le territoire composé de la
» Côte-d'Or, du Doubs, du Jura, réserve le Nord, le Pas-de-
» Calais et le Havre intacts.
» Les avant-postes partagent à dix kilomètres de la ligne.
» Armistice des forces navales ; les captures faites après le 28,
» seront à rendre. Les hostilités continuent devant Belfort, et
» dans le Doubs, le Jura et la Côte-d'Or jusqu'à entente. As-
» semblée nationale à convoquer ; reddition de toutes les forti-
» fications de Paris ; armée de Paris prisonnière de guerre, sauf
» effectif nécessaire pour maintenir la sûreté intérieure. La
» garde nationale reste armée. Les troupes allemandes n'entre-
» ront pas en ville pendant l'armistice. Paris ravitaillé. Circula-
» tion libre pour les élections.
» J'ajoute que les forts ont été occupés aujourd'hui même par

---

(1) C'est par suite d'une erreur typographique que ces mots : *Sous titre de renseignements,* figurent comme appartenant à la phrase précédente, dans le *Moniteur Universel* du 2 février 1871. La version que nous donnons est authentique.
On remarquera cette magnanimité du ministre allemand nous renseignant après que le malheur était consommé et qu'il n'était plus temps d'y parer.

» nos troupes, et je crois que les élections sont fixées au 8 ; la
» réunion de l'Assemblée à Bordeaux, au 12. Épuisement absolu
» des vivres à Paris. Population réduite aux provisions de l'armée
» allemande. L'Assemblée décidera question de guerre ou con-
» ditions de paix. »

Cette dépêche fut pour l'administration de la guerre un véritable coup de foudre. Elle fut corroborée et complétée quelques heures après par la communication du texte même de la convention d'armistice, que le général Chanzy envoya dans la matinée du 31, le tenant du prince Frédéric-Charles. J'en détache l'article 1er, exclusif aux opérations des armées de province :

« Article 1er. — Un armistice général sur toute la ligne des
» opérations militaires en cours d'exécution entre les armées
» allemandes et les armées françaises, commence pour Paris
» aujourd'hui même, et pour les départements dans un délai de
» trois jours. La durée de l'armistice sera de 21 jours, à dater
» d'aujourd'hui, de manière que, sauf le cas où il serait renou-
» velé, l'armistice se terminera partout le 19 février, à midi.

» Les armées belligérantes conservent leurs positions respec-
» tives qui seront séparées par une ligne de démarcation. Cette
» ligne partira de Pont-l'Évêque sur les côtes du département
» du Calvados, se dirigeant sur Lignières dans le nord-est du
» département de la Mayenne, en passant entre Briour (?) et
» Fromentel, en touchant au département de la Mayenne à Li-
» gnières. Elle suivra la limite qui sépare ce département de
» celui de l'Orne, et de celui de la Sarthe, jusqu'au nord de
» Marannes, et sera continuée de manière à laisser à l'occupation
» allemande les départements de la Sarthe, d'Indre-et Loire, de
» Loir-et-Cher, du Loiret et de l'Yonne, jusqu'au point où, à

» l'est de Quarré les-Tombes, se touchent les départements de
» la Côte-d'Or, de la Nièvre et de l'Yonne.

» A partir de ce point, le tracé de la ligne sera réservé à une
» entente qui aura lieu aussitôt que les parties contractantes
» seront renseignées sur la situation actuelle des opérations
» militaires en exécution dans les départements de la Côte-d'Or,
» du Doubs et du Jura. Dans tous les cas, elle traversera le terri-
» toire composé de ces trois départements, en laissant à l'occu-
» pation allemande les départements situés au nord, à l'armée
» française ceux situés au midi de ce territoire. Les départements
» du Nord et du Pas-de-Calais, les forteresses de Givet et de
» Langres, avec le terrain qui les entoure, à une distance de dix
» kilomètres, et la péninsule du Havre jusqu'à une ligne à tirer
» d'Étretat dans la direction de Saint-Romain, resteront en dehors
» de l'occupation allemande. Les deux armées belligérantes et
» leurs avant-postes, de part et d'autre, se tiendront à une
» distance de dix kilomètres au moins des lignes tracées pour
» séparer leurs positions.

» Chacune des deux armées se réserve le droit de maintenir
» son autorité dans le territoire qu'elle occupe, et d'employer
» les moyens que ses commandants jugeront nécessaires pour
» arriver à ce but.

» L'armistice s'applique également aux forces navales des deux
» pays, en adoptant le méridien de Dunkerque comme ligne de
» démarcation à l'ouest de laquelle se tiendra la flotte française,
» et à l'est de laquelle se retireront, aussitôt qu'ils pourront être
» avertis, les bâtiments de guerre allemands qui se trouvent
» dans les eaux occidentales.

» Les captures qui seraient faites après la conclusion et avant
» la ratification de l'armistice seront restituées, de même que
» les prisonniers qui pourraient être faits de part et d'autre,
» dans des engagements qui auraient lieu dans l'intervalle
» indiqué.

» Les opérations militaires sur le terrain des départements du

» Doubs, du Jura et de la Côte-d'Or, ainsi que le siége de Bel-
» fort, se continueront indépendamment de l'armistice, jusqu'au
» moment où l'on se sera mis d'accord sur la ligne de démarca-
» tion dont le tracé à travers les trois départements mentionnés
» a été réservé à une entente ultérieure. »

*Guerre à général Clinchant, à Pontarlier. — Faire suivre.
— Et à général Garibaldi, Dijon. — Faire suivre.*

Bordeaux, 31 janvier, 9 heures 55 du matin.

« D'après le texte officiel de l'armistice que nous recevons à
» l'instant, il est fait une exception que rien ne nous avait fait
» prévoir. Les opérations militaires sur le terrain des départe-
» ments du Doubs, du Jura et de la Côte-d'Or se continueront
» indépendamment de l'armistice, jusqu'au moment où les deux
» puissances belligérantes se seront mises d'accord sur le tracé
» d'une ligne de démarcation entre les armées dans lesdits
» départements. Veuillez, en conséquence, continuer les hosti-
» lités à votre appréciation, avec tous les moyens d'action dont
» vous disposez. »

Léon Gambetta à M. Jules Favre, à Versailles pour Paris.

Bordeaux, 31 janvier (après-midi).

« L'ajournement inexplicable et auquel votre télégramme ne
» faisait aucune allusion, des effets de l'armistice en ce qui
» touche Belfort et les départements de la Côte-d'Or, Doubs et
» Jura, donne lieu aux plus graves complications. Dans la
» région de l'Est, les généraux prussiens poursuivent leurs
» opérations sans tenir compte de l'armistice, alors que le mi-

» nistre de la guerre, croyant pleinement aux termes de votre
» impérative dépêche, a ordonné à tous les chefs des corps
» français d'exécuter l'armistice et d'arrêter leurs mouvements,
» ce qui a été exécuté religieusement pendant quarante-huit
» heures. Il faut sur-le-champ fixer l'application de l'armistice
» à toute la région de l'Est, et réaliser, comme c'est votre
» devoir, cette entente ultérieure dont parle la convention
» du 28 janvier. Entre temps, nous autorisons les généraux
» français à conclure directement une suspension d'armes d'une
» durée nécessaire pour nous faire parvenir et vous communi-
» quer le tracé des lignes de démarcation arrêtées ou proposées
» par eux. Je vous prie de me faire prompte réponse. »

Guerre à général Clinchant, Pontarlier. — Faire suivre. — Et à général Garibaldi, Dijon. — Faire suivre.

Bordeaux, 31 janvier (après-midi).

Copie de la dépêche précédente.

Général Clinchant à Guerre, Bordeaux.

Verrières-Française, le 1er février, 2 heures 10 soir.

« Tout ce que vous écrivez à Jules Favre, je l'ai tenté inutile-
» ment près de Manteuffel; il m'a même refusé suspension
» d'armes de 36 heures pour que les gouvernements puissent
» élucider la question. L'ennemi ayant continué les hostilités,
» malgré mes protestations, et menaçant de couper ma retraite,
» même vers la Suisse, ce qui entraînerait la perte de l'armée
» et de tout le matériel, j'ai dû me rendre à la dure nécessité de
» franchir les frontières. Le matériel a presque effectué son pas-
» sage à l'heure qu'il est. Le général Billot couvre la retraite

» avec 3 divisions du 18ᵉ corps. Je vous enverrai aujourd'hui
» le texte de la convention que j'ai conclue avec la Suisse. »

Ordre du jour du général Clinchant.

« Soldats de l'armée de l'Est,

» Il y a peu d'heures encore, j'avais l'espoir, j'avais même la
» certitude de vous conserver à la défense nationale. Votre pas-
» sage jusqu'à Lyon était assuré à travers les montagnes du Jura.
» Une fatale erreur nous a fait une situation dont je ne veux
» pas vous laisser ignorer la gravité. Tandis que notre croyance
» en l'armistice, qui nous avait été notifié et confirmé à plusieurs
» reprises par notre gouvernement, nous recommandait l'immo-
» bilité, les colonnes ennemies continuaient leur marche, s'em-
» paraient des défilés déjà en nos mains et coupaient ainsi notre
» ligne de retraite.
» Il est trop tard aujourd'hui pour accomplir l'œuvre inter-
» rompue : nous sommes entourés par des forces supérieures ;
» mais je ne veux livrer à la Prusse ni un homme, ni un canon.
» Nous irons demander à la neutralité suisse l'abri de son pa-
» villon ; mais je compte, dans cette retraite vers la frontière, sur
» un effort suprême de votre part : défendons pied à pied les
» derniers échelons de nos montagnes, protégeons les défilés de
» notre artillerie et ne nous retirons sur un sol hospitalier qu'a-
» près avoir sauvé notre matériel, nos munitions et nos convois.
» Soldats, je compte sur votre énergie et sur votre ténacité.
» Il faut que la patrie sache bien que nous avons tous fait notre
» devoir jusqu'au bout et que nous ne déposons les armes que
» devant la fatalité.

» Pontarlier, 31 janvier. »

L'administration de la guerre rendit compte de ces faits au pays, par la note ci-après, insérée au *Moniteur Universel* du 5 (4) février :

« Pour bien se rendre compte des funestes effets de l'armistice
» sur les destinées de l'armée de l'Est, il faut remarquer qu'au
» moment où la convention a été signifiée à la délégation de
» Bordeaux, un double mouvement stratégique avait lieu. D'un
» côté, l'armée de l'Est opérait sa retraite ; de l'autre, l'armée
» de Garibaldi, renforcée à 50,000 hommes, commençait une
» puissante diversion sur les derrières de l'ennemi en se portant
» à Dôle et vers la forêt de Chaux. Si ce dernier mouvement
» se terminait aussi heureusement qu'il avait débuté, les forces
» prussiennes pouvaient se trouver dans une situation très-
» critique, car elles se trouvaient prises, comme on dit vulgai-
» rement, entre deux feux.

» C'est à ce moment que la notification de l'armistice a eu
» lieu. Aussitôt l'armée de l'Est a suspendu son mouvement, et
» l'armée de Garibaldi s'est arrêtée à trois kilomètres de Dôle
» que l'ennemi avait déjà presque complètement évacué. Pen-
» dant les deux jours qui ont suivi, et tandis que nos généraux
» parlementaient avec l'ennemi pour dissiper ce qui semblait
» être un malentendu évident, l'ennemi, de son côté, continuait
» d'avancer, occupait les positions les plus importantes, se ren-
» dait maître des routes vers Bourg et Lyon, et envoyait des
» renforts considérables à Dôle, Mouchard, et sur tous les points
» que menaçait naguère Garibaldi.

» Quand la vérité se fit jour, et que le texte fatal fut connu,
» il était trop tard. Nos armées, après le temps perdu, se re-
» trouvèrent dans l'impossibilité de reprendre leur ancien plan,
» et c'est ainsi que l'armée de Garibaldi, d'une part, dut évacuer
» Dijon, et se retirer sur Mâcon, et que l'armée de l'Est, d'autre
» part, s'est vue obligée de se retirer sur le territoire suisse.

PERTE DE L'ARMÉE DE L'EST

» Un fait qui montrera mieux que tous les commentaires l'in-
» fluence de ces deux jours si malheureusement perdus, c'est
» que le 24ᵉ corps, qui formait l'aile gauche de l'armée et
» n'avait conséquemment pas sur le reste des troupes une
» avance de deux journées de marche, a pu cependant, malgré
» l'arrêt du mouvement de Garibaldi, échapper à la poursuite
» de l'ennemi. »

Il est intéressant de rapprocher de cette note l'appréciation suivante, formulée par la *Revue Suisse* du mois de
février 1871 :

« A ce moment (après le suicide du général Bourbaki,
» le 26 janvier), son armée était presque complétement cernée
» par le général Manteuffel, après toute une série de combats
» malheureux qui avaient eu pour effet de rétrécir chaque jour
» davantage le demi-cercle de fer où on voulait l'enfermer, sans
» autre issue que la frontière suisse. Pourtant elle n'était pas
» perdue. Il lui restait la route du Jura et les défilés de Saint-
» Laurent, dont une marche rapide pouvait lui permettre de se
» saisir. Une attaque simultanée en force contre les colonnes
» prussiennes qui s'avançaient sur le flanc de l'armée en retraite
» aurait permis de la protéger complétement. Enfin Garibaldi,
» à la tête de 50,000 hommes, s'avançait sur Dôle après avoir
» battu les troupes qui lui étaient opposées, et en prenant ainsi
» l'aile droite prussienne par derrière et de flanc, il la menaçait
» à son tour d'un désastre, lorsqu'une fatalité encore inexpli-
» quée vint perdre l'armée française. C'est à ce moment que
» Garibaldi et le général Clinchant, qui avait succédé à Bour-
» baki, reçurent du gouvernement une dépêche qui leur annon-
» çait qu'un armistice avait été signé à Paris, et leur donnait
» l'ordre de suspendre les hostilités et les opérations de guerre.
» Garibaldi, la mort dans le cœur, obéit immédiatement, se

» repliant sur Dijon, qu'il dut bientôt évacuer, tandis que, près
» de Besançon, les Prussiens complétaient leur mouvement de
» concentration. Tout à coup ils attaquèrent les Français, qui se
» reposaient sur l'armistice annoncé à l'armée par une procla-
» mation. Le général Clinchant fit aussitôt demander des expli-
» cations au général Manteuffel, qui lui apprit que la convention
» de Paris ne s'appliquait pas aux armées de l'Est. Bien des
» heures furent encore perdues en pourparlers, pendant lesquels
» l'armée allemande acheva de prendre les positions les plus
» favorables, de telle sorte que lorsqu'ils furent terminés par le
» refus de Manteuffel de conclure un armistice séparé, de trente-
» six heures, qui permit de demander des explications à Ver-
» sailles, il ne restait plus à l'armée française d'autre alternative
» que de passer en Suisse avec armes et bagages. C'est ce qu'a
» fait le général Clinchant. Ses troupes sont entrées sur le ter-
» ritoire neutre à partir du 1er février, non sans avoir à soutenir
» encore contre les Prussiens des combats où elles ont perdu
» quelques mille hommes, surtout en prisonniers; mais quelques
» troupes ont réussi à s'échapper sur Lyon, *par cette route*
» *même du Jura où toute l'armée aurait pu suivre, surtout*
» *protégée par l'attaque de Garibaldi, si elle n'avait pas perdu*
» *quarante-huit heures sur la foi de l'armistice et sur l'ordre*
» *positif qui lui avait été donné de suspendre ses opérations.*
» Il y a ici un mystère dont il faut attendre l'explication. »

Dans les autres parties du territoire, qui n'avaient pas
été l'objet d'exceptions aussi iniques, les difficultés furent
nécessairement moindres. Toutefois l'établissement de la
ligne de démarcation suscita encore des protestations nombreuses, à cause des avantages injustifiables qu'elle donnait à l'ennemi. M. de Bismarck avait, on peut le dire, taillé
en plein drap. La convention substituait aux positions

réelles des armées des positions imaginaires qui empiétaient de toutes parts sur notre territoire. Dans la Seine-Inférieure, par exemple, nous étions désormais réduits à la possession du Havre ; dans le Calvados nous perdions deux arrondissements ; nous perdions la moitié d'Indre-et-Loire et du Loiret, et, ce qui est plus grave, les lignes pu Cher et de la Vienne. Nous perdions de même la moitié de l'Yonne, une partie du Morvan et toute la Bourgogne. Dans le Nord, le territoire compris entre la Bresle et l'Authie jusqu'à Longpré, comprenant la place d'Abbeville, était sacrifié. Bref nos armées étaient refoulées à des limites telles que la plupart des positions défendues jusqu'ici avec ténacité se trouvaient irrévocablement perdues et que la reprise des hostilités, de notre part, était, par là même, rendue à peu près impossible. On s'en fera une idée en comparant sur une carte la ligne passant par les points stipulés à l'article 1er ci-dessus de l'armistice, avec une ligne passant par les points suivants, limites réelles de notre occupation avant la convention : Saint-Valery-en-Caux, Bolbec, Bourgtheroulde, Bernay, Mont-surs, Durtal, Saint-Mars (près Tours), Montbazon, Blois (rive gauche), la Ferté Saint-Aubin, Bonny, Saint-Fargeau. Basson (près Joigny), Semur, Val Suzon (près Dijon), Mirebeau, Auxonne, Champagnoles, Pontarlier.

Les généraux firent entendre contre cette spoliation des protestations indignées, dont voici quelques spécimens :

Général de division à Guerre, Bordeaux.

Bourges, 1er février, 2 heures 40 du matin.

« Je ne puis croire à votre dépêche (communiquant le texte
» de la convention fourni par le général Chanzy). En abandon-
» nant le Loir-et-Cher, l'ennemi sera aux portes de Bourges.
» J'avais la prétention de le laisser à la Ferté ou tout au plus
» à Lamothe-Beuvron, et de ne le laisser avancer dans le Loiret
» que jusqu'à Jargeau. Dois-je attendre d'autres ordres pour
» faire rentrer les troupes? et à quelle distance des limites des
» départements concédés? »

Général Loysel à Guerre, Bordeaux.

Le Havre, 1er février, 1 heure 10 du soir.

« J'ai sous les yeux texte convention apporté par Harel. La
» ligne de démarcation partant de Pont-l'Évêque et se dirigeant
» vers Lignières, nous abandonnons toute rive gauche de la
» Seine, et il n'y a plus à s'occuper de la tête de pont Honfleur
» que vous avez prescrit d'établir. Je ne puis admettre la ligne
» d'Étretat à Saint-Romain avec la condition de se tenir à dix
» kilomètres en arrière.
» Le 28, j'occupais Goderville, Bolbec, Lanquetot et Lille-
» bonne : la règle d'*uti possidetis* me les donne, et nul n'a le
» droit d'en disposer pour les remettre à l'ennemi. Les Prussiens
» revendiquent aussi les ports où nos croiseurs se rendaient
» constamment, ce qui est inadmissible. Les conditions concer-
» nant Paris sont exorbitantes, tous les corps de francs-tireurs
» doivent être dissous. Donnez-moi d'urgence des instructions.
» Je ne veux rien céder si je ne reçois ordre formel. »

EFFETS MILITAIRES DE L'ARMISTICE

Général Loysel à Guerre, Bordeaux (urgence extrême).

Le Havre, 1ᵉʳ février, 4 heures 55 du matin.

« Le commandant Harel rentre d'Alvimare ; délégué prussien
» lui a mis sous les yeux le texte convention signée par Bis-
» marck et Jules Favre. L'armistice qui compte du 28 pour Paris,
» ne commence que *trois jours* après pour départements. Il dé-
» termine lignes démarcation pour armée Havre, d'Étretat sur
» Saint-Romain. Chaque armée doit se tenir éloignée de dix
» kilomètres de cette ligne.
» Ces étranges stipulations étant tout à fait en désaccord avec
» les instructions que j'ai données, M. Harel vient en demander
» de nouvelles. Occupant Criquetot, Bolbec et Lillebonne, je ne
» puis admettre que nous soyons rejetés sur la place. Je ne veux
» donc pas signer une stipulation ratifiant la ligne Jules Favre
» à moins que vous ne m'en donniez l'ordre formel, et je ferai
» connaître par un ordre du jour que nous subissons les condi-
» tions dictées par M. J. Favre. Réponse urgente. Harel attendra
» qu'elle soit arrivée ; je pense que Fécamp, Dieppe et tous les
» ports de la côte doivent nous appartenir. »

Général commandant le 25ᵉ corps à Guerre, Bordeaux.

Vierzon, 5 février 3 heures 30 du maitn.

« Pour obéir à la convention de Versailles, le 25ᵉ corps a
» évacué le Loir-et-Cher et se retire en arrière de Vierzon qui
» doit rester un terrain neutre. Ce mouvement de retraite qui
» nous enlève sans combat les lignes de la Loire et du Cher, et
» pousse l'ennemi à vingt lieues plus au sud, est, moralement,

» stratégiquement, fort regrettable, surtout après notre succès
» du 28 janvier.

» L'ennemi lui-même ne pouvait le prévoir, puisque dans le
» projet de convention signé le 31 janvier à Blois, et que je
» vous ai transmis, il reconnaissait que nous étions seuls maîtres,
» en face de Blois, de la rive gauche de la Loire. »

Dès le 1ᵉʳ février, la guerre se trouva comme terminée de fait. Il convient cependant de mentionner quelques engagements qui marquèrent les dernières étapes de l'armée de l'Est, et qui tournèrent à son honneur.

Le 30 janvier au matin, avant que l'armistice eût produit ses funestes effets, l'armée de l'Est, malgré les souffrances qu'elle avait endurées dans sa retraite, avait encore une attitude fort martiale. « Il ne faudrait pas croire, dit
» un témoin oculaire, M. Fritz Berthoud (qui était allé au-
» devant de nos troupes à Pontarlier), que cette armée ou
» cette portion de l'armée de l'Est fût tout entière dans
» l'état misérable des malheureux de la rue et des ambu-
» lances. Les régiments de ligne établis dans les casernes
» et dans les édifices publics étaient encore parfaitement
» organisés et ne demandaient qu'à reprendre les armes.
» L'artillerie, nombreuse, amplement pourvue de muni-
» tions, bien commandée, bien servie, montrait les mêmes
» dispositions, ainsi que le témoignait suffisamment une
» belle rangée de pièces avec leurs caissons, déjà établie
» au-dessus de la gare. »

Si dès ce moment les choses avaient suivi leur libre cours, c'en était fait : l'armée de l'Est était sauvée. Elle trouvait sa voie par Saint-Laurent, tandis que Garibaldi opérait sur les derrières de l'ennemi. Mais c'est justement alors que l'armistice imposait l'immobilité à tous nos corps, pendant que l'ennemi avançait à marches forcées. Le 31, le général Clinchant ayant reçu du général Manteuffel le message qui lui refusait tout espoir d'arrangement, donna le signal de la retraite vers la seule voie désormais ouverte, celle de la Suisse. Les troupes furent dirigées les unes sur Jougne, les autres sur les Fourgs, et les moins avancées, ainsi que ce qui restait à Pontarlier, sur les Verrières. Une quantité de chariots retardataires furent capturés et pillés avant d'avoir atteint la zone protégée par le fort de Joux. Mais leur conquête coûta cher à l'armée allemande.

Le 18e corps et la division Cremer protégeaient la retraite. Le lendemain 1er février, ces troupes repoussèrent vaillamment deux attaques, à la Cluse et à Oye, près du fort de Joux. Elles restèrent maîtresses de toutes les positions et firent même une centaine de prisonniers. Les pertes de l'ennemi en tués et blessés furent considérables. La *Gazette de Cologne* avoue, pour le seul régiment de Colbert, 4 officiers tués, un grand nombre grièvement blessés et 400 hommes mis hors de combat. « Le manque de vivres
» et de munitions, dit le général Billot qui commandait,
» joint à l'ensemble des mouvements prescrits en raison de
» la situation faite à l'armée par l'armistice, exécuté par
» nous pendant trois jours, pendant que l'ennemi marchait
» pour couper nos communications, m'a déterminé, con-
» formément aux instructions du général Clinchant, à or-
» donner la retraite. Elle s'est effectuée en Suisse, partie
» sur Gex, pour des corps isolés auxquels j'ai donné liberté

» de manœuvres. Le combat du 1ᵉʳ février nous coûte
» 700 hommes, et notamment l'héroïque colonel Achille,
» qui depuis deux mois allait au feu avec deux blessures ou-
» vertes. L'attitude de nos troupes d'arrière-garde a été
» admirable aux combats de Cluse et d'Oye, malgré le dé-
» couragement produit par l'armistice, la proximité de la
» Suisse et les privations de toute nature qu'elles suppor-
» taient depuis deux mois. » Cette journée vit plusieurs
actes d'héroïsme. Les généraux Pallu de la Barrière, Bre-
mont d'Ars, Leclaire, se distinguèrent. Je citerai surtout ce
mot, digne de passer à la postérité, du général Robert. Un
parlementaire prussien le sommait d'abandonner la position
qu'il défendait : « Vous êtes enveloppés, lui disait-il, et
» n'avez plus rien à faire. » — « Il nous reste du moins,
» répondit le général Robert, à mourir honorablement pour
» notre pays. » Dieu merci, il ne mourut point, mais il repoussa l'ennemi.

Les jours suivants, il y eut encore quelques engagements, mais d'un ordre moindre. On se battit le 2, le 3 et le 4, et même après, sur divers points. Les forts de Joux et du Larmont, gardés par une petite garnison de 500 hommes, furent assiégés par les Prussiens et résistèrent vaillamment. Le commandant Ploton, officier de marine, qui dirigeait l'artillerie, déploya dans cette défense autant d'intelligence que de vigueur. L'ennemi dut se retirer après des pertes sensibles.

Malheureusement on avait omis de garder les passages des sommets du Larmont, qui conduisent aux Verrières, et ceux moins élevés, plus faciles, du Laveron, qui séparent le bassin de Pontarlier des vallons d'Oye et de Saint-Point. Quoique surprises dans ces défilés, les troupes repoussèrent les assaillants, en leur tuant une centaine d'hommes. Une colonne, déjà engagée dans les hauts vallons qui conduisent à Saint-Laurent, fut attaquée à l'improviste par Bonnevaux et la gorge du Tournant. Elle fut ainsi coupée et mise en désordre; la tête se hâta vers Mouthe et au delà, la fin rebroussa sur Jougne, et un certain nombre d'hommes se jetèrent sur les flancs du Mont-d'Or et dans la grande forêt du Rison, où plusieurs périrent de faim et de froid.

Enfin, de côté ou d'autre, nos troupes infortunées pénétrèrent sur le sol suisse. A mesure qu'elles franchissaient la frontière, « des officiers recevaient les officiers, prenaient
» les noms des régiments, des bataillons, des compagnies;
» les soldats désarmaient les soldats, puis les uns et les au-
» tres étaient dirigés vers l'intérieur, soit à pied, soit en
» chemin de fer, sous l'escorte bienveillante des miliciens
» helvétiques. »

La Suisse se montra plus qu'hospitalière; elle fut généreuse jusqu'à se compromettre vis-à-vis de la jalouse Allemagne. Nos soldats furent reçus comme des compatriotes. Toutes les classes de la société rivalisèrent d'empressement et de tendres soins à leur égard. « Les dames qui ont soi-
» gné des malades s'y sont attachées comme à des enfants
» dociles. Oui, tous ces rudes soldats du Nord et du Midi,
» de l'Alsace et de la Lorraine, Bretons, Normands, Tou-
» rangeaux, blessés, gelés, tremblants de fièvre, suffoqués de
» pleurésie, étouffés de catarrhes, ont été chez nous des
» enfants bons et dociles..... Ils sont partis, et nous les re-

» grettons, médecins, infirmiers, malades. De douces rela-
» tions d'estime s'étaient nouées entre eux et nous. —
» Remarquons seulement, ajoute l'écrivain auquel nous
» empruntons ces touchants détails (1), que de l'histoire
» elle-même comme des histoires qui ont été faites, une
» seule image, lugubre et poignante, demeure, et une seule
» impression d'horreur, de haine et de dégoût pour la
» cause de tous ces maux, cette chose terrible, maudite,
» fatale, qui s'appelle : LA GUERRE. Cette conclusion con-
» sciente, ou inconsciente, ce jugement, instinctif chez les
» uns, et chez les autres médité, rédigé avec les considé-
» rants les plus explicites, est si universel, si bien dans
» l'esprit, dans l'âme, dans le cœur de tous ceux qui ont vu
» de près la retraite de l'armée de l'Est en Suisse, qu'il
» ressortait de tous les gestes, de toutes les paroles et de
» tous les regards. »

Après l'armistice, la question s'est posée de savoir si la guerre devait ou non être continuée. Je n'ai pas à examiner la question au point de vue politique ; je me borne à en dire quelques mots au point de vue militaire.

Mon opinion personnelle a toujours été qu'après la chute de Paris la guerre serait fort difficile à soutenir, moins à cause de l'insuffisance des ressources du pays que des dispositions morales de la population. Mais si la guerre ne devait point être poursuivie, il était du moins très-important qu'elle parût susceptible de l'être, afin de contenir les exigences du vainqueur.

1) M. Fritz Berthoud.

Or malheureusement la convention d'armistice a fait à la France une situation telle qu'il lui était à peu près impossible de conserver une sérieuse apparence de dispositions belliqueuses. En perdant l'armée de l'Est et celle de Garibaldi, la France n'a plus été en état de couvrir le sud-est et même la ville de Lyon. D'autre part, en perdant les lignes du Cher et de la Vienne, elle a vu son centre et le nord-ouest livrés presque sans résistance. La convention d'armistice a donc été, au point de vue des négociations ultérieures, un fait excessivement fâcheux qui, tout en laissant subsister en apparence pour la France la liberté de se prononcer, l'a définitivement engagée et liée aux conditions du vainqueur.

Ce résultat n'avait certainement pas été prévu par le négociateur français. Car l'intention avouée du gouvernement de Paris avait toujours été de ne pas traiter pour la France, et même il avait émis le vœu qu'après la chute de la capitale, la province continuât une résistance énergique. « Quoi qu'il en soit, disait M. Jules Favre, la France ne se
» rendra pas, et quel que soit notre sort, nous nous asso-
» cierons à sa résistance. Vos sentiments sont les nôtres
» et nous mettons au-dessus de toute autre considéra-
» tion le salut de l'honneur national..... Que je succombe
» en combattant pour elle (la République), que je la
» confesse dans une prison de la Prusse, je n'en demeurerai
» pas moins inébranlablement acquis à sa cause. Et main-
» tenant j'ai la confiance que la France ne déposera son
» épée que lorsque cette cause aura triomphé. » (Dépêche à M. Gambetta, 9 janvier 1871.) — « Je pense d'ailleurs

» avec vous, disait le général Trochu, que, Paris succom-
» bant sous l'étreinte de la faim, la France et la République
» n'en doivent continuer que plus énergiquement la lutte
» à mort où elles sont glorieusement engagées avec les
» Césars d'Allemagne (1). » (Lettre à M. Gambetta, expédiée les 10-14 janvier.)

Comment, avec de pareilles dispositions, les négociateurs français ont-ils souscrit à des conditions qui mettaient la France dans l'impossibilité de se défendre?

On répond que l'armistice a été imposé et que les négociateurs n'ont pu faire autrement que de le subir. Mais d'abord ils auraient pu éviter l'erreur qui a coûté l'armée de l'Est, ce qui eût déjà changé considérablement la face des choses; ensuite, il semble que rien ne les pouvait forcer de traiter autrement qu'une place forte qui se rend à discrétion. Il y a donc eu là, de leur part, une sorte de consentement, sur les raisons duquel l'histoire sans doute fera la lumière.

Ici s'arrête mon rôle de narrateur. Les événements militaires étaient terminés. Le 9 février, j'ai résigné mes fonctions, croyant devoir suivre en sa retraite le ministre qui me les avait confiées. Je suis sorti de mon poste tel que j'y étais entré, n'ayant eu d'autre ambition que de faire mon devoir et n'ayant vu dans les grands événements qui

---

(1) Ce langage se concilie mal avec l'opinion récemment émise par le général Trochu à la tribune, touchant l'impuissance des armées de province. Si la résistance était, selon lui, « une héroïque folie » au début du siége, que n'eût-elle pas été après la chute de Paris?

s'accomplissaient autour de moi qu'une occasion pour tout bon citoyen de servir son pays, sans distinction d'opinions et sans préoccupations politiques. D'autres sans doute à ma place auraient fait mieux, mais aucun, je l'affirme, n'aurait apporté un patriotisme plus sincère et plus désintéressé.

Il me reste à dégager la moralité de ce récit, c'est-à-dire à examiner les causes générales qui ont amené nos désastres et à en conclure les réformes qui paraissent propres à en prévenir le retour (1).

---

(1) L'administration du 10 octobre, en se retirant, a laissé, malgré la perte de l'armée de l'Est, d'importantes forces sur pied. La commission de l'Assemblée nationale chargée, le 19 février 1871, d'inventorier les ressources militaires de la France, les évalue ainsi, à la date du 3 février :

Hommes de toute provenance en ligne. 534,452
Troupes diverses (principalement mobilisés) dans les camps, en Algérie, dans les dépôts, etc., etc. 354,000
Bouches à feu complètes. 1,232
Artillerie départementale, également complètes. . . . 228

On sait que c'est avec ces ressources qu'a été formée, en très-grande partie, l'armée qui a réduit l'insurrection du 18 mars.

CHAPITRE XII

CAUSES DE NOS DÉSASTRES

Faiblesse numérique des armées françaises — Infériorité de l'armement et de l'équipement — Infériorité de l'organisation — Indiscipline des troupes, insuffisance de l'état-major, de l'intendance, des cadres — Succession de circonstances malheureuses — Administration supérieure.

La nation française se résigne difficilement à s'avouer vaincue. Elle se met volontiers en dehors de ses défaites, qu'elle explique presque toujours par l'incapacité ou la trahison de ses chefs. Cette explication n'a pas manqué à la guerre de 1870 — je ne parle ici que des cinq derniers mois, n'ayant pas à me prononcer sur les hommes et les choses de la période impériale. — On a donc attribué nos derniers désastres à un certain nombre d'individualités qui, par des fautes ou des calculs coupables, auraient paralysé les efforts de la défense nationale.

Tel n'est pas, à beaucoup près, mon sentiment. Il y a eu des fautes; qui le nierait? J'en ai moi-même fait ressortir plusieurs dans l'exécution des opérations militaires et je ne prétends pas dire que les administrateurs, de leur côté, n'en aient pas commis. Mais ces fautes individuelles, qu'on ne peut s'empêcher de constater quand, par leurs conséquences, elles appartiennent à l'histoire, ne sont point les vraies causes de nos désastres. Ceux-ci relèvent d'une cause plus générale et plus puissante, à côté de laquelle les autres n'apparaissent que comme des accidents particuliers, contingent obligé de toutes les grandes entreprises humaines.

J'irai plus loin : ces fautes individuelles ne sont souvent que la conséquence nécessaire de cette cause plus générale. Si, par exemple, certains de nos généraux n'ont pas manœuvré correctement des armées de 150 et de 200 mille hommes, à qui s'en prendre, si ce n'est à cette situation, dénuée de tout, qui a obligé de mettre à la tête de pareilles armées des hommes qui n'avaient jusqu'ici commandé que de simples divisions ? Faut-il s'étonner qu'investis tout d'un coup de si hautes et si difficiles fonctions ils n'aient pu en remplir exactement toutes les charges ?

Au fond, toutes les causes de nos défaites se réduisent à une seule, qu'on hésite à énoncer, tant l'expression semble naïve, mais dont l'examen est instructif si l'on veut analyser ce que la formule contient. Je dirai, d'une manière générale :

La France a été vaincue parce qu'elle était la plus faible.

Cette infériorité s'est manifestée sous un triple aspect : par le nombre, par l'armement et par l'organisation.

L'infériorité du nombre a frappé tous les yeux. Personne n'ignore que c'est seulement à la fin de la guerre que nous parvenions, à grand'peine, à égaler le chiffre des Prussiens. 450,000 hommes environ étaient chargés de tenir tête aux

500,000 Allemands qui opéraient en dehors des lignes d'investissement de Paris. Mais une portion notable des 450,000 Français était novice dans le métier des armes, en sorte que l'ensemble de ces forces présentait une infériorité numérique très-marquée sur celles de l'ennemi. En outre, pendant tous les mois précédents, on avait lutté avec un écart plus grand ; vers le milieu d'octobre, on s'en souvient, on ne possédait pas 100,000 hommes. C'est de là qu'on s'était élevé graduellement à près de 500,000. On peut admettre que la moyenne des troupes en ligne, du côté des Français, n'a guère dépassé 300,000 hommes.

L'infériorité de l'armement n'est pas moins notoire. Par un seul point, seulement, nous surpassions les Allemands; par le fusil chassepot, qui vaut sensiblement mieux que le fusil à aiguille prussien. C'eût été là un immense avantage si toutes nos troupes en avaient été pourvues, et si surtout la mousqueterie avait eu le rôle prépondérant dans les batailles. Malheureusement il n'en était rien. J'ai déjà eu occasion de signaler la diversité des armes mises aux mains des soldats. Cette diversité et l'infériorité moyenne des types est même allée en augmentant jusqu'à la fin, par la raison que la fabrication du fusil chassepot ne suivait pas le progrès des cadres. On obtenait au plus 30,000 fusils par mois et dans le même temps on mettait sous les armes 150,000 nouveaux soldats. La prédominance des armes étrangères ou des vieux types français augmentait donc sans cesse dans les derniers mois. Par exemple, la plupart des gardes mobilisés en ligne n'avaient que de vieux fusils. L'armée de Garibaldi, à Dijon, en était presque entièrement munie ; et l'on sait très-bien qu'une des raisons invoquées pour expliquer la panique des mobilisés bretons à la désastreuse bataille du Mans, est précisément le manque de confiance dans leurs armes. Accessoirement, je rappellerai que la diversité des types a engendré une diversité correspondante de munitions, qui a souvent entravé le ravitaillement partiel des troupes.

Toutefois, ces éléments d'infériorité ne sont pas comparables à celui qui est résulté de l'artillerie. La portée moyenne de nos pièces était moindre que celle des pièces allemandes. Cela, joint à la dextérité beaucoup plus grande avec laquelle les généraux ennemis manœuvraient leur artillerie et au choix judicieux de leurs positions, a eu, presque toujours, pour effet de constituer une zone de combat dans laquelle nos troupes souffraient sans pouvoir rendre les coups à l'ennemi. La bataille d'Héricourt, par exemple, a été principalement un duel d'artillerie dans lequel nous luttions avec un désavantage manifeste. Nous sommes d'ailleurs restés fort longtemps dans une grande pénurie de canons. Tandis que les Allemands disposaient de 3 à 4 pièces par 1,000 hommes, nous en possédions à peine 2. C'est seulement dans le dernier mois que la moyenne de nos ressources était de 3 pièces, un peu plus de 1,300 pièces en tout pour 450,000 hommes.

A l'armement on pourrait joindre l'équipement, qui s'en rapproche. Les habitudes du soldat français, soit qu'elles proviennent de nos mœurs, soit plutôt des errements administratifs, ont abouti à un système d'équipement désastreux au point de vue de la stratégie moderne. Les opérations aujourd'hui sont conduites avec une grande célérité et sans tenir compte, pour ainsi dire, des obstacles matériels. Les armées pour vaincre doivent marcher très-vite. Or le soldat français, portant avec lui son sac, ses chaussures, son linge, ses vivres, sa batterie de cuisine, sa couverture et sa tente, se trouve chargé d'un poids véritablement effrayant. En ajoutant le fusil et les cartouches on arrive à 60 livres. Il est impossible que de pareilles troupes fassent de fortes étapes. Aussi avons-nous été constamment gagnés de vitesse par les Allemands qui sont d'intrépides marcheurs. La décisive bataille d'Orléans, dont le gain nous eût ouvert le chemin de Paris, a été perdue par suite de la vélocité avec laquelle le prince Charles a fait circuler ses troupes le long de la forêt, ce qui lui a permis, avec un chiffre total de forces inférieur au nôtre, d'attaquer successivement chacun de nos corps d'armée avec des forces supérieures. Il y a là une réforme considérable à accomplir, à laquelle on ne pouvait naturellement songer pendant la durée des hostilités, mais qui, aujourd'hui, s'impose à l'administration. Il faut que, soit par la suppression de certains effets d'équipement, soit par l'emploi convenable de chariots à bagages, on arrive à soulager le soldat français d'une grande partie de sa charge.

Mais les difficultés de beaucoup les plus grandes ont découlé du manque d'organisation. C'est par là réellement que nous avons été vaincus. Il n'est pour ainsi dire pas un détail, petit ou grand, qui ne s'en soit ressenti. Il faut renoncer à les mettre tous en relief; je m'attacherai seulement à trois ordres de faits : la discipline, le fonctionnement de l'état-major et le service de l'intendance.

On a remarqué, surtout à la fin de la guerre, l'indiscipline qui régnait parmi les troupes; non pas qu'elle se manifestât par une rebellion ouverte, mais bien plutôt par une nonchalance, une mollesse à exécuter les ordres reçus, un laissez-aller général. Cette indiscipline est allée en augmentant avec nos désastres, parce qu'il est dans le caractère du soldat français d'être beaucoup plus facile à gouverner dans la bonne que dans la mauvaise fortune. La victoire soutient le moral du soldat et le dispose à tout supporter; la défaite l'abat, le décourage et lui rend le métier odieux. Cette tendance peut être efficacement combattue par l'action des officiers. Quand ils exercent sur leurs hommes un ascendant normal, ils les maintiennent dans les rangs malgré les événements. Mais cette influence ne s'achète qu'au prix du savoir, des qualités guerrières, du bon exemple surtout. Malheureusement les cadres d'officiers, improvisés pour la plupart, ne pouvaient conquérir d'emblée cette autorité morale si précieuse. Eux-mêmes, qu'une éducation militaire n'avait pas lentement formés, ont subi, comme leurs soldats, la pression des événements. Eux-mêmes se sont rebutés et désintéressés de la guerre à mesure que l'heureuse issue en devenait moins probable et que les privations d'un pénible hiver se faisaient plus cruellement sentir. De là, un manque général de cohésion parmi les troupes, un relâchement universel des liens d'obéissance des soldats à l'égard de leurs chefs. Aussi, dans les derniers combats, le nombre des manquants était-il considérable; les compagnies arrivaient sur le terrain avec une partie de leur effectif; les fermes environnantes recélaient beaucoup d'hommes qui, sous le moindre prétexte, se dérobaient au champ de bataille. Aussitôt que la défaite ou simplement la retraite s'annonçait, un grand nombre de fuyards se pressaient sur les routes en jetant, pour s'alléger, leurs armes et leurs effets. Ainsi, chose singulière et qui est à l'inverse de ce qui s'observe dans les guerres, les troupes, au lieu de se former en faisant campagne, avaient plutôt perdu de leur solidité. Cet effet ne provenait que du manque d'organisation des cadres ; avec de bons officiers expérimentés, attentifs, sévères, cette sorte de dissolution graduelle ne se serait pas produite, surtout si, de temps à autre, la victoire avait souri à notre drapeau.

Le rôle de l'état-major, personne ne l'ignore, est prépondérant, dans la guerre plus encore que dans la paix. C'est grâce à son état-major que M. de Moltke a imprimé aux opérations des armées prussiennes cette célérité et cette précision qui lui ont valu le succès. On sait comment il le recrute. Chef suprême de ce grand corps, il en choisit les membres, par voie de concours, dans toute l'armée. Ce n'est qu'après deux ans d'études théoriques et pratiques, suivies de nouvelles épreuves, que les officiers ainsi désignés sont définitivement admis. Les avantages attachés à la fonction sont d'ailleurs suffisants pour attirer un grand nombre de candidats, d'où résulte un stimulant général au sein de l'armée. L'avancement se poursuit avec une inflexible impartialité. M. de Moltke pèse lui-même les titres des candidats, repousse soigneusement toute influence étrangère et ne se détermine que par les considérations militaires. Aussi l'état-major prussien est-il devenu l'âme et le moteur de l'armée. Il possède toute l'organisation des cadres, convoque les troupes, rédige les ordres de mouvement. C'est lui qui réunit avec une merveilleuse rapidité les corps de la réserve, les expédie par les lignes ferrées, fixe l'itinéraire du moindre détachement et prépare ces foudroyantes concentrations qui ont déconcerté la tactique impériale. C'est lui enfin qui élabore minutieusement les plans de campagne et fournit à M. de Moltke les matériaux quotidiens, grâce auxquels l'opinion a peu à peu pris le change sur le compte de ce grand esprit. On a vu en lui un stratége inspiré, du genre de Napoléon Ier ou d'Alexandre, tandis que ce n'est qu'un patient calculateur, un travailleur obstiné, qui a cherché et trouvé le succès dans le soin donné à chaque chose, dans la précision accomplie des détails. La gloire de M. de Moltke sera non dans ses conceptions stratégiques, qui paraissent peu variées et ne sont point très-difficiles à pénétrer, mais dans la constitution de son état-major, devenu un instrument militaire de premier ordre.

Rien de pareil n'existe en France. A aucune époque, notre état-major n'a atteint un tel degré de perfection et n'a même été dirigé dans une semblable voie. Le jour où la France le voudra, il dépendra d'elle d'égaler, de surpasser peut-être, l'état-major prussien — car des éléments au moins égaux existent chez elle — mais jusqu'ici, il faut bien le dire, les admirables ressources de nos jeunes générations militaires n'ont pas été utilisées. Dans notre pays « l'aide de camp » a trop fréquemment nui à « l'officier d'état-major. »

Mais les ressources même imparfaites qu'offre en temps

ordinaire l'état-major français ont manqué presque totalement pendant la deuxième période de la guerre. En faisant appel à tous les officiers d'état-major existants encore en Afrique, dans les dépôts ou auprès des généraux commandant les divisions et subdivisions territoriales, on n'a pas réuni *un huitième* du chiffre normal de l'effectif en temps de paix, et cela, au moment même où il fallait entretenir sur pied une armée encore plus nombreuse, puisqu'elle atteignait à la fin près de 500,000 hommes. De plus, personne ne s'étonnera d'entendre dire que les officiers du corps ainsi restés en arrière ne passaient pas en général pour en être les plus distingués. Bien qu'il y ait eu de très-remarquables exceptions, la moyenne n'atteignait pas le niveau des officiers de l'armée du Rhin. Il a donc fallu faire la guerre avec une fraction minime et non la plus compétente d'un corps qui, déjà en temps de paix, n'est pas au niveau des nécessités modernes. Il suffit d'énoncer un tel fait pour faire pressentir les graves conséquences qui ont dû se produire pendant tout le cours de la guerre. Je citerai en passant les ordres de mouvement des troupes, qui ont souvent été mal conçus et sans une connaissance suffisante du pays. Il y a des corps d'armée qui ont été dirigés par des routes où les convois et l'artillerie ne pouvaient passer ; il en est d'autres dont les parcours ont été mal calculés, de façon que les concentrations prévues ne pouvaient s'opérer au moment voulu. Enfin, et c'est peut-être là le point qui a laissé le plus à désirer dans cet ordre d'idées, les transports de troupes par chemins de fer ne se sont pas faits avec une entente suffisante des ressources propres à ce mode de circulation. La campagne de l'Est, je l'ai déjà indiqué, a cruellement souffert des erreurs commises dans ces sortes d'opérations, erreurs qui doivent être attribuées à la fois et aux lacunes que laisse subsister dans l'éducation militaire la tradition administrative, et à l'insuffisance numérique des officiers préposés, dans chaque quartier général, à cette branche de service. L'armée de l'Est ne possédait certainement pas, malgré tous les efforts faits pour la doter, le quart des bons officiers d'état-major qu'elle aurait dû avoir pour faire face à tous les détails des opérations.

Le service de l'intendance est peut-être celui qui a donné lieu aux plus vives plaintes et celui auquel le public attribue la majeure part de responsabilité dans nos échecs. On signale les souffrances que fréquemment les soldats ont endurées, par suite du manque de nourriture, de l'absence de couvertures et de capotes, du mauvais état des chaussures. Ces faits, bien qu'exagérés, ne sont, dans une large mesure, que trop réels; et cependant il n'a été au pouvoir de personne de les empêcher. L'administration avait réuni les approvisionnements en quantité suffisante; bien plus, elle a distribué réellement de quoi subvenir aux besoins d'une armée encore plus nombreuse que celle qui a été entretenue. Mais cette abondance dans l'ensemble n'a point empêché de fréquentes souffrances particles, parce que la distribution s'est mal faite, qu'elle n'a pas toujours eu lieu en temps opportun, qu'il y a eu beaucoup de pertes et de gaspillage; et cela, à cause de la mauvaise organisation de cette branche du service.

C'est qu'indépendamment de l'existence même des objets,

il est deux conditions indispensables pour que l'entretien du soldat soit assuré. D'une part, il faut que des instructions appropriées soient données par le commandement à l'intendance, en vue de faire diriger les approvisionnements sur des points convenables; car l'intendance ne peut prévoir les positions des troupes, et c'est le commandement seul qui peut les lui indiquer. D'autre part, il faut qu'une surveillance assidue soit exercée par les chefs des détachements sur la distribution, afin que celle-ci soit faite d'une manière utile, sans abus et avec discernement. Or ces deux conditions essentielles ont trop souvent manqué.

Premièrement, le commandement n'a pas toujours fait connaître ses besoins avec précision. Les mêmes causes qui ont nui aux ordres de mouvement des troupes se sont fait sentir à plus forte raison dans l'expédition des approvisionnements. L'intendant a plus d'une fois reçu des indications fautives ou même a été laissé dans l'ignorance de ce qui allait se passer. Il a dirigé ses magasins sur un point alors que les troupes se rendaient sur un autre. Souvent on n'a tenu aucun compte de ses nécessités, et les voies de transport ont été encombrées par les troupes au moment où elles auraient été le plus nécessaires pour ses convois. Ces faits se sont multipliés d'autant plus que nos armées ont, malheureusement, été plus fréquemment battues. Quand les troupes sont victorieuses, on peut toujours calculer assez exactement leurs positions ultérieures et diriger les approvisionnements en conséquence. Il en est tout autrement quand elles sont vaincues. La retraite s'effectue parfois avec beaucoup de précipitation et l'on est obligé d'emmener rapidement les convois à une grande distance pour qu'ils ne tombent pas aux mains de l'ennemi. Ces circonstances ont encore été aggravées par la rigueur de la saison et le mauvais état des chemins. C'est ainsi que dans la campagne de l'Est, notamment pendant toute la retraite, les convois, malgré les plus énergiques efforts des intendants, ne pouvaient accéder auprès des armées. C'est par des miracles d'activité de la part du service que dans les défaites d'Orléans et du Mans on a pu soustraire à l'ennemi et conserver pour les besoins de l'armée les immenses approvisionnements réunis auprès de ces deux villes. Le même fait s'est produit, avec des particularités encore plus pénibles, autour de Besançon. Les voies ferrées se sont trouvées si longtemps encombrées par les trains de troupes, que l'intendant en chef s'est vu forcé d'accumuler dans les stations au-dessous de Besançon des quantités immenses destinées à l'armée ; et, quand la retraite s'est prononcée sur la Suisse, ces provisions ont dû refluer précipitamment vers le midi de la France, et une partie même a été saisie par l'ennemi.

Deuxièmement, ai-je dit, la distribution sur place a donné lieu aux abus de détail les plus regrettables. Les officiers, pour la plupart inexpérimentés, omettaient d'envoyer quérir en temps opportun les objets mis à leur disposition, en sorte que les troupes souffraient, dans le voisinage même des approvisionnements. Il arrivait aussi que la surveillance était insuffisante et qu'un véritable pillage se produisait. Un simple détail montrera à quel point cette absence de l'autorité était nuisible. Pour les chaussures, par exemple, l'intendance offrait à chaque bataillon trois types de grandeur, trois pointures, comme on dit, en de certaines proportions. Au lieu de répartir ces chaussures avec ordre et suivant les dimensions des pieds des hommes, on laissait ceux-ci se servir à leur guise ; les premiers arrivants prenaient tous indistinctement les pointures les plus fortes et les derniers pourvus avaient tous des chaussures courtes, si bien que dans le bataillon, 10 à 12 0/0 des hommes étaient insuffisamment chaussés. Pendant la campagne de l'Est, cet inconvénient se faisait tellement sentir que dans plusieurs bataillons une partie des hommes avaient dû couper l'extrémité de leurs souliers, ce qui laissait leurs doigts de pied nus exposés aux rigueurs du froid.

Tous ces faits étaient bien difficiles à empêcher avec un personnel aussi novice que celui des cadres d'officiers et de l'intendance elle-même. Les titulaires improvisés qu'on avait été obligé d'admettre dans l'un et dans l'autre service manquaient de l'expérience nécessaire pour ce genre de relations. Il est à remarquer que de telles relations sont délicates en tout temps et que les armées de l'Empire, avec leur vieille organisation, n'ont pas échappé à ces difficultés. Combien plus la situation devait-elle être critique entre agents qui ignoraient presque tous la tradition et qui opéraient en outre dans les conditions les plus compliquées qu'on pût imaginer (1) !

(1) Le rapport à l'Assemblée nationale sur les ressources militaires de la France, déjà cité, apprécie les faits de la même manière :

« L'état général de l'approvisionnement, dit-il, est satisfaisant. Si » parfois des plaintes se sont élevées au sujet de privations subies » par nos soldats, il faut en accuser, en partie, une certaine

INSUFFISANCE DE L'INTENDANCE

Je signalerai encore une particularité qui a influé beaucoup sur les souffrances du soldat et qui se rattache, partie au défaut de discipline, partie aux vices de l'équipement. La charge de l'homme est tellement lourde qu'il ne vise qu'à s'en débarrasser, surtout quand les périls de l'armée l'obligent à une marche rapide, comme dans certaines retraites. Alors, il n'est pas rare de voir les soldats jeter le long du chemin leurs couvertures, leurs souliers et jusqu'à leurs vivres. On a compté plus de 30 mille couvertures jetées ainsi sur les routes du Jura; quant aux paires de chaussures, le nombre en est incalculable. Dans ces conditions, le ravitaillement est impossible à assurer; c'est, qu'on me permette le mot, une sorte de tonneau des Danaïdes qui se vide à mesure qu'on cherche à le remplir.

Pour tous ces faits, la sollicitude du chef de corps peut beaucoup. On ne saurait croire combien un bon colonel, habitué au métier et soucieux de ses hommes, peut leur

» inexpérience des agents subalternes recrutés souvent trop légère-
» ment (faute de temps pour les apprécier), des circonstances indé-
» pendantes de toute volonté humaine, et les difficultés que des
» marches ou des combats incessants imposaient aux transports et
» aux distributions.

» Les vivres n'ont pas manqué, ils sont de bonne qualité. Des
» erreurs ou des fautes ont été parfois commises dans leur réparti-
» tion ; mais ce fait doit être attribué à la négligence de certains
» officiers qui ne s'occupaient pas de leurs hommes et à la pares-
» seuse imprévoyance du soldat jetant les provisions reçues pour
» 3 ou 4 jours afin de n'avoir pas la peine de les porter. »

Ces appréciations sont d'autant plus concluantes qu'elles ont été formulées à un moment (février 1871) où l'opinion du monde politique n'était pas favorable à la délégation de Tours et de Bordeaux.

éviter de souffrances. On a fait, à cet égard, des remarques frappantes sur les troupes entrant en Suisse. Alors que certains régiments manquaient de tout, que les soldats étaient hâves, exténués, les vêtements en lambeaux, d'autres au contraire paraissaient dans une abondance relative. « Voici un fait qui en dit long, raconte M. Tallichet, qui a
» assisté à l'internement de l'armée de l'Est. Le 4 février
» au soir, arrivaient à Lausanne deux colonnes de 1,500
» hommes chacune. L'une de ces troupes était fort belle et
» en bon état, accompagnée d'ailleurs de tous ses officiers.
» Un de mes amis s'en approcha et félicita les soldats sur
» leur bonne tenue après les souffrances qu'ils avaient
» endurées. — Mais, monsieur, répondirent-ils, nous avons
» très-peu souffert; du froid, oui, non de la faim: *nous*
» *avons un bon colonel*, qui s'inquiétait de nous et qui ne
» nous a laissés manquer de rien (1). »

(1) « Je pourrais citer d'autres traits analogues, ajoute le même
» auteur, qui prouvent qu'il y avait aussi d'excellents officiers, sur-
» tout dans les grades supérieurs et parmi les vétérans ; il serait
» donc souverainement injuste de les regarder tous comme blâma-
» bles ; leur conduite en Suisse fera suffisamment connaître à quelle
» catégorie ils appartiennent, et une grande sympathie est due à
» ceux qui ayant accompli leur devoir, se sont trouvés enveloppés
» dans la catastrophe, après avoir tout fait personnellement pour
» l'éviter. Mais ce qui paraît évident, c'est que le premier soin du
» gouvernement français doit être de former rapidement un corps de
» bons officiers, capables d'accomplir leur tâche et de remplir tous
» leurs devoirs. Rien ne saurait les remplacer, et, aussi longtemps
» qu'ils n'existeront pas, les armées auront beau se battre brave-
» ment, elles n'obtiendront aucun succès décisif et permanent. »

Ces réflexions judicieuses ramènent à la grave et difficile question

Puisque je suis sur le sujet des fournitures, je dirai deux mots d'un reproche qui a été adressé à tort à l'administration de la guerre. On s'est beaucoup plaint de la qualité de l'équipement des gardes mobilisés et même des gardes mobiles. On est allé jusqu'à citer des chaussures qui avaient des semelles de carton. Je n'ai pas à me faire le champion d'administrations autres que la mienne. Je déclarerai donc simplement que le département de la guerre est absolument étranger aux faits dont on se plaint. Ainsi que je l'ai déjà fait remarquer, l'équipement et l'armement des gardes mobiles et mobilisés ressortissaient au ministère de l'intérieur. Le ministère de la guerre n'intervenait que pour l'entretien des troupes qui lui étaient remises, et, en ce qui concerne cet entretien, je ne pense pas qu'on puisse relever un seul fait du genre de ceux dont on a parlé. J'ajouterai d'une manière incidente — car ces affaires ne sont pas les miennes — qu'une grande partie des fournitures incriminées a été acquise directement par les autorités municipales et départementales. Les imperfections qui ont pu se glisser trouveront sans doute, au moins quant à l'ensemble, une explication naturelle dans la grande hâte avec laquelle il a fallu agir et dans l'inexpérience inévitable de la plupart des personnes qui s'en sont mêlées. Il y a, du reste, beaucoup d'exagération dans ces plaintes et l'incident des semelles de carton, par exemple, n'a été, selon le témoignage du général Faidherbe, qu'un fait isolé dont on s'est empressé, dès

---

des cadres, qui devra être la première préoccupation du réformateur de l'armée.

qu'on s'en est aperçu, de déférer les auteurs aux tribunaux.

Pour en revenir aux services administratifs de l'armée, il est clair que le remède aux maux signalés est uniquement dans une bonne organisation. C'est en établissant des règles bien conçues et en dressant le personnel à les bien comprendre et les bien appliquer, qu'on arrivera à prévenir désormais les imperfections dont nos troupes ont tant souffert dans cette campagne. Il faut à la fois réformer l'intendance, son mode de procéder, et améliorer et préciser ses relations avec le commandement à tous les degrés ; il faut enfin obliger l'officier à exercer une surveillance plus assidue et à maintenir parmi ses hommes une discipline plus rigoureuse. Ce sont là les seules conditions qui peuvent racheter cette grande cause de faiblesse de l'armée française. Malheureusement une telle réforme ne pouvait être improvisée au milieu d'une guerre terrible. Ce n'était pas sous le feu de l'ennemi qu'on pouvait songer à remanier le mécanisme et à troubler toutes les habitudes prises. Quelques mois, passés dans d'incessantes hostilités, ne permettaient pas de réunir un nouveau personnel et de familiariser soit les officiers soit les agents de l'intendance avec de nouveaux devoirs. Ce sera là œuvre de paix, pour laquelle le temps, l'étude et la réflexion sont nécessaires.

La France, après Sedan, reprenait donc la lutte dans des conditions d'inégalité évidentes, et cependant, les hasards de la guerre sont si grands que, même dans une situation si particulièrement défavorable, la France pouvait encore espérer de ne pas être vaincue. Il suffisait, dans deux ou trois circonstances, de quelque grande inspiration militaire pour balancer toutes les causes d'inégalité. Qui peut dire, par exemple, ce qui serait advenu, si une manœuvre différente avait été faite à Orléans, ou si la hardiesse avait poussé en avant l'armée victorieuse de Coulmiers? Mais en laissant même le commandement se comporter comme il l'a fait, à combien peu de choses ont souvent tenu les destinées de la patrie? Si le maréchal Bazaine avait résisté dans Metz trois semaines de plus — et l'on sait qu'en gouvernant autrement ses provisions dès le début, il l'aurait pu — l'armée de la Loire évitait la rencontre du prince Charles. L'issue de la campagne de l'Est eût été toute différente si les transports en chemin de fer eussent été mieux combinés. La bataille du Mans aurait peut-être été gagnée si le général Chanzy n'avait pas été malade juste à ce moment. La victoire de Coulmiers aurait eu des conséquences tout autres si l'erreur d'un commandant de cavalerie n'avait pas permis à l'armée bavaroise de s'échapper. La défaite d'Orléans elle-même aurait peut-être été remplacée par un triomphe si l'on avait eu un jour ou deux de plus pour se préparer; or si le temps a manqué, c'est, on se le rappelle, par une circonstance toute fortuite, parce que le ballon chargé d'annoncer la sortie du général Ducrot a été emporté en Norwége.

Je n'en finirais pas si je voulais énumérer toutes les circonstances où, malgré notre infériorité constitutive, un incident imprévu, un pur hasard pouvait renverser la balance en notre faveur. Car on peut dire que si la France était poussée à la défaite par la faiblesse de son organisation, elle a, en outre, épuisé toute la série des chances contraires. Ainsi, quoi de plus fatal pour elle que le rôle qu'ont joué les saisons? Les influences météorologiques ont constamment lutté contre nous. Il semblait que la nature eût fait un pacte avec nos ennemis. Chaque fois qu'ils se mettaient en marche, ils étaient favorisés par un temps admirable, tandis que tous nos mouvements étaient contrariés par la pluie ou le froid. La rigueur de l'hiver a été certainement pour moitié dans l'insuccès de la campagne de l'Est. Le froid a contribué beaucoup à la défaite d'Orléans et même à celle du Mans : c'est la pluie qui a retardé, une première fois, la marche de l'armée de la Loire ou qui du moins a permis de justifier son inaction. Nos ennemis, au contraire, ont toujours été secondés dans leurs mouvements. Qui ne se rappelle le temps exceptionnel qui a régné pendant tout le mois de septembre et la première quinzaine d'octobre, alors que l'armée prussienne marchait sur Paris et installait les travaux de siége? Qui ne se rappelle également la température printanière qui a régné dès la fin de janvier, aussitôt après que l'armistice a clos les hostilités? Autant l'hiver avait été rude pour les mouvements de notre armée de l'Est, autant il a été propice pour le retour des Prussiens en Allemagne.

Une cause qui ne peut être passée sous silence est l'erreur dans laquelle la délégation de la province a été constamment tenue relativement à la durée probable de la défense de Paris. Ainsi que le général Trochu l'a expliqué lui-même à l'Assemblée nationale, au début « les espé-
» rances les plus étendues ne dépassaient pas soixante

jours (1). » Devant cette opinion de l'homme le plus compétent pour en bien juger, la délégation de Tours ne pouvait raisonnablement compter sur un délai dépassant le milieu de novembre, puisque l'investissement avait commencé vers le milieu de septembre. De là, indépendamment de toute autre considération, la hâte avec laquelle l'administration de la guerre a voulu marcher et a marché effectivement sur Orléans, première étape de Paris. Puis les évaluations se sont subitement élargies et M. Jules Favre, dans ses dépêches du 24 et du 26 novembre, a itérativement indiqué la date du 15 décembre. Cette date elle-même n'a pas tardé à être dépassée par le même homme d'État, qui a alors fixé définitivement le 10 janvier. Mais cette nouvelle échéance ne devait pas davantage être conservée, puisque Paris n'a capitulé que le 28 janvier. Encore même la dépêche du général Trochu, des 10-14 janvier, laissait supposer une date plus reculée. Ainsi, les prévisions ont varié de près de trois mois, à partir du 15 novembre. Assurément c'est un résultat très-élogieux pour les défenseurs de Paris, d'avoir prolongé la résistance trois mois de plus qu'ils ne s'y étaient engagés. Mais il est bien regrettable que la province n'ait pu en être instruite plus tôt. Un recense-

---

(1) « On disait : Jamais une ville comme Paris, avec son immense
» périmètre de dehors, ne pourra être effectivement investie, effec-
» tivement assiégée. Il est impossible qu'elle tienne plus de 15 jours;
» les plus osés allaient jusqu'à 30 jours, et moi-même, il faut que je
» le confesse, mes espérances les plus étendues ne dépassaient pas
» soixante jours. » (Discours du général Trochu à l'Assemblée nationale, dans la séance du 13 juin 1871.)

ment plus exact des ressources de la place aurait rendu à la France un signalé service. Car si l'on avait connu dès le début la limite sur laquelle on pouvait compter, on aurait conduit les opérations d'une manière différente. Il est probable, par exemple, qu'avant d'engager les hostilités sur la Loire on se serait donné plus de temps pour façonner l'armée et surtout pour préparer l'esprit du chef à une initiative plus hardie. Si un temps d'arrêt devait avoir lieu, mieux valait de beaucoup le subir à Salbris, avant de rien entamer, plutôt qu'à Orléans, après avoir donné l'éveil à l'ennemi. Peut-être aussi, la perspective d'un délai aussi large aurait-elle fait abandonner l'idée d'une marche directe sur Paris, pour tout reporter dans l'Est, en se bornant, sur la Loire, à de simples démonstrations, destinées à attirer le prince Charles. Mais dans le mois de novembre, alors que la campagne de l'Est aurait pu être entamée si efficacement, on craignait que Paris n'eût pas devant soi plus de trois semaines de vivres. Ce n'est que plus tard, quand en réalité on avait beaucoup moins de temps, mais qu'on a su pour la première fois qu'on en avait assez, qu'on s'est décidé à cette œuvre de longue haleine, dont le seul tort était de ne pas commencer plus tôt.

Un ensemble de coïncidences malheureuses s'est donc joint à la faiblesse organique de la France pour déjouer tous ses efforts. Et cet ensemble a été tel, que véritablement, quand on l'envisage, on est tenté de se demander s'il n'y a pas eu là quelque raison supérieure aux causes physiques ; une sorte d'expiation de fautes nationales ou le dur aiguillon pour un relèvement nécessaire. En présence de si prodigieuses infortunes, on ne s'étonne plus que les âmes religieuses aient pu dire : « *Digitus Dei est hic !* »

Il est une dernière cause de désastres qui a été mise en avant dans le public mal informé, mais dont je ne puis me dispenser de dire quelques mots, car elle porte sur l'administration supérieure elle-même. Nous sommes ici devant notre grand juge et nous lui devons des explications sur tous les points de notre gestion.

On a dit que l'administration de la guerre avait fait des plans de campagne et qu'elle les avait imposés aux généraux.

La seconde partie de l'assertion repose sur un malentendu. Les généraux français ne se laissent point « imposer » des plans de campagne, j'entends par là qu'ils ne consentent point à exécuter des combinaisons qu'ils jugent dangereuses pour leur pays. Un général à qui de pareilles instructions seraient données, commencerait par présenter des observations pour faire modifier le plan ; et si ces observations ne sont pas prises en considération, il fait ce qu'a fait le général Bourbaki invité à marcher de Bourges sur Blois, il demande à être déchargé du commandement. La dignité d'un chef ne s'accommode point d'une autre conduite.

Mais si, par impossible, un général consentait à exécuter un plan contre lequel il proteste, pense-t-on que l'administration serait assez imprudente pour lui confier un tel mandat? J'ignore comment on faisait avant nous, mais je sais que l'administration du 10 octobre n'aurait jamais souscrit à de tels compromis. Ne sait-on pas en effet qu'à la guerre une conception ne vaut souvent que par l'exécution? Dès lors charger de cette exécution le chef qui réprouve la conception, c'est d'abord perdre toutes les chances qui résultent de la confiance dans le succès, c'est ensuite assumer la responsabilité de toutes les fautes militaires que le chef pourra commettre; car ayant d'avance blâmé la conception, le chef pourra toujours faire remonter jusqu'à elle les résultats de sa propre incapacité. Jamais l'administration du 10 octobre n'a voulu se placer en ce cas; toutes les fois que des observations se sont produites de la part des généraux, elle a tenu à aller au fond des choses et à ce qu'un assentiment explicite fût donné par eux au projet avant que l'exécution commençât.

Reste la première partie de l'assertion : l'administration a fait des plans de campagne.

Oui, elle en a fait et, je me hâte d'ajouter, elle eût été bien coupable de n'en pas faire. Est-ce qu'il ne fallait pas que nos armées agissent dans une certaine relation les unes avec les autres? Est-ce qu'il fallait laisser chacune d'elles se mouvoir à son gré, sans lui avoir tracé d'avance au moins le champ de son action? Nous étions fermement résolus à ne pas laisser recommencer les désastres de la période impériale; nous ne voulions pas que nos corps d'armée agissent à l'aventure et se fissent battre en détail. Nous avons établi et maintenu un lien entre eux. Grâce à ce lien, grâce à cette direction supérieure, nos armées n'ont point connu les catastrophes de Sedan et de Metz, non plus que les écrasements de Forbach, Wissembourg et Reischoffen.

Il ne m'appartient pas d'exalter une administration dont

j'ai eu l'honneur de faire partie et qui est loin d'ailleurs de se croire impeccable. Mais, sans manquer aux règles de la modestie, je crois pouvoir dire que la direction civile du 10 octobre ne redoute pas la comparaison avec la direction militaire du mois d'août précédent. Elle a réalisé à peu près ce qu'on est en droit de demander à une direction centrale, à savoir : éviter les surprises à ses armées et faire en sorte que partout où elles rencontrent l'ennemi, elles le rencontrent en nombre égal ou supérieur. Or c'est ce qui a toujours eu lieu ; jamais une action importante ne s'est engagée en dehors de nos prévisions et sans que nous eussions fait converger à l'avance des forces au moins égales à celles de nos ennemis. Mais là s'arrête le pouvoir d'une administration. Si habile qu'elle soit, elle ne peut point changer la qualité des troupes, ni la nature de l'armement, ni les dispositions prises par le général sur le terrain. Tout ce qu'elle peut faire, je le répète, c'est que ses armées ne soient point, à la suite de mauvaises conceptions, entourées et écrasées par des forces supérieures, ainsi que l'ont été successivement toutes les armées de l'empire. On ne nous reprochera aucun fait de ce genre. Nous avons été vaincus, mais nous n'avons été ni surpris, ni forcés de capituler. A cet égard, l'honneur de nos armées est intact (1).

(1) Le seul fait paraissant offrir quelque analogie avec les capitulations impériales est l'internement de l'armée de l'Est en Suisse. Mais d'abord, il y a loin de là à une capitulation ; ensuite cet incident s'est accompli, non d'après les instructions de l'administration, mais *contre* ses instructions ; enfin, malgré tout, l'armée de l'Est aurait

« Mais pourquoi, nous dit-on, n'avoir pas formé autour
» de vous un fort conseil militaire? Votre direction eût été
» bien meilleure encore. » Ah! sans doute, si nous avions
pu avoir autour de nous les Chanzy, les Faidherbe, les
Borel, les Billot, notre action s'en fût favorablement ressentie. On n'oublie qu'une chose; c'est que leur présence
était indispensable à la tête des armées. Les bons chefs
faisaient défaut partout. Le premier besoin était d'assurer la conduite même des troupes. Garder les bons
capitaines auprès de nous eût été compromettre le salut
des soldats, et je doute que le pays nous eût approuvés.

Il ne faudrait point croire d'ailleurs que l'administration
ait abusé des plans de campagne. Hélas! rien ne l'y poussait.
La tâche était difficile, laborieuse et, j'ajoute, fort ingrate.
Réussissant, nos plans devaient bénéficier aux généraux;
échouant, nous devions en porter la responsabilité. Aussi
en avons-nous fait le moins possible, et seulement quand les
généraux n'en faisaient pas. Mais lorsque nos chefs d'armée
montraient de l'initiative, nous étions trop heureux de
la leur laisser. Ainsi, nous n'avons jamais envoyé de plans
aux généraux Chanzy et Faidherbe, parce qu'ils en faisaient
eux-mêmes et que nous n'avions pas la prétention de leur
en suggérer de meilleurs. Nous nous bornions, vis-à-vis
de ces chefs d'armées, à quelques indications très-générales, destinées seulement à rattacher leur action au centre
commun.

été sauvée sans les effets de l'armistice, auxquels le ministère de
la guerre de Bordeaux est tout à fait étranger.

A l'égard des chefs dont l'initiative a dû être suppléée par la nôtre, nous avons toujours provoqué leurs propositions, toujours discuté leurs observations et jamais nous n'avons essayé de les contraindre à exécuter ce que leur sentiment réprouvait. Nous avons respecté leurs scrupules et, le dirai-je ? peut-être trop. Oui, maintenant que les faits sont accomplis et que les conséquences des événements se mesurent, je puis le dire : si nous avions été moins timides, moins respectueux de certaines convenances militaires, le sort de la guerre aurait peut-être été changé. Si, dans ce pays où la spécialité possède un prestige traditionnel, nous avions été moins retenus par notre qualité d'administrateurs civils, si nous avions moins redouté de passer outre à certaines objections, moins hésité à effectuer certains remplacements, peut-être la France n'aurait-elle pas subi ses défaites. Nous avons cédé aux préjugés de nos concitoyens et c'est là le vrai tort que nous avons eu.

CONCLUSION

Les causes de nos désastres ont été générales. Dès lors, générales aussi doivent être les mesures destinées à en prévenir le retour. Ce n'est pas en critiquant avec plus ou moins d'amertume les actes de quelques hommes, en changeant un certain nombre de généraux ou d'administrateurs, qu'on remédiera au vice radical de notre situation. Il faut porter le regard plus loin et plus haut, et réformer de fond en comble notre établissement militaire.

Cela même n'est pas assez. L'état militaire d'un peuple n'est, à bien des égards, que la résultante d'un ensemble de mœurs et d'institutions qui influent directement sur son armée. On a dit, non sans raison : « Les peuples ont les gouvernements qu'ils méritent. » On peut dire avec non moins de raison : « Tel peuple, telle armée. » Croit-on que notre armée nationale, cette armée dont les qualités natives font l'admiration du monde, ne se soit pas ressentie du régime corrupteur qui a pesé sur la France pendant vingt ans? Croit-on que ces mœurs malsaines que l'établissement impérial avait développées parmi nous, n'aient pas eu leur contre-coup au sein de l'armée? Pense-t-on que pendant vingt ans un peuple tout entier se sera adonné à la poursuite de la richesse, aura ouvert son esprit aux frivolités, se sera déshabitué de l'austère devoir et de la vertu, et que pendant ce temps l'armée, qui, après tout, sort des entrailles de ce peuple et le représente, n'aura pas perdu, elle aussi, de ses qualités traditionnelles ?

Non, non, il n'est pas possible qu'un tel énervement national n'ait pas à son tour amené notre faiblesse militaire. C'est là qu'est la cause première ; c'est là ce qui explique et cet abandon dans lequel la science et le travail sont peu à peu tombés au sein de l'armée, et cet oubli graduel de l'esprit de discipline, sans lequel les armées périssent, et enfin cette déplorable direction supérieure, par le fait de laquelle, à un moment donné, la France a trouvé des cadres dégarnis, des arsenaux vides et des méthodes surannées.

La nation doit donc se relever elle-même, si elle veut posséder un jour une armée capable de la défendre et de lui rendre le rang qui lui a été assigné dans le monde. Je n'ai pas à parcourir tous les côtés de cette œuvre immense et complexe, mais il est deux réformes précises qui s'imposent immédiatement : celle de l'institution militaire proprement dite et celle de l'instruction populaire. Ces deux réformes sont inséparables et doivent se compléter l'une par l'autre. C'est en instruisant les citoyens qu'on préparera de bons soldats ; c'est en formant les soldats qu'on trouvera occasion d'instruire les citoyens. L'instruction doit être à la base et au sommet de notre armée. Qu'on ne l'oublie pas, c'est par le savoir plus encore que par le nombre, que nous avons été vaincus. « Oui, on peut établir, preuves en mains, » que c'est l'infériorité de notre éducation nationale qui

« nous a conduits aux revers. Nous avons été battus par
» des adversaires qui avaient mis de leur côté la prévoyance,
» la discipline et la science : ce qui prouve, en dernière
» analyse, que, même dans les conflits de la force matérielle,
» c'est l'intelligence qui reste maîtresse (1). »

Il faut donc verser à flots l'instruction. Il faut que tout homme n'arrive désormais à vingt ans qu'après avoir reçu, à une époque de sa jeunesse, un minimum déterminé de connaissances utiles. A ceux qui seraient tentés de nier, au point de vue militaire, la nécessité de cette éducation chez le simple soldat, je répondrai : D'abord, le soldat prépare le sous-officier et, dans une certaine mesure, l'officier; et puis, même chez le simple soldat, chez le soldat destiné à rester tel, pense-t-on que l'instruction soit une chose indifférente? Le bénéfice de l'instruction, chez les hommes qui la possèdent, ne ressort pas seulement par les avantages directs qu'elle procure, mais par l'aptitude qu'elle donne de comprendre plus aisément toutes choses. La discipline, dont on exalte avec raison le prix, n'est-elle pas plus volontiers respectée par ceux que leur culture intellectuelle met à même d'en mieux saisir les effets? Croit-on que l'homme dont l'esprit est dégrossi n'apprend pas plus rapidement le métier des armes? Pense-t-on qu'à la guerre il ne sera pas plus habile à tirer parti des circonstances? Suppose-t-on enfin que ces qualités morales qui sont l'âme des armées, ne soient pas influencées par les progrès de l'in-

---

(1) Discours de M. Gambetta devant le Comité républicain de Bordeaux, le 26 juin 1871.

telligence? Si certaines d'entre elles comme la bravoure, l'entrain, l'enthousiame, semblent en quelque sorte spontanées chez le soldat français, d'autres non moins utiles à la guerre, la patience, l'esprit de sacrifice, la constance, se lient d'une manière évidente à l'éducation.

A côté de l'instruction pour tous, le service militaire pour tous. « Qu'il soit bien entendu que lorsqu'en France un ci- » toyen est né, il est né un soldat. » Mais ce principe, dont la cause est aujourd'hui à peu près gagnée dans l'opinion, ne doit pas apparaître dans nos codes comme une concession à des passions jalouses. Ce n'est pas pour faire taire les réclamations du pauvre que le riche doit servir. N'abolissons pas le remplacement au nom d'une fausse égalité. La raison de l'obligation, dans une société comme la nôtre, doit être plus profonde et plus morale. Enseignons à nos enfants que la défense de la patrie est non une charge mais un devoir, un devoir comme celui de défendre sa famille et son foyer, par conséquent étroit, direct, personnel, dans l'accomplissement duquel nul ne nous peut suppléer.

La présence du soldat sous les drapeaux doit être strictement limitée au temps nécessaire pour apprendre le métier des armes, et elle doit être pour lui l'occasion, non-seulement de se façonner à la vie militaire, mais aussi de combler les vides de son éducation première. Des cours élémentaires sur les branches de nos connaissances les plus utiles devront alterner, pour tous ceux qui ne justifieraient pas d'une instruction suffisante, avec les exercices sur le terrain. Aujourd'hui la vie du soldat est de nature plutôt à amoindrir sa valeur morale qu'à l'augmenter. Retenu pendant plusieurs années au régiment, employant à des manœuvres fastidieuses quatre à cinq fois le temps qu'il faudrait, occupé uniquement à des soins matériels, il passe une grande partie de ses journées dans l'oisiveté, l'esprit ouvert à toutes les occasions de débauche qu'offre le séjour des grandes villes. Il fréquente le cabaret; il fait de mauvaises connaissances, il lit — quand il sait lire — des feuilles qui prêchent l'indiscipline et la désobéissance aux lois; finalement, il perd dans ces habitudes malsaines le respect de l'autorité, le sentiment du devoir, l'esprit de sacrifice. Entré au régiment ignorant et honnête, il en sort trop souvent aussi ignorant mais corrompu. Heureux encore quand il n'emporte pas avec lui des goûts de paresse qui le mettront pendant longtemps dans l'impossibilité de gagner honorablement sa vie.

Tel ne devra pas être le soldat de l'armée nouvelle. Il quittera le service plus instruit, plus laborieux, mieux pénétré du sentiment de ses devoirs. Pour atteindre plus sûrement ce but, il faudrait rompre résolument avec la vie de garnison, considérée à bon droit comme le fléau de l'armée. Je voudrais voir la troupe campée hors des villes, et n'ayant avec la population que le moins de contacts possibles. La caserne serait en même temps une école, et peut-être conviendrait-il qu'elle en portât le nom.

La durée du temps pendant lequel le soldat appartiendra à la réserve dépend évidemment du nombre d'hommes qu'on voudra mettre sous les armes en cas de guerre. Quelle que soit la limite adoptée, il se présentera un grave problème : celui des cadres. Que notre pays ne cède pas à l'illusion de croire que des artifices d'organisation pourront lui permettre de n'avoir qu'un petit nombre d'officiers. S'il veut une armée solide, il faut qu'il se décide à entretenir au moins cinquante mille officiers. Quelle combinaison convient-il d'adopter pour ne pas grever démesurément le budget ? Je n'ai pas à l'examiner ici, mais je me permets d'insister sur le point capital, à savoir que toute solution sera décevante si elle n'assure pas la constitution d'un cadre de cinquante mille officiers, offrant toutes les garanties d'instruction voulues.

Tout le monde est d'accord que le niveau intellectuel de notre armée s'est abaissé, ou, si l'on préfère, qu'il ne s'est pas élevé autant que le niveau des armées rivales. Et cependant il n'est pas douteux que l'officier français possède des aptitudes naturelles qui, si elles sont bien gouvernées, lui assurent le premier rang dans le monde. Sa bravoure est incomparable, son esprit est prompt à concevoir, son caractère porté à la générosité. Mieux qu'un autre il sait se faire aimer du soldat, le soutenir, lui donner l'exemple de l'abnégation et de la constance. Mais ces inestimables qualités ont été négligées, quand elles n'ont pas été perverties, par la direction venue d'en haut. Il faut rétablir au plus tôt dans nos armées LA LOI DU TRAVAIL. Il faut remettre en honneur ce grand principe, que le savoir fait la dignité et la force du commandement. Il faut que désormais l'avancement soit accordé non au plus protégé ou au plus âgé, mais au plus digne. En un mot, l'examen ou le concours doit devenir la base de l'avancement jusqu'aux grades supérieurs.

A côté de ces grands principes, le service obligatoire,

l'avancement au concours, se placent un certain nombre de réformes importantes que je me borne à signaler (1).

La première est celle de l'état-major. Cette institution est à refaire chez nous. La Prusse nous offre à cet égard un modèle qu'il faudra imiter, en y introduisant bien entendu les modifications en harmonie avec notre génie national. Une des grandes préoccupations du nouvel état-major sera le service des chemins de fer. L'administration de la guerre doit se mettre en état de prendre en mains, à tout instant, la direction supérieure de l'exploitation d'une voie ferrée, ou tout au moins de la faire fonctionner sous sa surveillance immédiate. Loin de moi l'intention de récriminer contre cette grande industrie; je n'oublie pas le concours que nous ont prêté plusieurs de ses représentants les plus distingués, MM. Surell, Jacqmin, Lemercier. Mais il faut bien le dire, tout le monde, compagnies et État, manquait d'une expérience suffisante pour ce concert. Désormais l'État doit disposer d'agents qui sachent guider et au besoin commander, en vue de la guerre, cet important service.

La seconde question est celle de la constitution des corps d'armée. Depuis longtemps on sentait les vices de la tradition suivie; la triste expérience de la guerre de 1870 a complété la démonstration. Chacun a compris l'impossibilité de laisser subsister un ordre de choses qui a pour résultat, au moment d'un rappel sous les drapeaux, de disperser les soldats sur toutes les routes de France, de leur faire par-

(1) Je réserve les développements pour un travail spécial sur la réforme militaire que je publierai en temps et lieu.

courir des distances énormes et perdre un temps précieux pour rejoindre leurs corps respectifs, et finalement qui empêche qu'on ait jamais des armées sérieusement constituées. Il importe que, comme en Prusse, la réunion des réserves puisse être immédiate et que le corps d'armée existe d'une manière permanente. En d'autres termes, il faut recourir aux corps d'armée régionaux. Dans ce système, chaque homme sait d'avance sous quel chef il doit se ranger, sur quel point il doit se rendre et quelles formalités il a à remplir. Point de surprise, ni de confusion; les convocations se font et les troupes s'expédient avec une régularité et une célérité parfaites.

On paraît pénétré aujourd'hui de la nécessité de rompre le soldat à la vie des camps et de l'habituer aux grandes manœuvres. La république de 1870 aura eu le mérite, par son institution des grands camps d'instruction, de jeter les bases de cette réforme. Désormais sans doute, les classes de la réserve seront exercées périodiquement, pendant un temps déterminé, dans des camps susceptibles de réunir des effectifs considérables. Il paraît même indispensable que de temps à autre de véritables armées exécutent des marches à travers le territoire. C'est le seul moyen de former des généraux capables de commander de grandes masses, et de familiariser les états-majors et l'intendance avec ces mille détails inséparables du déplacement des troupes nombreuses. Il y a dans le ravitaillement, dans la confection des ordres de marches, dans le cantonnement, des soins que l'expérience seule peut apprendre. Rien ne saurait suppléer, pour l'éducation des chefs, la conduite effective d'une armée, et il importe qu'au moment d'une campagne de guerre, personne, ni dans le commandement, ni dans les services administratifs, ne soit pris au dépourvu.

J'ignore dans quelle mesure on a l'intention de tenir compte de certains faits observés dans cette dernière guerre, mais il me paraît impossible qu'on ne modifie pas profondément le corps du génie, l'organisation de l'intendance, l'équipement du soldat, le rôle de la cavalerie. En ce qui concerne ce dernier objet, on sait que les Prussiens ne se servent pour ainsi dire plus de la cavalerie comme force effective dans le combat. Ces fameuses charges, qui ont fait la gloire de la cavalerie française, sont abandonnées par nos ennemis. Mais en revanche ils ont donné à cette arme un très-grand développement pour les reconnaissances, les démonstrations et la poursuite de l'ennemi. C'est grâce à l'envoi multiplié de leurs cavaliers que les Prussiens s'éclairent à des distances incroyables; c'est au moyen de leurs nombreux escadrons qu'ils occupent de vastes étendues de territoire, interceptent les communications, donnent le change sur la position et le chiffre de leurs forces, et menacent de tourner les corps contre lesquels ils opèrent. C'est enfin avec leur cavalerie qu'ils harcèlent continuellement les armées en retraite et changent les défaites en déroutes. Après la bataille d'Orléans, ils ont pu, avec quelques milliers de cavaliers, se débarrasser des corps d'armée des généraux Bourbaki et des Paillères et concentrer tous leurs efforts sur l'armée du général Chanzy.

Enfin, il est bien des questions qui, au premier abord, semblent étrangères à la réforme de l'armée, et qui s'y rattachent directement. De ce nombre sont l'établissement des chemins de fer stratégiques et la substitution des camps retranchés aux villes fortes. L'expérience a démontré l'insuffisance de nos voies de transport pour une grande guerre avec l'Allemagne, et elle a montré également qu'avec les moyens peu scrupuleux des Prussiens, les places fortes se rendent avant d'être praticables à l'assaut.

Il est une dernière réforme, la plus importante de toutes, et sans laquelle les tentatives d'amélioration demeureraient stériles; c'est la réforme de l'administration militaire elle-même.

Je ne veux point entrer dans des développements qui altéreraient le caractère de ce travail; mais tout le monde a compris qu'un changement complet de système est nécessaire. Il faut rompre résolument avec l'esprit et les traditions du passé. Il faut introduire LA LOI DU PROGRÈS là où les préjugés et la routine n'ont que trop régné. Il faut ouvrir le vieil édifice et y appeler à flots l'air et la lumière. L'armée n'est pas une caste dans l'État; l'administration n'en appartient pas à des mains privilégiées qui opèrent dans le mystère et loin des regards du public. L'armée est nationale et la nation entière doit en scruter minutieusement tous les détails. Qu'on abaisse donc pour toujours cette barrière qui s'est si longtemps dressée entre l'administration de la guerre et le pays, et qui a été le principal obstacle au progrès. Qu'on fasse disparaître cette opposition surannée entre l'esprit civil et l'esprit militaire, mais que le second s'inspire constamment du premier, qui est, après tout, l'esprit de la nation même. Qu'il recherche ses directions et lui demande le secret d'une rénovation nécessaire. Le concours de l'élément civil pourra seul donner à l'institution la vie et la force qui lui manquent aujourd'hui. C'est au sein même des nations que les idées nouvelles s'élaborent ; c'est dans ce réservoir commun que les corporations, si grandes qu'elles soient, doivent venir se retremper et se fortifier, si elles veulent conserver leur jeunesse. Celles qui prétendent à vivre dans l'isolement ne tardent pas à se dessécher et à périr ; et un jour où la nation a besoin, comme en 1870, de s'appuyer sur l'arbre qu'elle croit sain et vigoureux, elle ne trouve sous sa main qu'un bois mort qui l'entraîne dans sa chute.

Et maintenant, dirai-je : O mes concitoyens, hâtons-nous ! Le temps presse ; de nouveaux malheurs menacent la France. Ne nous laissons pas prendre au dépourvu ! Et que l'histoire, enregistrant un jour la ruine d'un grand empire, ne puisse pas dire de nous :

Ils perdirent leur temps à disputer pendant que l'ennemi campait sur leur territoire.

FIN

RECUEIL

DES

PRINCIPAUX ACTES ADMINISTRATIFS

RECUEIL

DES

PRINCIPAUX ACTES ADMINISTRATIFS

DU MINISTÈRE DE LA GUERRE

A TOURS ET A BORDEAUX

DU 10 OCTOBRE 1870 AU 9 FÉVRIER 1871

Les membres du gouvernement de la Défense nationale, délégués pour représenter le gouvernement et en exercer les pouvoirs ;

Vu les circonstances exceptionnelles créées par l'état de guerre ;

Considérant qu'il importe de susciter l'émulation dans tous les rangs de l'armée et de faire appel aux jeunes talents ; que c'est en rompant résolûment avec la tradition que la première République a pu réaliser les prodiges de 1792 ;

Décrètent :

Article 1er. Les lois qui règlent les nominations et l'avancement dans l'armée sont suspendues pendant la durée de la guerre. En conséquence, des avancements extraordinaires pourront être accordés à raison des services rendus ou des capacités (1).

ART. 2. Des grades militaires pourront être conférés à des personnes n'appartenant pas à l'armée. Toutefois ces grades ne resteront pas acquis après la guerre, s'ils n'ont pas été justifiés par quelque action d'éclat ou par d'importants services constatés par le gouvernement de la République.

ART. 3. Le ministre de la guerre est chargé de l'exécution du présent décret.

Fait à Tours, le 13 octobre 1870.

Le membre du gouvernement de la Défense nationale, ministre de l'intérieur et de la guerre,

En vertu des pouvoirs à lui délégués par le gouvernement, par décret en date à Paris du 1er octobre 1870,

Considérant que le premier devoir d'un chef de corps en temps de guerre est la vigilance :

DÉCRÈTE :

Sera traduit devant un conseil de guerre, tout chef de corps ou de détachement qui se sera laissé surprendre par l'ennemi, ou qui se sera engagé sur un point où il ne soupçonnait pas la présence de l'ennemi.

Fait à Tours, le 14 octobre 1870.

(1) Modifié par le décret du 3 novembre, p. 387, 388.

Le membre du Gouvernement, etc..

Considérant qu'il importe de favoriser la formation des cadres d'officiers et de sous-officiers, tout en respectant les droits acquis dans l'armée,

DÉCRÈTE :

ARTICLE 1er. Les gardes nationales mobiles, les gardes nationaux mobilisés, les corps-francs et autres troupes armées relevant du ministère de la guerre, mais n'appartenant pas à l'armée régulière, sont groupés sous la dénomination commune d'*armée auxiliaire*. Cette dénomination n'affecte d'ailleurs en rien l'autonomie de ces divers corps, tant qu'il n'y a pas été dérogé par des décisions de l'autorité militaire.

ART. 2. L'armée auxiliaire et l'armée régulière sont entièrement assimilées l'une à l'autre *pendant la durée de la guerre*, et sont soumises au même traitement. Elles doivent être considérées comme les deux fractions d'un seul et même tout : l'armée de la défense nationale.

Les troupes des deux armées peuvent être fusionnées à tout instant, selon les besoins de la guerre. Les officiers peuvent exercer indifféremment leur commandement dans l'une et l'autre armée, sans distinction aucune de leur origine.

ART. 3. Font nécessairement partie de l'armée auxiliaire, bien que nommés directement dans l'armée régulière, les officiers et sous-officiers choisis en dehors de l'armée en exécution de l'art. 2 du décret du 13 octobre 1870. En conséquence, toute nomination faite dans ces conditions porte expressément la mention : *Armée auxiliaire*.

Au contraire, les anciens officiers et sous-officiers qui rentrent dans l'armée avec leur ancien grade ou avec le grade auquel ils avaient droit quand ils ont quitté le service, appartiennent à l'armée régulière, à moins qu'ils n'aient fait connaître eux-mêmes que leur reprise de service était limitée à la durée de la guerre, auquel cas un grade supérieur peut leur être accordé dans l'armée auxiliaire.

Art. 4. A la cessation des hostilités, il sera statué sur tous les grades conférés dans l'armée auxiliaire, afin de faire passer dans les cadres de l'armée régulière les officiers et sous-officiers qui, par suite de leur belle conduite, se seraient placés dans les conditions prévues par l'art. 2 du décret précité.

Fait à Tours, le 14 octobre 1870.

Le membre du Gouvernement, etc.,

Considérant qu'il importe d'organiser la défense locale et de donner un point d'appui à l'action des gardes nationaux pour les mettre en état de résister à l'ennemi ;

Décrète :

Article 1er. Tout département dont la frontière se trouve, par un point quelconque, à une distance de moins de cent kilomètres de l'ennemi est déclaré *en état de guerre*. Cette déclaration est faite par le chef militaire du département aussitôt qu'il a connaissance de l'approche de l'ennemi à la distance susénoncée, et est immédiatement rendue publique, à la diligence des autorités civiles et militaires.

Tous avis concernant la marche de l'ennemi sont transmis directement, par la voie la plus prompte, aux chefs militaires et aux préfets des départements situés dans un rayon de cent kilomètres au moins dans le sens de la marche de l'ennemi.

Art. 2. L'état de guerre entraîne les conséquences suivantes :

Le chef militaire du département convoque, toute affaire cessant, un *comité militaire* de cinq membres au moins et neuf au plus. Ce comité se compose, outre le chef militaire qui le préside, d'un officier du génie ou, à défaut, d'artillerie ; d'un officier d'état-major, d'un ingénieur des ponts et chaussées et d'un ingénieur des mines. A défaut de ces divers fonctionnaires, les membres sont choisis parmi les personnes qui, à raison de leurs aptitudes ou de leurs antécédents, s'en rapprochent le plus.

Le comité, après avoir visité, s'il y a lieu, le terrain, désigne dans les quarante-huit heures, à partir de la déclaration d'état de guerre, les points qui lui paraissent le plus favorablement situés pour disputer le passage à l'ennemi.

Ces points sont immédiatement fortifiés à l'aide de travaux en terre, d'abatis d'arbres et autres moyens d'un emploi rapide et peu dispendieux. Ces fortifications prendront, selon le cas, le caractère d'un camp retranché pouvant contenir tout ou partie des forces disponibles du département, et recevront, s'il y a lieu, de l'artillerie. Chacune des voies par lesquelles l'ennemi est supposé pouvoir avancer recevra au moins un système de défense semblable, dans les limites du département. Il ne sera fait exception que lorsque la voie sera déjà commandée dans le département par une place fortifiée.

Art. 3. Le comité militaire ou les membres délégués par lui auront droit de réquisition directe sur les personnes et les choses pour procéder à l'établissement des travaux susmentionnés. Ils payeront les dépenses à l'aide de bons délivrés par eux, et qui seront acquittés sur les fonds du département ou des communes, ainsi qu'il sera dit plus loin.

Art. 4. Dès que le chef militaire du département jugera qu'un des points ainsi fortifiés est menacé, il y dirigera les forces nécessaires à la défense. Ces forces seront empruntées, soit aux troupes régulières ou auxiliaires du département, non utilisées pour les opérations du corps d'armée en campagne, soit à la garde nationale sédentaire. A cet effet, le chef militaire jouira du droit de convoquer les gardes nationales jusqu'à quarante ans, de telle commune qu'il désignera. Il aura le commandement en chef de toutes les forces ainsi réunies, et présidera lui-même à la défense.

L'officier du grade le plus élevé après lui commandera sur un autre point.

Art. 5. Si un passage est forcé par l'ennemi, on veillera à rétablir la fortification aussitôt que possible, de manière à couper la retraite à l'ennemi, et ce passage sera gardé jusqu'à ce que le chef militaire juge l'ennemi suffisamment éloigné.

Art. 6. Tant que dure l'état de guerre d'un département, les gardes nationaux convoqués à la défense sont placés sous le régime des lois militaires; s'ils manquent à l'appel où s'ils n'accomplissent pas leurs devoirs de soldat, ils sont passibles des peines prévues par le code de l'armée.

A défaut d'uniforme, les gardes nationaux convoqués doivent porter le képi afin de constater leur qualité militaire.

Ils doivent, au moyen des bons qui leur seront remis par les soins du comité militaire, se pourvoir de vivres pour trois jours, sans préjudice des approvisionnements de tous genres que le comité militaire aura pu réunir directement sur les lieux.

Art. 7. Les bons délivrés par le comité militaire sont reçus comme espèces dans les caisses publiques et acquittés au moyen d'un emprunt contracté au nom du département par le conseil général et, si le conseil général a été dissous, par une commission départementale nommée par le préfet.

Art. 8. Dès la publication du présent décret, les préparatifs de défense ci-dessus prescrits commenceront d'urgence dans les départements compris dans la zone de guerre (jusqu'à 100 kilomètres au moins de l'ennemi), et les départements au delà de cette zone se livreront aux études préliminaires tendant à déterminer les points à fortifier ultérieurement.

Les officiers du génie de tous grades, occupés au service courant ou attachés à des corps en campagne, mais non indispensables aux opérations de ces corps, se feront connaître immédiatement au délégué du ministre de la guerre, qui leur donnera des destinations dans les départements, pour être attachés aux comités militaires et y diriger les travaux de défense prescrits par ces comités.

Art. 9. Les chefs militaires des départements sont rendus personnellement responsables de l'organisation de la défense et de la résistance à opposer à l'ennemi.

Fait à Tours, le 14 octobre 1870.

Le membre du Gouvernement, etc.,

Considérant que si le commandement militaire ne doit appartenir qu'à un seul, l'organisation et l'administration des troupes appellent des délibérations qui sont le fait de plusieurs ;

Décrète :

Article 1er. Il est créé dans chacune des 22 divisions militaires de la République un *conseil administratif* de la division, chargé de proposer toutes les mesures nécessaires à l'organisation et à l'administration des troupes, notamment en ce qui touche l'instruction des nouvelles recrues dans les dépôts et leur formation en compagnies.

Art. 2. Le conseil administratif, comprenant neuf membres au plus, se compose de tous les chefs de services militaires et chefs de corps présents au chef-lieu de la division, parmi lesquels un chef de bataillon ou d'escadron, et en outre d'un représentant de l'administration centrale de la guerre, choisi dans l'ordre civil et nommé par le ministre.

Le conseil est présidé par le général de division et à son défaut par le représentant de l'administration centrale.

Art. 3. Le général de division est seul chargé de l'exécution des décisions du conseil, sauf en ce qui concerne le service des réquisitions, lequel incombe toujours au représentant de l'administration centrale.

Art. 4. Afin de faciliter la formation de nouvelles compagnies, les généraux de division restent investis du droit de nommer provisoirement à tous les emplois jusqu'à celui de capitaine inclusivement. Les grades ainsi conférés deviennent définitifs dans les formes ordinaires.

Lorsqu'il ne pourra être pourvu aux emplois par des sujets offrant les conditions requises, le général de division y suppléera au moyen d'officiers ou de sous-officiers de grade inférieur, qui jouiront de toute l'autorité appartenant au grade dont ils exerceront la fonction.

Fait à Tours, le 19 octobre 1870.

Le membre du Gouvernement, etc.,

Considérant qu'il importe d'exercer le soldat aux fatigues de la guerre et de le soustraire aux causes de désordres qui résultent du séjour des villes ;

Décrète :

Article 1er. Chaque fois que, dans une ville, l'effectif des troupes appartenant soit à l'armée auxiliaire, soit à l'armée régulière, dépassera deux mille hommes, toute la portion de ces troupes qui ne sera pas nécessaire pour le maintien de l'ordre et de la tranquillité, ou le service des postes de la ville, sera réunie dans un camp situé à trois kilomètres au moins de la ville, à moins que les nécessités stratégiques ne commandent de laisser ces troupes à une distance moindre.

Art. 2. L'emplacement du camp devra être choisi de manière à offrir de bonnes conditions de défense, et le camp devra être immédiatement protégé au moyen de travaux de terrassement et de fortifications de campagne, convenablement disposés et exécutés autant que possible sous la direction d'officiers du génie.

Le commandant des troupes a, pour l'exécution de ces travaux, le droit de réquisition sur les personnes et sur les choses ; il peut réclamer notamment le concours des ingénieurs de l'État.

Les troupes doivent être occupées dans tous les cas à l'exécution des travaux.

Art. 3. Toute communication entre le camp et la ville est interdite, sauf pour les besoins du service, à moins de permissions individuelles et écrites.

Les officiers doivent résider au camp et vivre de la vie des troupes.

Art. 4. Chaque jour, le quart au moins de l'effectif des troupes campées exécutera des marches, variant de 20 à 30 kilomètres dans une journée. — Toutes les portions des troupes seront ainsi exercées à tour de rôle.

Les camps devront être organisés et gardés comme si l'ennemi se trouvait dans le voisinage, et les mesures prescrites par l'ordonnance du 3 mai 1832 devront leur être exactement appliquées.

Art. 5. Les corps en campagne sont soumis aux dispositions qui précèdent. Toutefois, les travaux de défense prescrits à l'article 2 ne sont pas obligatoires quand les troupes ne doivent pas séjourner dans le camp plus de vingt-quatre heures et que l'ennemi ne se trouve pas dans le voisinage.

Tours, le 20 octobre 1870.

Le membre du Gouvernement, etc.,

Considérant qu'un grand nombre de propositions sont faites journellement, touchant les moyens de faciliter la défense, et qu'il importe de soumettre ces propositions à l'examen d'hommes spéciaux ;

Arrête :

Article 1er. Il est formé, auprès du département de la guerre, une commission chargée de l'étude des moyens de défense.

Cette commission est ainsi composée :

MM. Deshorties, lieutenant-colonel d'état-major, président ;
De Pontlevoye, commandant du génie ;
Bousquet, chef d'escadron d'artillerie ;
Naquet, professeur de chimie à la faculté de médecine ;
Descombes, ingénieur des ponts et chaussées ;
Dormoy, ingénieur des mines ;
Marqfoy, ancien ingénieur au chemin de fer du Midi.

La commission désignera un de ses membres pour remplir les fonctions de secrétaire.

Art. 2. La commission adressera au ministre un rapport sur chacune des propositions qui lui seront soumises.

Fait à Tours, le 20 octobre 1870.

Le membre du Gouvernement, etc.,

Considérant qu'il importe, au point de vue de l'autorité du commandement et de la discipline, de mettre le soldat en contact avec ses officiers,

ARRÊTE :

Article 1er. Les troupes réunies soit dans les villes, soit dans les camps, devront être passées en revue, au moins deux fois par semaine.

Il leur sera fait lecture chaque fois des derniers décrets, arrêtés ou instructions concernant le service.

Art. 2. Il est interdit aux officiers de se mettre en costume bourgeois pendant la durée de la guerre, sauf quand ils sont détachés dans les services administratifs.

Fait à Tours, le 20 octobre 1870.

Le membre du Gouvernement, etc.,

Considérant qu'il importe non-seulement d'arrêter l'ennemi dans sa marche, par la défense locale organisée par le décret du 14 octobre 1870, mais aussi d'empêcher par des mesures énergiques le ravitaillement de l'armée envahissante en faisant le vide devant elle ;

DÉCRÈTE :

Article 1er. Dans tous les départements en état de guerre, le comité militaire pourra, après avoir pris l'avis du préfet, requérir l'évacuation immédiate des chevaux, bestiaux, voitures et approvisionnements de toute espèce, de nature à servir à l'ennemi.

Le comité militaire fera connaître la zone hors de laquelle les approvisionnements devront être évacués, et le préfet déterminera les points sur lesquels ces approvisionnements devront être dirigés.

Ces points pourront être choisis hors du département, et, dans ce but, le préfet se concertera, s'il y a lieu, avec ses collègues des autres départements.

Art. 2. Lorsque l'évacuation n'aura pu avoir lieu à temps, le comité militaire requerra et poursuivra la destruction du matériel et des approvisionnements de toute nature pour éviter qu'ils ne tombent entre les mains de l'ennemi.

Art. 3. Des reçus en poids et en nombre seront donnés aux habitants. Les estimations seront faites à dire d'experts. Le prix sera réglé ultérieurement, ou, s'il y a lieu, les quantités seront rendues en nature.

Art. 4. Au reçu du présent décret, les préfets se concerteront immédiatement entre eux ainsi qu'avec les autorités militaires, et s'entoureront de toutes les personnes compétentes pour déterminer à l'avance les points sur lesquels les approvisionnements devront, le cas échéant, être dirigés. Ces points seront choisis de manière que les ressources mises en mouvement soient autant que possible utilisées pour les besoins des armées de la défense nationale.

Art. 5. Une instruction rédigée de concert entre le ministre de la guerre et le ministre de l'intérieur réglera l'exécution du présent décret.

Art. 6. Les chefs militaires et les préfets des départements seront rendus personnellement responsables de l'exécution du présent décret.

Tours, le 22 octobre 1870.

Le membre du Gouvernement, etc.,

Considérant que les nécessités créées par l'état de guerre entraînent des mesures exceptionnelles ;

DÉCRÈTE :

Article 1er. Pendant la durée de la guerre, le ministre de la guerre peut, à tout instant, si les circonstances militaires l'exigent, suspendre la circulation des trains de voyageurs et de marchandises sur une ou plusieurs lignes de chemins de fer.

Art. 2. La décision du ministre est notifiée à l'avance, autant que possible, à l'administration supérieure du chemin de fer, mais, en cas d'urgence, la notification peut être faite directement à un chef de gare ou de station chargé à son tour de la transmettre à qui de droit.

Art. 3. Deux heures après la notification, à moins qu'un délai plus long n'ait été indiqué par le ministre, aucun train public ne peut être engagé sur la section où la circulation est suspendue. Toutefois, les trains déjà engagés sur cette section peuvent se rendre à destination.

Art. 4. A partir de l'interruption des trains publics, l'administration de la guerre, représentée par un de ses agents dûment accrédité, dispose à son gré de la ligne pour ses propres transports. Les agents du chemin de fer sont tenus d'obtempérer à ses ordres comme aux ordres émanés de leur propre administration, en se conformant aux lois et règlements destinés à assurer la sécurité publique.

Tours, le 23 octobre 1870.

Monsieur le préfet,

Le gouvernement de la Défense nationale a besoin d'être éclairé d'une façon régulière sur les mouvements des armées ennemies, et des corps plus ou moins nombreux qui se répandent dans les départements pour les occuper ou les mettre à contribution.

Il vous est facile, avec le concours des sous-préfets et des maires, de fournir à cet égard les renseignements les plus sérieux et les plus circonstanciés.

En groupant tous les documents qu'il recevra par l'intermédiaire des préfets et des sous-préfets, le gouvernement se rendra plus complétement compte des marches et contre-marches de l'ennemi, et de l'importance des forces réunies ou disséminées sur les divers points du territoire. Il faut que désormais notre armée soit à l'abri de toute surprise. C'est là un point d'un immense intérêt national sur lequel j'appelle toute votre attention.

Les instructions que vous devrez adresser aux sous-préfets et aux maires sont les suivantes :

Sur tous les points où la présence de l'ennemi sera signalée, les maires enverront des émissaires qui auront à observer :

1° L'importance des troupes ennemies, en distinguant soigneusement les différentes armes, infanterie, cavalerie et artillerie ;

2° La route suivie par le corps observé, le lieu de départ et le point présumé vers lequel il se dirige ;

3° L'heure de l'arrivée, la durée du stationnement et l'heure du départ ;

4° Enfin, toutes les particularités qui se manifesteront, quelque minimes qu'elles paraissent, leur importance au point de vue des opérations militaires pouvant échapper à l'esprit des observateurs.

Les maires devront chaque jour vous transmettre ou transmettre au sous-préfet de leur arrondissement, *par la voie la plus rapide,* un bulletin comprenant les indications qui précèdent.

Vous inviterez ces magistrats à utiliser, soit comme émissaires chargés d'observer l'ennemi, soit comme agents de transmission, les agents et facteurs de la poste, les gendarmes, les cantonniers et tous les habitants qui voudront mettre au service du pays leur intelligence et leur dévouement.

Les maires seront rendus personnellement responsables de la négligence qu'ils apporteraient à l'organisation du service des renseignements, et je suis décidé à traduire devant la cour martiale ceux d'entre eux qui auraient failli à leur devoir.

MM. les sous-préfets chargés de recueillir les documents fournis par les maires, devront les résumer dans une dépêche concise qui vous sera transmise par le télégraphe et, à défaut, par voie d'exprès. Cette dépêche indiquera, en outre, le degré de confiance qui paraît devoir être accordé aux indications reçues. Le double de la dépêche sera adressé *directement* par le sous-préfet au ministre de la guerre.

Pour être à même d'exercer un contrôle efficace sur les renseignements qui leur sont fournis, MM. les sous-préfets devront recourir à des émissaires spéciaux et, au besoin, provoquer la formation de comités d'arrondissement.

De votre côté, monsieur le Préfet, vous voudrez bien me faire parvenir les renseignements que vous auriez pu vous procurer directement en dehors de ceux qui vous sont fournis par les sous-préfets. Vous communiquerez l'ensemble des uns et des autres au général commandant le département.

Vous insisterez auprès de vos collaborateurs pour que les transmissions aient lieu de la manière la plus prompte et sans préoccupation aucune des règles hiérarchiques. Toute l'utilité de ces informations repose, vous le sentez, sur leur célérité.

Recevez, etc.

Tours, le 24 octobre 1870.

Instruction relative aux mesures à prendre pour empêcher le ravitaillement de l'armée ennemie.

L'évacuation des bestiaux, chevaux, voitures et approvisionnements de toute espèce, de nature à servir à l'ennemi, prescrite par le décret du 22 octobre, doit être préparée dès maintenant.

En conséquence, les préfets des départements menacés s'entendront avec les préfets des départements voisins et avec l'autorité militaire pour déterminer à l'avance les points sur lesquels devront être dirigés les approvisionnements.

L'évacuation se fera, suivant les circonstances, par les voies ferrées, par terre, par canaux, ou par mer, dans les départements voisins du littoral.

La partie la plus délicate de l'opération est celle relative au bétail et aux chevaux. On ne perdra pas de vue que la pauvreté de l'année en fourrages rend l'alimentation difficile partout, et impossible sur certains points. Dans ce dernier cas, les préfets s'entendront avec leurs collègues, et, au besoin, prendront par le télégraphe les ordres du ministre de l'intérieur. D'un autre côté, l'accumulation des troupeaux les expose à la peste bovine ; il faudra donc les disséminer le plus possible, et, en cas d'encombrement, faire abattre une partie des troupeaux et procéder à la salaison des viandes. Des hommes spéciaux seront chargés, par le comité militaire, de diriger cette opération.

Le comité, en prescrivant l'évacuation, tiendra compte des exigences de la subsistance du pays et des troupes chargées de la défense locale ; il se concertera avec le commandant et les fonctionnaires de l'intendance, pour déterminer la part à faire aux corps d'armée opérant dans le pays. Il pourra d'ailleurs demander à ce sujet les instructions des ministres de la guerre et de l'intérieur.

Le comité militaire, tout en tenant compte de tous les droits, tout en sauvegardant dans la limite du possible tous les intérêts, n'oubliera pas que, pour être efficace, l'exécution de ces mesures doit essentiellement être rapide.

Le rôle des comités militaires étant ainsi suffisamment tracé, il paraît nécessaire de donner quelques instructions de détail sur les mesures à prendre par les communes.

Dès que l'ordre d'évacuation aura été donné par le comité militaire, le maire et les conseillers municipaux établiront le relevé des quantités à mettre en mouvement, et donneront reçu en poids et en nombre aux habitants; ces reçus porteront estimation faite, soit d'après la dernière mercuriale, soit à dire d'experts.

Les relevés des communes seront centralisés, à la diligence des préfets, sur un point non occupé, et établiront la base des droits des communes.

Le maire autorisera les détenteurs non employés à la défense, à accompagner leurs troupeaux et marchandises; s'ils sont insuffisants, il désignera le nombre d'habitants nécessaires, et nommera un délégué de la commune qui fera fonction de comptable.

Des agents, nommés par le préfet, centraliseront l'opération et feront accompagner les envois. Ces agents, au moyen d'écritures simples, tiendront compte des pertes par cas de force majeure; si l'autorité civile ou militaire leur fait des réquisitions pour satisfaire aux besoins de l'armée ou des populations, ils se feront délivrer des bons dont la valeur sera ultérieurement remboursée par qui de droit.

Les maires des communes que traverseront les troupeaux, prendront les dispositions les plus efficaces pour assurer la conservation des animaux.

Dès l'arrivée des troupeaux à destination, le maire fera connaître au préfet le nombre de têtes de bétail; cet avis sera transmis par le préfet au ministre de l'Intérieur, qui le communiquera à son collègue de la guerre.

Si des maladies épidémiques se déclaraient, avis immédiat en serait donné au sous-préfet de l'arrondissement qui prendrait les mesures nécessaires pour arrêter le mal. Il ferait abattre au besoin les animaux sains et saler la viande.

Tours, le 29 octobre 1870.

Le membre du gouvernement, etc.,

Considérant qu'il importe de relever notre artillerie de l'infériorité numérique dans laquelle elle se trouve vis-à-vis de l'ennemi ;

Vu les demandes fournies par plusieurs départements, desquelles il résulte que l'industrie privée offre à cet égard des ressources qui peuvent être utilisées ;

DÉCRÈTE :

ARTICLE 1er. Chacun des départements de la république est tenu de mettre sur pied, dans le délai *de deux mois*, autant de batteries de campagne que sa population renferme de fois cent mille âmes. Ces batteries seront montées, équipées et pourvues de tout leur matériel et personnel, y compris les officiers, plus un chef d'escadron par trois batteries.

La première batterie, dans chaque département, devra être prête dans le délai d'*un mois*.

ART. 2. Lesdites batteries sont établies aux frais du département et à la diligence du préfet, qui jouira à cet effet de tous droits de réquisition nécessaires.

Avant d'être mises en service, elles devront être présentées à l'autorité militaire du département, qui s'assurera que les pièces sont en état de marcher, et délivrera un certificat en conséquence, dans le délai de *trois jours* à partir de la date de la présentation.

Art. 3. L'État se réserve la faculté de disposer des batteries ainsi fournies. En ce cas, il remboursera le montant de la dépense au département.

Les batteries restant à la disposition du département font partie de droit des forces constituées au moyen des gardes nationales du département.

Fait à Tours, le 3 novembre 1870.

Le membre du gouvernement, etc.,

Considérant que l'extension rapide de nos forces militaires conduit à donner aux officiers et sous-officiers composant les cadres de l'armée régulière, des avancements de grade qui ne sont pas toujours suffisamment justifiés par les services antérieurs, et qui semblent dès lors violer les principes de justice et d'équité;

DÉCRÈTE :

Article 1er. A partir de ce jour, les commissions délivrées par le ministre de la guerre, ou par les généraux commandant en chef les corps d'armée ou les divisions territoriales, aux officiers et sous-officiers de l'armée régulière, seront établies à titre *provisoire*, toutes les fois que le titulaire ne se trouvera pas dans les conditions requises pour l'avancement.

Ces commissions pourront être rendues définitives à tout instant, à la suite de quelque action d'éclat ou de services exceptionnels dûment constatés. En tout cas, à la fin de la guerre, les commissions provisoires seront classées d'après le mérite des titulaires, et seront rendues définitives toutes celles qui s'appuieront suffisamment sur les services rendus.

Art. 2. Les commissions provisoires sont, pendant toute leur durée, entièrement assimilées aux commissions définitives. Elles confèrent la même autorité et donnent lieu aux mêmes avantages et prérogatives.

Fait à Tours, le 3 novembre 1870.

Le membre du gouvernement, etc.,

Considérant que, tout en respectant l'autonomie et les libres allures des corps de francs-tireurs et volontaires, il convient cependant d'établir des garanties de discipline et de prévenir des actions isolées, qui pourraient en certains cas préjudicier à l'action commune;

DÉCRÈTE :

Article 1er. A partir de ce jour, tout corps de francs-tireurs ou de volontaires sera spécialement attaché par le ministre de la guerre à un corps d'armée en campagne, ou, à défaut, à une division militaire territoriale, et il sera tenu d'opérer conformément aux directions supérieures du chef de ce corps ou du commandant de la division militaire.

Il ne pourra être dérogé à cette règle qu'en vertu d'une autorisation spéciale du ministre de la guerre, dont le commandant des francs-tireurs devra être toujours porteur pour en justifier au besoin.

Art. 2. Aucun corps de francs-tireurs ou aucun détachement

de corps ne peut s'éloigner du territoire dans lequel il a reçu ordre d'opérer, sans une autorisation en bonne forme du commandant du corps d'armée ou de la division militaire auquel il a été attaché.

Les francs-tireurs ne peuvent s'absenter isolément de leur corps ou de leur détachement sans un congé régulier de leur commandant.

Art. 3. Les corps francs actuellement en campagne sont rattachés d'office aux corps d'armée ou aux divisions militaires dans le territoire desquels ils opèrent. Ils devront immédiatement se faire connaître au général en chef et prendre ses ordres. Avis en sera donné au ministre de la guerre.

Ceux de ces corps qui désireraient être rattachés à un autre corps d'armée ou à une autre division territoriale, sont tenus d'adresser, *dans les cinq jours*, une demande au ministre de la guerre. Passé ce délai, il ne sera pas statué sur ces demandes.

Art. 4. Tout corps franc ou portion de corps franc qui contreviendra aux dispositions qui précèdent sera désarmé et dissous, sans préjudice des peines qui pourraient être prononcées par les tribunaux militaires.

Fait à Tours, le 4 novembre 1870.

Général, il arrive fréquemment, quand des vacances se produisent dans un corps, que le chef de ce corps se borne à demander, purement et simplement, à l'administration d'envoyer de nouveaux titulaires pour combler les vides. Cette manière de procéder a un double inconvénient : d'une part, elle place l'administration dans l'embarras, car les besoins étant à peu près les mêmes partout, on ne peut le plus souvent pourvoir aux besoins d'un corps sans porter préjudice à un autre; d'autre part, les chefs de corps, en renonçant à l'initiative des propositions, perdent l'ascendant qu'ils en peuvent retirer vis-à-vis de leurs subordonnés. Rien n'asseoit mieux l'autorité d'un général sur ses troupes que cette influence exercée quotidiennement sur l'avancement des officiers et sous-officiers. Ceux-ci, sachant que leur sort dépend en partie du chef sous lequel ils agissent, s'attachent davantage à mériter son attention par leur bon service, et renoncent aux moyens extérieurs d'influence près de l'administration.

Je vous invite donc, Général, toutes les fois qu'une vacance se produira, à quelque grade que ce soit, dans vos cadres d'officiers et de sous-officiers, à rechercher dans votre corps lui-même les moyens de combler les vides, et à me faire des propositions en conséquence. En attendant qu'il ait été statué sur ces propositions, vous pourrez confier provisoirement le service aux personnes qui en sont l'objet; seulement il est bien entendu que cette désignation provisoire n'enchaîne en rien l'administration, qui demeure toujours libre de son choix définitif.

Je ne doute pas, Général, que cette manière de procéder ne vous offre à la longue de grands avantages, tant pour exciter l'émulation de vos subordonnés que pour assurer rapidement le service à tous les degrés de la hiérarchie.

Recevez, etc.

Tours, le 5 novembre 1870.

Les membres du gouvernement, etc.,

Vu les décrets des 12 et 16 septembre 1870;

Considérant que la patrie est en danger; que tous les citoyens se doivent à son salut; que ce devoir n'a jamais été ni plus pressant ni plus sacré que dans les circonstances présentes;

DÉCRÈTENT :

Article 1er. Tous les hommmes valides de 21 à 40 ans, mariés ou veufs avec enfants, sont mobilisés.

Art. 2. Les citoyens mobilisés par le présent décret seront organisés par les préfets, conformément aux décrets des 29 septembre et 11 octobre, ainsi qu'à la circulaire du 15 octobre de la présente année.

Art. 3. Les citoyens mobilisés par le présent décret seront, leur organisation faite, mis à la disposition du ministre de la guerre. Cette organisation devra être terminée le 19 novembre.

Art. 4. Il sera pourvu à leur habillement, équipement et solde, d'après les règles prescrites par le décret du 22 octobre de la présente année.

Art. 5. Toute exemption basée sur la qualité de soutien de famille est abolie, même à l'égard de ceux à qui elle avait été antérieurement appliquée par les conseils de révision. Il n'est admis d'autres exemptions que celles résultant des infirmités, ou basées sur les services publics énumérés dans la circulaire du 15 octobre 1870.

Est également abrogé l'article 145 de la loi du 22 mars 1831.

Art. 6. La république pourvoira aux besoins des familles reconnues nécessiteuses. Un comité, composé du maire ou président de la commission municipale et de deux conseillers municipaux ou membres de la commission municipale, délégués par le conseil ou la commission, statuera définitivement sur les demandes formées à cet égard par les familles domiciliées dans la commune.

Art. 7. La république adopte les enfants des citoyens qui succombent pour la défense de la patrie.

Art. 8. Le ministre de la guerre est autorisé à utiliser, pour la fabrication des armes et engins de guerre, les usines et ateliers pouvant servir à cet effet.

Art. 9. Le ministre de la guerre est chargé de l'exécution du présent décret, laquelle aura lieu immédiatement après la publication qui en sera faite conformément aux ordonnances des 27 novembre 1816 et 18 janvier 1817.

Fait à Tours, le 2 novembre 1870.

Le membre du gouvernement, etc.,

Considérant qu'il importe d'accélérer et de surveiller le transport des approvisionnements et du matériel de guerre sur les chemins de fer ;

DÉCRÈTE :

Article 1er. Il est institué un service spécial d'inspection pour le transport des approvisionnements et du matériel de guerre sur les chemins de fer.

Ce service est placé dans les attributions du directeur des services de l'intendance. Il se compose d'un inspecteur principal et d'autant d'inspecteurs et agents secondaires que les besoins de la surveillance l'exigent.

Art. 2. M. Poirier, ancien chef de la perception et du contrôle des chemins de fer du Midi, est nommé inspecteur principal des transports de la guerre.

Fait à Tours, le 8 novembre 1870.

Le membre du gouvernement, etc.,

Attendu qu'il est indispensable de maintenir dans leurs ateliers les ouvriers occupés à fabriquer le matériel d'armement ;

mais que cependant ces ouvriers doivent être astreints, quant à l'organisation et la discipline, aux mêmes obligations que les autres citoyens des diverses levées auxquelles ils appartiennent;

DÉCRÈTE :

Article 1er. Dans les villes où se trouvent des ateliers de matériel d'armement, il sera constitué des compagnies ou des bataillons (suivant le nombre), formés avec les ouvriers de ces ateliers.

Art. 2. Les ouvriers d'autres localités qui pourraient être admis ultérieurement dans les ateliers de matériel d'armement, seraient inscrits dans ces compagnies.

Art. 3. Lorsque ces ouvriers quitteront leurs travaux, ils rentreront dans les diverses levées dont ils font partie.

Art. 4. Les compagnies spéciales d'ouvriers de matériel d'armement seront, toutes les fois que cela sera possible, organisées en sections et batteries d'artillerie, et devront, une fois par semaine au moins, être exercées à la manœuvre du canon.

Art. 5. En cas d'urgence, les mécaniciens, fondeurs, armuriers, serruriers, forgerons, charrons, selliers et autres ouvriers de professions analogues, pourront être désignés dans les différentes levées pour être incorporés d'office dans les compagnies de matériel d'armement, et attachés aux ateliers où leur concours est nécessaire.

Fait à Tours, le 10 novembre 1870.

Les membres du gouvernement, etc.,

Considérant qu'il importe d'accélérer par tous les moyens l'exécution des travaux de défense sur tous les points du territoire ;

DÉCRÈTENT :

Article 1er. Les ingénieurs des ponts et chaussées, les ingénieurs des mines, les agents voyers et les architectes des départements sont, avec tout leur personnel et leurs moyens d'action, mis à la disposition du ministre de la guerre pendant la durée des hostilités.

Ils peuvent être requis soit directement par le ministre, soit par les autorités dûment qualifiées pour la défense. Ils sont employés à tous travaux de fortification et de campement jugés utiles pour la garde des armées et la protection du territoire. Ils peuvent être également chargés de missions ou de services administratifs tendant au but de la défense.

Art. 2. Les compagnies de chemins de fer peuvent être requises de mettre leurs gares, stations ou parties de lignes en état de défense. Leur personnel peut être temporairement tenu de coopérer aux travaux de la défense commune dans l'étendue du département traversé par le chemin de fer.

Art. 3. Les entrepreneurs des travaux publics, et, d'une manière générale, tout personnel organisé en vue d'une exécution rapide de travaux offrant de l'analogie avec les travaux de défense ou de campement, pourront être temporairement requis par le ministre de la guerre ou par les autorités qui le représentent.

Fait à Tours, le 11 novembre 1870.

Le membre du gouvernement, etc.,

Considérant qu'il est nécessaire d'étudier, dans le plus bref délai possible, toutes les propositions qui ont pour but d'accroître l'efficacité des moyens de défense, et qu'il importe de suppléer à l'absence du comité de l'artillerie chargé de l'examen de toutes les questions techniques relatives à l'armement ;

DÉCRÈTE :

ARTICLE 1er. Il est institué, pour la durée de la guerre, un comité technique d'artillerie.

ART. 2. Le comité technique d'artillerie sera présidé par un général ou un colonel de l'arme, et comprendra autant d'officiers qu'il sera nécessaire pour l'examen des questions qui lui seront soumises par le directeur de l'artillerie au ministère, sans que le nombre total des membres puisse dépasser sept.

ART. 3. Un chef d'escadron ou un capitaine remplira les fonctions de secrétaire et sera chargé de la rédaction du procès-verbal des séances.

ART. 4. Chacune des questions soumises au comité sera l'objet d'un rapport spécial adressé au ministre de la guerre par le président.

Fait à Tours, le 14 novembre 1870.

Le membre du gouvernement, etc.,

Considérant que l'emploi de plus en plus fréquent des fortifications passagères dans la guerre actuelle, rend nécessaire d'accroître les moyens de terrassements mis à la disposition des troupes en campagne ;

ARRÊTE :

ARTICLE 1er. Des outils de terrassier, pelles, pioches, haches et serpes seront distribués aux troupes d'infanterie, à raison de

10 pelles, 10 pioches, 2 haches et 2 serpes pour 100 hommes, pour être portés alternativement par les hommes de chaque compagnie.

Art. 2. Les parcs de corps d'armée conserveront leur organisation actuelle, et serviront de réserve pour assurer la fourniture des outils divisionnaires.

Art. 3. Les parcs d'armée comprendront 20,000 outils au lieu de 10,000.

Art. 4. Les directeurs de l'infanterie et du génie sont chargés d'assurer, dans le plus bref délai, l'exécution du présent arrêté.

Tours, le 15 novembre 1870.

Monsieur l'Intendant, des plaintes nombreuses me parviennent au sujet des services de l'intendance, en ce qui concerne notamment le manque de vivres des divisions ou détachements en campagne opérant isolément, et le défaut d'objets essentiels d'habillement et d'équipement des bataillons de la garde mobile.

J'appelle votre sérieuse attention sur ces deux points importants du service qui vous est confié.

Il faut que l'habillement et l'équipement des gardes mobiles actuellement dans votre division soient immédiatement complétés par vos soins.

On me signale chaque jour des bataillons qui manquent de souliers, de tentes-abris et de couvertures, alors que ces objets existent en quantité suffisante dans les magasins.

Cet état de choses déplorable ne saurait être plus longtemps toléré.

Renseignez-vous sur les besoins actuels des corps de la mobile; procurez-vous immédiatement les objets nécessaires, soit par acquisition amiable, soit par réquisition, et, en cas d'impossibilité absolue, faites-moi connaître exactement le nombre et la nature des objets que vous n'aurez pu vous procurer. — Concertez-vous avec MM. les préfets de votre division pour utiliser les effets qui sont restés en réserve dans beaucoup de départements.

Il faut aussi que toutes les troupes en campagne ou en stationnement appartenant à toutes les armes soient abondamment pourvues de vivres, et je vous rappelle que ce soin vous incombe pour toutes celles qui opèrent ou stationnent dans votre division et qui n'ont pas un intendant spécial. Des divisions isolées ont récemment manqué de vivres, parce que l'intendance territoriale a négligé de pourvoir à leurs besoins.

Je vous rendrai personnellement responsable, à l'avenir, de toute négligence de cette nature qui viendrait à se produire.

Pour les corps d'armée pourvus d'un service spécial, vous devrez encore prêter votre concours aux fonctionnaires chargés d'assurer leur administration. Il vous appartient, d'ailleurs, de vous renseigner sur les effectifs et sur les positions des troupes opérant isolément dans votre division auprès des généraux sous le commandement desquels elles sont placées. Leur concours ne saurait vous faire défaut.

La gravité des circonstances actuelles impose à tous les fonctionnaires de l'intendance le devoir de prouver leur dévouement et leur patriotisme en prenant les mesures les plus énergiques, et en ne reculant devant aucun effort pour que nos soldats ne puissent désormais manquer de rien.

Le gouvernement est fermement résolu à ne tolérer aucune défaillance à cet égard.

Je vous charge de donner les ordres les plus sévères aux sous-intendants de votre division, dans l'esprit de la présente circulaire.

Recevez, Monsieur l'Intendant, l'assurance de ma considération très-distinguée.

Tours, le 21 novembre 1870.

Le membre du gouvernement, etc.,

Vu le décret du 2 novembre 1870, relatif à la mobilisation de tous les hommes de 21 à 40 ans;

Vu le décret du 22 octobre 1870, qui a établi un commandement spécial pour les forces mobilisées de la Bretagne;

Vu le décret du 12 novembre 1870, qui a créé auprès de Toulouse un camp d'instruction pour les forces mobilisées des départements de la Haute-Garonne, de Tarn-et-Garonne, du Gers, des Hautes-Pyrénées, de l'Ariége, de l'Aude et du Tarn;

Considérant qu'il importe de hâter l'organisation et l'instruction de toutes les forces nationales qui doivent concourir à la délivrance de la patrie,

DÉCRÈTE :

ARTICLE 1er. Il sera immédiatement créé des camps pour l'instruction et la concentration des gardes nationaux mobilisés, appelés sous les drapeaux en vertu du décret du 2 novembre 1870.

Seront également admis dans ces camps, les gardes nationaux mobiles actuellement dans les dépôts, les corps francs en formation, ainsi que les contingents de l'armée régulière présents aux dépôts, au fur et à mesure des ordres du ministre de la guerre.

ART. 2. Ces camps seront établis dans les environs des villes et recevront les contingents de toute catégorie des départements environnants, en conformité de la nomenclature ci-après :

Saint-Omer (camp d'Helfaut). — Nord, Pas-de-Calais, Somme, Seine-Inférieure, Oise, Aisne, Ardennes, Marne, Meuse, Moselle.

Cherbourg (presqu'île du Cotentin). — Eure, Calvados, Manche, Orne, Eure-et-Loir, Seine-et-Oise, Mayenne, Sarthe, Loir-et-Cher, Seine.

Conlie. — Finistère, Côtes-du-Nord, Ille-et-Vilaine, Morbihan, Loire-Inférieure.

ACTES ADMINISTRATIFS

Nevers. — Seine-et-Marne, Aube, Loiret, Yonne, Nièvre, Cher, Indre.

La Rochelle. — Maine-et-Loire, Indre-et-Loire, Vendée, Deux Sèvres, Vienne, Haute-Vienne, Charente, Charente-Inférieure.

Bordeaux. — Gironde, Dordogne, Lot, Lot-et-Garonne, Landes, Basses-Pyrénées.

Clermont-Ferrand. — Allier, Creuse, Puy-de-Dôme, Haute-Loire, Cantal, Corrèze.

Toulouse. — Tarn-et-Garonne, Tarn, Gers, Hautes-Pyrénées, Haute-Garonne, Ariége, Aude, Pyrénées-Orientales.

Montpellier. — Lozère, Aveyron, Hérault, Gard, Ardèche.

Pas-des-Lanciers. — Haute-Savoie, Savoie, Isère, Drôme, Hautes-Alpes, Basses-Alpes, Vaucluse, Bouches-du-Rhône, Var, Alpes-Maritimes, Corse.

Lyon (Sathonay). — Rhône, Loire, Ain, Saône-et-Loire, Jura, Doubs, Côte-d'Or, Haute-Saône, Haute-Marne, Vosges, Meurthe, Haut-Rhin, Bas-Rhin.

Art. 3. Chacun des camps sus-énoncés devra être en état de contenir 60,000 hommes au moins.

Les camps de Saint-Omer, Cherbourg, la Rochelle et du Pas-des-Lanciers, qui, à raison de leur situation géographique auprès de la mer, offrent des facilités exceptionnelles de ravitaillement et de communication, seront en état de recevoir chacun 250,000 hommes. Ces camps porteront le nom de *camps stratégiques*, pour les distinguer des autres, nommés simplement *camps d'instruction*, et recevront de solides fortifications pouvant être munies d'artillerie.

Art. 4. L'emplacement de chaque camp sera déterminé par le comité militaire du département, institué en vertu du décret du 14 octobre 1870. Dans les départements où ce comité n'existe pas encore, il sera immédiatement convoqué par les soins du chef militaire du département.

Un délégué du préfet siégera au sein du comité, pour prendre part à la discussion relative au choix de l'emplacement.

Ledit emplacement devra être déterminé, et les travaux devront être en voie d'exécution dans les cinq jours qui suivront la publication du présent décret. Ces travaux seront dirigés par le comité militaire et exécutés sous la surveillance d'un de ses membres, commis à cet effet.

Art. 5. Pour l'exécution des travaux, le comité militaire jouira de tous les droits de réquisition prévus par les décrets du 14 octobre et du 11 novembre 1870.

Les frais seront supportés par les départements intéressés et répartis entre eux, au prorata de leur population respective.

La dépense afférente aux départements dont le territoire est occupé par l'ennemi, sera supportée par l'État. Celle nécessitée par l'établissement des camps stratégiques sera supportée moitié par l'État, moitié par les départements de la circonscription.

Art. 6. A chaque camp sera attaché le personnel supérieur suivant :

Un commandant du camp, ayant le rang de général de division et autorité sur tout le personnel et les troupes réunis au camp;

Un chef instructeur, ayant rang de colonel ou de général de brigade;

Un chef du génie, ayant rang de colonel du génie;

Un administrateur, ayant rang d'intendant et chargé de tous les services relatifs aux approvisionnements;

Un médecin en chef.

Art. 7. Les fonctionnaires ci-dessus désignés seront nommés par le ministre de la guerre. Ils seront pris indifféremment dans l'ordre civil ou militaire, sauf le commandant du camp qui sera exclusivement militaire. Les nominations dans l'ordre militaire pourront toutes être faites au titre de l'armée auxiliaire.

L'ensemble de ces chefs de service constituera le conseil d'administration du camp, sous la présidence du commandant du camp, chargé de l'exécution.

Il pourra être nommé un vice-président, pris dans l'ordre civil et spécialement chargé de l'organisation proprement dite.

Toutes les nominations dans le personnel du camp ou pour le commandement des troupes seront faites, à titre provisoire, par le commandant du camp. Celles des chefs de légion ou des généraux de brigade seront faites par le ministre de la guerre sur la proposition du commandant du camp.

Art. 8. L'appel des mobilisés et autres contingents désignés à l'article 1er aura lieu à partir du 1er décembre prochain, savoir : les mobilisés du premier ban entre le 1er et le 10 décembre, et les mobilisés des autres bans entre le 20 et le 30 décembre.

Les hommes seront acheminés au camp dans l'état d'équipement et d'armement où ils se trouveront. Cet équipement et cet armement seront complétés d'office par les soins du ministre de la guerre et aux frais des départements respectifs. A partir de ce moment, l'entretien et la solde des troupes restent exclusivement à la charge de l'État.

Art. 9. Les troupes présentes au camp seront continuellement instruites et exercées, et mèneront la vie des armées en campagne. Elles seront passées en revue deux fois par semaine. Elles seront soumises à la discipline et aux lois militaires.

Toutes les semaines, le commandant du camp rendra compte au ministre de l'état physique et moral des troupes. Ce compte rendu sera accompagné des rapports des chefs de service.

Art. 10. Le commandant du camp aura le droit de réorganiser les bataillons de gardes mobiles ou mobilisés qui auraient moins de 800 hommes ou plus de 1,200 hommes. Il composera des régiments de 3 bataillons et des brigades de 2 régiments, en respectant autant que possible l'autonomie de chaque département.

A partir du jour de l'arrivée des troupes au camp, toute nomination à faire dans les cadres relèvera de l'administration de la guerre et aura lieu en corformité du dernier paragraphe de l'article 7.

Art. 11. En ce qui concerne l'organisation des batteries d'artillerie départementales, prescrites par le décret du 3 novembre 1870, les préfets s'occuperont de faire exécuter les pièces, de les faire équiper, monter et atteler, en conformité du décret. Mais le commandant du camp aura le soin de former et d'exercer le personnel des artilleurs et des conducteurs.

Aussitôt qu'une batterie sera prête, elle sera expédiée, avec son attelage et tous ses accessoires, au camp, où elle servira immédiatement à l'instruction du personnel.

Art. 12. Il sera formé, par les soins du commandant du camp, des régiments de cavalerie et des compagnies du génie, dans les proportions usitées pour les armées en campagne.

Art. 13. Pour pourvoir aux besoins des troupes, le commandant du camp ou ses délégués jouiront, toutes les fois que les circonstances le rendront nécessaire, du droit de réquisition directe sur les personnes et les choses : ce droit s'exercera dans les limites de la circonscription desservie par le camp ; mais il ne pourra s'étendre au delà qu'en vertu d'une autorisation spéciale du ministre de la guerre.

Tours, le 25 novembre 1870.

Les membres du Gouvernement, etc.,

Considérant que, dans un certain nombre de dépôts d'infanterie, presque tous les cadres des compagnies mobilisables ont été envoyés à des régiments de marche ;

Considérant que de nouveaux cadres sont nécessaires pour continuer l'organisation des troupes à former,

DÉCRÈTENT :

ARTICLE 1er. La création de nouveaux cadres de compagnies est autorisée dans les dépôts des corps d'infanterie.

ART. 2. Ces cadres ne seront formés que lorsque l'effectif des hommes de troupe l'exigera.

ART. 3. Les dépôts des régiments d'infanterie ne pourront pas avoir plus de quatre cadres de compagnies, et les bataillons de chasseurs à pied, plus de deux.

ART. 4. Les compagnies provisoires seront en sus du nombre des compagnies mobilisables.

ART. 5. Les généraux commandant les divisions militaires procéderont à l'organisation des cadres en y nommant à tous les emplois, sauf ratification, par le ministre de la guerre, des choix d'officiers. Ils appliqueront, à cet effet, les dispositions énoncées dans le décret du 3 novembre 1870, portant que les commissions seront établies, à titre provisoire, toutes les fois que les titulaires ne se trouveront pas dans les conditions requises pour l'avancement.

ART. 6. Le ministre de l'intérieur et de la guerre est chargé de l'exécution du présent décret.

Fait à Tours, le 26 novembre 1870.

Le membre du Gouvernement, etc.,

DÉCRÈTE :

1° Il est créé, pour la durée de la guerre, une inspection générale pour le service des remontes, chargée de rechercher tous les moyens de réunir, le plus promptement possible, tous les chevaux de selle aptes au service de la guerre, nécessaire aux corps de cavalerie et autres corps de troupes à cheval de l'armée régulière.

2° Cette inspection est confiée à un général de brigade de cavalerie qui proposera directement au ministre de la guerre l'adoption des mesures propres à assurer le service de la mission qui lui est confiée.

Fait à Tours, le 27 novembre 1870.

Le membre du Gouvernement, etc.,

Considérant que les ingénieurs de l'État prêtent un utile concours à la défense nationale, et qu'il importe de faciliter leur action,

Décrète :

Article 1er. Les ingénieurs des ponts-et-chaussées et des mines sont autorisés à correspondre en franchise par le télégraphe avec le ministre de la guerre, avec les autorités civiles et militaires, et entre eux, toutes les fois qu'ils sont chargés, par le ministre de la guerre ou par le commandant d'un corps d'armée, d'exécuter d'urgence des travaux de nature à faciliter la marche des troupes ou à arrêter celle de l'ennemi, et que ces communications télégraphiques sont exclusivement destinées à hâter l'achèvement desdits travaux, ou à en donner connaissance aux personnes intéressées à être promptement informées.

Art. 2. Pour le même but et dans les mêmes conditions, ils sont autorisés à voyager, avec le personnel qu'ils emmènent, sur les chemins de fer, par les trains de marchandises et les trains militaires, et même à requérir, en cas de nécessité, des trains spéciaux.

Art. 3. Pour hâter l'exécution de ces travaux urgents, ils ont le droit de réquisition directe sur les personnes et les choses, et toute personne qui refuse d'obtempérer à ces réquisitions, ou qui entrave l'exécution, est considérée comme accomplissant un acte de nature à nuire aux opérations des armées.

Art. 4 Les droits ci-dessus seront exercés sur la simple présentation d'un titre régulier, émané du ministre des travaux publics, et établissant la qualité de la personne.

Fait à Tours, le 28 novembre 1870.

Le membre du Gouvernement, etc.,

Considérant qu'il importe, dans l'intérêt du service des transports aux armées, de donner aux cadres du personnel du train régulier des équipages, dans chaque division et corps d'armée, une organisation rigoureuse ;

Voulant, en outre, selon les termes du règlement du 20 janvier 1867, assurer une direction efficace aux services de l'entreprise des réquisitions,

Décrète :

Article 1er. Un officier supérieur du train des équipages militaires, du grade de colonel, est placé au grand quartier-général de chaque armée, et prend le titre de commandant supérieur des troupes de ce corps.

Un chef d'escadron du train des équipages militaires est placé au quartier-général de chaque corps d'armée, pour commander le train des équipages militaires de ce corps.

Art. 2. Il est créé par division de corps d'armée un cadre de surveillance, de direction et de conduite des équipages auxiliaires d'entreprise et de réquisition, composé de la manière suivante, savoir :

    Capitaine 1
    Lieutenant 1
    Sous-lieutenant 1
    Maréchal-des-logis, faisant fonctions d'adjudant . . 1
    Maréchaux-des-logis ou brigadiers 5
    Cavaliers 15
    Trompettes 2
    Comptable auxiliaire 1
                      Total 27

Ce cadre, à l'exception des officiers, se distinguera du train régulier par une marque qui sera déterminée par le ministre de la guerre.

Art. 3. Par suite des dispositions qui précèdent, le tableau A faisant suite au décret du 28 janvier 1868, sur la composition du cadre d'un régiment du train des équipages militaires, est modifié de la manière suivante :

    Colonel 1
    Lieutenant-colonel 1
    Chefs d'escadrons 2
    Major 1
    Capitaine instructeur 1
    Capitaines adjudants-majors 2
    Capitaine trésorier 1
    Capitaine d'habillement 1
    Sous-lieutenant adjoint au trésorier 1
    Sous-lieutenant d'armement adjoint à l'habillement. 1
                      Total 12

Il ne sera pourvu momentanément qu'à ceux de ces emplois

nécessaires pour constituer l'armée de la Loire d'après les bases énoncées dans les articles 1er et 2.

Fait à Tours, le 29 novembre 1870.

Le membre du Gouvernement, etc.,

Considérant que le concours du génie civil avec le génie militaire a, dans la présente campagne, donné les meilleurs résultats,

Décrète :

Article 1er. Il est attaché à chaque corps d'armée en campagne un personnel de quatre ingénieurs des ponts-et-chaussées ou des mines, placés sous la direction de l'un d'entre eux faisant fonction d'ingénieur en chef.

Ce personnel relève du général en chef et agit d'après ses instructions, soit séparément, soit sous la direction du chef du génie militaire. Il a pour mission spéciale d'exercer le droit de réquisition du général en chef à l'égard des populations, en vue de procurer à l'armée tous les moyens nécessaires pour la prompte exécution des travaux intéressant la sécurité.

Art. 2. Les ingénieurs sont accompagnés d'agents auxiliaires dont le nombre ne peut dépasser quarante pour tout le corps d'armée, et ils emportent avec eux les outils et machines les plus indispensables qu'on n'est pas sûr de rencontrer dans le pays.

Art. 3. Les ingénieurs peuvent être employés à tous les travaux qui rentrent dans les attributions du génie militaire. Ils le sont plus particulièrement à la réparation et à la destruction des routes, ponts et ouvrages d'art, ainsi qu'aux terrassements nécessités par les fortifications passagères.

Art. 4. Les fonctions ci-dessus indiquées peuvent être, pas

décision spéciale du ministre de la guerre, confiées à des agents-voyers de département, des ingénieurs civils, ou à d'autres personnes que leur aptitude, leurs antécédents ou leurs moyens d'action désignent suffisamment pour ce genre d'emploi.

Art. 5. Les services rendus par les ingénieurs et autres personnes attachés aux corps d'armée seront considérés comme *services rendus devant l'ennemi.*

Art. 6. Il est créé auprès du ministère de la guerre une direction spéciale dite *Direction du génie civil des armées.* Un ingénieur est placé à la tête de ce service.

Fait à Tours, le 30 novembre 1870.

Le membre du Gouvernement, etc.,

Considérant qu'il importe de régler avec précision la nature et la composition des services administratifs attachés aux armées en campagne,

DÉCRÈTE :

Le personnel des services administratifs et médicaux attachés aux armées en campagne, est réglé de la manière suivante :

Article 1er. Le service des divisions d'infanterie, dont l'effectif ne dépasse pas 15,000 hommes, comprend :

1 Intendant, chef du service ;

2 Intendants de 3e classe ou sous-intendants ;

1 Officier d'administration, 1 adjudant, occupés dans les bureaux ;

2 Officiers d'administration, 3 adjudants, 2 employés auxiliaires, pour le service des subsistances ;

1 Officier d'administration ;

4 Adjudants, pour l'équipement et les ambulances ;

2 Médecins-majors, 5 médecins aides-majors, 1 pharmacien aide-major, pour le service médical.

Indépendamment des fonctionnaires ou agents, la division possède :

Un nombre de commis en écritures proportionnel aux besoins ;

40 Ouvriers d'administration ;

Des bouchers et des boulangers, quand le service des vivres n'est pas fait par des entreprises ;

60 Infirmiers ;

75 Mulets, dont 60 porteurs de cacolets et 15 porteurs de litières ;

Une demi-compagnie au moins du train des équipages militaires avec chevaux et voitures, sans préjudice des moyens auxiliaires de transport obtenus par voie de traités, réquisitions ou autrement.

Art. 2. La division de cavalerie dont l'effectif ne dépasse pas 5,000 hommes, comporte :

1 Intendant, chef du service ;

1 Intendant de 3e classe ou sous-intendant ;

1 Adjudant occupé dans les bureaux ;

1 Officier d'administration, 3 adjudants, 2 employés auxiliaires, pour le service des subsistances ;

1 Officier d'administration, 2 adjudants, pour l'équipement et les ambulances ;

2 Médecins majors, 3 médecins aides-majors, 1 pharmacien aide-major, pour le service médical ;

Plus, des commis en écritures, en proportion des besoins ;

30 Ouvriers d'administration ;

Des bouchers et des boulangers, selon les cas ;

30 Infirmiers ;

60 Mulets, dont 50 porteurs de cacolets, et 10 porteurs de litières ;

Une demi-compagnie au moins du train des équipages militaires.

Art. 3. Le personnel sera convenablement augmenté au moyen d'un personnel auxiliaire, quand l'effectif de la division d'infanterie ou de cavalerie dépassera les chiffres ci-dessus indiqués.

Art. 4. Quand des brigades sont appelées à agir isolément, le personnel en est réglé par le chef des services de la division à laquelle ces brigades appartiennent, ou directement par l'administration de la guerre.

Art. 5. Lorsque plusieurs divisions sont réunies en corps d'armée, la direction supérieure des services est centralisée entre les mains d'un intendant divisionnaire, qui prend le titre d'intendant en chef du corps d'armée.

Le service du quartier-général du corps d'armée comprenant les troupes de réserve est assuré au moyen du personnel ci-après :

3 Intendants.

Occupés dans les bureaux :

2 Officiers d'administration ;
2 Adjudants ;

Pour le service des subsistances :

2 Officiers d'administration;
5 Adjudants ;
3 Employés auxiliaires.

Pour l'équipement et les ambulances :

2 Officiers d'administration ;

3 Adjudants ;

2 Employés auxiliaires.

Pour le service médical :

1 Médecin principal ;
3 Médecins majors ;
9 Médecins aides-majors ;
1 Pharmacien major ;
1 Pharmacien aide-major.

Et, en outre :

Des commis aux écritures, selon les besoins ;

50 Ouvriers d'administration, sans compter les bouchers et les boulangers ;

60 Infirmiers ;

125 Mulets, dont 100 porteurs de cacolets et 25 porteurs de litières ;

Une demi-compagnie au moins du train des équipages militaires, sans préjudice des autres moyens de transport.

ART. 6. Un certain nombre de voitures à deux roues, dites *masson*, est attaché à chaque division d'infanterie et de cavalerie, et à chaque quartier général de corps d'armée, pour le transport des blessés qui ne peuvent être portés sur les mulets.

ART. 7. Lorsque plusieurs corps d'armée sont réunis en une armée, l'intendant divisionnaire placé à la tête des services prend le nom d'intendant en chef de l'armée.

Le personnel nécessaire au grand quartier-général de l'armée est déterminé dans chaque cas par le ministre, sur la proposition de l'intendant en chef.

Le médecin le plus élevé en grade parmi ceux attachés au grand quartier-général prend le titre de médecin en chef de l'armée.

Art. 8. Les équipages auxiliaires des divisions et des quartiers généraux sont commandés et gardés par des détachements de troupes du train ; à défaut, les généraux désignent, sur la demande de l'intendance, les détachements de cavalerie qui doivent assurer cette protection.

Art. 9. Le personnel et les troupes employées par le service de l'intendance sont répartis, entre les diverses divisions, par les soins de l'intendant en chef de l'armée ou du corps d'armée.

Art. 10. Les intendants en chef étant responsables de la marche des services qui leur sont confiés, ont la faculté, dans les cas d'urgence et sous la charge d'en rendre compte au ministre, d'élever temporairement, au moyen d'un personnel auxiliaire, les chiffres précédemment fixés.

Ils peuvent aussi pourvoir d'office à un service, quand le titulaire fait défaut, en désignant provisoirement un autre agent.

Art. 11. Les dispositions qui précèdent, en ce qui concerne la fixation du personnel, ne s'appliquent qu'aux armées en marche, et nullement à l'organisation des services en arrière, qu'il est nécessaire d'instituer sur les bases successives d'opérations, au fur et à mesure du mouvement en avant des armées.

Fait à Tours, le 6 décembre 1870.

Les membres du Gouvernement, etc.,

Considérant que des marchés très-nombreux ont été passés, depuis le début de la guerre, pour les subsistances, l'habillement et l'équipement des troupes régulières et auxiliaires ;

Considérant qu'un grand nombre de marchés n'ont pu être, pour des causes diverses, complétement exécutés ;

Considérant que les intérêts du Trésor sont engagés dans ces opérations, pour des sommes considérables ;

Considérant qu'il y a urgence, pour l'État et les contractants, à ce qu'il soit statué sur les droits dès à présent acquis,

Décrètent :

Article 1er. Il est formé au ministère de la guerre une commission chargée de réunir, de contrôler et de liquider provisoirement tous les marchés passés, depuis le début de la guerre, pour fournitures faites ou à faire aux troupes, sans que les rapports de la commission puissent, d'ailleurs, préjudicier en rien aux décisions à rendre ultérieurement par l'autorité chargée de la liquidation définitive.

Art. 2. La commission fera chaque semaine un rapport au ministère de l'intérieur et de la guerre.

Art. 3. Cette commission est composée de :

M. Férot, directeur des services de l'intendance et de la comptabilité générale au ministère de la guerre, président ;

M. Colleau, conseiller référendaire à la cour des comptes, vice-président ;

M. Durangel, chef de la division départementale au ministère de l'intérieur ;

M. Hébert, chef de la division de la comptabilité au ministère de l'intérieur ;

M. Courtois, intendant militaire ;

M. Lejeune, intendant militaire ;

M. Certes, inspecteur des finances ;

M. Panafieu, chef de bureau de l'intendance au ministère de la guerre ;

M. Lavig, attaché au cabinet du ministre de l'intérieur, chargé du service de la comptabilité pour la garde nationale mobile ;

M. Carlier, adjoint à l'inspection des finances, secrétaire.

Art. 4. Cette commission pourra être augmentée par décret de M. le ministre de l'intérieur et de la guerre.

Art. 5. M. le ministre de l'intérieur et de la guerre est chargé de l'exécution du présent décret.

Fait à Tours, le 8 décembre 1870.

———

Les membres du Gouvernement,

Vu le décret du 30 novembre 1870, qui attache à chaque corps d'armée en campagne un personnel d'ingénieurs et d'agents, sous le titre de génie civil des armées ;

Considérant qu'il importe de déterminer d'une manière précise la situation des fonctionnaires et agents qui sont chargés de ce service,

Décrètent :

Article 1er. Le personnel de chaque corps d'armée comprendra :

Un ingénieur en chef ;
Trois ingénieurs ordinaires ;
Trois chefs de section principaux ;
Six chefs de section ;
Neuf piqueurs ;
Dix-huit chefs de chantier ;
Une compagnie d'ouvriers de soixante hommes pouvant être augmentée et portée, au besoin, à trois cents.

Art. 2. Les ingénieurs et agents seront assimilés aux officiers de l'armée, comme l'indique le tableau ci-après :

GRADE DANS LE GÉNIE CIVIL.	GRADE CORRESPONDANT DANS L'ARMÉE.
Ingénieur en chef.	Colonel.
Ingénieur ordinaire.	Chef de bataillon.
Chef de section principal.	Capitaine.
Chef de section.	Lieutenant.
Piqueur.	Sous-lieutenant.

Les chefs de chantier sont assimilés aux sous-officiers.

Les ouvriers sont assimilés aux soldats du génie.

Ils seront recrutés exclusivement parmi les ouvriers terrassiers, charpentiers, mineurs, serruriers et maçons, et pourront être pris dans les compagnies mobilisées.

Art. 3. Les ingénieurs et agents actuellement au service de l'État ou des départements continueront à être payés de leurs appointements et frais fixes, par ces mêmes services.

Ils recevront, en outre, toutes les indemnités de guerre attribuées aux officiers du grade auquel ils sont assimilés.

Les ingénieurs et agents qui ne recevraient actuellement aucune rétribution, ni de l'État, ni des départements, auront droit aux appointements et frais de guerre attribués aux officiers du grade auquel ils sont assimilés.

Art. 4. Le costume des ingénieurs, agents et ouvriers, sera déterminé par une décision ministérielle.

Art. 5. Il sera adjoint à la direction un ingénieur des ponts et chaussées ou des mines, et un nombre d'agents suffisant pour assurer le service.

Art. 6. Les ministres des travaux publics, des finances, de

l'intérieur et de la guerre, sont chargés, chacun en ce qui le concerne, de l'exécution du présent décret.

Fait à Bordeaux, le 14 décembre 1870.

Général, le bureau des reconnaissances établi au ministère de la guerre a pour but principal de déterminer jour par jour les positions, les forces et les mouvements de l'armée ennemie, et de les représenter graphiquement sur des cartes convenablement préparées.

Les éléments d'information à l'aide desquels on parvient à ce résultat sont puisés, soit dans les dépêches émanant des généraux et des autorités administratives, soit dans les interrogatoires des prisonniers, soit enfin dans les relations de personnes dévouées qui, sous le nom d'éclaireurs volontaires, consentent, au péril de leur vie, à explorer les régions occupées par l'ennemi.

Pour faire profiter entièrement nos armées des avantages obtenus par ce système, il me paraît nécessaire d'instituer, auprès de l'état-major de chaque corps d'armée en campagne, un service spécial qui aurait pour mission de recevoir du bureau des reconnaissances les documents concernant l'ensemble des opérations de l'ennemi, et, à son tour, de transmettre à ce bureau les renseignements que lui-même aurait pu recueillir.

Je vous prie de désigner, pour le corps qui vous est confié, un officier d'état-major ou un ingénieur qui serait chargé de ce service. Il aurait sous ses ordres les interprètes du corps d'armée ; il centraliserait le travail du bureau et la correspondance, et il pourrait ainsi vous présenter chaque jour le résumé de la situation. Afin de gagner du temps, il communiquerait directement, sous votre couvert, dans les limites que vous-même lui auriez tracées, avec le chef du bureau des reconnaissances à mon ministère.

Dans le cas où vous n'auriez personne à me proposer pour s'acquitter de ce service, je désignerais moi-même un titulaire.

Ces nouvelles dispositions, jointes aux mesures de précaution que vous devez toujours prendre en avant de vos lignes, me paraissent de nature à donner toute la sécurité possible à vos mouvements.

Je vous prie de veiller à l'application immédiate de la présente circulaire dont vous voudrez bien m'accuser réception.

Recevez, etc.

Bordeaux, le 15 décembre 1870.

Le membre du Gouvernement, etc.,

Considérant qu'il importe que les blessés et convalescents qui ont besoin d'un repos assez long soient groupés sur différents points en arrière des armées, où, tout en se trouvant dans de bonnes conditions pour se rétablir, ces militaires puissent être maintenus sous l'action directe du commandement,

ARRÊTE :

ARTICLE 1er. Il est créé six dépôts de convalescents, qui seront établis à Nantes, Bayonne, Toulouse, Montpellier, Perpignan et Nice.

Ces dépôts recevront les blessés et convalescents jugés incapables, pour le moment, de rentrer dans le rang. Par suite il ne sera plus accordé de congés de convalescence.

ART. 2. Il y aura dans chaque dépôt, pour le commandement et l'administration, un personnel composé ainsi qu'il suit :

Un officier supérieur commandant le dépôt, un officier chargé des détails du service, un officier chargé de l'administration, deux médecins militaires, un cadre de sous-officiers et caporaux ou brigadiers.

Ce personnel normal pourra être augmenté en proportion des accroissements survenus dans l'effectif du dépôt. Le général commandant la subdivision appréciera les besoins et décidera à cet égard.

Art. 3. Le commandant sera nommé par le ministre.

Art. 4. Les officiers chargés des détails du service et l'officier chargé de l'administration seront désignés, soit parmi les officiers prisonniers sur parole, soit parmi les officiers évacués les plus valides, par le général commandant la subdivision, qui désignera également les médecins militaires. A défaut de médecins militaires, le général fera requérir, par les soins de l'intendance, deux médecins civils pour assurer le service médical du dépôt.

Les sous-officiers, caporaux ou brigadiers constituant le cadre de chaque dépôt seront à la désignation du commandant de ce dépôt.

Art. 5. Au fur et à mesure que les militaires évacués sur les dépôts deviendront disponibles pour le service actif, ils seront dirigés sur la portion mobilisée des corps auxquels ils appartiennent.

Le commandant du dépôt adressera tous les huit jours au ministre un état nominatif pour les officiers, numérique pour les troupes, indiquant :

1º Les militaires devenus disponibles et renvoyés à leur corps dans la huitaine précédente ;

2º Les militaires renvoyés pendant la huitaine précédente dans leurs foyers comme étant susceptibles d'être réformés ;

3º Les militaires présents au dépôt.

Bordeaux, le 20 décembre 1870.

A Messieurs les Préfets ;
les Généraux commandant les divisions territoriales et actives ;
les Intendants et sous-intendants militaires ;
les Médecins militaires.

Messieurs, l'effectif des armées de la République, en campagne, devenant chaque jour plus considérable, les installations et les méthodes usitées jusqu'ici menacent d'être insuffisantes ; en conséquence, je prescris, dans la présente instruction, une série de mesures qui devront, sans le moindre retard, être mises à exécution.

Instruction pour l'organisation du service hospitalier, en arrière des armées, à l'intérieur.

ÉVACUATION DES MALADES ET DES BLESSÉS.

Ambulances provisoires.

Il est à peu près impossible aux nombreuses armées françaises qui opèrent aujourd'hui sur le territoire de la République de choisir d'autres lignes d'opérations que les voies ferrées. Ces voies et les fleuves à partir du point où ils se raccordent à une ligne de fer, sont donc les lignes d'évacuation nécessaires.

Mais, pour que le transport des malades et des blessés par chemin de fer devienne supportable, il importe de créer, sur les lignes, des ambulances provisoires pouvant contenir chacune mille à douze cents malades ou blessés.

Les ambulances provisoires sont des établissements dans lesquels les malades ou blessés pourront être momentanément reçus, chauffés, abrités, pansés et réconfortés.

Pour le moment, j'ai prescrit des installations de cette nature dans les gares ci-après désignées :

Rennes, Laval, Mayenne, Le Mans, Caen, Alençon, Argentan, Séez, Tours, Angers, Nantes, Poitiers, Niort, La Rochelle, Angoulême, Coutras, Libourne, Bordeaux, Bourges, Montluçon, Nevers, Moulins, Clermont-Ferrand, Mâcon, Bourg, Lyon, Saint-Étienne et Saint-Germain des Fossés.

A l'avenir, et sans qu'il soit besoin de nouveaux ordres, l'intendant d'une division territoriale occupée ou traversée par une armée, ou simplement placée dans un rayon de 200 kilomètres en arrière du point de concentration d'une armée, établira des ambulances provisoires dans toutes les gares principales, et, autant que possible, ces ambulances ne devront pas être éloignées l'une de l'autre de plus de 60 kilomètres.

Les intendants divisionnaires prescriront aux intendants sous leurs ordres d'organiser et d'attacher à chacun de ces établissements un personnel de médecins et d'infirmiers, un service alimentaire, un approvisionnement de médicaments et d'objets de pansement, des moyens élémentaires de couchage pour 300 à 400 hommes et des moyens de transport; le tout formant un ensemble prêt à fonctionner.

Les ambulances créées seront utilisées de la manière suivante :

L'intendant chargé, en arrière de chaque armée, corps d'armée ou division, de l'évacuation des malades ou blessés, aura pour premier devoir de prévenir l'intendant chargé de la première ambulance provisoire : 1° du nombre probable de blessés ou de malades à attendre dans la journée ou dans les journées suivantes; 2° de la préparation de chaque train et de l'heure probable de son arrivée.

Il requerra du prévôt de l'armée, du corps d'armée ou de la division, une force suffisante pour maintenir l'ordre dans la gare d'embarquement; il veillera à ce que les wagons ne reçoivent que des militaires visités par les médecins et susceptibles de supporter le transport, au moins jusqu'à la première ambulance.

Le train formé, il le fera accompagner par un cadre de conduite, ou tout au moins par un sous-officier porteur d'une feuille sommaire d'évacuation, faisant connaître la destination et la composition du train.

On réunira, autant que possible, dans les mêmes voitures, les malades ou blessés ayant une même destination.

Si l'intendant chargé des évacuations opère dans une gare menacée par l'ennemi, il se préoccupera surtout de l'évacuer le plus promptement possible ; mais il n'oubliera jamais ses devoirs relatifs aux avis à donner à la première ambulance provisoire, et il ne fera jamais partir un train sans le faire accompagner comme il vient d'être dit.

L'intendant chef d'une ambulance provisoire doit rassembler le personnel en temps utile, le diriger sur la gare en nombre proportionnel à celui des malades ou blessés annoncés, et faire procéder à tous les préparatifs nécessaires pour assurer l'alimentation, le pansement et le classement par catégories des malades ou blessés.

A l'arrivée du train, l'intendant, assisté de la force armée, fera évacuer les wagons et diriger tous les militaires sur l'ambulance provisoire.

Là, le médecin-chef désignera les malades ou blessés hors d'état de supporter un plus long trajet et veillera à ce qu'ils soient couchés ; il fera panser ceux qu'il jugera capables de remonter en wagon, et désignera les simulateurs et les fuyards à la force publique, qui s'en emparera.

L'intendant, ou son suppléant, veillera à ce que tous soient nourris et restaurés, fera reformer le train et préviendra, par télégraphe, l'ambulance provisoire suivante, où les mêmes opérations seront exécutées, s'il y a lieu.

Il est recommandé aux médecins qui auront appliqué aux

blessés des appareils ne devant pas être levés avant plusieurs jours, de prendre des mesures pour que les médecins des ambulances provisoires suivantes soient renseignés sur les pansements faits, et ne soient pas exposés à lever inutilement ces appareils. Une carte remise au sous-officier chargé de la conduite du train, pourra prévenir toute erreur et éviter des pansements inutiles et dangereux.

Le train parti, les grands malades et blessés seront transportés, de l'ambulance provisoire, dans les hôpitaux temporaires dont il va être parlé.

Les trois premières ambulances provisoires, sur une ligne, ne doivent jamais conserver que les malades et les blessés incapables de supporter un plus long trajet.

La destination définitive de chaque train est fixée par l'intendant spécialement désigné, pour ce service, par l'intendant en chef de l'armée ou du corps d'armée engagé avec l'ennemi.

L'un des devoirs de ce fonctionnaire est, en effet, de se tenir au courant des ressources hospitalières existant derrière lui. Pour cela, il se renseigne, par le télégraphe, auprès des intendants dont les divisions sont traversées par la ligne ou les lignes d'évacuation dont il se propose de faire usage ; au besoin, il fait augmenter, par les intendants divisionnaires, le nombre de places disponibles, et, d'après les renseignements qu'il reçoit, il règle la destination des trains qu'il faut organiser.

De deux destinations possibles, pour un train de blessés ou de malades, l'intendant doit toujours choisir la plus éloignée. Cependant, la guerre pouvant à chaque instant amener des événements imprévus, il arrivera quelquefois que l'intendant chargé des évacuations, momentanément sans communications avec son intendant d'armée ou de corps d'armée, ignorera la situation hospitalière ; dans ce cas, il devra avant tout informer de ce fait l'intendant de la première ambulance provisoire, et celui-ci demeurera chargé du soin de donner une destination définitive aux trains qu'il recevra. A cet effet, ce dernier se renseignera auprès des intendants divisionnaires, dont les ressources sont placées sur la ligne d'évacuation.

Hôpitaux temporaires.

Les ambulances provisoires dont je viens d'ordonner l'organisation ne tarderaient pas à être encombrées, si elles n'étaient entourées d'hôpitaux temporaires.

Je prescris, une fois pour toutes, à MM. les intendants divisionnaires, de créer rapidement et en dehors des ressources qui existent déjà, savoir :

1° Dans toute ville où il a été créé une ambulance provisoire, placée à un point de croisement de voies ferrées et environs, des établissements hospitaliers contenant de deux à trois mille lits, suivant les ressources de la ville, et un personnel suffisant prêt à fonctionner ;

2° Dans toute ville où il a été créé une ambulance provisoire, sans embranchement et environs, des établissements contenant de mille à deux mille lits ;

3° Entre les ambulances provisoires, et dans toutes les villes de la division offrant des ressources, des hôpitaux temporaires contenant le plus de lits possible.

J'investis les intendants divisionnaires et les intendants des places où il y a lieu de créer un service hospitalier, du droit de requérir les établissements publics propres à l'installation de malades et de blessés ; ce n'est qu'à défaut de ces ressources qu'on entreprendra des constructions spéciales.

Les réquisitions seront adressées, savoir :

Par l'intermédiaire des préfets, pour les établissements d'instruction publique ;

—   —   pour les établissements religieux ;

—   —   pour les propriétés privées ;

Aux chefs de gare, pour celles qui sont relatives à des locaux dans les gares.

S'il se produisait des oppositions ou des difficultés quelconques dans l'application des mesures dont il s'agit, on me les signalerait immédiatement.

Pour le personnel des établissements à créer, les intendants divisionnaires auront pouvoir de commissionner, au titre de l'armée auxiliaire et pour la durée de la guerre, les personnes qu'ils jugeront aptes à remplir les emplois de sous-intendants, de médecins et pharmaciens-majors de 2ᵉ classe, d'aides-majors de 1ʳᵉ et de 2ᵉ classe, de comptables et de chefs infirmiers.

Ils provoqueront le concours des comités de la société de secours aux blessés militaires des armées de terre et de mer, des associations religieuses, des comités locaux, et, en cas de nécessité pressante, des particuliers.

Dans les ports de mer, ils s'adresseront aux préfets maritimes pour obtenir, dans les hôpitaux de la marine, les places disponibles.

L'intendant de chaque division, ayant créé toutes les ressources possibles, se préoccupera journellement de faire le vide autour des ambulances provisoires, et, de proche en proche, dans sa division :

1º En veillant à ce que le séjour des militaires ne se prolonge pas au delà du temps nécessaire dans les établissements hospitaliers ;

2º En opérant des évacuations sur les divisions voisines.

Il devra donc se faire tenir exactement au courant des ressources de sa division, et se concerter périodiquement avec ses collègues voisins, afin de n'être jamais pris au dépourvu.

Inspection du service hospitalier.

A dater du 25 du présent mois, chaque intendant divisionnaire me fera parvenir, tous les cinq jours, une situation indiquant nominativement, et par place, les établissements hospitaliers de sa division, et, pour chacun de ces établissements :

1° Le nombre de malades et de blessés ;

2° Le nombre de places vacantes.

D'un autre côté, les fonctionnaires de l'intendance, que de nombreux travaux retiennent à leur poste, peuvent difficilement se déplacer, et la plupart des faits d'exécution d'un service aussi étendu que celui qui s'organise, s'accomplissant en dehors de leur résidence, échapperaient forcément à leur surveillance, souvent même à leur action.

Pour parer à cet inconvénient, un service spécial d'inspection sera constitué. Un arrêté prochain en fera connaître l'organisation et le mode de fonctionnement.

Je vous prie de m'accuser réception de la présente circulaire.

Bordeaux, le 25 décembre 1870.

Le membre du Gouvernement, etc.,

Considérant que si le contrôle administratif et financier des services médicaux de l'armée peut être utilement exercé par l'intendance militaire, la direction technique de ces mêmes services doit appartenir à des hommes versés dans l'art de guérir,

Décrète :

Article 1er. Il est formé, au sein de la direction générale de l'administration de la guerre, une sous-direction spéciale chargée de tous les services médicaux de l'armée.

Le bureau des hôpitaux et des invalides fera partie de cette sous-direction.

Art. 2. M. le docteur Charles Robin, membre de l'Institut, est placé à la tête de ce service, en qualité de sous-directeur.

Fait à Bordeaux, le 26 décembre 1870.

Le membre du Gouvernement, etc.,

Considérant que la multiplicité des ambulances privées au sein des armées, sans surveillance ni contrôle de la part de l'autorité militaire, est de nature à engendrer des abus graves, et qu'il est possible de les prévenir en faisant ressortir toutes ces sociétés à une seule d'entre elles, dûment qualifiée ;

Considérant les importants services rendus à la cause de l'humanité par la société internationale de secours aux blessés des armées de terre et de mer,

Décrète :

Article 1er. Toutes les ambulances volantes, et autres sociétés ayant en vue le soulagement des blessés sur le champ de bataille et après le combat, sont désormais placées sous la direction et la responsabilité de la Société internationale de secours aux blessés des armées de terre et de mer, laquelle accepte les obligations et charges résultant de ce mandat.

En conséquence, à partir de ce jour, aucune ambulance volontaire volante ne pourra être créée sans l'autorisation formelle du conseil supérieur de la société ou de l'un des délégués régionaux qui le représentent officiellement. Le conseil supérieur ou son délégué avisera le ministre de la guerre et lui remettra une liste du personnel de l'ambulance ainsi créée.

Art. 2. Les ambulances volantes nationales ou étrangères, une fois accréditées, devront se mettre à la disposition du général et de l'intendant en chef de l'armée, lesquels, de concert avec le délégué général près le ministère de la guerre, leur assigneront le point où leur concours devra plus particulièrement s'exercer.

Art. 3. Les ambulances volantes, créées jusqu'à ce jour, soit par des comités indépendants, soir par les représentants quelconques de l'autorité civile, devront immédiatement, dans le délai de huit jours, régulariser leur position auprès de la société de secours aux blessés, qui proposera au ministre leur maintien ou leur dissolution.

Art. 4. Aucune personne âgée de moins de 40 ans ne pourra faire partie d'une ambulance volante ou sédentaire, à moins d'avoir son diplôme de docteur ou un minimum de seize inscriptions.

Art. 5. Le personnel actuellement en activité des ambulances de la société de secours aux blessés créées à Paris, soit qu'elles existent encore dans leur constitution primitive, soit qu'elles aient été officiellement réorganisées, n'est pas atteint par l'article 4. Une liste complète du personnel sera remise au ministre de la guerre.

Art. 6. Les brassards ne seront délivrés aux ambulances volontaires volantes ou aux ambulances fixes de la société, que par le conseil supérieur de la société ou par ses délégués régionaux, sous leur responsabilité. Ces brassards seront accompagnés d'une carte nominative, qui sera signée et timbrée du délégué régional et de l'intendant militaire. En dehors du personnel de la société, de celui des diverses délégations et celui des ambulances volantes, le gouvernement ne reconnaît le droit de porter le brassard et les insignes de la Convention de Genève qu'aux présidents, vice-présidents, secrétaires et trésoriers des comités qui seront admis à s'affilier régulièrement à la société de secours et au personnel médical qui desservira les ambulances créées par ces comités.

Art. 7. Tous les brassards qui ont été délivrés, soit par des comités locaux, soit par des autorités administratives quelconques, sont déclarés nuls et non valables aux yeux du gouvernement, à partir du 15 janvier prochain. Des poursuites seront exercées contre ceux qui continueront à les porter indûment.

ART. 8. Les dispositions de l'article précédent ne sont pas applicables aux brassards portant la signature du président de la société, du délégué général auprès du ministère de la guerre et des délégués régionaux.

ART. 9. Le ministre de la guerre se réserve le droit de nommer, la société entendue, le délégué général qui la représente auprès de son département.

Art. 10. Les arrêtés, décisions et circulaires publiés jusqu'à ce jour, avec le présent décret, sont annulés.

Est maintenu le décret du 23 juin 1866, qui a déclaré la société internationale de secours aux blessés d'utilité publique. Toutefois, les droits et privilèges en résultant sont subordonnés à l'exécution du présent décret.

Fait à Bordeaux, le 31 décembre 1870.

A Messieurs les généraux commandant les divisions militaires et les subdivisions; les préfets des départements.

Messieurs, en vue d'assurer le bon ordre dans le service des transports des troupes par voies ferrées, et de remédier à certains inconvénients qui résultent pour ces troupes des temps d'arrêt forcés dans les grandes gares et les gares de croisement, j'ai arrêté les dispositions suivantes :

Le chef du poste de gendarmerie, dans chacune de ces gares, est tenu :

1º De questionner chaque chef de détachement arrivant, sur l'effectif du détachement, le lieu du départ et celui de destination;

2° De fournir à ce chef de détachement, après s'être renseigné à ce sujet auprès du chef de gare, toutes les indications de nature à l'éclairer sur le temps probable de son séjour dans la gare ; de désigner les hôtels, auberges, bâtiments dans le voisinage de la gare, où les troupes pourraient s'approvisionner et faire la soupe ;

3° Lorsque le détachement n'aura plus à s'arrêter avant d'atteindre le lieu de destination, de remettre au chef de gare une dépêche qui devra être transmise par le télégraphe de la ligne au chef de poste de la gendarmerie du lieu d'arrivée.

Aussitôt la réception de l'avis de l'heure probable de l'arrivée d'une troupe qui doit faire arrêt ou débarquer définitivement, le chef du poste de chaque station envoie par un planton prévenir l'intendance et la mairie, où un employé doit se tenir prêt à répondre, même la nuit.

Les trains pouvant contenir à la fois plusieurs détachements et un grand nombre d'isolés, ayant tous besoin des mêmes renseignements, le chef de la police militaire de chaque département devra faire imprimer en placards, et afficher dans toutes les gares importantes, les indications suivantes :

Adresses : du général,
   du commandant de place ou d'armes,
   du commandant de la gendarmerie,
   des différentes intendances, avec indication des attributions de chacune,
   de la manutention et des magasins à fourrage,
   de la préfecture,
   de la mairie.

Je vous prie de prendre toutes les mesures pour assurer, en ce qui vous concerne, l'exécution de ces disposions.

Recevez, messieurs, l'assurance de ma considération la plus distinguée.

        Bordeaux, le 2 janvier 1871.

Le membre du Gouvernement, etc.,

Considérant que le développement, toujours croissant, de l'effectif des armées en campagne et des troupes en rassemblement impose au service central de l'administration de la guerre un travail auquel l'organisation actuelle ne saurait plus longtemps suffire ;

Considérant qu'il importe que les services administratifs des armées continuent à recevoir une impulsion énergique,

Décrète :

Il est créé, dans la 6e direction du ministère de la guerre, un service central et quatre sous-directions, savoir :

1re *sous-direction*. — Intendance militaire, transports, solde et revues de comptabilité.

2e *sous-direction*. — Subsistances militaires, chauffage.

3e *sous-direction*. — Hôpitaux, invalides.

4e *sous-direction*. — Habillements, lits militaires, campement.

Les attributions respectives du service central et de chacune des sous-directions seront réglées par arrêté ministériel.

Fait à Bordeaux, le 4 janvier 1871.

Général, l'ensemble des observations que j'ai recueillies me démontre une chose : c'est que l'officier ne vit pas assez avec le soldat et ne s'occupe pas assez de lui.

Contrairement aux prescriptions de décrets et d'arrêtés récents, on voit les officiers logés en ville, alors que les soldats sont au camp sous la tente. Pendant le jour, très-peu de contact entre eux ; leur existence est pour ainsi dire séparée : on dirait deux classes différentes. Il n'en doit pas être ainsi ; l'officier doit être l'ami et le tuteur de ses soldats. Pour leur faire accepter l'autorité sévère dont la loi l'a investi, il doit leur montrer sa sollicitude constante pour leur bien-être et pour leur moral. Pour les aider à supporter les privations, il doit les supporter lui-même et leur donner l'exemple. Il ne suffit pas d'être à leur tête le jour du combat; c'est là un devoir familier à l'officier français; mais il doit être constamment à côté d'eux, dans la vie obscure du camp, dans les labeurs de la marche; en un mot, dans toutes ces situations variées où le soldat a besoin de se sentir soutenu et réconforté par la présence de ses chefs. Je vous prie, général, d'être d'une sévérité inexorable à l'égard des officiers qui manqueraient à ce devoir sacré. Vous voudrez bien me les signaler, pour que je puisse, à mon tour, leur faire sentir les effets de mon mécontentement.

Enfin, général, il est indispensable que des revues fréquentes mettent les soldats et les chefs en présence, dans des conditions d'un ordre plus relevé. Ces rapprochements sont, en outre, l'occasion d'allocutions, d'ordres du jour, qui permettent au général de communiquer avec l'ensemble de ses troupes, et de porter à leur connaissance les faits de nature à exciter leur patriotisme. C'est en vous adressant souvent à elles, en leur faisant entendre des paroles qui vont à leur cœur, que vous conquerrez graduellement sur vos troupes cet ascendant, grâce auquel vous pourrez plus tard leur faire braver la mort et les privations.

J'attache un intérêt tout particulier à ce que vous fassiez observer les prescriptions de la présente circulaire dont je vous prie de m'accuser réception.

Agréez, etc.

Bordeaux, le 26 janvier.

Les membres du Gouvernement, etc.,

Considérant qu'il importe d'activer et de régulariser les transports de la guerre sur les chemins de fer, et qu'un des moyens d'atteindre ce but, c'est de faciliter les rapports des compagnies de chemins de fer avec le ministère de la guerre et entre elles,

Décrètent :

Article 1er. Les compagnies de chemins de fer sont tenues de se faire représenter auprès du ministère de la guerre par un agent supérieur muni de pouvoirs suffisants, pour recevoir les ordres du ministère de la guerre et pour les faire exécuter sur son propre réseau.

Les agents des compagnies, réunis auprès du ministère de la guerre, formeront un syndicat chargé de régler toutes les questions intéressant à la fois plusieurs compagnies, notamment celles qui naissent de la circulation et de la répartition du matériel. Ce syndicat tiendra séance chaque jour dans un local dépendant du ministère de la guerre. Procès-verbal des délibérations sera dressé et le registre contenant ces procès-verbaux sera communiqué à toute demande au ministre de la guerre ou à ses délégués.

Art. 2. Chaque fois qu'une armée opère dans le voisinage d'un chemin de fer et qu'elle emprunte ou peut être amenée à emprunter ce chemin de fer pour ses transports, la compagnie est tenue, sur la demande du général en chef de l'armée, d'envoyer à la station désignée par lui un agent supérieur du mouvement, lequel aura tous les pouvoirs nécessaires pour faire exécuter les ordres donnés par le général en chef ou par ses représentants.

Art. 3. Le ministre de l'intérieur et de la guerre est chargé de l'exécution du présent décret.

Fait à Bordeaux, le 28 janvier 1871.

A Messieurs les généraux et intendants.

Messieurs, au moment où un grand nombre de légions de gardes nationaux mobilisés sont remises par le département de l'intérieur au département de la guerre, il importe que les prescriptions des règlements qui intéressent particulièrement le bien-être des troupes, soient rappelées aux autorités militaires et aux troupes elles-mêmes.

HABILLEMENT ET CAMPEMENT.

Aussitôt que les gardes nationaux mobilisés sont placés sous l'autorité militaire, soit dans un camp, soit dans une place de garnison, soit directement dans un corps d'armée, le général qui en prend le commandement, même transitoirement, doit en passer immédiatement la revue de détail. Le chef de la troupe, dont le premier devoir est de veiller sur ses soldats, remet au général un état de tous les effets de linge et chaussure, d'habillement, de grand équipement et de campement, dont ils n'auraient pas été pourvus par les soins des préfets.

Cet état résume les états partiels qui ont dû être établis avec le plus grand soin, et sous leur responsabilité, par les capitaines de compagnies. Le général s'assure de l'exactitude de ce document et le fait parvenir à l'intendant du camp, de la résidence ou du corps d'armée, avec l'ordre de pourvoir. L'intendant doit faire délivrer de suite, en échange des bons réglementaires, les effets réclamés. Si ces effets n'existent pas en quantités suffisantes dans les magasins de la place, de la division ou de l'armée, il doit m'adresser un avis par le télégraphe et en rendre compte à son chef hiérarchique.

SUBSISTANCES.

L'instruction ministérielle du 6 novembre 1855, concernant le transport des troupes en chemin de fer, prescrit de ne jamais les mettre en route sans qu'elles aient été munies de vivres pour la durée entière du trajet.

Les hommes doivent recevoir des rations de pain ou de biscuit et de viande froide. La nourriture des chevaux doit être assurée de même en foin et avoine. On ne doit pas perdre de vue que, par suite de l'encombrement des voies ferrées, le temps passé en route, dans les circonstances actuelles, excède souvent, d'une manière très-notable, la durée habituelle des voyages.

Le général qui met la troupe en marche doit aviser télégraphiquement l'autorité militaire du point d'arrivée, et les fonctionnaires de l'intendance agissent de même entre eux. Les commandants de troupe adressent aussi des avis télégraphiques au point de destination, s'il survient en route des incidents qui modifient les indications données au départ. A l'arrivée, les commandants de troupes ou de détachements doivent faire, immédiatement, auprès du commandement de la place, de l'intendant et du maire, les démarches nécessaires pour obtenir sans aucun retard le logement et les vivres auxquels les hommes ont droit.

Si les troupes voyagent par les voies de terre, elles doivent se conformer exactement à l'itinéraire qui est tracé sur leur feuille de route et qui indique les gîtes d'étape où elles doivent passer la nuit. Dans ces gîtes, les municipalités assurent le logement, et, au besoin, la fourniture des ustensiles de cuisine. La troupe vit au moyen de sa solde et reçoit seulement le pain en nature, ainsi que les fourrages pour les chevaux. Ces approvisionnements sont délivrés sur la présentation de mandats d'étape dressés par l'intendant militaire de la résidence la plus proche sur la route parcourue. Les fournitures sont préparées d'avance par l'autorité locale prévenue en temps utile par l'intendance et par l'officier qui doit précéder d'un jour les colonnes en marche. Des voitures, dont le nombre varie suivant l'effectif des troupes, sont également fournies d'étapes en étapes, sur la présentation des mandats, pour assurer le transport des éclopés et des bagages des officiers.

L'exécution rigoureuse des prescriptions qui précèdent est particulièrement recommandée. Elle évitera le retour de faits regrettables qui se sont produits lors de la mise en route des gardes mobiles.

Recevez, Messieurs, l'assurance de ma considération la plus distinguée.

Bordeaux, le 3 février 1871.

Le membre du Gouvernement, etc.,

Vu l'ordonnance du 8 septembre 1841, réglant la composition et l'organisation des cadres des régiments de cavalerie ;

Vu les décrets des 1er mars 1854, 20 décembre 1855 et 5 novembre 1865, portant organisation de l'ex-garde ;

Vu le décret du 21 octobre 1870, qui supprime ladite garde ;

Considérant que le nombre et les effectifs des régiments de cavalerie sont aujourd'hui insuffisants pour assurer la composition des brigades et des divisions à attacher aux corps d'armée ;

Considérant que 56 régiments sur 63 ont été anéantis à la suite des capitulations de Sedan, de Strasbourg et de Metz ; que, sur ce nombre, 15 ont été reconstitués, et qu'on a créé depuis 39 régiments de marche, composés d'escadrons prélevés dans les différents dépôts de l'arme ;

Considérant qu'on a rendu ainsi à l'armée 54 régiments sur 56 qu'elle avait perdus ; mais que la formation de régiments de marche en aussi grand nombre offre de graves inconvénients au double point de vue de la constitution et de l'administration des corps, et de la cohésion et de l'homogénéité qu'ils doivent avoir ;

Considérant qu'il y a lieu de faire rentrer les régiments de l'ex-garde au nombre des régiments de ligne ;

Considérant que, par suite de l'absence de la plupart des officiers de tous grades retenus prisonniers de guerre, l'avancement a suivi dans les dépôts une progression rapide, nécessitée sans doute par le besoin de reformer au plus vite de nouveaux cadres ; mais qu'il est possible de le maintenir aujourd'hui dans de sages limites, tout en récompensant amplement les faits de guerre et les actions d'éclat ;

Considérant que l'admission à laquelle il a fallu recourir pendant la guerre, comme sous-lieutenants, à titre provisoire, des personnes ayant subi certaines épreuves scientifiques, mais n'ayant pas d'antécédents ni de titres militaires, a introduit dans les régiments des officiers qui ne peuvent rendre immédiatement à la cavalerie tous les services que cette arme spéciale réclame ;

Considérant qu'un tel état de choses ne saurait subsister plus longtemps sans porter atteinte à la bonne organisation de l'arme de la cavalerie qui, jusqu'à ce jour, et malgré les nombreuses pertes qu'elle a faites, a pu résister à toutes les causes d'affaiblissement qui sont venues la frapper ;

Considérant enfin que l'avancement à l'ancienneté et au choix par régiment dans les grades de sous-lieutenant, de lieutenant et de capitaine, a créé jusqu'à ce jour des inégalités regrettables, sur l'ensemble de l'arme, au détriment d'officiers méritants,

DÉCRÈTE :

ARTICLE 1er. L'arme de la cavalerie qui compte aujourd'hui 63 régiments, savoir :

6 régiments de l'ex-garde; 10 régiments de réserve (cuirassiers) ; 20 régiments de ligne (12 de dragons, 8 de lanciers); 20 régiments de légère (12 de chasseurs, 8 de hussards); 4 régiments de chasseurs d'Afrique; 3 régiments de spahis,

Sera composée, à l'avenir, de 75 régiments, répartis de la manière suivante :

12 régiments de réserve (cuirassiers) ; 26 régiments de ligne (16 de dragons, 10 de lanciers); 30 régiments de légère (18 de chasseurs, 12 de hussards) ; 4 régiments de chasseurs d'Afrique; 3 régiments de spahis.

Ces régiments seront numérotés, dans chaque arme, du numéro 1 au chiffre qui en détermine le nombre.

Ils seront tous à 6 escadrons de 150 hommes et 120 chevaux, cadre d'officiers, grand et petit état-major non compris.

ART. 2. Les régiments de marche existants seront rattachés aux dépôts de l'arme qu'ils représentent, et recevront, dans cette arme, le numéro du dépôt auquel chacun d'eux aura été affecté.

ART. 3. Les régiments de l'ex-garde seront définitivement supprimés sous cette dénomination et deviendront :

Les carabiniers, le 11e cuirassiers; les cuirassiers, le 12e cuirassiers; les dragons, le 13e dragons ; les lanciers, le 9e lanciers; les chasseurs, le 13e chasseurs; les guides, le 9e hussards.

ART. 4. Les 12 régiments créés en augmentation, par le présent décret, seront formés au fur et à mesure que la nécessité en sera reconnue, et à l'exclusion de tous autres régiments de marche.

Les états-majors et les cadres de ces nouveaux régiments

seront constitués au moyen de prélèvements opérés dans les régiments existants, et, au besoin, par avancement.

Art. 5. Nul ne pourra être nommé sous-lieutenant dans l'arme de la cavalerie, même à titre provisoire, s'il n'est sous-officier dans l'arme, et présenté pour l'avancement par son chef de corps, avec avis motivé du commandement, ou s'il ne remplit, pendant la durée de la guerre, les conditions prévues par les articles 1, 2, 3, 4, 5, 7 et 8 du décret du 25 janvier 1871.

Art. 6. A l'avenir, l'avancement au grade de sous-lieutenant au choix, et à ceux de lieutenant et de capitaine, soit à l'ancienneté, soit au choix, aura lieu sur l'ensemble de l'arme.

Il sera dressé, à cet effet, des listes d'ancienneté pour les sous-lieutenants et les lieutenants de cavalerie.

Art. 7. Les dispositions des ordonnances et décrets antérieurs qui ne sont pas contraires à celles ci-dessus édictées, continueront de recevoir leur exécution.

Fait à Bordeaux, le 4 février 1871.

APPENDICE

Mon livre était imprimé et prêt à paraître quand j'ai été mandé, le 10 de ce mois, devant la commission parlementaire d'enquête, chargée d'examiner les actes du gouvernement de la Défense nationale. J'ai déposé à peu près le résumé du récit qu'on vient de lire, autant, du moins, que l'a permis la présence, au nombre des juges, de plusieurs des principaux intéressés. De ce nombre est l'ancien chef de l'armée de la Loire, le général d'Aurelles de Paladines, aujourd'hui appelé à prononcer sur la conduite de ses propres opérations.

Le général d'Aurelles a contesté l'exactitude de mes souvenirs en ce qui touche l'avis émis par lui, le 12 novembre, de retourner aux positions de Salbris. Ses explications, que j'ai écoutées avec beaucoup d'attention, n'ont point ébranlé mes souvenirs, qui sont en même temps ceux de l'ancien ministre de la guerre, et notre conviction reste entière.

Néanmoins l'impartialité me commandait d'enregistrer cette dénégation. Le fond de l'entretien du 12 novembre n'en a, du reste, pas été changé, car le général d'Aurelles ne conteste pas qu'il ait été opposé à une marche en avant.

Sur un second point, le général d'Aurelles a fait une rectification à laquelle je n'ai pu qu'adhérer. Son refus d'occuper le poste de Cherbourg, après le désastre d'Orléans, n'a pas été motivé seulement par des raisons de santé, mais aussi et même surtout, par la considération que « la dignité » du commandement qu'il venait d'exercer ne lui permettait » pas d'accepter un poste aussi peu important. » Le général ayant paru tenir à ce que cette raison soit connue, je m'empresse de lui donner satisfaction.

Enfin le général d'Aurelles et quelques autres membres de la commission ont contesté les succès de Beaune-la-Rolande et ont même prétendu que nous avions été battus. Comme il s'agit ici du patrimoine de l'armée, j'insiste et je transcris l'extrait du rapport officiel relatif au combat qui a clos cette série d'engagements :

« . . . . . Les Prussiens commencèrent en effet, le 30, en y
» lançant des obus, l'attaque du village de Maizières, défendu
» par le bataillon des tirailleurs algériens et les quatre compa-
» gnies du bataillon d'Afrique.

» Notre artillerie, postée sur les hauteurs de Montigny, répondit
» avec succès et prit d'écharpe une colonne ennemie signalée
» sur la route de Beaumont.

» Les troupes retranchées et barricadées dans Maizières s'y
» défendirent vigoureusement, grâce à l'énergique résistance du
» capitaine Égrot.

» Cependant les efforts de l'ennemi devenaient de plus en
» plus puissants ; des colonnes d'attaque se mettaient en mou-
» vement ; la fusillade s'engageait sur toute la ligne, pendant que
» l'artillerie ennemi continuait à battre et à incendier le village.

» Le moment étant venu de faire reculer les assaillants, deux
» bataillons du 42e de ligne, déployés en tirailleurs, appuyés du
» régiment de lanciers et d'une batterie, s'avancèrent directe-
» ment contre eux, appuyés par la colonne Goury.

» D'un autre côté, deux batteries de réserve et le régiment de
» hussards avec un escadron de lanciers furent portés sur la
» route de Beaumont pour prendre les Prussiens d'écharpe.

» Un bataillon du 20e corps, que le général Crouzat avait
» bien voulu laisser à ma disposition, après avoir appuyé mon
» mouvement jusqu'à l'arrivée de la brigade Perrin, resta comme
» soutien de l'artillerie de réserve et des hussards.

» Enfin la brigade Perrin qui arrivait à Bellegarde devait ser-
» vir de réserve aux troupes engagées.

» Le tir des batteries de réserve, combiné avec l'action de ce
» mouvement tournant des troupes, décida du succès. Les Prus-
» siens furent repoussés et le 18e corps put continuer tranquil-
» lement le mouvement de marche vers sa gauche dont il pour-
» suivait l'exécution. »

Je reproduis également la note officielle que fit insérer le gouvernement (*Moniteur Universel* du 1er décembre 1870) à une époque où l'on ne prévoyait pas que les succès de la France seraient contestés en France même.

COMBAT DE BEAUNE-LA-ROLANDE

« L'*Agence Havas* nous communique la dépêche suivante :

« Bruxelles, 29 nov. 10 h. 55 soir.

» Versailles, 28. Frédéric-Charles annonce 10e corps attaqué
» 28/11, par forces supérieures, se concentrait près Beaune-la-
» Rolande, on se maintint positions. Dans après-midi fut appuyé,
» en ma présence, par 5e division et 1e division cavalerie.

» Nos pertes environ 1,000 hommes, pertes ennemis très-con-
» sidérables.

» Capturâmes plusieurs centaines prisonniers.

» Combat fini après 5 heures soir. »

» Cette dépêche se passe de tout commentaire. Elle avoue
» explicitement l'échec de l'armée prussienne, puisqu'elle n'ose
» point dire que notre armée a été repoussée. Nous ajouterons
» qu'après le combat, l'ennemi, jugeant sa position à Beaune-la-
» Rolande intenable, a évacué cette ville en l'incendiant.

» La France apprendra avec autant d'orgueil que de satisfac-
» tion, que ce succès a été remporté par de jeunes conscrits, qui
» voyaient le feu pour la première fois, et qui avaient à com-
» battre les plus vieilles troupes de Prusse, commandées par le
» prince Frédéric-Charles en personne. »

On voit que les Prussiens ne s'attribuaient pas la victoire que leur accordent certains membres de la commission d'enquête.

Un autre détail que je crois devoir noter est emprunté au livre du général Chanzy, qu'on vient à l'instant de me remettre. J'y remarque, à une lecture rapide, une divergence relative à la nature des objections faites par les généraux de l'armée de la Loire avant le départ pour Fontainebleau. Le général Chanzy rattache ces objections à la marche elle-même, tandis qu'elles m'avaient paru porter surtout sur le faible délai qui était laissé pour faire les préparatifs. Il importe peu d'ailleurs, car la marche sur Fontainebleau étant décidée en principe, par les raisons supérieures qu'on connaît, tout le reste suivait, et il ne dépendait pas plus du ministre de la guerre d'écarter les dangers que d'accroître les délais.

Il est bon néanmoins, au point de vue de l'histoire à venir, que ces différences, même secondaires en apparence, soient constatées dès aujourd'hui, et j'aurai soin, quant à moi, de consigner aux éditions subséquentes de ce livre, non-seulement les rectifications, mais les simples contestations de quelque importance qui viendraient à se produire.

Paris, le 12 août 1871.

CLICHY. — Impr. P. DUPONT et Cie, rue du Bac-d'Asnières, 12.

TABLE

	Pages
PRÉFACE.	I

CHAPITRES

Ier. Période du 2 septembre au 10 octobre 1870 — Investissement de Paris — Envoi d'une délégation du gouvernement à Tours — Premiers préparatifs militaires — Arrivée de M. Gambetta — Installation de l'administration du 10 octobre — Situation militaire et administrative à cette date.................... 5

II. Réorganisation des services — Cabinet du ministre — Bureau des cartes — Bureau des reconnaissances — Comité d'étude des moyens de défense et autres services — Directions de l'infanterie, de l'artillerie, du génie — Corps du génie civil — Intendance, services médicaux et comptabilité............ 16

III. Mesures administratives diverses — Cadres d'officiers — Armes — Munitions — Organisation de la défense locale — Camps régionaux — Batteries départementales — Coup d'œil général sur les dépenses de la guerre.................................... 50

IV. Campagne de Paris. — Premiers préparatifs militaires — Camp de Salbris — Adoption d'un plan de campagne — Départ des troupes pour Blois — Arrêt de l'expédition — Capitulation de Metz — Bruits d'armistice — Second arrêt de l'expédition — Victoire de Coulmiers — Reprise d'Orléans.................... 70

V. Campagne de Paris (suite) — Visite du ministre au camp — Fortifications d'Orléans — Envoi de nou-

Chapitres	Pages
veaux corps sur la Loire — Rappel des troupes de l'Est — Projets d'offensive — Hostilités dans l'Ouest et menaces sur l'aile gauche de l'armée de la Loire — Réorganisation des forces au Mans — Diversion sur la droite — Combats de Ladon, Maizières, Beaune-la-Rolande — Sortie de Paris....	101
VI. Campagne de Paris (suite et fin) — Conférence au quartier général — Départ pour Fontainebleau — Annonce des succès de l'armée de Paris — Combat de Villepion — Combat de Loigny — Manœuvre du prince Charles — Combats d'Artenay et de Loury — Évacuation d'Orléans — Retraite de l'armée de la Loire dans trois directions — Causes de la défaite — Combats sous Paris.	135
VII. Retraite sur le Mans — Engagements divers — Constitution de l'armée de la Loire en première et en deuxième armée — Combats de Beaugency et de Josnes — Translation du gouvernement de Tours à Bordeaux — Bombardement de Blois — Combats de Vendôme — Arrivée de la deuxième armée au Mans — Combats de Villers-Bretonneux et Saleux, dans le Nord — Entrée de l'ennemi à Amiens et à Rouen — Combats d'Autun et de Nuits — Engagements dans le Nivernais.	187
VIII. Campagne de l'Est — Réorganisation de la première armée — Plan d'opérations dans l'Est — Départ de l'armée — Encombrement des chemins de fer — Reprise de Dijon et de Gray — Victoires de Villersexel et d'Arcey — Bataille d'Héricourt — Succès de Chenebier — Échec de Montbéliard — Mise en retraite de l'armée.	218
IX. Campagne de l'Est (suite) — Retour sur Besançon — Victoire de Dijon — Apparition de l'ennemi à Dôle et Arc-Senans — Mouvement de l'armée devant Besançon — Perte des lignes de retraite — Départ de l'armée pour Pontarlier — Suicide du général en chef — Causes de l'insuccès de la campagne.	251
X. Bataille du Mans — Campagne du Nord — Combats entre le Mans et Vendôme — Projet de mar-	

CHAPITRES	Pages
che sur Paris — Bataille du Mans — Retraite sur Laval; engagement à Sillé-le-Guillaume — Reconstitution de l'armée — Combat de Pont-Noyelles, dans le Nord — Victoire de Bapaume — Combat de Saint-Quentin — Retraite de l'armée du Nord sur les places fortes — Engagements autour de Nevers — Expédition sur Blois.	274
XI. L'ARMISTICE — Retraite de l'armée de l'Est dans le Jura — Tentatives pour la secourir — Marche sur Dôle et Poligny — Annonce de l'armistice — Examen de ses effets militaires — Perte de l'armée de l'Est; son internement en Suisse — Protestations des généraux — Derniers engagements dans le Jura — Conséquences de l'armistice au point de vue d'une reprise ultérieure des hostilités — Ressources militaires de la France après l'armistice.	296
XII. CAUSES DE NOS DÉSASTRES — Faiblesse numérique des armées françaises — Infériorité de l'armement et de l'équipement — Infériorité de l'organisation — Indiscipline des troupes, insuffisance de l'état-major, de l'intendance, des cadres — Succession de circonstances malheureuses — Administration supérieure...	330
CONCLUSION	356
RECUEIL des principaux actes administratifs du ministère de la guerre, à Tours et à Bordeaux, du 10 octobre au 9 février 1871...	369
APPENDICE.	439

CLICHY. — Impr. PAUL DUPONT et Cie, rue du Bac-d'Asnières, 12.

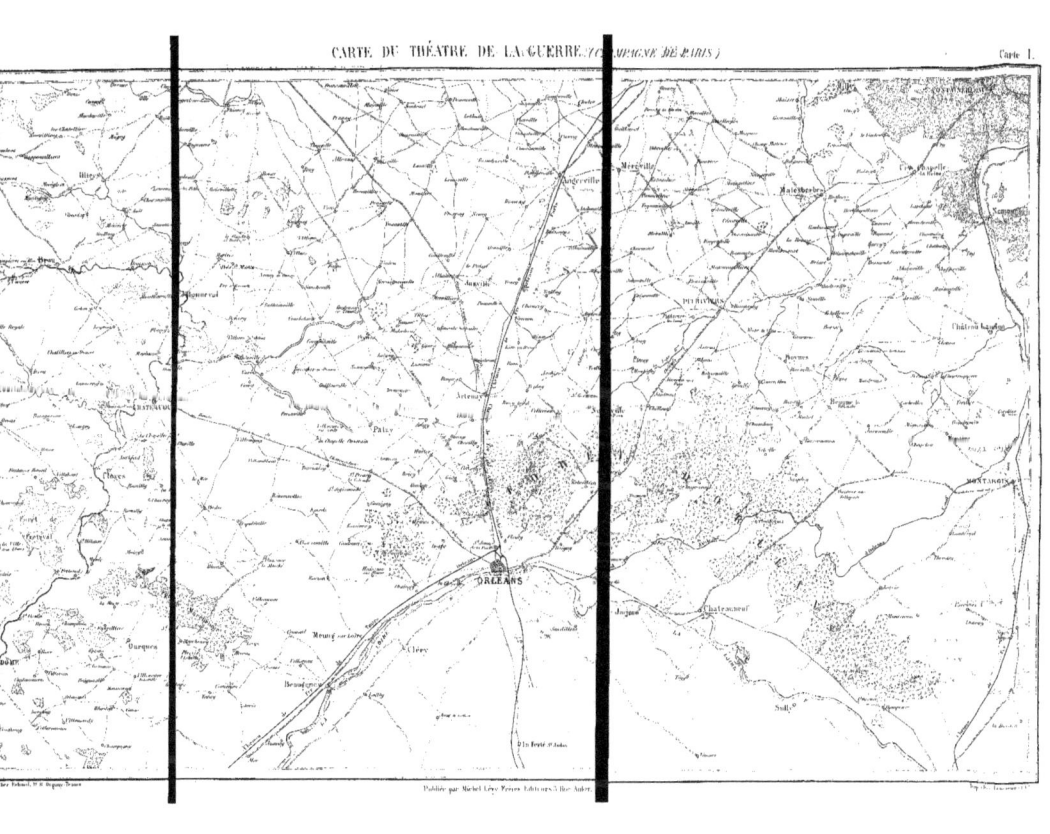

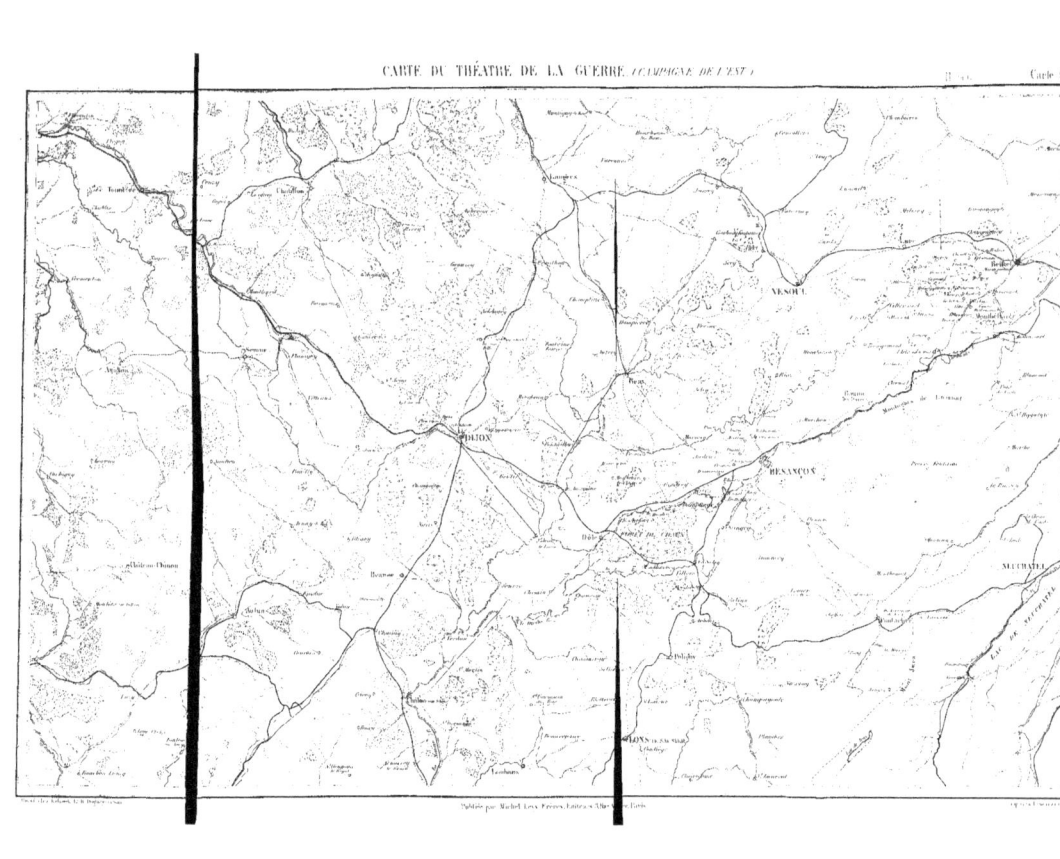